Dr. Thomas Röder · Volker Kubillus
(Hrsg.)

DIE MÄNNER HINTER HITLER

Wer die geheimen Drahtzieher hinter Hitler wirklich waren...
...und unter welchem Deckmantel sie noch immer unter uns weilen

INTERNATIONAL ASSOCIATION OF SCIENTOLOGISTS™

DIE HERSTELLUNG DIESES
BUCHES WURDE DURCH
EINE SPENDE DER
INTERNATIONALEN
VEREINIGUNG VON
SCIENTOLOGEN ERMÖGLICHT

Dr. Thomas Röder · Volker Kubillus
(Hrsg.)

DIE MÄNNER HINTER HITLER

Wer die geheimen Drahtzieher hinter Hitler wirklich waren...
...und unter welchem Deckmantel sie noch immer unter uns weilen

Die Deutsche Bibliothek - CIP Einheitsaufnahme

Die Männer hinter Hitler : wer die geheimen Drahtzieher hinter Hitler wirklich waren ... ; ... und unter welchem Deckmantel sie noch immer unter uns weilen / Thomas Röder ; Volker Kubillus (Hrsg.). - Malters : Pi-Verl. für Politik und Gesellschaft, 1994
ISBN 3-9520639-0-8
NE: Röder, Thomas [Hrsg.]

Wichtiger Hinweis

Die in diesem Buch dargestellten Vorgänge und Zusammenhänge stellen nach Ansicht der Herausgeber eine wichtige Ergänzung von historischen Fakten und Umständen dar. Sie sind in dem Sinne zu verstehen, daß bekannte geschichtliche Tatsachen ergänzt werden sollen. Sinn und Zweck dieser Ausführungen ist nicht, die Verbrechen führender Köpfe der NS-Diktatur oder die fürchterliche Rolle, die sie in den Geschehnissen im „Dritten Reich" spielten, etwa zu minimieren oder zu rechtfertigen. So etwa wurde hier darauf verzichtet, bekannte NS-Größen wie Himmler oder Heydrich in aller Ausführlichkeit darzustellen – dies ist hinreichend in genügend Publikationen geschehen.
Vielmehr möchte dieses Buch jene Hintermänner des Grauens aufzeigen, die im Schatten der ganz großen Verbrecher weitgehend versteckt blieben und deren verbrecherisches Gedankengut und deren schreckliche Taten in ungenügendem Maße aufgezeigt wurden. Eine Rekonstruktion sämtlicher Zusammenhänge ist nach einem halben Jahrhundert eine nahezu unmögliche Aufgabe, da vieles gar nicht oder nur unvollständig in den Archiven erhalten ist. Für einschlägige Ergänzungen oder Hinweise sind Verlag und Herausgeber selbstverständlich dankbar.

Anschrift:
π Pi-Verlag
Postfach 346
CH-6102 Malters

ISBN: 3-952 0639-0-8

INHALT

ANHANG

Danksagung

Die Herausgeber bedanken sich bei allen Personen, die an diesem Buch durch Recherchen und Auswertungen mitgearbeitet haben, auch bei jenen, die ungenannt bleiben möchten. Unser besonderer Dank gilt jenen, die keine Mühe scheuten, um die beinahe unglaublich erscheinenden Zusammenhänge aufzudecken. Das Ihnen vorliegende Werk ist das Ergebnis einer jahrelangen Teamarbeit.

Folgende Institutionen und Organisationen haben (nicht immer ohne Hindernisse) gestattet, in ihren Archiven Recherchenarbeit zu betreiben bzw. Material zu sichten:

Bayerische Staatsbibliothek; Institut für Zeitgeschichte, München; Universitätsbibliothek München; Initiative kritischer Psychologen und Psychologinnen; Deutscher Verein für öffentliche und private Fürsorge; Psychiatrische und Nervenklinik der Universität München (Bibliothek); Deutsche Forschungsgemeinschaft (für die großzügige Überlassung der Jahresberichte); Max-Planck-Gesellschaft, insbesondere Max-Planck-Institut für Psychiatrie (Bibliothek), München und Max-Planck-Institut für Hirnforschung, Frankfurt am Main; Deutsche Gesellschaft für Geschichte der Nervenheilkunde (Dr. Mario Lanczik, Psychiatr. Klinik der Universität Würzburg); Deutsche Gesellschaft für Psychiatrie und Nervenheilkunde, Köln; Deutsche Gesellschaft für Biologische Anthropologie, Eugenik und Verhaltensforschung; Deutsche Gesellschaft für Kinder- und Jugendpsychiatrie, Frankfurt am Main; Zentralinstitut für Seelische Gesundheit, Mannheim; Psychiatrisches Klinikum rechts der Isar der Technischen Universität München; Aktion Psychisch Kranke, Bonn; Universität des Saarlands sowie verschiedene Registergerichte in Deutschland und viele andere, die unsere Arbeit unterstützt oder dazu beigetragen haben, Licht in ein dunkles Kapitel deutscher Geschichte zu bringen.

Des weiteren gilt unser Dank und unsere Anerkennung den Wegbereitern der Vergangenheitsforschung. Zu ihnen zählen insbesondere:

Götz Aly, Franco Basaglia, Roger Bastide, Winfried Beck, Gisela Bock, Hendrik van den Bussche, Robert Castel, Noam Chomsky, Stanley Cohen, Wilfried Daim, Klaus Dörner, Angelika Ebbinghaus, Joachim Fest, Michael Foucault, Giles Geoffrey, Ulfried Geuter, Erving Goffmann, Hans-Georg Güse, Friedrich Hansen, Klaus Heim, Susanne Heim, Eberhard Jäckel, Godwin Jeschal, Michael Kater, Hermann Keppler, Ernst Klee, Dr. Günter Komo, Fridolf Kudlien, Ronald D. Laing, Maria Lehmann, Peter Lehmann, Karl Friedrich Masuhr, Ha. A. Mehler, Benno Müller-Hill, Agostino Pirella, Peter Riedesser, Karl-Heinz Roth, Norbert Schmacke, Hans-Walter Schmuhl, Ulrich Schultz, Franz Seidler, Hans-Ludwig Siemen, Horst Spaar, Ingo Steudel, Thomas S. Szasz, Max Weinreich, Simon Wiesenthal, Erich Wulff.

Auf folgende Zeitschriften und Zeitungen erlaubten sich die Verfasser zurückzugreifen:

Der Spiegel, Der Stern, Wirtschaftswoche, Die Zeit, Hamburger Abendblatt, Frankfurter Allgemeine Zeitung, Hamburger Morgenpost, Frankfurter Rundschau, Süddeutsche Zeitung, Die Welt, Leipziger Volkszeitung, Mannheimer Morgen, Münchener Abendzeitung, Münchener Merkur, Münstersche Zeitung, Die Tageszeitung (Berlin), Blick, Westdeutsche Allgemeine, Der Nervenarzt, Psychiatrie und Gesellschaft, Deutsches Ärzteblatt, Deutsche Universitätszeitung, Spektrum der Psychiatrie und Nervenheilkunde, Zeitschrift für Kinderforschung, Münchner Medizinische Wochenschrift, Ärztezeitung, Psychologie Heute, Neue Anthropologie, Zeitschrift für Psychische Hygiene, Dr. med. Mabuse – Zeitschrift im Gesundheitswesen, The American Journal of Psychiatry, National Observer.

Ganz besonders danken die Herausgeber dieses Werkes der **Kommission für Verstöße der Psychiatrie gegen Menschenrechte e.V.** (engl.: Citizens Commission on Human Rights; Abk.: CCHR), ohne deren Hilfe und profunde Materialsammlung dieses Werk nicht hätte geschrieben werden können. Die Kommission für Verstöße der Psychiatrie gegen Menschenrechte e.V. setzt sich bereits seit über zwei Jahrzehnten international und in ganz Deutschland für eine Reform der Psychiatrie ein. Die UNO hat die Arbeit der Citizens Commission on Human Rights wie folgt gewürdigt: *„CCHR ist für viele bedeutende Reformen verantwortlich gewesen... Sie hat das öffentliche Bewußtsein über die Existenz vieler Mißbräuche auf dem Gebiet der Psychiatrie geweckt einschließlich LSD-Experimenten (und anderen), die an Patienten ohne ihre Einwilligung durchgeführt wurden.“* Es ist ein ausgesprochenes Anliegen der Kommission, daß die Tatsachen und Hintergründe psychiatrischer Gewalt öffentlich bekanntgemacht werden, so daß eine wirkliche Reform der Psychiatrie möglich gemacht werden kann und aus den Erkenntnissen dieses Buches Lehren gezogen werden können.

Für die Genehmigung der Veröffentlichung von Fotos bedanken sich Verlag und Herausgeber bei folgenden Verlagen und Institutionen bzw. Personen:

Alfred Kröner Verlag, Stuttgart (S. 31)
dpa S. 267
KVPM Archiv S. 52, 54, 73, 140, 165, 169, 187, 194, 212, 216, 223, 229, 301, 302
Landesbildstelle BERLIN S. 91
Presseillustrationen Heinrich Hoffmann, München S. 23
Süddeutscher Verlag GmbH, München S. 63
Bundesarchiv Abteilung Potsdam S. 87, 94, 95, 99, 100
Hessisches Hauptstaatsarchiv Wiesbaden S. 113, 185
Berlin Document Center S. 86
Hamburger Stiftung für Sozialgeschichte des 20. Jahrhunderts S. 292
Bundesarchiv Koblenz S. 97

**Gewidmet all jenen, die für Freiheit
und Menschenrechte kämpfen.
Ebenso all jenen Autoren, Journalisten, Kritikern und
engagierten Zeitgenossen, die immer und immer die
Greuel beim Namen genannt haben und nennen,
mit der Absicht, daß sie eines Tages aufhören zu existieren.**

VORWORT DER HERAUSGEBER

Gerade zwölf Jahre währte das „Tausendjährige“ Reich Hitlers – in geschichtlichen Kategorien eine vergleichsweise kurze Zeitspanne. Dennoch sind die Folgen der nationalsozialistischen Terrorherrschaft bis in die heutige Zeit und auch noch nach der Wiedervereinigung mit der ehemaligen DDR deutlich zu spüren.

Die Eroberungskriege Hitlers und der nationalsozialistische Völkermord schadeten und schaden Deutschlands Ansehen in der Welt – zu einem unglaublichen Grad. Die Verbrechen der Vergangenheit stellen eine gewaltige Erblast für alle Deutschen bis in die heutige Zeit dar. Viele zukünftige Generationen werden noch finanziell und menschlich einzustehen haben für die Verbrechen, die dereinst von gewissenlosen Menschen im Namen und teilweise mit Billigung des deutschen Volkes begangen wurden. Die wichtigste moralische Aufgabe heute besteht darin, für eine lückenlose Aufklärung zu sorgen und dafür Sorge zu tragen, daß eine Wiederholung gänzlich ausgeschlossen ist. Denn damit sind wir entgegen der Meinung von Historikern, Politikern und anderen gesellschaftlichen Kreisen noch nicht am Ende angelangt.

Immer wieder hat es in den vergangenen Jahrzehnten Versuche gegeben zu erklären, wie diese unermeßliche Katastrophe geschehen konnte. Viele Fragen sind geklärt worden, aber viele Fragen blieben auch offen. Tatsächlich gibt es bis heute noch immer keine befriedigende Antwort, warum aus dem Volk der Dichter und Denker ein Land des Völkermordes werden konnte.

Faschistische Diktaturen hat es immer wieder gegeben. In der ersten Hälfte des 20. Jahrhunderts sind allein in Europa in vielen Ländern rechte Diktatoren an die Macht gelangt. Mussolini in Italien, Franco in Spanien, Salazar in Portugal, Pilsudski in Polen, um nur einige zu nennen.

Sicher gab es auch dort extreme Verletzungen der Menschenrechte, politische Morde, Verfolgungen und Diskriminierungen, auch Kriegsgreuel und Massenhinrichtungen. Aber in keinem dieser Länder wurde dieser Holocaust so systematisch und gründlich durchgeführt wie im Dritten Reich Hitlers. Keines dieser Länder hat deshalb heute noch annähernd so unter den Folgen der damaligen Diktatur zu leiden.

Zu lange ist in der Erforschung der Geschichte der Hitlerzeit die Frage nach dem wirklichen „Warum“ des nationalsozialistischen Genozids nur unzureichend beantwortet geblieben. In dem vorliegenden Buch wird dieses Rätsel endlich gelöst. Am erschütterndsten dabei ist, daß die letzlich Verantwortlichen des Holocaust durch die Maschen der Nürnberger Kriegsverbrecherprozesse und der Entnazifizierung geschlüpft sind und heute wieder in anderem Gewand und auch auf anderen Schienen ihr Schandwerk weiter verrichten.

So ist dieses Buch auch als Mahnung zur Wachsamkeit und als Aufruf zur Verteidigung der Freiheit gedacht. Freiheit gibt es nicht zum Nulltarif. Sie erfordert unsere beständige Wachsamkeit und die Bereitschaft, sich gegen die Feinde der Freiheit zu erheben.

Das Buch „Die Männer hinter Hitler" ist das Ergebnis jahrelanger Forschungsarbeiten und Recherchen. Groß ist die Zahl derer, die daran mitgewirkt haben, teils durch Recherchen, teils durch Ausformulierung der Ergebnisse. Groß ist aber auch die Zahl der Menschen, die seit langem nach diesem Buch gefragt haben.

Wir freuen uns, das Ergebnis nun endlich vorlegen zu können. Nach Ansicht der Herausgeber löst dieses Buch das Rätsel, wer die Männer hinter Hitler wirklich waren, die ihm und seinem Schreckensregime den Weg ebneten.

Aber urteilen Sie selbst!

Die Herausgeber
Im Frühjahr 1994

„Zum Begräbnis der Wahrheit gehören viele Schaufeln."

Sprichwort

WAS IHNEN DIESES BUCH NICHT MEHR VERSCHWEIGT

Erlauben Sie, daß wir uns übergangslos in die Diskussion stürzen: Das Thema dieses Buches heißt „Die Männer hinter Hitler". Dieses Thema ist von enormer Brisanz – und zwar aus einem einzigen Grund:

Weil die wirklichen „Männer hinter Hitler" bis heute noch immer nicht beim Namen genannt worden sind. Tatsächlich gelang es diesen Dunkelmännern, ihre eigentliche Rolle jahrelang, ja, jahrzehntelang zu tarnen, zu verstecken und zu verbergen. Trotz sorgfältigster historischer Untersuchungen blieben sie weitgehend unbeachtet. Ja, man könnte sogar behaupten: Diese „unsichtbaren" Personen machten den Völkermord des Dritten Reiches überhaupt erst möglich, weil sie den Nazis nur allzu bereitwillig zur Hand gingen.

Tatsächlich ist ihre mysteriöse Rolle bis heute nie wirklich ausgeleuchtet worden; diese Männer wurden nie in aller Offenheit und im Lichte der Tatsachen beleuchtet.

Bis heute ist Hitler für die meisten Menschen, selbst für viele Historiker, ein unverstandenes Rätsel, fast eine Sphinx, jedenfalls ein Geheimnis – und er wird es weiterhin bleiben, in seiner unbegreiflichen Grausamkeit, in seiner namenlosen Brutalität, wenn ein Faktor nicht isoliert wird; wenn die Erfüllungsgehilfen Hitlers nicht beim Namen genannt werden; wenn auf einen entscheidenden Einfluß nicht aufmerksam gemacht wird. Damit soll jedoch nicht nahegelegt werden, daß von der Brutalität, Unmenschlichkeit und Unfaßbarkeit der Taten eines Adolf Hitler auch nur im geringsten verständnisvolle Abstriche gemacht werden sollen. Um einem Mißverständnis gleich vorzubeugen: Adolf Hitler (wie auch seine unmittelbaren, bekannten Weggefährten) ist und bleibt auch im Lichte dieses Buches jener ungeheuerlich grausame Mensch, der er war. Seine Taten, alles was er gedacht, gesagt, gemacht hat und womit er Millionen Menschen ins Unheil stürzte, sind durch nichts zu entschuldigen oder zu rechtfertigen – auch nicht durch die Tatsache, daß es offenbar – so die These dieses Buches – auch Hintermänner gab, Personen, die einen ausschlaggebenden Einfluß auf das grausame Geschehen hatten und dafür die Rechtfertigung lieferten. Nein – Hitler der Unmensch steht hier nicht zur Debatte. Zur Debatte stehen jene, die nach dem Krieg verborgen blieben, indem sie ihre eigenen Verbrechen allein jenen in die Schuhe schoben, die im braunen Gewand Europa und die Welt in Angst und Terror versetzt hatten. Jene *Hintermänner* des Grauens sollen hier genannt werden, deren wirkliche Lehren und Taten so gekonnt vor der Öffentlichkeit versteckt wurden.

Wer diese Männer waren und aus welchen Dunstkreisen sie auftauchten – davon handelt der erste Teil dieses Buches.

Ohne Übertreibung läßt sich sagen, daß allein mit dieser Entdeckung und Enthüllung eine erweiterte Sicht des Phänomens Hitler und des Naziregimes möglich wird, wie es bislang in dieser Schärfe, in dieser Provokation, in dieser Deutlichkeit in der Literatur nicht gegeben war. Mit anderen Worten: Die Frage, wie es kam, daß ein Geisteskranker wie Hitler überhaupt in ganz großem Stil morden konnte, könnte dadurch beantwortet werden.

Im zweiten Teil des Buches wird dokumentiert, wie viele dieser „Männer hinter Hitler" nach dem Krieg untertauchten und wie sie plötzlich dann wieder auf der Bildfläche erschienen. Wo ihre Namen auftauchten – oder unter welchem falschen Namen sie weiterhin tätig waren. Welche Ehrungen sie erhielten. Welche Lehren sie nach dem Krieg verbreiteten. Wer ihre Schüler waren und welcher Methoden sich diese in der Folge bedienten. In diesem Teil des Buches werden einige geradezu unglaublich anmutenden Verbindungen und Verflechtungen enthüllt. Hier wird dokumentiert, daß für einige der wirklichen Hintermänner Hitlers der Übergang in die Nachkriegszeit erstaunlich reibungslos verlief.

Die zweite These dieses Buches lautet also: Die Männer hinter Hitler konnten nach dem Krieg weiterhin ihr Unheil stiften. Ihr „Süppchen weiterköcheln". Ihre Lehren weiterverbreiten.

Aber es wird noch dramatischer. Weiterhin wird dokumentiert, daß die „Männer hinter Hitler" noch heute unter uns weilen. Dies ist natürlich nicht wörtlich zu verstehen. Es geht vielmehr um Ideenkreise und um Methoden, die in erschreckender Weise an Lehren und Methoden der Nazizeit erinnern können. Es geht um Methoden, mit denen Menschen „behandelt" werden – unter anderem auch von den Schülern jener, die einst die Hintermänner Hitlers waren.

Die Autoren haben sich nicht gescheut, Roß und Reiter zu nennen. Namen zu nennen. Auf angesehene, existierende, heutige „Autoritäten" mit dem Finger zu zeigen. Und kein Blatt vor den Mund zu nehmen.

Dieses Buch ist damit ein vorprogrammierter Skandal, wenn Sie so wollen. Aber es kann nicht angehen, daß Menschenrechte täglich mit Füßen getreten werden. Und es kann nicht geduldet werden, daß auch heute Menschen noch immer verstümmelt und verletzt werden – fast ähnlich wie im Dritten Reich.

Es ist allgemein bekannt, daß sich Täter und Verbrecher zu jeder Zeit bemühen, die Spuren ihrer Untaten zu verwischen oder zu beseitigen. Unzählige Betroffene, Historiker, Journalisten, Staatsanwälte oder der Wahrheit verpflichtete Persönlichkeiten haben sich jedoch diesen Verbrechern an die Fersen geheftet und viele ihrer Handlungen und Grausamkeiten aufgedeckt. Die so gewonnenen Erkenntnisse, die auch diesem Buch zugrunde liegen, sind detailliert und nachvollziehbar und blieben nach Kenntnis der Herausgeber unwidersprochen. Widersprüche wird dieses Buch dennoch herausfordern; denn vieles, was an anderer Stelle als ein Ereignis unter vielen berichtet wurde, erhält im Lichte der „Männer hinter Hitler" eine andere, neu zu bewertende Bedeutung.

Bevor wir nun die Karten aufdecken, gestatten Sie ein weiteres Wort in eigener Sache. Dieses Buch richtet sich im Prinzip an zwei Zielgruppen: Zum einen an den Fachmann, den Soziologen, den Mediziner, den Historiker und Biologen, den Wissenschaftler mit einem Wort. Zum anderen aber auch an den Laien, z.B. den historisch Interessierten und an das sogenannte breite Publikum, das wirklich aufgeklärt werden will. Die Autoren sahen sich also dem Problem ausgesetzt, zwei Zielgruppen gleichzeitig „bedienen" zu müssen. Auf der einen Seite mußten sie „wissenschaftlich" vorgehen, mußten eine hieb- und stichfeste Zitierweise demonstrieren, durften ein umfängliches und präzises Quellenstudium nicht unterlassen und mußten sehr sorgfältig abwägen. Der Wissenschaftlichkeit, der Wahrheit, der Präzision durfte kein Abbruch getan werden.

Auf der anderen Seite mußte eine klare, leicht verständliche Sprache gewählt werden. Hierzu war es nötig, Fachbegriffe, die dem Experten natürlich bekannt sind, sofort und auf möglichst einfache Art zu definieren, wenn sie im Text das erste Mal auftraten. Es mußten weiter Zeichnungen angefertigt und Photos eingefügt werden, die das Verstehen erleichterten und ein sofortiges Begreifen der Materie möglich machten. Und schließlich mußten am Ende jedes Kapitels auf einen Blick noch einmal die wichtigsten Informationen zusammengefaßt werden, so daß der Leser den „roten Faden" ohne weiteres verfolgen konnte. Experten und Wissenschaftler mögen uns diese lesefreundliche, leichte Ausdrucksweise verzeihen. Und umgekehrt möge uns der Laie vergeben, daß wir Zugeständnisse an den Wissenschaftler machen mußten, den nur eine genaue und genaueste Zitierweise überzeugt.

Noch eine letzte Vorbemerkung, bevor wir uns endgültig in das Dickicht der Untersuchungen stürzen. Das folgende Buch beinhaltet einige unglaubliche Brutalitäten. Dabei durfte einerseits nichts übertrieben werden. Andererseits durfte aber auch nichts beschönigt werden. Nichts wurde also aufgebauscht, aber auch nichts unter den Teppich gekehrt. Unter dem Strich sind die folgenden Fakten jedoch erschütternd. Dieses Buch ist also etwas für starke Nerven. Obwohl so emotionslos wie möglich die einzelnen Fakten beschrieben werden, laden die Dokumente zur Empörung ein. Und rissen auch die Autoren manchmal zu Emotionen hin. Aber es ist nahezu unmöglich, auf sachlich-trockene Art erschütternde Grausamkeiten abzuhandeln, wenn man nur über die kleinste menschliche Regung verfügt. Verzeihen Sie also den Autoren, wenn sie sich manchmal persönlich betroffen zeigten.

Aber jetzt endlich: Wer waren die „Männer hinter Hitler"? Wer waren diese Helfershelfer und Wegbereiter, die ein Phänomen wie Hitler überhaupt ermöglichten?

TEIL I:

DIE ARCHITEKTEN DES GRAUENS: WER WIRKLICH HINTER HITLER STAND

„Mir hat einmal ein Mann gesagt: ‚Hören Sie, wenn Sie das machen, dann geht Deutschland in sechs Wochen zugrunde.' Ich sage: ‚Was verstehen Sie darunter?' ‚Dann bricht Deutschland zusammen.' Ich sage: ‚Was verstehen Sie darunter?' ‚Dann hört Deutschland eben auf.' Ich habe geantwortet: ‚Das deutsche Volk hat einst die Kriege mit den Römern überstanden. Das deutsche Volk hat die Völkerwanderung überstanden. Das deutsche Volk hat dann die späteren großen Kämpfe des frühen und späten Mittelalters überstanden. Das deutsche Volk hat dann einen Dreißigjährigen Krieg überstanden. Das deutsche Volk hat dann später die Napoleonischen Kriege, die Freiheitskriege, es hat sogar einen Weltkrieg überstanden, sogar die Revolution, – es wird auch mich überstehen!'"

Adolf Hitler
Nationalsozialistischer Politiker, 1889–1945

1. DAS FEHLENDE TEIL IM PUZZLE

Um die Schuldigen wirklich beim Namen zu nennen, um das Geheimnis zu lüften und um eine überzeugende Antwort auf die Frage zu liefern, wie ein Phänomen Hitler überhaupt zustande kommen konnte, muß man zunächst noch einmal in aller Kürze die „Vergehen" beim Namen nennen. Tatsache ist, daß das Phänomen Hitler und das Phänomen des Dritten Reiches doch deswegen in weiten Teilen der Bevölkerung so unverstehbar sind, weil hier mit einer solch unglaublichen barbarischen Grausamkeit vorgegangen wurde, wie es selten vorher oder nachher in der gesamten bekannten Geschichte dieses Planeten (!) geschehen war. Wie konnte so etwas passieren? Wie war so etwas möglich?

Blenden wir kurz zurück: Schon am 30. Januar 1939 hatte Hitler in aller Offenheit verkündet, daß er die „Vernichtung der jüdischen Rasse in Europa" plane. Zahllose Zeugnisse verraten, daß sein Haßgefühl längst entwickelt war.[1] Später, konkret am 29. Mai 1942, verlangte Adolf Hitler in einem Tischgespräch, Europa müßte nach einer bestimmten Zeit völlig „judenfrei" sein.[2]

Schon im ersten Feldzug, den Hitler gegen Polen vom Zaun brach, wurde diese Absicht gnadenlos durchgeführt. In Warschau, Lodz und anderen Städten wurde die jüdische Bevölkerung in Gettos wie Vieh zusammengepfercht. In der Nähe von Lublin wurde ein „Gebiet von etwa 90 bis 100 Quadratkilometern als Judenreservation"[3] bestimmt. Wenn man die Schandtaten alle auflistet, stockt der Atem: Enteignung, Folterung, Tötung – jedes Delikt, jede Verletzung, jede Brutalität, die man sich ausdenken kann, waren plötzlich „normal".

Das gleiche Spiel wiederholte sich 1940 in Dänemark, Norwegen, Holland, Belgien, Luxemburg und Frankreich. Nach deutschem Vorbild schoß eine antijüdische Gesetzgebung in Frankreich, Rumänien, Italien und Ungarn aus dem Boden. An der Tagesordnung waren mit einem Mal Erpressungen, Schändungen von Synagogen, Deportationen, Raub, Erschießungen und Massenerschießungen. In Österreich, im Sudetenland, in der Tschechoslowakei, in Rußland – überall wurde gemordet, als ob der Mensch ein Stück Vieh wäre, das man nach Belieben abschlachten kann.

Schon 1941 waren Vergasungen nichts Ungewöhnliches. Die Konzentrationslager und das Horrorszenario ab Dezember 1941 in Auschwitz, Chelmno, Belec, Sobibor, Treblinka und Maidanek wurden Orte auf der europäischen Landkarte mit trauriger Berühmtheit. Die Nazis entwickelten einen richtigen Professionalismus im Töten. Im Vergasungslager Auschwitz etwa ging man nach einer Weile von Dieselauspuffgasen zu dem wirkungsvolleren Gift *Zyklon B* über. Das neue Gift lieferte die Firma Degesch, eine der I.G. Farben nahestehende Gesellschaft.[4] *Millionen* wurden durch Zyklon B getötet.

Wie hoch war die Zahl der Opfer? Das Nürnberger Tribunal schätzte, daß 5.721.800 Juden umgebracht wurden. Rund sechs Millionen Menschen also. Im Zusammenhang lesen sich die Zahlen wie folgt:

---

1 Vgl. Adolf Hitler: Mein Kampf. München 1936. Hier bezeichnet er die Juden u.a. als sich „blutig bekämpfende Rasse von Ratten" und vieles mehr

2 H. Picker: Hitlers Tischgespräche, hrsg. von P.E. Schramm, 1963

3 Vgl. Gebhardt: Handbuch der Deutschen Geschichte, Band IV/2. Stuttgart 1978[9], S. 548

4 Vgl. Degesch-Prozeß, Schwurgericht in Frankfurt 1949, Strafsache Peters (Geschäftsführer der Degesch), Schwurgericht Frankfurt 1955. Gefundenen in Gebhardt, a.a.O., S. 550

1939 gab es ca. 15 Millionen Juden auf der Welt, 1945 nur noch 9 Millionen. In Deutschland (ohne Österreich) gab es 1939 (infolge Emigration) nur noch 200.000 Juden, 1945 waren es gerade noch 12.000.[5]

Aber das waren nur die *Juden*.

Ein ganz anderes Thema war das sogenannte Euthanasie-Programm. *Euthanasie* heißt wörtlich soviel wie *Sterbehilfe*, ist aber eine irreführende Vokabel. Bei den „Euthanasie-Programmen" handelte es sich eigentlich um Massentötungen. Tarnorganisationen wie die „Reichsarbeitsgemeinschaft Heil- und Pflegeanstalten" suchten nach bestimmten *„Krankheitsmerkmalen"* mittels Fragebögen, fahndeten aber auch nach der *Arbeitsleistung* und der *Rasse*. Andere Tarnorganisationen, wie die „Gemeinnützige Krankentransportgesellschaft GmbH", schleusten die erfaßten „Kranken" und „Minderwertigen" in Durchgangsanstalten zu den Tötungsanstalten. Die Zahl der Opfer: 100.000 bis 200.000 Menschen. Auf diese Weise entledigte man sich der Häftlinge, der Arbeitsunfähigen und der politisch und rassisch Mißliebigen. Nicht erwähnt haben wir in diesem Zusammenhang die zahlreichen Menschenversuche, die einem das Schaudern beibringen könnten. Mit Unterdruck, Unterkühlung, Fleckfieberimpfstoffen und Sulfonamiden wurde experimentiert – am lebenden „Objekt".

Die Verbrechen im Kriege sind ein weiteres Kapitel. Tötungen, Mißhandlungen, Hinrichtungen, Verschleppungen zur Zwangsarbeit, bitterstes Elend, Verkrüppelungen, Leid, Armut und Millionen Tote waren die Folge des Zweiten Weltkrieges. Läßt man einmal die Tatsache unberücksichtigt, daß es im asiatischen Raum auch ohne Hitler zu einem Fiasko gekommen wäre, ist es dennoch erschreckend, die nüchternen Ergebnisse dieses weltweiten Unheils zu lesen. Die nackten Zahlen:

Von 110 Millionen Soldaten fielen 27 Millionen. Darüber hinaus starben 25 Millionen Zivilpersonen. 3 Millionen Menschen blieben vermißt. Die Sowjetunion verlor allein 20 Millionen, China wenigstens 10 Millionen, Deutschland 4,6 Millionen, weitere 2,5 Millionen durch Flucht, Vertreibung und Verschleppung, Polen 5,8 Millionen, Japan 2 Millionen, Jugoslawien 1,7 Millionen, Frankreich 600.000, Großbritannien 400.000, die USA 300.000 Menschen.[6]

Man kann, sehr sachlich, sehr nüchtern, von der größten Katastrophe und dem größten Massenmord in der gesamten bekannten Geschichte sprechen.

In der Folge wurde nun von ganzen Heeren von Historikern und Wissenschaftlern versucht dieses Geheimnis, dieses Rätsel zu ergründen. Die Frage aller Fragen laute-

5 Vgl. Gebhardt, a.a.O., S. 550

6 Die planmäßigen Verwüstungen breiter Landstriche in Ost- und Mitteleuropa haben wir dabei nicht einmal erwähnt – oder die Räubereien in den west- und südeuropäischen Ländern

te: Wie konnte so etwas eigentlich passieren? Was steckte dahinter? Wie vermochte man sich so etwas überhaupt zu erklären?

Erlauben Sie, daß wir noch einen Augenblick mit der *richtigen* Antwort warten. Und verweilen wir noch einen Moment bei den verschiedenen Interpretationsversuchen.

Wie gesagt: Buchstäblich ein ganzes Heer von Wissenschaftlern machte sich nach dem mörderischsten aller Kriege daran, zu ergründen, „wie das alles geschehen konnte, damit sich das gleiche nicht noch einmal wiederholte". Die normalerweise so zurückhaltend formulierenden Wissenschaftler waren sich alle in einem Punkt einig: So etwas durfte nie wieder passieren. Aber was waren die *wirklichen* Gründe? Die *wirklichen* Auslöser? Die Ursache für all diese Vergehen? Wie war ein so unfaßbares Morden möglich, das Abgründe der menschlichen Seele aufgedeckt hatte wie nie zuvor?

Die Historiker recherchierten in der Folge so sorgfältig wie nie zuvor. Wie war Hitler überhaupt an die Macht gekommen? Antworten gab es genug: Die Wirtschaftskrise allem voran. Der verlorene Erste Weltkrieg. Die Arbeitslosigkeit. Der Hunger und das Elend des deutschen Volkes zwischen 1918 und 1933. Die geringe Demokratieerfahrung des deutschen Volkes. Die weltanschaulichen Krisen. Die Krisen der christlichen Kirchen. Die allgemeine Faschismusbewegung in Europa. Die Inflation. Das Versailler Diktat. Das und noch Hunderte anderer Gründe mehr wurden strapaziert, um zu verstehen, wie es einem Mann wie Hitler gelingen konnte, an die Macht zu kommen. Aber: In anderen Staaten hatte es auch so schwere Krisen gegeben sowie Hunger, Elend und Arbeitslosigkeit. Warum war das alles gerade in *Deutschland* passiert?

In der Folge wurde auch das Phänomen *Hitler*, die Person, untersucht: Dieser Unmensch wurde biographisch auseinandergenommen, seziert und durchleuchtet wie nie ein Mensch vorher oder nachher. Hitler-Biographien, Hitler-Analysen und Hitler-Deutungen schossen förmlich wie Pilze aus dem Boden. Gestandene Professoren schrieben Bücher über Themen wie „Der Mann, der Hitler die Ideen gab",[7] worin z. B. genauestens demonstriert wird, daß Hitlers antisemitische Ideen von einem Jörg Lanz von Liebenfels stammen, der durch seinen Judenhaß den späteren „Führer" zweifelsfrei beeinflußte und ihm seine Rassen-Wahnideen einpflanzte. Wissenschaftler mühten sich also wirklich redlich mit ihrem Quellenstudium! Der vielleicht beste Hitler-Biograph, den es im deutschsprachigen Raum gibt, der exzellente Historiker Joachim C. Fest,[8] spürte wirklich jeden Faden, jede Verbindung, jeden noch so

7 Wilfried Daim: Der Mann, der Hitler die Ideen gab. Berlin, Wien 1985
8 Joachim C. Fest: Hitler. Frankfurt, Berlin 1992[3]

bescheidenen Einfluß in Hitlers Leben auf. Adolf Schicklgruber, wie der „größte Führer aller Zeiten" um ein Haar geheißen hätte, wurde seziert wie ein Kaninchen. Keine Ecke dieser schwarzen Seele blieb unausgeleuchtet.

Und zugegeben: Man gewinnt wirklich wichtige Erkenntnisse, wenn man diese äußerst sorgfältigen Recherchen nachliest, die das Leben des Adolf Hitler noch einmal nachvollziehbar machen, bei dem laut Fest „Zustände hochgestimmter Erregtheit abrupt mit Stimmungen tiefer Depression abwechselten, in denen er nur Ungerechtigkeit, Haß, Feindschaft sah und allein und einsam gegen die gesamte Menschheit antrat".[9] Man durchlebt mit und in diesen Biographien noch einmal Hitlers Leben, begreift ein wenig seinen Haß, vollzieht die Lektüre der antisemitischen Literatur nach, die er sich einverleibte, versteht die Deutschtümelei, den überreizten Nationalismus und vieles andere mehr. Man erkennt die verschiedenen Einflüsse, man studiert und sieht und lernt – und kann dennoch das Phänomen Hitler, nach den besten Recherchen am Schluß nicht ganz nachvollziehen. Der biographische Ansatz läßt zwar das gesellschaftliche Umfeld erkennen und gibt Aufschluß über viele kleine Details – und trotzdem kann man das Leben des Anstreichers und späteren Massenmörders nicht wirklich verstehen. Es bleibt einfach eine Frage offen: Warum diese unbeschreibliche Brutalität? Woher stammen diese grauenerregenden Methoden? Was konnte Hitler zu einer solchen Bestie machen?

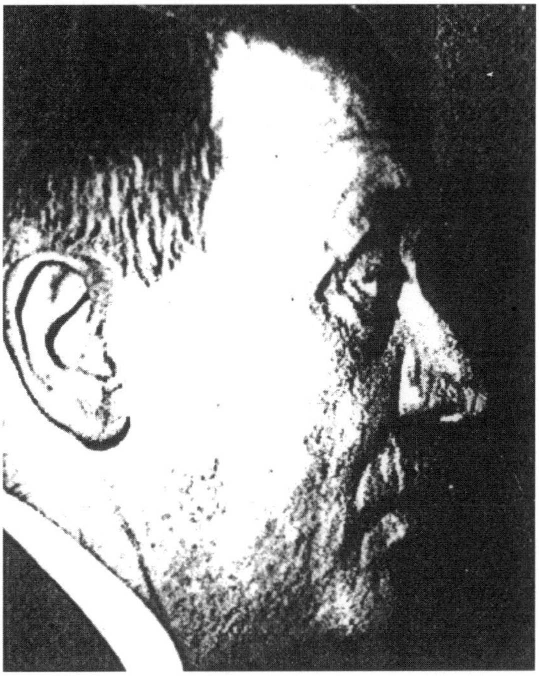

Adolf Hitler am Ende seines Lebens

Und dann studiert man weiter. Man vollzieht detailgenau nach – anhand aller verfügbaren historischen Dokumente – den Aufstieg Hitlers, liest mit Erstaunen, wie er die Marxisten und Kommunisten aufgrund ihrer Propagandatechniken heimlich bewunderte, wie er von ihnen lernte; man kann schließlich sogar seine rhetorischen Tricks nachvollziehen, wenn man seinen

9 Joachim Fest, a.a.O., S. 53

„Kampf" studiert; kann nachvollziehen, wie er an die Macht gelangte und wie er die Wahlen gewann und sieht sich danach wieder diesen unfaßbaren Grausamkeiten gegenüber, die jeder Beschreibung spotten, und die man, selbst wenn man sie nüchtern, sachlich und trocken auflistet, wie wir es hier getan haben, einfach nicht fassen, nicht begreifen kann.

Was also ist des Rätsels Lösung? Nun, die Antwort mag zunächst vereinfachend anmuten: Es *fehlt* ein Stückchen im Puzzle. Etwas wurde nicht gesagt. Wurde verschwiegen. Vielleicht sogar bewußt verschwiegen.

Wenn alle Analysen getätigt sind, bleibt immer noch die Frage offen, wie solch unmenschlichen, barbarischen Grausamkeiten geschehen konnten, die doch so offensichtlich irrational, so offensichtlich menschenverachtend, so offensichtlich falsch sind.

Eines wurde immer wieder behauptet, aber nie schlüssig nachgewiesen: Daß all diese Unmenschlichkeiten, Grausamkeiten und unfaßbaren Massenmorde nur zu verstehen sind, wenn man davon ausgeht, daß hinter Hitler gewisse *Drahtzieher* standen, die all diese Brutalitäten befürworteten, ja rechtfertigten. Die „Philosophie" Hitlers, seine Weltansicht, seine Weltanschauung, der Menschenbegriff und die Personen, die ihn geprägt haben, spielen dabei eine entscheidende Rolle. Die These dieses Buches lautet nun: Die Weltanschauung und der Menschenbegriff Hitlers wurden *zu einem ganz entscheidenden Teil von der Psychiatrie* mitgeprägt! Die *Psychiatrie* ist, wenn Sie so wollen, ein fehlender Bestandteil im Puzzle, was das Begreifen des Phänomens Adolf Hitler und des Dritten Reichs angeht.

Kommen wir zu den Fakten.

AUF EINEN BLICK

1. Die geschätzte Anzahl der ermordeten Juden während Hitlers Herrschaft: 5.721.800.
   1939 gab es weltweit 15 Millionen Juden, 1945 nur noch 9 Millionen.
2. Die Anzahl der Massentötungen durch die „Euthanasie-Programme“: 100.000 – 200.000 Menschen (geschätzte Zahl).
3. Das Ergebnis des Zweiten Weltkriegs: 27 Millionen tote Soldaten, 25 Millionen getötete Zivilpersonen, insgesamt also 52 Millionen Tote.
4. Wie konnte Hitler an die Macht gelangen?
   Die Analyse der Historiker:
   (1) Weltwirtschaftskrise
   (2) Arbeitslosigkeit, Hunger und Elend
   (3) Der verlorene Erste Weltkrieg/ Versailler Vertrag
   (4) Geringe Demokratieerfahrung der Deutschen
   (5) Weltanschauliche Krisen, Krisen der christlichen Kirchen
   (6) Allgemeine Faschismusbewegung in Europa
5. Wie ist das Phänomen Hitler zu erklären?
   (1) Weltanschaulich
   (2) Gesellschaftlich
   (3) Biographisch
   (4) Es existiert ein fehlendes Teil im Puzzle: die Psychiatrie

„Ideologie: Impfstoff, der gegen das Denken immunisiert."

Ron Kritzfeld
dt. Kaufmann, geb. 1921

2. DIE ENTSTEHUNGSGESCHICHTE EINER MENSCHENVERACHTENDEN POLIT-PHILOSOPHIE

Rollen wir die Geschichte Szene um Szene auf. Bevor wir konkret auf die Geschichte der Psychiatrie eingehen, die zum Teil wirklich unfaßbar ist und die nach unserer Ansicht niemals systematisch genug aufgearbeitet wurde, möchten wir zunächst die Ideologie des Nationalsozialismus nochmals kurz in Augenschein nehmen.

Es ist interessant einmal nachzuvollziehen, wie eine *unterdrückerische* „Polit-Philosophie" überhaupt entstehen konnte. Und es ist unglaublich, daß bei allen hervorragenden Recherchen, die Historiker angestellt haben, wenn sie nach den Wurzeln des Nationalsozialismus fahndeten, sie ein wichtiges Teil, vielleicht das wichtigste Teil überhaupt, ignoriert, außer acht gelassen oder jedenfalls vernachlässigt haben.

Aber fragen wir zunächst ganz naiv, wie konnte der Nationalsozialismus überhaupt entstehen? Aus welchen Wurzeln nährte sich dieses Ideengebäude? Und wo sind seine Ursprünge und Anfänge zu suchen?

Soweit man es heute nachvollziehen kann, muß man mindestens fünf Namen benennen, wenn man die Ursachen des Nationalsozialismus erforschen will.

Es sind dies

- Malthus,
- Darwin,
- Nietzsche,
- Gobineau und
- Chamberlain.

Untersucht man deren Schriften und (zum Teil abenteuerlichen) Behauptungen, so wird man mit einigen überraschenden Einsichten konfrontiert. Gehen wir systematisch vor.

THOMAS ROBERT MALTHUS

Thomas Robert Malthus (1766 – 1834) wird heute ganz unschuldig als „britischer Nationalökonom und Sozialphilosoph" gefeiert. Wiewohl ihm eigentlich phantastische Fehler unterliefen, scheut man sich nicht, ihn bis heute fleißig weiter „aufzuarbeiten". Aber zunächst einige seiner Thesen. Berühmt-berüchtigt wurde dieser „Sozialphilosoph", der als Pfarrer begann, durch seine Bevölkerungstheorie,[1] die man sich einmal in aller Ruhe zu Gemüte führen sollte. Auf einen ganz simplen Nenner gebracht beinhaltet diese Theorie, daß die Völker angeblich zu schnell wachsen würden. Nahrungsmittelmangel, Kriege und Epidemien behinderten jedoch dieses Wachstum (und wurden von Maltus also begrüßt!) und dezimierten die Bevölkerung. Es lag also für Malthus auf der Hand, daß Kriege, Epidemien und Hungersnöte letztlich dem Fortbestand der menschlichen Rasse dienlich waren, zumindest jedoch betrachtete er es als ziemlich sinnlos, einen Versuch zur Besserung zu unternehmen. Im Jahre 1798 stellte der Sozialphilosoph in dem Buch „An Essay on the Principel of Population as it affects the Future Improvement of Society"[2] seine Ideen einem breiten Publikum vor. Wie eine Bombe schlug das Buch in die damalige Diskussion ein.

Und das war kein Zufall. Denn Malthus' Theorie kam einigen Kreisen sehr gelegen. Sein Werk avancierte zu einem Bestseller. Es lieferte vermeintlich plausible Erklärungen für eine Gesellschaft, die die Bevölkerungszunahme der unteren Schichten als direkte Bedrohung erlebte.

Betrachten wir seine Theorie noch etwas genauer:

Seine dem Adel und Bürgertum Angst einflößende Bevölkerungstheorie beruhte auf der *Annahme*, daß sich das Wachstum der Bevölkerung in einer geometrischen Reihe bewege, die Nahrungsmittelproduktion jedoch in einer arithmetischen (vergleiche hierzu Schaubild: „Malthus' Horrorszenario"). Das bedeutete und suggerierte, daß zwischen Nahrungsmittelproduktion und Bevölkerung eine immer weiter auseinanderklaffende Scherenbewegung entstehen würde. Laut Malthus war es absehbar, daß schon bald die Nahrungsmittelmenge nicht mehr ausreichen würde, um alle,

1 Eigentlich ist diese „Bevölkerungstheorie" bedeutend älter. Niedergeschrieben wurde sie erstmals von Gioanni Botero, der sie 1589 formulierte. Aber Malthus verhalf der Theorie zur Berühmtheit und machte damit Furore

2 Malthus' Buch erschien in Deutschland unter dem Titel „Versuch über das Bevölkerungsgesetz" im Jahre 1807

(d.h. zunächst die englische Bevölkerung) zu ernähren. Die Schlußfolgerung und Logik war – die Bevölkerung darf nicht mehr im gleichen Maße wachsen. Sprich, die Ärmsten der Armen, die sozialen Unterschichten, dürfen sich in Zukunft nicht mehr so drastisch vermehren; ihrer „sexuellen Manie“ müsse Einhalt geboten werden.

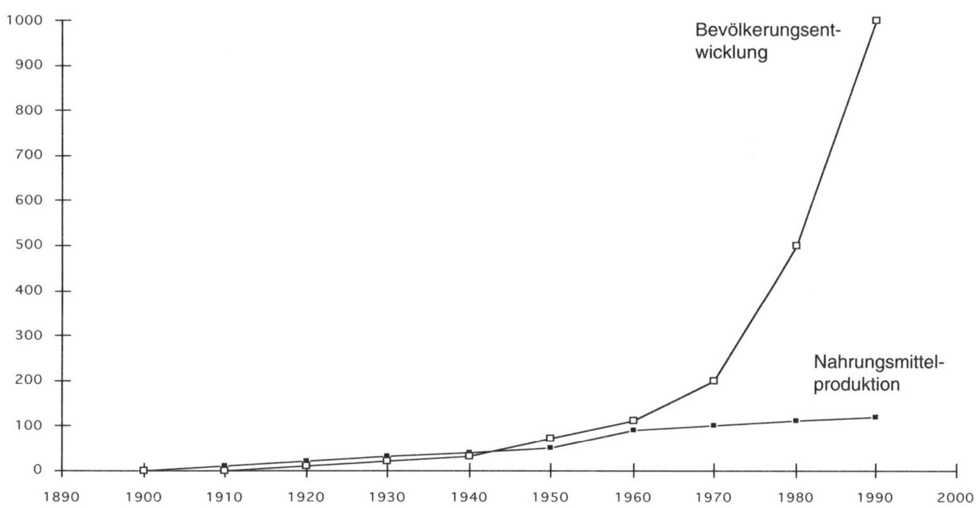

Malthus' Horrorszenario über die Bevölkerungsentwicklung und die Nahrungsmittelproduktion

Und weiter: Um der sinnlosen Vermehrung Einhalt zu gebieten, müsse frühe Heirat, „Laster“ (= außerehelicher Geschlechtsverkehr) „widernatürliche Leidenschaften“ (= Homosexualität, Sodomie usw.) abgeschafft werden. Weiter forderte er, daß die Löhne der Arbeiterbevölkerung *nicht* erhöht werden dürfen (sonst sähen sich die Arbeiter animiert, zu früh Kinder zu zeugen). Auch dürfe keine Armensteuer erhoben werden (es könnte ja ein Anreiz zur Faulheit und Vergrößerung der Familie sein). Die Armenfürsorge müsse völlig eingestellt werden. Und: Gegebenenfalls solle man sich der „periodisch wiederkehrenden Verminderungen des Bevölkerungsüberschusses durch Hungersnot, Pest oder Krieg unterwerfen.“[3] Außerdem fordert Maltus niedri-

3 Vgl. Will Durant: Die Napoleonische Ära. Frankfurt, Berlin 1982, S. 91

ge Löhne, die die Voraussetzung für disziplinierte Arbeit und Gehorsam seien, so daß die „unbekümmerte Fruchtbarkeit der Armen" gebremst werden könne.

Aus heutiger Sicht sind Malthus' Theorien wissenschaftlich nicht begründbar, wenngleich sie immer noch (mit Abstrichen) im Hinblick auf die Bevölkerungsexplosion in der Dritten Welt zitiert werden. Nichtsdestoweniger sind sie falsch.[4] Was aber viel schlimmer ist als das: Malthus legte mit seinem Buch die *Basis* für spätere Verbrechen. Mit Hilfe seiner Theorie schuf er eine Atmosphäre, die es sinnvoll, „gut" und logisch erscheinen ließ, etwas gegen die Armen zu unternehmen.

„Wie eine göttliche Offenbarung" wurde Malthus von bestimmten Kreisen aufgenommen, schreibt Durant, der wohl renommierteste US-amerikanische Historiker. Tatsächlich wurde in der Folge zu einer neuen Art von Hexenjagd geblasen, nämlich auf die sogenannten „Minderwertigen". Mit Malthus entstand also nicht nur der theoretische Nährboden für die spätere Verfolgung und Ausmerzung von Menschen, die nur noch mit den Folgen der mittelalterlichen Inquisition verglichen werden kann, sondern es passierte auch konkret folgendes: William Pitt, der damalige englische Premier, zog im Zuge der Malthus'schen Diskussion die Gesetzesvorlage zurück, die er zur Verbesserung der Armenfürsorge eingebracht hatte. Weiter wurden die Löhne für die Arbeiter gesenkt. Und schließlich wurden die Ärmsten der Armen für das ganze Elend der Zeit verantwortlich gemacht.

1834 erzielte Malthus einen seiner größten „Erfolge": In England verabschiedete man ein Armengesetz, das die Einrichtung von Armenhäusern vorsah, in denen die Geschlechter streng getrennt voneinander gehalten wurden, um den „unaufhaltsamen Bevölkerungsüberschuß" einzudämmen. Malthus' Idee, „moralische Schranken" einzuführen, um das Bevölkerungswachstum einzudämmen, hatte sich durchgesetzt.

4 Es wimmelte und strotzte nur so von zahlreichen Gedankenfehlern in diesem theoretischen Gebäude! In Europa, China und Indien verdoppelte sich die Bevölkerung noch zur Lebzeit Malthus – und war besser ernährt als je zuvor. Das gleiche gilt für die USA, wo weniger Landwirte sogar noch satte Landwirtschafts-Exportüberschüsse erzielten.
Weiter ist falsch: Lohnsteigerungen zeitigen keine Zunahme, sondern eine Senkung der Geburtenrate, wie man heute weiß; das heißt, je reicher eine Familie, umso weniger Kinder sind die Folge. Ein dritter Gedankenfehler: Die Zunahme der Bevölkerung entwickelt sich nicht gleichmäßig nach einem mathemathischen Gesetz.
Aus den Thesen der Malthus'schen Bevölkerungstheorie werden noch heute falsche Schlußfolgerungen gezogen. Immer noch existiert der Konflikt zwischen Arm und Reich bzw. zwischen den reichen Industrienationen und den armen Bevölkerungen der Dritte-Welt-Länder. Und wiederum ist eine Horror-Szenario über die Bevölkerungsentwicklung Ausgangspunkt von falschen politischen Maßnahmen. So warnten jüngstens die Vereinten Nationen (UN) vor den katastrophalen Folgen für die Umwelt durch ein ungebremstes Bevölkerungswachstum! Aus dem jüngsten Jahresbericht der

Mit Malthus' Theorie besitzen wir den ersten Eckpfeiler der Weltanschauung des Nationalsozialismus. Wie man heute weiß, beruhte er auf völlig unwissenschaftlichen Annahmen. Panik, Angst und ein völlig irrationales Gefühl standen an der Wiege dieser Theorie, die fein säuberlich in ein paar mathematische Formeln eingepackt und mit der PR-Vokabel „Wissenschaft" verkauft wurde.

Hochinteressant ist nun, daß Malthus den zweiten Baustein, der zu dem Ideengebäude des Nationalsozialismus führte, direkt beeinflußte! Das heißt, Malthus inspirierte Darwin!

Charles Darwin (1809–1882)[6]

CHARLES DARWIN

Charles Darwin schreibt in seiner Autobiography*:*

„Im Oktober 1838 ... las ich zu meiner Unterhaltung Malthus on Population*; .... kam mir mit einem Mal der Gedanke, daß unter derartigen Umständen günstige Varianten sich erhalten und ungünstige vernichtet werden würden. ... Hier hatte ich nun endlich eine brauchbare Arbeitshypothese gefunden. "*[5]

UN geht hervor, daß es z. Zt. etwa 5,5 Milliarden Menschen auf Planet Erde gibt. Jedes Jahr werden etwa weitere 97 Millionen Menschen geboren. 1998 werde die Sechs-Milliarden-Marke überschritten sein. Die UN-Experten rechnen für das Jahr 2025 mit 8,5 Milliarden Menschen. Im Jahre 2050 werde sich die Weltbevölkerung auf mindestens zehn bis 12,5 Milliarden erhöht haben, so heißt es. Weit über die Hälfte aller Menschen lebten dann in Asien und nur noch 13 Prozent in den Industriestaaten. Sollten jetzt nicht schnelle Maßnahmen zur Geburtenregelung getroffen werden, wäre der Planet so übervölkert, daß natürliche Rohstoffe nicht mehr ausreichten und eine Wanderungsbewegung ungeahnten Ausmaßes bevorstehe. Wenn die Entwicklung anhalte, müßten 4,5 Millionen Quadratkilometer Land, etwa vier Fünftel der Fläche aller Naturreservate, gerodet werden. Weiter sagen die UN-Experten voraus, in Afrika hätten im Jahr 2025 eine Milliarde Menschen zu wenig Wasser. Vgl. Jahresbericht der Vereinten Nationen zur Bevölkerungsentwicklung. Kommentiert in: Frankfurter Rundschau, Nr. 101/18, Jg. 48, v. 30.04.1992, S. 1

5 Gefunden in: Will Durant, a.a.O., S. 93

6 Quelle: Charles Darwin: Die Abstammung des Menschen (übersetzt von Heinrich Schmidt und eingeleitet von Gerhard Heberer). Stuttgart 1966

So publizierte Darwin 1859 sein Buch *The Origin of Species*, das vielleicht einflußreichste Buch des 19. Jahrhunderts, das die Welt in der Folge vollständig verändern sollte.

Als zweiter Eckpfeiler des Nationalsozialismus sollte also Charles Darwin kritisch untersucht werden, ein englischer Naturforscher (1809 – 1882), dessen Thesen hohe und höchste Wellen schlugen und zu dem Diskussionsgegenstand schlechthin im 19. Jahrhundert wurden. Er verstand es offenbar, die Forscher seiner Zeit geschickt auf seine Seite zu ziehen. Hauptsächlich wurde Darwin bekannt durch seine öffentlichen Auseinandersetzungen mit dem Bischof von Oxford, dem „seifigen Sam Wilberforce", eine Art Gegenspieler, der jedoch letztlich gegen ihn verlor.

Darwins Forschungen bezogen sich zunächst auf die Tierwelt. Seine Grundidee war, daß die verschiedenen Tierarten durch eine *natürliche Auslese* entstehen. Tiere passen sich den jeweiligen Lebensbedingungen an und durch eine natürliche Auslese bleiben nur die Stärksten, die Besten, die Überlebensfähigsten übrig; auf diese Weise bilden sich die Arten.

Auch Darwin ging wie Malthus von einer „zu großen Nachkommenzahl der Lebewesen" aus, die sich durch einen natürlichen „Kampf ums Dasein" aber selbst dezimieren. Die Stärksten vermehren sich, so daß eine allmähliche Umbildung der (früher für konstant gehaltenen) Arten und eine automatische Höherentwicklung erfolge.

Wäre Darwin im Tierreich verblieben, hätte man möglicherweise nichts gegen seine Thesen einzuwenden gehabt, obwohl seine Thesen bis heute nicht unumstritten sind. Aber der verteufelte Fehler war die unzumutbare Übertragung dieser Theorie auf den Menschen, die zu unglaublichen Konsequenzen führen sollte.

Aber gehen wir noch einen Moment genauer auf Darwins Ideen ein, bevor wir uns der Kritik zuwenden:

Darwin verband seine Theorie der *natürlichen Auslese* mit den Annahmen der Malthus'schen Bevölkerungstheorie. Das heißt, seine Beobachtungen der Tierwelt verklammerte er mit der falschen Idee über den unkontrollierbaren Bevölkerungszuwachs.

Mit anderen Worten: *Biologische* Deutungen aus der Tierwelt wurden auf die (sozialen) Entwicklungen der menschlichen Gesellschaft übertragen.[7] Darwin polemisierte dabei (ebenso wie Malthus) mit „biologischen" Argumenten für bzw. gegen bestimmte „soziale" Maßnahmen.[8] Führen wir uns dazu einmal das folgende Zitat zu

7 An dieser Stelle sei nicht auf die Diskussion eingegangen, ob dieser sogenannte „Sozialdarwinismus" von Darwin persönlich inspiriert wurde – oder ob das in unzulässiger Weise einige übereifrige Schüler später bewerkstelligten

8 Vgl. Christoph Mai: Die Zwillingsmethode. Zur Geschichte eines humangenetischen Forschungskonzeptes bis 1945. Diss. med. Hamburg 1988, S. 46f.

Gemüte und wir erkennen sehr schnell, daß der *Darwinismus* und der *Sozialdarwinismus* einander verbundener sind als bisher angenommen:

Darwin im Orginalton:

„Bei Wilden werden die an Geist und Körper Schwachen bald beseitigt und die, welche leben bleiben, zeigen gewöhnlich einen Zustand kräftiger Gesundheit. Auf der anderen Seite tun wir zivilisierten Menschen alles nur Mögliche, um den Prozeß dieser Beseitigung aufzuhalten. Wir bauen Zufluchtstätten für die Schwachsinnigen, für die Krüppel und die Kranken, wir erlassen Armengesetze und unsere Ärzte strengen die größte Geschicklichkeit an, das Leben eines jeden bis zum letzten Moment noch zu erhalten. Es ist Grund vorhanden, anzunehmen, daß die Impfungen Tausende erhalten haben, welche infolge ihrer schwachen Konstitution früher den Pocken erlegen wären. Hierdurch geschieht es, daß die schwächsten Glieder der zivilisierten Gesellschaft auch ihre Art fortpflanzen. Niemand, welcher der Zucht domestizierter Tiere seine Aufmerksamkeit gewidmet hat, wird daran zweifeln, daß dies für die Rasse des Menschen im höchsten Grade schädlich sein muß. Es ist überraschend, wie bald ein Mangel an Sorgfalt oder eine unrecht geleitete Sorgfalt zur Degeneration einer domestizierten Rasse führt; aber mit Ausnahme des den Menschen betreffenden Falls ist kein Züchter so unwissend, daß er seine schlechtesten Tiere zur Nachzucht zuläßt.“[9]

Und später schreibt Darwin in einem Brief an William Graham, Professor der Jurisprudenz in Belfast:

„Wirft man einen Blick auf die Welt in einer nicht sehr entfernten Zukunft, welche endlose Zahl der niederen Rassen wird durch die höheren zivilisierten auf der ganzen Erde beseitigt worden sein.“

Deutlicher kann man eigentlich nicht mehr werden. Darwin legte mit diesen Worten, ohne daß er es ahnte, den Grundstein für den Holocaust und den Mord an Schwachsinnigen, Krüppeln und Kranken – wie auch für den Rassengedanken!

Wenn sich Darwin tatsächlich nur für die Entstehungsgeschichte der Tierarten auf unserem Planeten interessiert hätte, ohne dies auf die Menschen zu übertragen, hätte er wie gesagt möglicherweise einen interessanten Forschungsbeitrag geleistet. Aber in Kombination mit der menschenverachtenden Malthus'schen Bevölkerungslehre wurde auf einmal eine neue Theorie geboren, wie eine Gesellschaft geformt wird[10] und geformt werden sollte.

---

9 Charles Darwin: Die Abstammung des Menschen und die geschlechtliche Zuchtwahl, I. Teil. Stuttgart 1871, S. 146

10 Vgl. H. M. Peters: Soziomorphe Modelle in der Biologie, in: Ratio 1 (1960), S 22-37. Ders.: Historische, soziologische und erkenntniskritische Aspekte der Lehre Darwins. In: H.-G. Gadamer, P. Vogler (Hrsg.): Neue Anthropologie, Bd. 2. Biologische Anthropologie (1. Teil). München und Stuttgart 1972, S. 326-352

Darwin selbst verkündete zeitweise, daß er keine Aussagen treffen wolle, was die Entwicklung der menschlichen Gesellschaft angehe; er beschränke sich auf seine zoologischen Studien. Aber Fakt ist, daß er die oben zitierten Aussagen tätigte. Hinzu kam, daß innerhalb kürzester Zeit ganze Stämme von „Wissenschaftlern" für ihn in die Bresche sprangen und den „Sozialdarwinismus" weiterverbreiteten. Seine aus heutiger Sicht menschenverachtenden Aussagen trafen also nicht nur nicht auf Empörung, sondern fanden sogar schon bald begeisterte Anhänger, die diese haarsträubenden Ideen zur „Wissenschaft" erklärten. Wahrscheinlich wäre Darwin selbst heute über die späteren Folgen mancher seiner Thesen entsetzt.

Aber von nun an begann man die Theorie vom „Kampf ums Dasein" zu zitieren. Darwin wurde nach *ideologisch verwertbaren Aussagen* durchgeforstet. Schlagworte wie „Natürliche Auslese", „Erhaltung der bevorzugten Rassen", „Existenzkampf" und andere Phrasen und Worthülsen wurden auf einmal Tagesgespräch und machten die Runde.

Mögliche stimmige oder nichtstimmige evolutionäre Entwicklungsgesetze aus dem Tierreich wurden flugs und ungeprüft auf gesellschaftliche Prozesse übertragen,[11] als ob der Mensch nur ein besseres Tier sei. Man dachte nicht mehr an Beethoven, der doch taub war und eigentlich „ausgemerzt" hätte werden müssen, oder an andere Genies...

Halten wir fest: Der Darwinismus kann (in der Folge sprachen Wissenschaftler vornehm nur vom „Sozialdarwinismus")[12] als ein theoretisches Fundament des Nazi-Gedankentums angesehen werden. Schon bald nach Darwin erblickten gefährliche Begriffe das Licht der Welt. So entstand das Wort „Sozialhygiene". Es ist auf den Philosophen Schallmayer zurückzuführen.[13] Wörtlich bedeutet *Sozialhygiene* „Sauber-

11 Vgl. Christoph Mai, a.a.O., S. 47: „Den guten Ruf und das wachsende Ansehen, welches Darwin unter den Naturwissenschaftlern genoß, wußten sich Sozialdarwinisten in vielen Ländern geschickt politisch zunutze zu machen – so konnte auch in Deutschland eine ursprünglich kleine rassistische Gruppierung zum Kristallisationskern einer machtvoll anwachsenden Bewegung werden."

12 Franz M. Wuketits vertritt abweichend hierzu folgende Auffassung, der man sich anschließen kann oder auch nicht: „Der Sozialdarwinismus ist eine Form des Biologismus, er überträgt – wie schon der Name sagt – Darwins (Selektions-)Theorie auf menschliche Sozietäten, hat aber, wie wiederholt gesagt werden muß, mit Darwin nichts zu tun: Darwin war kein Sozialdarwinist! Der Sozialdarwinismus verdankt zwar Darwin seinen Namen, doch hätte sich dieser von einer solchen Ideologie und vor allem von deren Auswirkungen distanziert. Dennoch liegen die Wurzeln des Sozialdarwinismus im 19. Jahrhundert in einer Verbindung der Selektionstheorie mit sozialen Fragen und Wunschvorstellungen, die von der Idee einer ‚qualitativen Bevölkerungspolitik' auf der Basis von ‚Vererbungshygiene' und ‚Sozialhygiene' getragen waren." Wuketits, Franz M.: Gene, Kultur und Moral. Sozialbiologe Pro und Kontra. Darmstadt 1990, S. 110

13 W. Schallmayer: Vererbung und Auslese in ihrer soziologischen und politischen Bedeutung. Jena 1910

keit in Sachen Gesellschaft". Wir werden an späterer Stelle darauf noch zurückkommen, wie großzügig dieser Begriff interpretiert werden sollte.

Jedenfalls mußte der Sozialdarwinismus in der gängigen Literatur später als Erklärungsmodell für die Entstehung des Nationalsozialismus herhalten.[14] Aber es ist unbefriedigend, wenn wir den Nationalsozialismus *allein* mit dem „sozialdarwinistischen Trampelpfad" zu erklären suchen; denn der Sozialdarwinismus war ein in Europa überall verbreitetes Phänomen.[15] Es muß also noch einmal darauf hingewiesen werden, daß einfach ein Teil im Puzzle fehlt.

Aber bleiben wir bei unserer roten Linie:

Fakt ist, daß wir Darwin nicht wirklich von aller Schuld freisprechen können. Und so kommen wir zu zwei überraschenden Erkenntnissen, die wir aus dem „Fall Darwin" gewinnen können:

1. Die Übertragung von Forschungen und Beobachtungen an Tieren auf den Menschen kann und muß zu höchst zweifelhaften Ergebnisse führen. Genaugenommen sind sie falsch und unzulässig.
2. Das Wort „Wissenschaft" wurde gestern und heute dazu mißbraucht, um unmoralische und unethische Thesen salonfähig zu machen und sie mit einem hübschen Mäntelchen zu umgeben.

Verlieren wir also etwas Respekt vor dem Wort „Wissenschaft". Machen wir keinen Diener mehr, wenn allein das Wort „Wissenschaft" ertönt. Es sind so zahllose Irrtümer im Namen der „Wissenschaft" begangen worden, daß man diese heilige Kuh getrost einmal schlachten darf.

Der Fall Darwin, der zu einem unerträglichen Grad zu der Entstehung der Nazi-Weltanschauung beigetragen hat, sollte uns als warnendes Beispiel dafür dienen. Verlieren wir die Ehrfurcht ein bißchen vor einer „Wissenschaft", die sich im nachhinein sehr häufig als ganz einfach objektiv falsch herausstellt. Noch deutlicher: Wissenschaft kann ein Mäntelchen sein, in der Unmoralität, Menschenhaß und Mord einhergehen. Darwin wäre möglicherweise hundert Jahre später weniger „theoretisch" an Fragen der „natürlichen Auslese" herangetreten.

---

14 Vgl. hierzu exemplarisch Gisela Bock: Zwangssterilisation im Nationalsozialismus. Studien zur Rassenpolitik. Opladen 1986, S. 28-76
Oder vgl. Prof. F. K. Kaul, der berichtet, in welchem Maße der Darwinismus ideologisch ausgebeutet wurde. F. K. Kaul: Ärzte in Auschwitz. Berlin 1968, S. 9

15 Jürgen Kroll: Zur Entstehung und Institutionalisierung einer naturwissenschaftlichen und sozialpolitischen Bewegung. Die Entwicklung der Eugenik/Rassenhygiene bis zum Jahre 1933. Tübingen 1983, S. 18

FRIEDRICH WILHELM NIETZSCHE

Ein weiterer Name ist im Vorfeld der Heranbildung einer nationalsozialistischen Ideologie zu nennen, wiewohl wir uns der Strittigkeit eines solchermaßen behaupteten Zusammenhanges durchaus bewußt sind: Friedrich Wilhelm Nietzsche (1844–1900). Es ist unbestritten, daß Nietzsche zu den wortgewaltigsten und beeindruckendsten Philosophen der Geschichte gehört; dennoch mag man uns nachsehen, daß wir hier keinen geistigen Bückling vor ihm machen. Nietzsche stellte nämlich bei genauerem Hinsehen einige der absurdesten und menschenverachtendsten Thesen und Behauptungen auf, die man sich nur denken kann – und legte damit einen weiteren theoretischen Baustein für eine Polit-Ideologie, die er selbst zu tiefst verabscheut hätte, hätte er das zweifelhafte Vergnügen gehabt, sie zu erleben.

Es soll hier nicht der Versuch unternommen werden, eine Kritik seiner Philosophie zu wagen; das sei anderen überlassen. Vielmehr möchten wir auf einige seiner leider eher destruktiven Thesen hinweisen, die sich herauskristallisieren, wenn man den Mut findet, seine schöngedrechselten und oft wohlklingenden Formulierungen ihrer „Sprachgewalt" zu entkleiden.

Die Kernaussagen seiner „Philosophie", die jedoch, wie schon einer der wohl bedeutendsten Nietzsche-Forscher Karl Schlechta feststellte, kein in sich geschlossenes System darstellen, lassen sich auf folgende Thesen reduzieren:

1. Werte, Wertvorstellungen und Tugenden (wie Wohlwollen oder Nächstenliebe) sind blanker Unsinn.[16]
2. Die Welt ist in Wahrheit ohne Sinn, ist Unsinn[17] und nicht zu begreifen.
3. Die Frau ist ein minderwertiges Wesen.
4. Positiv anzusehen ist lediglich der „Übermensch", der sich auszeichnet durch Kraft, Kriegsliebe, Kampfeslust und Wille zur Macht.[18] Der Übermensch liebt die Gewalt und ist physisch und geistig stark. Nietzsche favorisierte „eine Aristokratie der Vornehmen, die das Opfer der Schwachen, der Sklaven getrost annehmen dürfen".

16 „Einsicht, die von mir zum ersten Male formuliert worden ist: daß es gar keine moralischen Tatsachen gibt... Moral ist nur eine Ausdeutung gewisser Phänomene, bestimmter geredet, eine Mißdeutung." Friedrich Nietzsche: Werke in Fünf Bänden, Hrsg. Karl Schlechta, München 1965. Werk III, S. 425

17 Friedrich Nietzsche: Werke V, a.a.O., S. 91: „Die Welt – den Menschen mit eingeschlossen – wie sie in ‚Wahrheit' ist. Sie ist ‚in Wahrheit' ohne jeden Sinn, sie ist Unsinn!"

18 Friedrich Nietzsche: Werke II, a.a.O., S. 586

5. Der Krieg ist gut, positiv, begrüßenswert.[19]
6. Bestimmte „Rassen“ sind anderen Rassen überlegen.

Hören wir ihn im Orginalton:

„Das Christentum, aus jüdischer Wurzel und nur verständlich als Gewächs dieses Bodens, stellt die Gegenbewegung *gegen jede Moral der Züchtung, der Rasse, des Privilegiums dar – es ist die* antiarische *Religion* par excellence*: das Christentum, die Umwertung aller arischen Werte ... das Evangelium der Armen, der Niederen, der Gesamtaufstand alles Niedergetretenen, Elenden, Mißratenen, Schlechtweg-gekommenen gegen die ‚Rasse‘ ...“*[20]

Man ist geneigt zu fragen: *Das* soll der Nietzsche sein, den wir in Deutschland so hoch ehren und als einen der größten Philosophen feiern? Es sind nachprüfbare Zitate. Es nützt in diesem Zusammenhang auch nichts, wenn man hinzufügt, daß Nietzsche nach Meinung von Historikern im nachhinein ungerechtfertigt von den Nationalsozialisten vereinnahmt wurde. Es nutzt auch nichts, wenn Nietzsche-Verteidiger auf die Barrikaden gehen und immer wieder seine Formulierungskünste in höchsten Tönen preisen.

Man könnte noch weiter herumstöbern in Nietzsches Werken, aber man würde keine neuen Ergebnisse zu Tage fördern. Nietzsche sprach völlig offen von der „regierenden Rasse“[21], der „Reinigung der Rasse“[22] und den „gekreuzten Rassen“.[23] Er sprach weiter von der „arbeitsamen Rasse“[24] und unterschied zwischen „starken Rassen“[25] und „verfallenden Rassen“[26].

Nietzsche leistete somit leider (gewollt oder ungewollt) seinen Beitrag zu einer menschenverachtenden Polit-Philosophie.

---

19 Nietzsche im Orginalton: „Ihr sollt mir solche sein, deren Auge immer nach einem Feinde sucht – nach eurem Feinde. Und bei einigen von euch gibt es einen Haß auf den ersten Blick. ... Ihr solltet den Frieden lieben als Mittel zu neuen Kriegen. Und den kurzen Frieden mehr als den langen.“

20 Friedrich Nietzsche: Werke III, a.a.O., S. 428

22 Friedrich Nietzsche: Werke III, a.a.O., S. 67

23 Friedrich Nietzsche: Werke II, a.a.O., S. 182

24 Friedrich Nietzsche: Werke II, a.a.O., S. 182: „Gekreuzte Rassen sind stets zugleich auch gekreuzte Kulturen, gekreuzte Moralitäten: Sie sind meistens böser, grausamer, unruhiger.“

25 Friedrich Nietzsche: Werke III, a.a.O., S. 93

26 Friedrich Nietzsche: Werke III, a.a.O., S. 624

JOSEPH ARTHUR GRAF VON GOBINEAU

Bevor wir auf das fehlende Teil im Puzzle, die Rolle der Psychiatrie, zu sprechen kommen, in aller Kürze noch die beiden letzten prominenten Vorläufer und Wegbereiter des Nationalsozialismus.

Zu nennen im Reigen der „Männer hinter Hitler" ist unter allen Umständen auch noch Graf von Gobineau, ein französischer Diplomat und Schriftsteller, der von 1816 bis 1892 im wahrsten Sinne des Wortes die Geister vergiftete.

In seiner Abhandlung „Versuch über die Ungleichheit der Menschenrassen"[27] (vier Bände) leugnete er die Gleichwertigkeit der verschiedenen Menschenrassen. In seinem Wahn, die Überlegenheit der „arischen" Rasse demonstrieren zu wollen, lieferte auch er Argumente und Schießpulver für den Rassenfanatismus des Nationalsozialismus. Er verherrlichte einen „Ausnahmemenschen" oder den „Übermenschen". Einige Forscher bezeichnen ihn als den „ersten bedeutenden Rassenideologen".[28] Arthur Comte de Gobineau sah in der Rassenreinheit eine Garantie für Überlegenheit und Herrschaft, Rassenmischung dagegen war ihm Grund und Ursache für Unterlegenheit. Mischungen würden die niederen Rassen verbessern, die höheren verschlechtern. Mit romantischem Wortschwulst beschrieb er immer wieder eine blonde, arische Rasse, die allen anderen Rassen überlegen sei. Gobineau war der Überzeugung, daß Überlebende dieser Rasse noch heute in verschiedenen Ländern Europas aufzufinden seien, bemüht, ihre arische Aristokratie unter dem erdrückenden Gewicht der minderwertigen Rassen aufrechtzuerhalten. Der Graf beanspruchte jedoch weder eine Bevorzugung der deutschen Arier, noch erniedrigte er andere Rassen namentlich. Indirekt ging es ihm womöglich mehr um die Gegensätze der *sozialen* „Klassen". Das heißt, Gobineau besprach ausführlich das Verhältnis der „Aristokratie" zum „Proletariat". Der von ihm konstruierte Gegensatz und Konflikt verbreitete sich in späteren Jahren besonders im Bürgertum. Das Bürgertum sah mit der so geschaffenen Ideologisierung die Möglichkeit der Abgrenzung gegenüber der von ihr verachteten Arbeiterschaft und dem „Lumpenproletariat". Aus der Formel „Aristokratie" gegen „Proletariat" wurde die Formel „Kulturmensch" gegen „Triebmensch".[29]

Im übrigen zeichnete sich Gobineau wie auch Hitler durch seine „Anti-Philosophien" aus; d.h., Gobineau war ein Gegner der Demokratie, ein Gegner des „Gemeindesinnes", ein Gegner der niederen Rassen und so weiter.

27 Orginaltitel: „Essai sur l'inégalité des races humaines"

28 Vgl. Joachim Fest, a.a.O., S. 81

29 Vgl. Gerhard Schmidt: Vom Rassenmythos zu Rassenwahn und Selektion, in: Der Nervenarzt (56) 1985, S. 337-347, hier S. 337. Gerhard Schmidt ist Professor im Ruhestand

HOUSTON STEWART CHAMBERLAIN

Der Brite H. S. Chamberlain (1855 –1927), der später Richard Wagners Tochter heiratete und 1916 die deutsche Staatsangehörigkeit annahm, verkündete in seinem Hauptwerk „Die Grundlagen des 19. Jahrhunderts" ebenfalls die Überlegenheit der „arischen Rasse". Tatsächlich fußt er auf Gobineau und verfocht dessen „arische Weltanschauung" nur weiter. Bemerkenswert ist sein Geschichtsverständnis. Er interpretierte die europäische Geschichte als eine Geschichte von Rassenkämpfen und interpretierte damit flugs die gesamte Historie um. Nur eine starke Rasse überlebt seiner Meinung nach. Besonders schädlich ist die Rassen-Überfremdung. Ein Zitat: *„Leichte Begabung, oft auch eigentümliche Schönheit, das, was die Franzosen un charme troublant nennen, ist Bastarden häufig zu eigen; man kann dies heutzutage in Städten wo, wie in Wien, die verschiedenen Völker sich begegnen, täglich beobachten; zugleich aber kann man auch eine eigentümliche Haltlosigkeit, die geringe Widerstandskraft, den Mangel an Charakter, kurz, die moralische Entartung solcher Menschen wahrnehmen."* [30] Soviel zu Chamberlains Beurteilung von Menschenrassen.

WEITERE QUELLEN

Lassen wir es mit diesem Ausflug in die Geschichte genug sein. Der Fairneß halber müßte man noch einige Tagesschriftsteller nennen, müßte weiter Namen wie Georges Vacher de Lapouge,[31] Madison Grant, Ludwig Gumplowicz, Otto Ammon, Lanz von Liebenfels,[32] Karl Lueger[33] und Georg Ritter von Schönerer[34] zitieren, von denen einige sogar Hitler direkt beeinflußten. Wahr ist, daß durch einige Tagesschriftsteller, allen voran *Lanz von Liebenfels*, dieses „rassische Gedankengut" in die Hirne und Gedanken der Menschen, bis hin zu Hitler, einsickerte. Und dennoch: Diese unglaubliche Unmenschlichkeit, das Tun, die Tat, die Morde, die die Folgen waren – kurz das erschreckende tatsächliche Phänomen des Drittes Reiches –, ist *nicht* zu erklären ohne diese Vordenker.

30 Zitiert nach Joachim Fest, a.a.O., S. 82

31 Die Gobineauischen Rassentheorien wurden von dem Franzosen G. Vacher de Lapouge (1854 – 1936) weiter ausgebaut. Lapouge vertrat die These von der Hochwertigkeit der „arischen Rasse" – eine Meinung, die er bereits 1889 in Vorlesungen an der Universität von Montepellier verbreitete. Vgl. Lapouge 1939, zit. Günter Baust u. a. (Hrsg.) Eugenik, Entstehung und Gesellschaftliche Bedingtheit. Jena 1984, S. 26

32 In Wien erwarb Adolf Hitler die ersten antisemitistischen Broschüren. Vor allem schöpfte er seine Ideen aus der Schriftenreihe „Ostara, Briefbücherei der Blonden und Mannesrechtler", die von einem gewissen Jörg Lanz von Liebenfels herausgegeben wurden, der auch als Hauptautor zeichnete

Kommen wir zu unserem eigentlichen Thema: der Rolle der Psychiatrie, deren Geschichte teilweise so schwer nachvollziehbar und so erschreckend ist, daß man geneigt ist, es für bloße Phantasie zu halten. Doch lassen wir die nüchternen Fakten sprechen.

Lanz, ein ehemaliger Zisterzienser, gründete 1900 einen eigenen Orden, den „Orden des Neuen Tempels" („Ordinis Novi Templi"). Nur blonde, blauäugige Männer, die blonde, blauäugige Zuchtmütter heirateten, durften diesem Orden angehören. Seine Primitivphilosophie läßt sich auf ein paar Ideen reduzieren:

Rassenkult, Reinzucht, Prämien für Blonde, Sonderrechte für Blonde, Frauen als Zuchtmütter, Erziehung zur Arioheroik (arische Helden), bewaffnete Korps.

Hitler studierte diese Ostara-Schriftenreihe regelmäßig und eifrig. Es ist historisch unzweifelhaft bewiesen, daß Lanz von Liebenfels damit einen entscheidenden Einfluß auf Hitlers Ideologie nahm. Lanz selbst wurde natürlich wieder von anderen Quellen inspiriert.

Vgl. Wilfried Daim: Der Mann, der Hitler die Ideen gab. Berlin 1991

33 Einen wichtigen Einfluß auf Hitlers Anschauungen übte zweifelsfrei Dr. Karl Lueger aus, der Bürgermeister von Wien zur Zeit von Hitlers „Lehr- und Wanderjahren" in der österreichischen Hauptstadt. Hitler bezeichnete ihn in „Mein Kampf" als den „gewaltigsten deutschen Bürgermeister aller Zeiten". Lueger kokettierte mit dem Antisemitismus, um Wählerstimmen zu gewinnen.

34 Georg Ritter von Schönerer, Vorbild Hitlers, ein Außenseiter und Radikalpolitiker in Wien. Sah im Judentum und römischen Katholizismus, aber auch im Sozialismus eine tödliche Bedrohung des Deutschtums. Er zeichnet mitverantwortlich, daß der Judenhaß eine Wendung zum politisch-sozialen und biologisch begründeten Antisemitismus nahm. Schon er forderte antijüdische Sondergesetze, ja forderte im Wiener Parlament für jeden „niedergemachten Juden" eine Prämie

AUF EINEN BLICK

1. Fünf wesentliche ideologischen Säulen, auf die der Nationalsozialismus sich stützte: Malthus, Darwin, Nietzsche, Gobineau und Chamberlain
2. Thomas Robert Malthus, vormaliger Pfarrer, brit. Nationalökonom und Sozialphilosoph (1766–1834)
   (1) Seine Ideen:
   - Die Völker wachsen zu schnell,
   - es gibt bald zu wenig Nahrungsmittel,
   - die Fruchtbarkeit der Erde ist begrenzt,
   - begrüßenswert sind Krieg, Hungersnot und Epidemien.

   (2) Seine Forderungen:
   - Die „sexuelle Manie" der Arbeiter und Armen muß eingeschränkt,
   - die Löhne der Arbeiter gesenkt werden;
   - die Armensteuer und die Armenfürsorge gehören abgeschafft.
3. Charles Darwin (1809–1882)
   (1) Seine Theorie:
   - Nur die Besten, Stärksten und Anpassungsfähigsten überleben. Die „natürliche Auslese" ist ein Naturgesetz. Dies gilt für Tiere wie für Menschen.

   (2) Seine Forderungen:
   - Es ist nicht richtig, Zufluchtsstätten für Sinnesschwache, Krüppel und Kranke zu bauen, Armengesetze zu erlassen oder Impfungen durchzuführen.

   (3) Heutige Erkenntnisse:
   - Beobachtung und Untersuchungen bei Tieren sind nicht übertragbar auf den Menschen.
   - Das Wort „Wissenschaft" ist ein oft mißbrauchter Begriff.
4. Friedrich Wilhelm Nietzsche (1844–1900)
   Seine Kernideen:
   (1) Tugenden sind Unsinn,
   (2) Wahrheit gibt es nicht,
   (3) die Frau ist minderwertig,
   (4) positiv ist der Übermensch, der Gewalt, Macht und Krieg liebt,
   (5) begrüßenswert ist der Krieg,
   (6) bestimmte Rassen sind anderen verfallenden Rassen überlegen.

5. Joseph Arthur Graf von Gobineau (1816 –1882)
   Verfaßte vier Bände „Versuch über die Ungleichheit der Menschenrassen".
   Lieferte Argumente für den Rassenfanatismus und die angebliche Überlegenheit der arischen Rasse.
6. Houston Stewart Chamberlain (1855–1927)
   Verkündete in „Die Grundlagen des 19. Jahrhunderts" die Überlegenheit der arischen Rasse und interpretierte die Geschichte als Geschichte von Rassenkämpfen. War gegen die Vermischung der Rassen.
7. Weitere Wegbereiter des Nationalsozialismus:
   George Vacher de Lapouge,
   Madison Grant,
   Ludwig Gumplowicz,
   Otto Ammon,
   Lanz von Liebenfels,
   Karl Lueger,
   Georg Ritter von Schönerer.

„Ich glaube nicht, daß es abgesehen vom Seelsorger einen Beruf gibt, in dem der Begriff des Schweigens eine so große Rolle spielt wie bei uns, und zwar Schweigen in bezug auf alles."

Hans-Bürger Prinz
deutscher Psychiater, 1897–1976

3. KLEINE GESCHICHTE DER PSYCHIATRIE

Wenn man in Rechnung stellt, was alles über die Psychiatrie *nicht* bekannt ist, so kann man nur staunen und muß einigen ihrer Propagandisten fast Respekt zollen, die ihr wahres Gesicht bis heute sorgfältig hinter vielen Schleiern verborgen halten.

Bevor wir jedoch auf die Verbrechen der Psychiatrie im Dritten Reich zu sprechen kommen, erlauben Sie zunächst einen kurzen Abriß über diese Disziplin, das heißt, gestatten Sie einen Blick in ihre Geschichte, die erschütternd und kaum zu fassen ist, jedoch dokumentierbar und faßbar wie jede andere historische Einzelrecherche auch.

Werden wir konkret:

Tatsächlich begann die von skandalösen Ereignissen geprägte Geschichte der Psychiatrie als „Irrenpflege" in den deutschen Zuchthäusern spätestens im achtzehnten Jahrhundert. Die ersten Ärzte, die sich der „Irren" annahmen, führten damals grausame „Kuren" durch, die die Menschen an die Grenzen ihrer psychischen und physischen Belastbarkeit führten. Solche „Kuren" beinhalteten unter anderem das Anketten, das Verteilen von Stromschlägen, die Klitorisentfernung, die Penisnervdurchtrennung, „Therapie" mittels Chloroform, das Arbeiten mit Ätzmitteln oder „Hilfe", indem man den Patienten die Haare ausriß.[1] *Erfahrungen* fehlten diesen Ärzten, den Vorläufern der Psychiatrie, gänzlich. Ebensowenig verfügten sie über eine brauchbare Übersicht über die Entstehung von psychischen Krankheiten. Von einer

1 Vgl. Peter Lehmann: Der chemische Knebel. Berlin 1990

Therapie im Sinne echter Hilfe konnte nicht die Rede sein. Kaum vorhanden waren verläßliche Beschreibungen von Krankheitsfällen.[2]

Dennoch etablierte sich die Psychiatrie als „Wissenschaft".[3]

Der Begriff „Psychiatrie" wurde erstmals im Jahre 1808 von J. Ch. Reil verwendet; vorher benutzte man den Ausdruck „psychische Medizin".

Psychiater bedeutet wörtlich soviel wie „Arzt der Seele" (griech. psyche = Seele, iatros = Arzt). Der Widerspruch dabei: Der „Seelenarzt" beschäftigte sich von Anfang an *nicht* mit der Seele, sondern mit dem Körper!

1758 erschien das erste psychiatrische Lehrbuch, auch wenn es den Begriff noch nicht gab („Treatise on madness" von W. Battie). 1811 gab es den ersten Lehrstuhl in Leipzig für „psychiatrische Therapie". Und 1839 wurde in Berlin der erste Lehrstuhl für Psychiatrie etabliert. Schon bald entbrannte ein wilder Streit um die wirklichen Ursachen der Geisteskrankheiten, nicht zuletzt deshalb, weil barbarische Methoden, „Heilpraktiken" genannt, von Anfang an in dieser Disziplin gang und gäbe waren. So hören wir denn auch schon früh von den ersten Protesten gegen diese angebliche Wissenschaft. Bereits 1882 veröffentlichten angesehene Persönlichkeiten, Abgeordnete, Journalisten und Wissenschaftler einen aufsehenerregenden Aufruf, der sich gegen Psychiater und Psychiatrieskandale richtete.[4]

Am erschreckendsten jedoch war die unerträgliche Arroganz, mit der die Seelendoktoren überall auftraten. Ein damaliger neutraler Beobachter urteilte:

„Das Allerschlimmste ist die Unfehlbarkeit der Irrenärzte. Jeder Irrenarzt hält sich ... für unfehlbarer als der Papst in Rom es jemals zu sein geglaubt hat ... Die meisten Irrenärzte sind in hohem Maße nervös – wenn nicht mehr; und es sind mir Gerichtsverhandlungen bekannt, in denen sämtliche Beteiligten der Ansicht waren, daß der einzige Wahnsinnige der Irrenarzt wäre, der als Gutachter im Gerichtssaal anwesend war."[5]

Dies erklärte Julius Lenzmann in einer berühmten Rede am 16. Januar 1897 vor dem Deutschen Reichstag.

---

2 Frei nach Ingo Steudel, der 1973 eine gelungene Studie zu den medizinischen Prüfungsfächern vorlegte. Vgl. Ingo Steudel: Die Innovationszeiten von Prüfungsfächern in Deutschland und ihre Bedingtheiten. Diss. med. Kiel, 1973

3 Vgl. zur Geschichte der Psychiatrie vor allem: A.A.Roback, Weltgeschichte der Psychologie und Psychiatrie. Olten im Breisgau 1970
Vgl. weiter Klaus Dörner: Bürger und Irre. Frankfurt a.M. u.a.

4 In den 20er Jahren formierte sich schließlich ein mehrere tausend Mitglieder starker Schutzbund gegen Freiheitsberaubung und ungerechtfertigte Entmündigung, der später von der NS-Psychiatrie jedoch radikal zum Schweigen gebracht werden sollte

5 Lenzmann, Julius (1843–1906), aus der Rede am 16. Januar 1897 vor dem Dt. Reichstag

Der Reichtagsabgeordnete Lenzmann besaß genügende Zivilcourage, um die Willkürakte der Psychiatrie öffentlich zu geißeln. Offenbar existierte schon damals eine menschenverachtende Psychiatrie-Ideologie, die jedoch noch lange nicht ihren Höhepunkt erreicht hatte.

Aber untersuchen wir zunächst einmal das Krankheitsverständnis der Psychiatrie. Was sollte überhaupt kuriert werden? Betrachten wir einige prominente Beispiele aus der Literatur des letzten Jahrhunderts:

Der Psychiater C.Th. Groddeck promovierte 1850 mit einer Dissertation *„Über die demokratische Krankheit, eine neue Wahnsinnsform"*. Jeder Demokrat wurde als „wahnsinnig" gebrandmarkt! Sein Kollege C. J. Wretholm entdeckte 1854 die „Predigtkrankheit", und der Psychiater P. J. Möbius referierte wenig später *„Über den psychologischen Schwachsinn des Weibes"*.

Im deutschen Kaiserreich war nach der vorherrschenden Meinung der Psychiatrie jeder abnorm, ja „krank", der den Kriegsdienst aus religiösen Motiven verweigerte. Der Psychiater Hoppe entdeckte in der Kriegsdienstverweigerung einen „unverkennbaren Ausdruck ethnischer Minderwertigkeit".

Der bekannte Psychiater Richard von Krafft-Ebing mißbilligte darüber hinaus sogar den „politischen und reformatorischen Wahnsinn". Damit brandmarkte er im Klartext die Haltung, eine andere Meinung zu kultivieren als die der Masse. Ein hervorragendes Mittel, um Opponenten zu denunzieren, ja für immer ausschalten zu können, war damit gegeben. An dieser Stelle sei eine wichtige sozialpolitische Funktion der Psychiatrie hervorgehoben, auf die wir im weiteren Text noch zurückkommen werden – spielt sie doch eine bedeutende Rolle: Mit Hilfe psychiatrischer Klassifizierungen und Etiketten vermochte man nun unliebsame Zeitgenossen im Handumdrehen sozial hinzurichten.

1892 schrieb Krafft-Ebing:

„In der Geschichte wie in der Gegenwart stößt man massenhaft auf Persönlichkeiten, die, unzufrieden mit den sozialen Einrichtungen, sich berufen fühlen, die Welt zu verbessern oder wenigstens etwas Neues an die Stelle des Alten zu setzen ... Sie erscheinen dann in den Rollen von Volkstribunen, Leitern von Aufständen, als Stifter von politischen Parteien, von Sekten und machen sich und andere unglücklich. Das Inkubationsstadium der sich entwickelnden Krankheit ist ein langes, vielfach auf die Jugendjahre zurückreichendes."[6]

Man könnte nun glauben, daß dies alles „Geschichte" und vorbei und vergessen sei. Weit gefehlt: Die Werke dieses Mannes, vor allem zur Sexualpsychopathologie,

6 Krafft-Ebing, R.v.: Gerichtliche Psychopathologie. Stuttgart 1892, 3. Aufl.

gelten noch immer in der Psychiatrie, so unglaublich es uns heutigen Menschen klingen mag.

Forschen wir weiter: Eine Schrift des Kennenburger Irrenarztes Stark, 1871 erschienen, hieß: „Die psychiatrische Degeneration des französischen Volkes". Der Psychiater versuchte nachzuweisen, daß der Geisteszustand der Franzosen degeneriert und daß das französische Volk von Größenwahn befallen sei, ja in einem Delirium lebe! Etwa zur gleichen Zeit schrieb ein sächsischer Kollege eine Arbeit unter dem Titel: „Das irre Frankreich: Ganz Frankreich leidet an paralytischer Manie...".[7]

Wunderbare, hochtönende Vokabeln – und unglaublicher Unsinn! Aber weiter: Zu Beginn des Ersten Weltkrieges veröffentlichte der Münchner Psychiater Dr. L. Löwenfeld 1914 im gleichen Tenor eine Schrift „Über den Nationalcharakter der Franzosen und dessen krankhafte Auswüchse". Einige seiner Sätze lesen sich im Originalton wie folgt:

„Was an seelischen Anomalien bei dem französischen Volke und insbesondere seinen führenden Elementen derzeit sich bemerklich macht, gehört dem erwähnten Grenzgebiet an, dessen Erscheinungen man als Psychopathie, psychopathische Minderwertigkeiten, psychopathische Zustände und so weiter bezeichnet. Ich glaube daher, daß man berechtigt ist, gegenwärtig von einer Psychopathia gallica[8] zu sprechen, über deren Symptome die vorstehenden Ausführungen keinen Zweifel lassen dürften."[9]

Man könnte sich ernsthaft fragen, ob man über solche Äußerungen weinen oder lachen soll, aber über die folgenden Statements kann man mit Sicherheit nicht mehr lachen. Denn ein Emmendinger Medizinalrat erklärte 1916:

„Der Krieg, bisher Reaktion und Reiz, Ehrensache, Mittel zum Zweck, von jetzt an wird er Selbstzweck! Und von jetzt an werden auch alle jene noch unerlösten deutschen Seelen, möglicherweise sogar die letzten Pazifisten, ihren Sündenfall erkennen, daß ihre Ideale keine Reliquien sind, sondern Relikte. Die ganze Nation wird wie ein Mann den ewigen Krieg fordern."[10]

Ähnlich kriegsverherrlichend argumentierte auch Dr. Johannes Bresler 1926, Chefredakteur der „Psychiatrisch-Neurologischen Wochenschrift":

---

7 Lassen Sie sich nicht von den schönen Vokabeln beeindrucken! Paralytisch bedeutet gelähmt, Manie bedeutet unter anderem Selbstüberschätzung. Schon früh verstanden es die Psychiater, mit Fremdwörtern den Eindruck von Wissen vorzutäuschen

8 Psychopath, wörtl. „Seelenkranker", zu „psyche" (= Seele) und „pathos" (= Leiden), ein Mensch, der von „seelisch-charakterlichen Störungen" befallen ist. Gallica = gallisch, hier im Sinn von französisch gebraucht

9 L. Löwenfeld: Über den Nationalcharakter der Franzosen und dessen krankhafte Auswüchse. Wiesbaden 1914

10 W. Fuchs: Kriegspsychologisches. In: Münchner Medizinische Wochenschrift 1916, S. 565-566

„Der Weltkrieg war uns heilig und wird uns heilig bleiben bis in alle Ewigkeit. Er war und ist unsere gerechte Sache.“[11]

Betrachten wir dies interessehalber etwas genauer: Jeder, der den Frieden liebte, so urteilten Psychiater damals, war abnormal! Flugs schuf man einen neuen Begriff: den des Kriegsneurotikers.[12] Mit der *Kriegsneurotikerfrage* mußte sich die Psychiatrie seit dem Ersten Weltkrieg auseinandersetzen, als sich die „Fluchtreaktionen“ von Soldaten häuften und ganze Einheiten von Weinkrämpfen, Erbrechen und anderen „kriegshysterischen“ Symptomen auftraten. Ganze Kompanien wurden „epidemisch“ befallen.

Diese sogenannten Kriegsneurosen, von denen laut Psychiatrie ganze Bataillone heimgesucht wurden, stellten die militärische Führung vor erhebliche Probleme. In der Bevölkerung und der Psychiatrie wurden die Kriegsneurotiker auch als *Kriegszitterer* bezeichnet, weil das Zittern das zunächst am häufigsten zu beobachtende Symptom war. Soldaten, die am ganzen Körper zitterten oder an einzelnen Gliedmaßen, prägten im Ersten Weltkrieg bald das Straßenbild in der Heimat. Für die weitere Verwendung in der Armee fielen sie aus. Die Psychiater sahen sich mit ihnen zunehmend konfrontiert. Als Lösungen wurden grausame Therapien (wie z.B. die Elektrotherapie) entwickelt, um die „Kriegshysteriker“ wieder „frontverwendungsfähig“ zu machen. Ein „Kriegshysteriker“ wurde von den „Seelendoktoren“ durchweg als „Versager“ behandelt und beurteilt. Diese „Hysterie des Mannes“ beschrieb der Hamburger Psychiater und Klinikdirektor Max Nonne während des Ersten Weltkrieges wie folgt:

„Der Krieg brachte uns in Eppendorf gewaltige Arbeit. Wir bekamen bald traurige Bilder zu sehen von Amputierten, von durch Kopfschüsse halbseitig Gelähmten, von durch Rückenmarkschüssen an beiden Beinen, an Blase und Mastdarm Gelähmten, Epileptiker, die durch Kopfverletzungen Anfälle bekommen hatten. Aber schon nach wenigen Monaten zeigte sich bei uns ein Bild, das wir früher nur ganz selten gesehen hatten – das Bild der Hysteria virilis, der ‚männlichen Hysterie‘. Es war ein solches Bild schon von Charcot in Paris gezeichnet worden. Wir hatten damals gesagt: ‚So etwas kommt nur bei den Franzosen vor, in Deutschland gibt es keine Hysterie der Männer.‘ Jetzt sahen wir sie oft und in allen Formen. Als Stimmbandlähmung, als Stummheit, als Lähmung der oberen und unteren Extremitäten, als Zittern in den verschiedensten Formen, als Verkrampfung der einzelnen Muskeln und Muskelgruppen, als Taubheit, als Seh- und Gehstörungen, als Verrenkungen in den vertracktesten Formen.“[13]

---

11 Johannes Bresler: Betrachtungen über geistige Prophylaxe (Schluß): In: Münchner Medizinische Wochenschrift 1926, S. 285-288

12 Neurose: (Vereinfacht definiert) gestörtes Verhalten, das sich körperlich und psychisch äußert

13 Max Nonne: Anfang und Ziel meines Lebens. Hamburg 1971, S. 177 und 178

Statt „Kriegsneurose“ wurden auch Begriffe wie „traumatische Neurose“[14] (nach Hermann Oppenheim),[15] „Schreckneurose“, „Granatschock“ oder „Kriegshysterie“ benutzt. 1915 untersagte das Heeressanitätsamt jedoch den Gebrauch des Begriffs „Hysterie“ in der militärpsychiatrischen Diagnostik.[16] Der Grund: Es ging gegen den Ehrbegriff des „Soldatenkriegers“. Die Diagnose „hysterische Reaktion“ galt in den Augen der Heeressanität als unehrenhaft! Aus der wörtlichen Deutung erschien dies logisch, da der Begriff „Hysterie“ aus dem griechischen „Hyster“ (= Gebärmutter) stammt, sich somit augenscheinlich auf ein Frauenleiden bezog und für die Bezeichnung von Erkrankungen bei Soldaten nicht praktikabel erschien.

Indem man dieses Krankheitsbild ausklammerte, konnten die Soldaten längere Zeit „frontnah“ – auf gut deutsch verfügbar – gehalten werden. (Im Ausland wurde der Begriff „Hysterie“ übrigens präziser als „shell shock“, „concussion neurosis“, „exhaustion neurosis“, „gas neurosis“ etc. beschrieben.) Ab 1917 war es sogar verboten, die Diagnose „Nervenschock“ zu stellen. Dadurch sollte verhindert werden, die „Zitterer“ oder anderweitig hysterisch Reagierende in die Heimat zurückzusenden.[17]

Kriegsneurotiker waren also kurz gesagt alle Soldaten, die physisch nicht verletzt, jedoch psychisch unfähig waren, an die Front zurückzukehren. Genau hier erwies sich die Psychiatrie nun als ideale Weggefährtin der kriegführenden Militärs: Mit Hilfe einer neu entwickelten Methode der *Elektrisierung* sollten die kriegsunfähigen Soldaten wieder frontfähig und damit einsatzbereit gemacht werden.

14 Die „traumatische Neurose“ galt als eine durch ein Schockerlebnis (Trauma) verursachte organische Veränderung und dadurch bedingte psychische Störung milderer Art. Der Direktor der medizinischen Poliklinik in Tübingen, Prof. Naegeli, bezeichnete 1915 die „traumatische Neurose“ dagegen als simulierte „neue Krankheit“ (wie auch Max Nonne), die nur durch das Krankenversicherungswesen entstanden sei (Naegelie: Zur Frage der Krankengeldauszahlung an erkrankte und verwundete Kriegsteilnehmer. In: Ärztliches Vereinsblatt, Nr. 1019 v. 20.4.1915, S. 156)

15 Hermann Oppenheim (1858 –1919) war einer der führenden Psychiater seiner Zeit. Er war Mitbegründer der Neurologie als Spezialfach und entwickelte die Theorie der „traumatischen Neurose“ (1889). (Vgl. hierzu auch Hermann Oppenheim: Lehrbuch der Nervenkrankheiten für Ärzte und Studierende, 7. Aufl., 2. Bd. Berlin 1923, S.1834–1860.) Er war die treibende Kraft bei der Gründung der Gesellschaft deutscher Nervenärzte im Jahre 1911. Gestorben 1921

16 J. E. Meyer: Die abnormen Erlebnisreaktionen im Kriege bei Truppe und Zivilbevölkerung. In: Handbuch Psychiatrie der Gegenwart, Bd. III. Berlin 1961, S. 575. Zit. n.: Riedesser, Peter und Verderber, Axel: Aufrüstung der Seelen. Militärpsychologie und Militärpsychiatrie in Deutschland und Amerika. Freiburg 1985, S. 11

17 Roth, Karl Heinz: Die Modernisierung der Folter in den beiden Weltkriegen. In „1999“ (Zeitschrift für Sozialgeschichte des 20. und 21. Jahrhunderts) 2 (1987), S. 8-75, 16 und Ewald Stier: Psychiatrie und Heer. In: Der Deutsche Militärarzt 1 (1936), S. 17. Zit. n.: Riedesser, Peter und Verderber, Axel: Aufrüstung der Seelen. Militärpsychologie und Militärpsychiatrie in Deutschland und Amerika. Freiburg 1985, S. 11

Verschiedene Verfahren wurden getestet. Schnell und besonders effektiv war die sogenannte *Kaufmann-Therapie*, bei deren Entwicklung es zwar einige Todesfälle gegeben hatte. Aber die Methode war schnell, billig und praktisch. Betrachten wir sie etwas genauer.

Ausgangspunkt der Kaufmann-Therapie war die These, daß die „Kriegsneurose" eine *biologisch* begründete Störung sei – also nicht etwa in einem seelischen Schockerlebnis, sondern in einer chemo-biologischen Fehlfunktion lag. Wer also unter einer seelischen Störung infolge des Krieges litt, bei dem wurde kurzerhand eine „konstitutionelle, psychopathische Minderwertigkeit"[18] diagnostiziert, zu deutsch: Er war erblich bedingt zu schwach, die „Schönheit des Krieges zu ertragen"!

Der Psychiatrie und den Militärs ging es nur darum, „Ausfallerscheinungen" effektiv einzuschränken. Auf den Patienten brauchte dabei nicht allzuviel Rücksicht genommen zu werden, denn der offenbarte sich ja aufgrund seiner Reaktion als „minderwertig". Diese Theorie war wahrscheinlich die eigentliche Grundlage aller weiteren Forschungen auf dem Gebiet des Elektroschocks. Der Elektroschock war im Grunde von Anfang an *eine Methode der Disziplinierung*, die unter der Begründung bei Soldaten eingesetzt wurde, daß jeder, der unter seelischer Störung aufgrund des Krieges litt, ein Fall von erblicher Minderwertigkeit sei.

Der Stabsarzt auf der Nervenstation des Reservelazarettes Ludwigshafen am Rhein, Fritz Kaufmann, war wie gesagt der Erfinder der nach ihm benannten „Kur". Die „Heilung" zielte jedoch nicht auf den Patienten, sondern in erster Linie auf die finanziellen und militärischen Folgen seiner Symptome.

Nach einigem Hin und Her setzte sich diese „Stromtherapie"[19] durch. Das Prinzip dieser Methode bestand im Schreck- und Überrumpelungseffekt. Der Erfinder faßte das von ihm entwickelte Verfahren wie folgt zusammen (Unterstreichung durch die Autoren):

„Aus der Alltagserfahrung wissen wir, daß die durch einen psychischen Schock aus dem richtigen Gleise gebrachte Innervation [Reizweiterleitung durch Nerven; d. V.] sehr häufig <u>durch einen erneuten psychischen Schock</u> wieder in die richtige Bahn zurückgebracht wird. Wir sind nun imstande, bei den Kranken (...) einen solchen Schock durch Bearbeiten mit einem kräftigen elektrischen Strom künstlich herbeizuführen und denselben unter Zuhilfenahme entsprechender Wortsuggestion in Befehlsform zur Heilung zu verwenden. Unser Vorgehen setzt sich aus vier Komponenten zusammen:

---

18 Hans-Ludwig Siemen: Das Grauen ist vorprogrammiert. Psychiatrie zwischen Faschismus und Atomkrieg. Gießen 1982, S. 34

19 Psychiater selbst sprechen von Faradisation. Faradisation bedeutet die Anwendung von uneinheitlichem Wechselstrom zu therapeutischen Zwecken

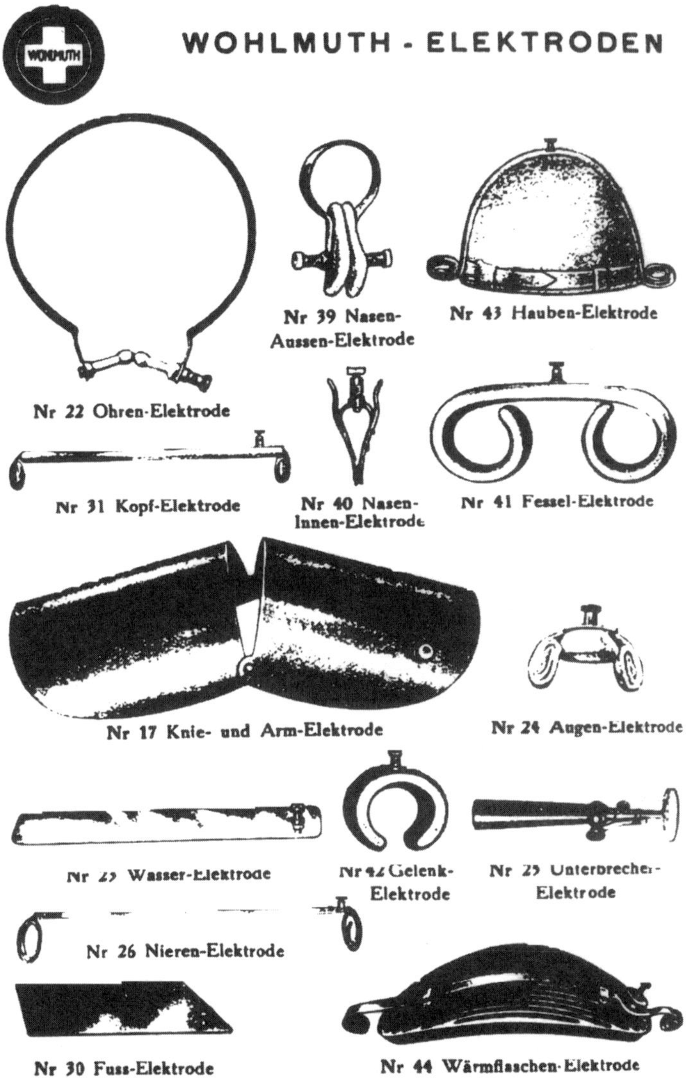

Elektrodensortiment im Ersten Weltkrieg[20]
(Aus: Günter Komo: Für Volk und Vaterland. Die Militärpsychiatrie in den Weltkriegen. Dissertation. Hamburg 1991)

20 Georg Wohlmuth: Feinstrom, Galvanisatoren. Katalog 1929, S. 8 (StaHH 352- 3, I 0 1-60). Inwieweit diese Elektroden tatsächlich in der Militärpsychiatrie Verwendung fanden, ließ sich bisher nicht sicher eruieren

1. *Suggestiver Vorbereitung.*
2. *Anwendung kräftiger Wechselströme unter Zuhilfenahme von reichlicher Wortsuggestion.*
3. *Strengem Innehalten der militärischen Formen (...) und Erteilen der Suggestion in Befehlsform.*
4. *Unbeirrbar konsequenter Erzwingung der Heilung in einer Sitzung.*"[21]

Das also war Kaufmanns These: Ein Schock wird am besten mit einem Schock behandelt! Welche Brutalität – vom militaristischen Tonfall dieser Worte einmal ganz abgesehen. Dabei wurde sie *nie* wissenschaftlich getestet. Sogar einige Psychiater selbst warnten[22] vor der Anwendung elektrische Ströme bei Neurotikern auf dem Neurologentag in Baden-Baden. Sie wiesen darauf hin, daß Kaufmann über *keinerlei Krankheitsberichte* verfüge, die überhaupt irgendwelche positiven Ergebnisse vorweisen würden. Mit anderen Worten – Gefährlichkeit und ein Mangel an positiven Resultaten waren bekannt! Die gesamte Methode beruhte auf nichts anderem als einer unsinnigen Idee von Kaufmann – daß Schock am besten mit einem elektrischen Stromschock behandelt werde.

Es muß den behandelnden Psychiatern wohl klar gewesen sein, daß mit dieser Überrumpelungsmethode eine Hervorkehrung alter Schreckmethoden, wenn auch in moderner Form, praktiziert wurde. „Kriegsneurotiker" waren in den Augen der Psychiater nichts anderes als „Simulanten" und „psychopathische Persönlichkeiten", denen buchstäblich „auf die Sprünge" und damit an die Front verholfen werden sollte.

Der Psychiatrie war es damit gelungen, eine „Therapie" zu schaffen, die pseudowissenschaftlich „Heilung" versprach – aber in Wirklichkeit nichts anderes war als Disziplinierung.

---

21 Fritz Kaufmann: Die planmäßige Heilung komplizierter psychogener Bewegungsstörungen bei Soldaten in einer Sitzung. In: Münchener Medizinische Wochenschrift Jg. 1916, Fachärztliche Beilage Nr. 22. Vgl. desw.: M. Raether: Über die Heilung von funktionellen psychischen Störungen nach der sog. Kaufmann-Methode. In: Neurologisches Centralblatt 37 (1918), S. 163.

22 M. Raether: Über die Heilung von funktionellen psychischen Störungen nach der sog. Kaufmann-Methode. In: Neurologisches Centralblatt 37 (1918), S. 164. Dr. M. Raether war Stabsarzt der Reserve und Oberarzt der Provinzial-Heil- und Pflegeanstalt Bonn. Anläßlich der Jahrestagung der Gesellschaft Deutscher Nervenärzte in Bonn am 29. September 1917 hielt Raether ein Referat nebst einer Demonstration der „Kaufmann-Heilung" (vgl. auch Peter Riedesser und Axel Verderber: Aufrüstung der Seelen. Militärpsychologie und Militärpsychiatrie in Deutschland und Amerika. Freiburg 1985, S. 15-17)

Prof. Julius Wagner von Jauregg (1857–1940)

Genau auf dieser Grundlage fußt also die moderne sogenannte „Elektrokrampftherapie", kurz Elektroschock genannt. Der heutige Elektroschock geht also auch auf die Militärpsychiatrie des Ersten Weltkriegs zurück und diente ursprünglich dazu, Soldaten wieder an die Front zu treiben.

Obwohl diese Methoden in der Fachwelt stark kritisiert und als „Wiederversinken ins barbarische Mittelalter"[23] bezeichnet wurden, benutzte man sie: Kritische Stimmen verhallten ungehört. Gegen den wohl umstrittensten und einen der fleißigsten Anwender dieser Therapie, Professor Julius Wagner von Jauregg (1857–1940), Ordinarius der Universität Wien,[24] wurde nach dem Ende des Ersten Weltkrieges vom Soldatentribunal deswegen sogar ein Gerichtsverfahren eröffnet – immerhin waren bei seinen Anwendungen einige Todesfälle vorgekommen.[25] Kein Geringerer als Sigmund Freud (1859–1939), der Begründer der Psychoanalyse, wurde vor dem Gericht über den Einsatz dieser Methode bei Kriegsneurotikern um eine gutachterliche Stellungnahme gebeten. Sigmund Freud wies auf die Folgen der Behandlung in aller Deutlichkeit hin:

„Die Stärke der Ströme sowie die Härte der sonstigen Behandlung wurde bis zur Unerträglichkeit gesteigert, um den Kriegsneurotikern den Gewinn, den sie aus dem Kranksein zogen, zu entziehen. Es ist unwidersprochen geblieben, daß es damals zu Todesfällen während der Behandlung und zu Selbstmorden infolge derselben in deutschen Spitälern kam."[26]

Dennoch wurde Wagner von Jauregg freigesprochen.

23 Max Nonne: Therapeutische Erfahrungen an den Kriegsneurosen in den Jahren 1914–1918. In: Karl Bonhoeffer: Über die Bedeutung der Kriegserfahrungen für die allgemeine Psychopathologie und Ätiologie der Geisteskrankheiten. In: Ders. (Hrsg.): Geistes- und Nervenkrankheiten (Handbuch der ärztlichen Erfahrungen im Weltkrieg. Bd. 4). Leipzig 1922, S. 105

24 Professor Wagner von Jauregg war auch bei der Entwicklung der Schocktherapie maßgeblich beteiligt. Für die Entwicklung der berühmten „Malariatherapie" erhielt er sogar den Nobelpreis. Und gerade von dieser „Malariatherapie" stammen dem Prinzip nach die verschiedenen Schocktherapien der 30er Jahre ab, nämlich Insulin-, Cardiazol- und Elektroschock; sie wurden an derselben Klinik entwickelt oder übernommen und angewendet

25 Renée Gicklhorn: Sigmund Freud über Kriegsneurosen, Elektrotherapie und Psychoanalyse. In: Psyche 26 (1972), S. 939-951, hier S. 939

26 Sigmund Freud. In: Renée Gicklhorn: Sigmund Freud über Kriegsneurosen, Elektrotherapie und Psychoanalyse. In: Psyche 26 (1972), S. 944-945

In der Zeit sind wir damit nun schon vorausgeeilt. Aber halten wir fest: Wer den Grauen des Krieges nicht standhielt, war hysterisch, neurotisch, ein Psychopath – kurz geisteskrank oder welchen Ausdruck Sie auch immer bevorzugen. Schon im Ersten Weltkrieg!

Wer anderer Meinung war, der mußte fürchten, mit einer psychiatrischen Diagnose belegt zu werden. In diesem psychiatrischen Propagandaklima war es möglich, daß der Hamburger Psychiatrieprofessor Ernst Rittershaus 1927 allen Kritikern des psychiatrischen Systems die Diagnose „Massenpsychose der Psychiatriefeindlichkeit" stellen konnte. Sehr einfach und höchst bequem!

Unter diese Diagnose fielen übrigens auch Psychiatrie-Opfer, die sich gegen unmenschliche Praktiken zu wehren versuchten, ebenso wie eine große Anzahl von Journalisten, Ärzten, Offizieren, Abgeordneten, Fabrikanten und Rechtsprofessoren. Aber es war schon damals fast unmöglich, gegen die Psychiatrie logisch zu argumentieren. Schon in der ersten Nummer der „Neurologischen Wochenschrift" 1899 offenbarte P. J. Möbius psychiatrischen Größenwahn in Reinkultur mit den Worten:

„...ebenso soll über die geistige Gesundheit der Psychiater urteilen, denn er allein weiß, was krank bedeutet. Faßt man die Psychiatrie so auf, so wird sie aus einer Magd zu einer Herrscherin. Dann aber wird sie das, was sie ihrer Natur nach sein soll. Der Psychiater wird ein Richter in allen menschlichen Dingen, ein Lehrer des Juristen und des Theologen, ein Führer des Historikers und des Schriftstellers."

Schreiten wir weiter und untersuchen wir die Geschichte der Psychiatrie nun mit Argusaugen: *Emil Kraeplin*, der wahrscheinlich einflußreichste Psychiater seiner Zeit, hatte bereits im Jahr 1918 einen radikalen Imperialismus und Totalitarismus proklamiert. Er verkündete:

„Ein unumschränkter Herrscher [= der Psychiater; d.V.], der, geleitet von unserem heutigen Wissen, rücksichtslos in die Lebensgewohnheiten der Menschen einzugreifen vermöchte, würde im Laufe weniger Jahrzehnte bestimmt eine entsprechende Abnahme des Irreseins erreichen."[27]

Ein frommer Wunsch – aber Kraepelin hatte hundertprozentig Unrecht! Seine Fehleinschätzung war atemberaubend! Denn schon damals gab es unzählige *Opfer* der Psychiatrie. Aber die konnte man ja schnell ruhigstellen: Der Psychiater Auguste Forel schrieb 1911 über einen Rechtsanwalt, der Psychiatrie-Opfer bei Schadensersatzklagen wegen ungerechtfertigter Internierungen unterstützte:

27 Emil Kraepelin: 100 Jahre Psychiatrie. In: Z. Neur. 63 (1918), S. 161-275

Emil Kraepelin, 15.2.1856–7.10.1926,
Gründer und Direktor der Deutschen
Forschungsanstalt für Psychiatrie

„Die psychiatrische Wissenschaft fordert gebieterisch, daß derartige Leute unschädlich gemacht werden.“

Die Gegner der Psychiatrie ließen sich offenbar sehr leicht mundtot machen. Die Formel lautete ganz einfach: Erkläre den Gegner mit ein paar hübschen lateinischen und griechischen Vokabeln für verrückt! Ein erschreckendes Beispiel für den praktischen und geistigen Imperialismus der Psychiatrie!

Halten wir an dieser Stelle ein und fassen noch einmal kurz zusammen.

Laut der Psychiatrie des ausklingenden 19. Jahrhunderts konnte man als „krank“, oder „geisteskrank“ bezeichnet werden, wenn man

- Demokrat war,
- eine Frau war,
- ein Kriegsdienstverweigerer war,
- den Frieden liebte,
- nicht gerne in den Krieg zog,
- neue Ideen verbreitete,
- Franzose war oder ein
- Gegner der Psychiatrie war.

Aus heutiger Sicht mögen wir darüber lächeln. Aber in der Literatur sind diese Tatsachen unzweifelhaft festgeschrieben, und zwar von den Koryphäen der Psychiatrie selbst, sprich den höchsten Autoritäten, nicht von irgendwelchen Darstellern in unwichtigen Nebenrollen.

Die wohl wichtigste Erkenntnis, die sich aus diesem kurzen Abriß bislang ziehen läßt, hat zwei Facetten:

1. Schon früh diente sich der Psychiater an, das für „krank“ zu halten, was der herrschenden Meinung zuwider lief. *Von Anbeginn arbeitete die Psychiatrie dem Staate zu,* ja erfüllte die Aufgabe der Selektion von Menschen zum Zwecke der Ruhe und Ordnung, aber auch der Herrschaft und Normgebung, auf vielfältigste Art und Weise.
2. Schon früh kann man außerdem von einer „Kostensenkungsmentalität“ zugunsten des Staates und zum Nachteil der Patienten sprechen. Die psychiatrischen Aufgaben um die Jahrhundertwende bestanden oftmals darin, den Staat einerseits vor den „störenden Kranken“ zu schützen und *so das rei-*

bungslose Funktionieren zu gewähren, und andererseits den Staat bei einer aktiven Sparpolitik auf Kosten der Kranken zu unterstützen.[28]

Die Psychiatrie machte sich vor allem dadurch lieb Kind, daß sie alles daransetzte, *die Kosten der Krankenversorgung zu drücken;* der Staat mußte finanziell entlastet werden – auf dem Rücken der Kranken.

Als eine der ersten Aufgaben stellte sich die Psychiatrie darum auch gegen die Bismarcksche Unfallversicherungs- und Krankengesetzgebung, ja sogar gegen die gesamte Sozialgesetzgebung. Von diesem „Sparkurs" konnte sich die Psychiatrie bis zur heutigen Zeit nie ganz befreien (wobei diese Sparmentalität wohl kaum den Geldbeutel einzelner Psychiater betroffen haben dürfte).Selbst bei der reinen *Verwahrungspsychiatrie,* von den therapeutischen Maßnahmen bis hin zur psychiatrischen Gutachtertätigkeit, spielten und spielen *Kostengründe* oft die entscheidende Rolle. Und greifen wir getrost noch einmal vor: Auch und gerade die Psychiatrie im Dritten Reich, die sich durch Zwangssterilisationen und grausame Vernichtungen auszeichnete, dachte und argumentierte nicht anders. Selbst bei folterähnlichen sogenannten„Therapien" führten Psychiater zu ihrer Rechtfertigung *Kostengründe* an.[29]

Eine weitere Entwicklung muß hier festgehalten werden:

Die sich überschlagende technische Entwicklung brachte z.B. neue, kuriose, vorher nie dagewesene Krankheitsbilder mit sich, so z.B. die sogenannte „railway-spine" Krankheit, die angeblich durch einen Eisenbahnunfall verursacht wurde und sich in Symptomen der „mannigfaltigsten krankhaften Veränderungen der Nerventätigkeit" äußerte.[30]

Otto Binswanger (1852–1929) stellte bei seiner Antrittsrede als Professor für Psychiatrie fest, daß bei solchen und ähnlichen Krankheitsbildern die Pflicht darin bestehen müsse, die wirklich Kranken von den Betrügern zu trennen. In den Augen vieler Psychiater wurde die Bewertung des Krankheitsbefundes zur brennenden Tagesfrage. Es wurde geradezu ein *wissenschaftlicher Wettbewerb* angeregt, alle Simulanten, egal ob beim Militär oder im Zivilleben, *zu entlarven.*[31] Entlarven, um

28 Vgl. hierzu auch den Streit zwischen den Psychiatern Griesinger und Kraepelin; dargestellt in: Güse, Hans-Georg und Schmacke, Norbert: Psychiatrie zwischen bürgerlicher Revolution und Faschismus (2 Bde.). Kronberg 1976, S. 37ff.

29 Vgl. hierzu exemplarisch Gabriele Andrea Moser: Menschenökonomie und ärztliche Standespolitik. Zur Sozialgeschichte der Ärzte in der Weimarer Republik (Magisterarbeit). Heidelberg 1988

30 Vgl. hierzu: Otto Binswanger: Die Lehraufgaben der psychiatrischen Klinik. Rede gehalten beim Antritte der ordentlichen Professur in der Universitätsaula zu Jena am 20. November 1891. o.Q., S. 45-61, hier: S. 54

31 Frei nach Otto Binswanger: Die Lehraufgaben der psychiatrischen Klinik. Rede gehalten beim Antritte der ordentlichen Professur in der Universitätsaula zu Jena am 20. November 1891. o.Q., S. 45-61

dem Staat die Rentenzahlungen der gesetzlichen Unfallversicherungen zu ersparen. Eine interessante Allianz zwischen den Interessen des Staates und der begutachtenden Psychiatrie – es gibt sogar Stimmen, die behaupten, sie hätte *bis heute* Bestand. Wir teilen diesen Standpunkt allerdings nicht vorbehaltlos.

Betrachten wir nun noch im Eiltempo die weiteren Stationen der Psychiatrie, um einen Begriff von ihr zu bekommen. Tatsächlich mußte sich die Psychiatrie äußerst anstrengen, um sich überhaupt als ärztliches Prüfungsfach zu etablieren.

Der Psychiater Otto Binswanger kämpfte regelrecht um die Etablierung der Psychiatrie als anerkannte medizinische Teildisziplin. In den Jahren 1892 und 1896 war er es, der sich immer wieder für die Anerkennung der Psychiatrie als Prüfungsfach engagierte.[32] In den Jahren 1872 bis 1901 gelang es schließlich führenden Psychiatern, die Psychiatrie als selbständiges medizinisches Prüfungsfach in der Approbationsordnung (Zulassungsordnung) für Ärzte zu etablieren.

Bevor es jedoch soweit war, mußte noch ein entscheidendes Hindernis aus dem Weg geräumt werden. Bis in die siebziger Jahre des neunzehnten Jahrhunderts waren *Psychiatrie* und *Neurologie*[33] zwei getrennte Disziplinen. Dem Psychiater Wilhelm Griesinger (1817–1868) gelang hier der entscheidende Schritt. Griesinger vertauschte 1865 seine Position als Leiter der medizinischen Klinik in Zürich mit der psychiatrischen Klinik in Berlin und betrieb von dort die Vereinigung der Psychiatrie mit der Neurologie. Mit diesem Schritt wurde eine neue Weisheit, wonach Geisteskrankheiten immer Gehirnkrankheiten seien, praktisch festgeschrieben! Denn im Gehirn laufen die meisten Nerven zusammen. Tatsächlich begann von diesem Zeitpunkt an die *Herrschaft der Neuropsychiater.*[34]

Um diesen Satz näher zu beleuchten ist es erforderlich, einen kurzen Blick in die zeitgenössische Literatur zu werfen. 1889 feierte der Medizinalrat Professor Dr. C. Wernicke den Psychiater Wilhelm Griesinger als den Begründer der modernen Psychiatrie mit folgenden Worten:

„Worin liegen seine Verdienste? Wie schon angedeutet in dem Umstande, daß er das erste Mal mit der vollen Überzeugung des schon auf anderem Gebiete bewährten Klinikers den Satz vertrat und dem Prinzip auch praktische Geltung verschaffte, daß die Geisteskrankheiten Krankheiten eines ganz bestimmten Organes, des Großhirns, seien und so die Bahn wies, die sichere Erfolge für die Zukunft versprach. Das Großhirn ist in gewissem Sinne als Endpunkt und Sammelstation aller Nerven zu betrachten. Es galt daher zunächst, die Anatomie und Physiologie des Nervensystems

32 Vgl. hierzu: Ingo Steudel: Die Innovationszeit von Prüfungsfächern in der medizinischen Ausbildung in Deutschland. Dissertation. Kiel 1973

33 Neurologie: Lehre von den Nervenkrankheiten

34 Frei nach Ingo Steudel, a.a.O.

als die Grundlagen einer künftigen Psychiatrie in Angriff zu nehmen."[35]

Erkennen Sie, welche ungeheuerlichen Konsequenzen sich daraus ergaben? Mit diesem Schritt war ein *neuer Typ Arzt* geboren, der mit dem alten Irrenarzt kaum noch etwas gemein hatte. Forschung und Lehre marschierten plötzlich in eine gänzlich neue Richtung. Und die alten Irrenanstalten boten ein *geradezu unerschöpfliches Patientenreservoir*, das dieser neuen wissenschaftlichen Richtung zu Unterrichts- und Versuchszwecken unterworfen wurde. Das *menschliche Hirn wurde zum Forschungsgegenstand erklärt.* Die gesamte Psychiatrie konzentrierte und reduzierte sich in der Folge auf die Erforschung des Gehirns im Hinblick auf die Phänomene der Hirnstörung bzw. Hirnschädigung und ihrer Bedingungen. Daneben war die *Erbbiologie*, also die Erforschung der *erblich bedingten Störungen und Schädigungen,* das zweite wichtige Forschungsgebiet der Neuropsychiater.

Die Neuropsychiatrie wurde ab diesem Zeitpunkt vehement vorangetrieben. Man begründete die neuropsychiatrischen Kliniken an den Universitäten und sorgte für ihren zügigen Ausbau.

Dazu aus heutiger Sicht ein Kritiker:

„(...) wo bereits große Krankenhäuser bestanden, fraß sich gewissermaßen der klinische Unterricht auf Initiative der Dozenten förmlich in sie hinein und öffnete eine – oft eigens erst gegründete – Abteilung nach der anderen den Studenten, so etwa am Wiener Allgemeinen Krankenhaus, in Prag, an der Berliner Charité, am Würzburger Juliusspital oder am Breslauer Allerheiligen-Hospital. Die Reihe der Beispiele ließe sich noch fortsetzen um die Spitäler und Städtischen Krankenanstalten in den Schweizer Universitätsstädten, in Graz und Innsbruck, in neuerer Zeit in Frankfurt, Köln und Hamburg-Eppendorf."[36]

In der *verwahrenden Psychiatrie* sah es anders aus: „Seit die Geisteskranken nicht mehr in den Zucht- und Arbeitshäusern ‚verwahrt', sondern endlich als Kranke betrachtet und ärztlicher Aufsicht unterstellt wurden, also seit etwa 1810–1820, entstanden für sie besondere Asyle."[37] Zu derartigen Asylen gehörten zunächst auch alte, leerstehende Schlösser, wie Schloß Sonnenstein bei Pirna, das später, während der Zeit des Nationalsozialismus, zu trauriger Berühmtheit als Euthanasie-Tötungsanstalt gelangen sollte.

Von den ersten Tagen an war die Neuropsychiatrie nebenbei bemerkt der erklärte Feind aller anderen „psychologischen" Ansätze. So wurde in der Folgezeit die Psychoanalyse,[38] die klinische Psychologie und die Psychosomatik[39] von der Neuropsy-

35 C. Wernicke: Zweck und Ziel der Psychiatrischen Kliniken, 1889 (ohne Ortsangabe, ohne Seitenangabe)

36 Ingo Steudel: Unveröffentl. Manuskript, ohne Ortsangabe, ohne Seitenangabe

37 Ingo Steudel, a.a.O.

chiatrie als Dilettantismus und Kurpfuschertum bezeichnet. Die Neuropsychiater versuchten alles, um „psychologische" Ansätze von „ihren" Patienten fernzuhalten.[40]

Psychoanalytiker wurden von den Neuropsychiatern nie akzeptiert. Aus der Psychoanalyse ist inzwischen eine eigene Disziplin geworden. Wir dürfen jedoch nicht vergessen, daß dies *gegen den Willen* der Neuropsychiatrie geschah. Daß im Gegenteil die Neuropsychiatrie alles Mögliche tat, um eine Etablierung der Psychoanalyse zu verhindern.[41]

Kürzen wir die Geschichte ab: Die Etablierung der Psychiatrie innerhalb der Medizin war eine verzweifelte Geschichte des Kampfes um Anerkennung. Entscheidende Kompetenz rang die Neuropsychiatrie schließlich sogar den Internisten ab.

Mehr oder weniger wurde ein stillschweigender Kompromiß geschlossen. Trotzdem wirkt die Benennung „Medizinische und Nervenklinik" (Tübingen, Jena, Gießen) wie ein Protest gegen die vorherige Bezeichnung „Psychiatrische und Nervenklinik".[42]Vielleicht waren die Internisten froh, daß die Neuropsychiater ihnen einen Teil der unliebsamen Arbeit abnahmen. Wie auch immer, für die medizinische und vor allem gesellschaftliche Entwicklung war diese Kompetenzabeignung durch die Psychiatrie unheilvoll. Dies kann heute jeder Patient bestätigen, wenn er wegen eines Nervenleidens, z.B. einer Nervenentzündung oder ähnlichem, den Neuropsychiater aufsucht. Allein durch diesen Vorgang wird er aus der oberflächlichen Sicht des Betrachters einer bestimmten Klientel zugeordnet. Der Betroffene wird im übri-

38 Psychoanalyse: Methode zur Analyse/Bewußtwerdens bestimmter psychischer Probleme

39 Psychosomatik: Lehre von der Beziehung zwischen Seele und Körper, zu griech. „Psyche" (= Seele) und „Soma" (=Körper)

40 Bis heute sucht die Neuropsychiatrie, übrigens erfolglos, nach einem biologischen Substrat der Schizophrenie. Falls Sie nicht wissen sollten, was damit gemeint ist: Die Schizophrenie, eine bekannte Geisteskrankheit mit vielen Facetten, soll auf eine biologische Substanz, auf eine erbbiologische Grundlage zurückgeführt werden. Neuerdings wird hierzu sogar die Genetik bemüht.

41 Otto Wuth an Oswald Bumke v. 5.2.1943; BA/MA (Bundesarchiv/Militärarchiv Freiburg) RH 12-23 H20/504. Wie sehr die klinische Psychologie von den Neuropsychiatern gehaßt und mißachtet wurde, geht exemplarisch aus der Korrespondenz des Obersten Beratenden Psychiaters der Deutschen Wehrmacht Otto Wuth mit dem Münchner Geheimrat und Ordinarius für Psychiatrie Oswald Bumke hervor. So empfahl Wuth im Jahre 1943, hirnverletzte Kriegsbeschädigte, die infolge ihrer Hirnverletzung Symptome wie Zittern oder ähnliches aufwiesen, nicht von Psychologen und anderen „Kurpfuschern" behandeln zu lassen, sondern „bewährte Methoden" wie unangenehmes Kehlkopfspiegeln, Verabreichung elektrischer Ströme und das Injizieren „indifferenter Flüssigkeiten" anzuwenden, um so die Symptome zu beseitigen; was nichts anderes und wirklich nichts anderes bedeutete, als den Patienten solange zu foltern, bis die Symptome verschwanden – mit Therapie hatte das nichts mehr zu tun! Der Münchner Klinikchef Oswald Bumke war dabei in den Augen Wuths der damals kompetenteste deutsche Psychiater, was dieser Korrespondenz eine ganz besondere Bedeutung zukommen läßt

42 Ingo Steudel, a.a.O.

gen überrascht sein, was alles ohne sein Einverständnis mit ihm in der „Neuropsychiatrie" angestellt werden kann.[43]

Schließen wir damit die „Kleine Geschichte der Psychiatrie" ab, in der natürlich nur Schlaglichter geworfen werden konnten. Fassen wir kurz zusammen: Durch ihr Andienen an die Herrschaftsstruktur gelang es der Psychiatrie offenbar, sich als unverzichtbare Erfüllungsgehilfin für den Staat zu etablieren. Mißliebige Ideen wurden ebenso als „krank" gebrandmarkt, wie dem Staat Gelder gespart wurden.

Obwohl kein vernünftiger Krankheitsbegriff etabliert worden war, keinerlei funktionierende Therapie und Heilmethoden existierten, und obwohl es keinerlei echte Diagnose gab, etablierte sich die Psychiatrie in der Folge als unumschränkte Autorität in Sachen „Normalität".

Die weiteren Entwicklungen waren vorprogrammiert.

43 Vgl. Peter Lehmann: Der chemische Knebel. Berlin 1990

AUF EINEN BLICK

1. Der Begriff „Psychiater" bedeutet wörtlich „Seelenarzt", obwohl in der Psychiatrie die Existenz der Seele abgeleugnet wird. Der Begriff „Psychiatrie" wurde 1808 das erste Mal verwendet. Doch schon 1758 erschien das erste „psychiatrische" Lehrbuch („Treatise on madness").
2. 1811 wurde der erste Lehrstuhl für Psychiatrie etabliert, in Leipzig.
3. Es existierte von Anfang an keine verbindliche Definition des „Kranken" oder „Geisteskranken". Minderwertig und krank konnte man sein, weil man
   - eine Frau war,
   - Demokrat war,
   - den Kriegsdienst verweigerte,
   - den Krieg nicht liebte,
   - Opponent war und neue Ideen verbreitete,
   - Franzose war oder
   - ein Gegner der Psychiatrie war.
4. Bereits während des Ersten Weltkrieges entwickelten Psychiater eine Strombehandlung, um damit Soldaten an die Front zurückzutreiben.
5. Die Psychiatrie diente sich früh dem Staat an und unterstützte ihn hinsichtlich
   - Ausrottung mißliebiger Ideen und
   - Kostensenkungsprogrammen.
6. Die frühe Geschichte der Psychiatrie war geprägt vom Kampf um Anerkennung und allgemeine Akzeptanz. Gegner der Psychiatrie wurden alle Konkurrenten im „Verteilungskampf" um den geistig Kranken, wie Psychoanalytiker, Psychologen und Psychosomatiker.
7. Wilhelm Griesinger gilt als Begründer der „modernen Psychiatrie", die mit dem Jahr 1889 angesetzt werden kann. Er leitete die „Ehe" zwischen Neurologie und Psychiatrie ein. Gehirn und Nerven wurden als wichtigste Ursache und Sitz der Geisteskrankheiten angesehen (obwohl keinerlei Beweis dafür existierte und bis heute nicht existiert). Das menschliche Hirn wurde Forschungsgegenstand.
   Weiteres Forschungsgebiet: erblich bedingte, genetische Schäden.

„Die Vergangenheit ist nicht tot, sie ist noch nicht einmal vergangen!“

Grabspruch von NS-Opfern

4. DER GEHEIME PAKT MIT DEM TEUFEL ODER: DER SCHULTERSCHLUSS DER RASSENTHEORETIKER MIT DER PSYCHIATRIE

Kommen wir nun zu dem fehlenden Glied in der Kette, zu dem fehlenden Teil im Puzzle, wie versprochen.

Wir haben in den vorangegangenen Kapiteln zum einen die Wurzeln des Nationalsozialismus aufgezeigt und zum anderen die Anfänge der Psychiatrie beleuchtet, zumindest in Schlaglichtern.

Grundsätzlich kann man bereits erstaunliche Parallelen feststellen, und tatsächlich wuchsen beide „Weltanschauungen“, beide Ideenkomplexe, in der Folge auf das erschreckendste zusammen. Im Grunde genommen ist der Nationalsozialismus *nicht* denkbar ohne die Psychiatrie. Denn wenn wir uns mit dem Nationalsozialismus beschäftigen, so bedeutet das in erster Linie Beschäftigung mit der *Rassenideologie*, die Kern- und Angelpunkt, Ausgangspunkt und Ende der „Weltanschauung“ des Nationalsozialismus war. Denn: die Rassenideologie war es, die zur Vernichtung des „lebensunwerten Lebens“ führte. Die Rassenideologie war es, die die Judenverfolgung begründete.[1] Und die Rassenideologie war es schließlich, die den Zweiten Weltkrieg „nötig“ machte, brauchte doch das arische Volk angeblich mehr Raum! Die Verbre-

1 Wir wollen in diesem Zusammenhang auf die historische Aufarbeitung des Antisemitismus verzichten. Viele Fachleute haben immer wieder betont und bewiesen, daß der Antisemitismus der Nazis gänzlich anders zu definieren ist als jeder andere Antisemitismus. Die Methoden des Dritten Reiches waren einzigartig grausam, waren unübertroffen unmenschlich und können in dieser Größenordnung und diesem blinden Haß nicht gleichgesetzt werden mit früheren antisemitischen Einstellungen

chen des Nationalsozialismus sind also in einer Linie auf die Rassenideologie zurückzuführen.

Stellen wir uns dazu jetzt folgende brisante Fragen:

- Was zeichnete diese Rassenideologie wirklich aus, die ja ihren Höhepunkt in einer grauenhaften Verfolgung und Vernichtung angeblich rassisch Minderwertiger fand?
- Woher kommt sie?
- Ist die Rassenideologie wirklich allein ein Produkt Adolf Hitlers oder des Nationalsozialismus?
- Oder ist sie vielmehr das (gewollte) Ergebnis von ganz anderen „Entwicklungen"?
- Welche Wissenschaftler konnten allen Ernstes ein Interesse an einer solchen Ideologie haben?

Um auf diese Fragen eine Antwort zu finden, müssen wir einen Moment zurückblenden. Erinnern wir uns: die „moderne" Entwicklung der Rassenideologie ist mit dem Grafen *Arthur Comte de Gobineau* anzusetzen.

„Er erklärt die Geschichte, Weltgeschichte unter dem Aspekt der Rassen, ihrer Reinheit und Mischung. (...) Nach Graf Gobineau ist Rassereinheit eine Garantie für Überlegenheit und Herrschaft, Rassenmischung dagegen Grund für Unterlegenheit."[2]

Und erinnern wir uns weiter: Gobineau beanspruchte weder eine Bevorzugung der deutschen Arier noch erniedrigte er andere Rassen namentlich. Seine Rassenideologie umfaßte zudem weniger die Rassen an sich als vielmehr die Gegensätze der sozialen „Klassen", das heißt, es ging ihm eigentlich um das Verhältnis der „Aristokratie" zum „Proletariat". Aus der Formel „Aristokratie" gegen „Proletariat" wurde

---

Man kann also unmöglich den bis dato existierenden Antisemitismus als Rechtfertigung für die Greuel des Nationalsozialismus heranziehen, und der seriöse Forscher versucht das auch gar nicht erst. Vgl. Heiko A. Obermann, Wurzeln des Antisemitismus, ohne Zeit- und Ortsangabe, Verlag Severin und Siedler.

Wen es dennoch brennend interessiert, anbei einige Anmerkungen.

Der Begriff Antisemitismus ist an sich bereits irreführend, insofern als antisemitische Bestrebungen immer gegen die Juden und nicht gegen die Gesamtheit der semitischen Völker gerichtet waren. Grundsätzlich kann man vier Arten des Antisemitismus unterscheiden: 1. Der Antisemitismus aus religiösen Gründen; 2. der Antisemitismus aus sozialen Motiven; 3. der rassisch begründete Antisemitismus und 4. der Antisemitismus, der nur auf der Suche nach einem beliebigen Sündenbock ist, wie im 14. Jahrhundert, da die Pest, die in Europa wütete, flugs auf die Juden zurückgeführt wurde.

2 Gerhard Schmidt: Vom Rassenmythos zu Rassenwahn und Selektion. In: Der Nervenarzt (56) 1985, S. 337-347, hier: 337. Gerhard Schmidt ist emeritierter Professor

Arthur Comte de Gobineau (1816–1882)

die Formel „Kulturmensch“ gegen „Triebmensch“.

Und hier tritt nun der erste Psychiater auf den Plan: Kaltlächelnd begeistert über die Möglichkeit, solche Theorien in die Tat umzusetzen, machte sich der Psychiater *Gustav Liebermeister* diese Theorie zunutze. Das heißt, (es ist fast nicht zu glauben), nach dieser *Theorie* formulierte er eine *Therapie*! Man muß es sich vorstellen, daß ein Psychiater die Therapie, sprich die Behandlung, nach einem solchen *Menschenbild*, einer bloßen These, einer Annahme ausrichtete. Er formulierte in der Folge eine auf *Klassenhaß begründete* therapeutische Differenzierung. In seiner Abhandlung über die sogenannten Kriegsneurosen machte er klar, daß zunächst einmal zwischen „höherstehenden Menschen“ und „Triebmenschen“ unterschieden werden müsse. Entsprechend dieser Aufteilung sollten dann die „Triebmenschen“ (Soldaten) möglichst *frontnah* behandelt werden, während die „Kulturmenschen“ (Offiziere) ihre Erkrankung in der Heimat auskurieren und „nicht zu früh“ wieder ins Feld zurückkommen sollten[3] – tatsächlich nachzulesen bei Gustav Liebermeister. *Wie* die Theorien aussahen – darüber haben wir uns bereits unterhalten: sie waren töricht und menschenverachtend und brutal. Aber hier tritt die *Praxis* auf den Plan!

Fahren wir fort: Gobineaus Hauptdoktrin gipfelte in der Feststellung, „daß alle Zivilisationen von der weißen Rasse herstammen“. Die Gobineauschen Rassentheorien wurden von dem Franzosen G. Vacher de Lapouge weitergeführt, wie wir bereits dargestellt haben. Lapouge, ebenfalls ein Aristokrat, vertrat wie seine Gesinnungsgenossen die reine Lehre von der *Höherwertigkeit* der sogenannten arischen Rasse.[4] Im Dunst dieses aristokratischen Herrenmenschenkultes wurde nun erstmals die Theorie einer alles umfassenden *Eugenik* und *Rassenhygiene* formuliert.

Halten wir einen Moment inne, um uns von einigen scheinbar komplizierten Fachwörtern nicht aus der Bahn werfen zu lassen.

3 Vgl. hierzu Gustav Liebermeister: Über die Behandlung von Kriegsneurosen. Halle a.d.S. 1917, S. 7-8
4 Lapouge 1939, zit. nach Günter Baust u.a. (Hrsg.): Eugenik. Entstehung und gesellschaftliche Bedingtheit. Jena 1984, S. 26

Rassenhygiene bezeichnet wörtlich nichts anderes als „Hygiene", „Sauberkeit" der Rasse.

Eugenik setzt sich zusammen aus den griechischen Wörtern *eu* (=gut) und *gennan* („erzeugen"), „gut erzeugt" bedeutet der Begriff wörtlich übersetzt; oder mehr wissenschaftlich: „Erbgesundheitslehre".[5] Tatsächlich wurde er in der Folge als *austauschbarer* Begriff mit dem Wort „Rassenhygiene" verwendet. Das heißt, die Theorie der Eugenik besagte, daß bestimmte Erbanlagen als günstig, andere als ungünstig angesehen werden mußten.

Aber welche waren günstig? Nun, günstig waren die „Erbgesunden", die Nichtkranken und die Arier.

Das waren die „günstigen" Erbanlagen!

Der Begriff *Erbbiologie* zielt nebenbei bemerkt in die gleiche Richtung: hier wird der Mensch auf die reine Biologie reduziert; das heißt im Klartext, daß der Mensch ein Stück Fleisch ist und man aus ein paar Erbanlagen alles über ihn bestimmen und erfahren kann. Erbbiologie ist also die Lehre von der Vererbung körperlicher und – angeblich – geistiger Eigenschaften. Ab einem bestimmten Zeitpunkt wurde es praktisch identisch mit dem Wort Eugenik. Aber bleiben wir bei der *Eugenik.*

In dem Augenblick, wo die *Eugenik*, die angebliche Wissenschaft von den „richtigen" Erbanlagen, Hochzeit feierte mit den Rassentheorien Darwins und Gobineaus, war das Unglück geschehen.

Hier haben wir das fehlende Bindeglied.

Psychiater nahmen also die durch nichts bewiesenen rassentheoretischen Betrachtungen auf und verknüpften sie mit ihrer Vererbungslehre-Theorie – der sogenannten *Eugenik.*

Und *Eugenik* oder *Rassenhygiene*, zwei Vokabeln für ein und dieselbe Sache, stellte die theoretische Grundlage des arischen Herrenmenschenkults dar.

Der Schulterschluß war perfekt. *Eugenik* und *Rassenhygiene* waren austauschbare Begriffe geworden. Austauschbar zudem mit dem Begriff *Erbbiologie*, obwohl dieses Wort – genaugenommen – einem anderen Wissenschaftszweig entlehnt wurde.

Aber noch einmal, um es wirklich ganz deutlich zu machen: *Eugenik* und *Rassenhygiene* erschienen zuvor als durchaus unterscheidbare Bereiche. Zitat: *„Rassenhygiene zielt(e), wie sich aus dem Begriff selbst ableiten läßt, auf die ‚Hygiene', d.h. Erhaltung und Verbesserung der ‚Rasse'. (...) Die Nähe zu rassistischen Strömungen be-*

5 Eugenik wurde inhaltlich durch den vor nahezu einem Jahrhundert lebenden Francis Galton (1822–1911) geprägt. Der Begriff der Eugenik entstammt dabei dem Griechisch-Lateinischen und bedeutet zunächst also „Wohlgeborensein", als eigentliche Übersetzung des Wortes. Der Begriff Eugenik ist nie aus dem wissenschaftlichen Sprachgebrauch in Deutschland verschwunden, bis heute.

stand allerdings darin, daß man sich an dieser Definition nur selten orientierte und oftmals die arischgermanische oder nordische Rasse favorisierte. (...) Demgegenüber war ‚Eugenik' als Lehre und Praxis von der ‚günstigen Beeinflussung der menschlichen Fortpflanzung' zu beschreiben.“ [6]

Das heißt, die Rassenhygiene hatte zunächst einen eigenen Stellenwert, unabhängig von der Eugenik. Aber ab einem bestimmten Zeitpunkt marschierte man gemeinsam gegen den „Feind“ der Rasse.

Schreiten wir weiter: Mit Fug und Recht kann der Arzt und Rassenhygieniker Dr. med., Dr. phil. h.c. *Alfred Ploetz* in der Folge als Begründer des psychiatrischen Züchtungsgedanken bezeichnet werden. Mit seinem 1895 erschienen Werk *„Die Tüchtigkeit unserer Rasse und der Schutz der Schwachen“*[7] schuf er jedenfalls die Grundlagen zur deutschen Rassenhygiene. Um die „schmerzhafte Ausjäte“ aus humanen Gründen zu verhindern, sollte gemäß Ploetz die *Qualität des menschliches Nachwuchses verbessert werden.* Hierzu ein Originalzitat:

„Der Menschengeist bezwingt soviel. Wenn er erforschte, welche Bedingungen es sind, unter denen die Eltern Kinder zeugen, welche bessere Anlagen haben als sie selbst, wenn er die Gesetze der Variabilität erforschte und ihre Erscheinungen unter seine Macht beugte! Einen kleinen Teil kennt er ja schon, bei den Tieren sogar einen ziemlich großen. Dann wäre der Fortschritt gewährleistet, der Kampf um's Dasein, der bewußte und unbewußte Wettbewerb der Einzelnen um Nahrung der Kinder, wäre überflüssig zur Erhaltung und Vervollkommnung der Kraft und Schönheit unserer Art.“[8] Hierzu ein Kommentar (Zitat):

„Die Medizin wurde in der Ploetz'schen Utopie damit beauftragt, humangenetisch begründete Kriterien zur Bestimmung des biologischen Wertes eines Menschen zu erarbeiten und geeignete Maßnahmen zur raschen Vervollkommnung der Rasse einzuleiten.“[9]

Aber es war nicht die Medizin, es war die *Psychiatrie*! Die systematische Ermordung der schwächsten Glieder der Gesellschaft begann damit erstmals 1895 denkerisch Konturen anzunehmen und in die medizinische Literatur Einzug zu halten. Das belegt auch das folgende (unglaubliche) Zitat aus den Schriften des Meisters Ploetz:

„Stellt es sich trotzdem heraus, daß das Neugeborene ein schwächliches und mißratenes Kind ist, so wird ihm vom Ärzte-Kollegium, das über den Bürgerbrief der

6 Nach Alfred Grotjahn: Die Hygiene der menschlichen Fortpflanzung. Berlin und Wien 1926, S. 157; Anm. des Autors

7 Alfred Ploetz: Die Tüchtigkeit unserer Rasse und der Schutz der Schwachen. Berlin 1895

8 Alfred Ploetz: Die Tüchtigkeit unserer Rasse und der Schutz der Schwachen. Berlin 1895, S. 225

9 Christoph Mai: Die Zwillingsmethode. Zur deutschen Geschichte eines humangenetischen Forschungskonzeptes bis 1945. Diss. med. Hamburg 1988, S. 47 und 48

Gesellschaft entscheidet, ein sanfter Tod bereitet, sagen wir durch eine kleine Dosis Morphium. (...Die Eltern) überlassen sich nicht lange rebellischen Gefühlen, sondern versuchen es frisch und fröhlich ein zweites Mal, wenn ihnen dies nach dem Zeugnis über die Fortpflanzungsbefähigung erlaubt ist.“[10]

Fakt ist nun, daß sich diese Auffassung sehr rasch in der Ärzteschaft und besonders in der Psychiatrie verbreitete. War doch hier eine wunderbare Synthese zwischen Rassentheorie und Erbtheorie geschaffen worden. Die Aufsätze im renommierten *Ärztlichen Vereinsblatt* dokumentieren diese Entwicklung sehr nachhaltig:

„*Demjenigen Volk gehört die Zukunft, das die höchste Geburtenziffer und die geringste Sentimentalität besitzt, nicht nur anderen Völkern gegenüber, sondern auch innerhalb der eigenen Volksgemeinschaft selbst. (...) Wer so wenig reif ist, da er für nichts sorgt, so hemmungslos lebt und so wenig angepaßt ist, daß er der Allgemeinheit zur Last fällt oder gar schädigt, muß die Folgen tragen, wie auch sonst unter natürlichen Verhältnissen. Der Kampf ums Dasein ist nun einmal ein von der Natur gegebenes Gesetz.*“[11]

Die Psychiatrie hatte also ihre Bestimmung gefunden; eine neue Definition für „Normalität“ war jetzt gegeben: Der *Arier* war normal! Der Gesunde war normal! Und nun ging es Schlag auf Schlag. Ein erster wichtiger Schritt auf dem Wege zur Vernichtung „lebensunwerten Lebens“, die nur logische Konsequenz war, war die *Zwangssterilisation*[12], die als „wichtige Kulturaufgabe“ begriffen wurde und an deren Durchführung die gesamte *Ärzteschaft*, die *Ortsbehörden*, die *Lehrerschaft*, die *Wohlfahrtseinrichtungen*, die *Gemeindeschwestern* und *Hebammen* zu beteiligen seien. *Walther Auer*, an der psychiatrischen Klinik der Universität Köln unter dem prominenten Psychiater *Gustav Aschaffenburg* tätig, machte hierzu zunächst klar, daß es ganz so einfach denn doch nicht sei, die Zwangssterilisation in ganz großem Stile durchzuführen, da die Gesetzgebung dem noch entgegenstehe.[13] Aber solche Probleme sah er als bewältigbar an.

---

10 Alfred Ploetz: Grundlinien einer Rassenhygiene – Die Tüchtigkeit unserer Rasse und der Schutz der Schwachen. Ein Versuch über Rassenhygiene und ihr Verhältnis zu den humanen Idealen, besonders zum Sozialismus. Berlin 1895, S. 126 ff. Zit. n.: Christoph Mai: Die Zwillingsmethode. Zur deutschen Geschichte eines humangenetischen Forschungskonzeptes bis 1945. Diss. med. Hamburg 1988, S. 48

11 K. Hintze: Staatssozialismus oder soziale Fürsorge auf genossenschaftlicher Basis? In: Ärztliches Vereinsblatt 1924, S. 163 (Privatarchiv Dok 15/W1)

12 Vgl. Gisela Bock: Nationalsozialistische und rassenhygienische Bewegung 1924 – 1933. In: Dies.: Zwangssterilisation im Nationalsozialismus. Opladen 1986, S. 23-41

13 Walther Auer: Zu dem „Aufruf an die deutsche Ärzteschaft“ des Herrn Reg.-Med.-Rat Dr. Boeters. In: Ärztliches Vereinsblatt v. 23.01.1924, S. 28

In der Folge machte sich *Aschaffenburg*[14] daran, die theoretischen Grundlagen für die Ausmerzung der „Minderwertigen" weiter auszubauen. Sein Leben lang hatte er sich für die Sterilisation der „Volksschädlinge" ausgesprochen. Zu diesen gehörten für ihn u.a. körperlich Kranke und „Unfertige" (Tuberkulöse, Behinderte, Greise), Personen, die die Gesellschaft belasteten oder schädigten (Landstreicher, chronisch Kranke, Alkoholiker usw.). Aschaffenburg war nebenbei bemerkt ein Schüler des bereits erwähnten Psychiaters *Kraepelin*, auf den wir an späterer Stelle noch eingehen werden, und der die Ursache psychiatrischer Erkrankungen ebenfalls letztlich in der Erbanlage gesucht hatte.[15] Aschaffenburg arbeitete also intensiv an der Theorie der Ausmerzung der Minderwertigen. Bis ihn das Schicksal einholte. Denn Aschaffenburg – war selbst Jude. Aufgrund seiner jüdischen Abstammung sah er sich deshalb schon 1932 antisemitischen Angriffen ausgesetzt. Einer Entlassung kam er mit seinem Antrag auf Emeritierung zum 31.03.1934 zuvor. Kurze Zeit danach wurde ihm auch das Halten von Vorlesungen, die ihm als ordentlich Emeritierten zustanden, untersagt. Wäre nicht seine jüdische Abstammung gewesen, hätte die Fakultät einen weiteren Verfechter der Rassenhygiene behalten.

Sein Nachfolger wurde im Oktober 1934 der österreichische Psychiater Max de Crinis[16], der im Euthanasieprogramm des Nationalsozialismus ein wichtige Rolle spielte. Auch darauf kommen wir zurück.

Der vierte im Bunde (neben Liebermeister, Ploetz und Aschaffenburg) war Fritz Lenz. Der „Humangenetiker" *Fritz Lenz* wirkte in der Zeit von 1919 bis 1933 für das „Archiv für Rassen- und Gesellschaftsbiologie" in vorderster Front mit. Zusammen mit Erwin Baur und Eugen Fischer verfaßte er das Buch „Menschliche Erblehre und

14 Gustav Aschaffenburg wurde am 23.05.1866 in Zweibrücken in der Pfalz geboren. Studium in Heidelberg, Würzburg, Freiburg im Breisgau, Berlin und Straßburg. Promotion in Straßburg 1890. Zunächst in Wien unter Meynert, später als Assistent bei Kraepelin in Heidelberg. Habilitation für Psychiatrie 1895. Von 1900 bis 1905 außerordentlicher Professor. Ab 1905 Ordinarius an der Universität Köln. Direktor der „Irrenabteilung" Lindenthal. Sein Hauptinteresse galt der Erforschung der psychischen Wirkungen von Arzneimitteln. Er entwickelte Theorien zu den Phänomenen des „Säuferwahns", „Querulantenwahns", „Verminderte Zurechnungsfähigkeit" u.a. Publikationen: Neben anderen „Das Verbrechen und seine Bekämpfung", Heidelberg 1906, „Die Sicherung der Gesellschaft gegen gemeingefährliche Geisteskranke", Berlin 1912, „Lokalisierte und allgemeine Ausfallerscheinungen nach Hirnverletzungen" (Aufsatz), Halle 1916, „Psychiatrie und Strafrecht", Köln 1928, Herausgeber des „Handbuchs der Psychiatrie", Leipzig und Wien 1911–1928, in dem er selbst die allgemeine Symptomatologie der Psychosen und ihre Einteilung bearbeitete
Zit. n.: August Hirsch (Hrsg.): Biographisches Lexikon der hervorragenden Ärzte aller Zeiten und Völker, Berlin und Wies 1934, S. 42

15 Außerdem war Aschaffenburg durch die Vorstellungen des italienischen Psychiaters Lomsroso geprägt, der die Theorie vom geborenen Verbrecher aufstellte

16 Zit. n.: Kölnische Gesellschaft für christlich-jüdische Zusammenarbeit (Hrsg.): Heilen und Vernichten im Nationalsozialismus. Köln 1985, S. 142

Rassenhygiene", das 1921 in München erschien. Mit Lenz' eigenen Worten wird deutlich, daß er selbst – neben anderen – Hitlers Wegbereiter war:

„Von eigentlich rassenhygienischen Büchern hat Hitler, wie ich höre, die zweite Auflage des Baur-Fischer-Lenz gelesen, und zwar während seiner Festungshaft in Landsberg. Manche Stellen daraus spiegeln sich in Wendungen Hitlers wider. Jedenfalls hat er die wesentlichen Gedanken der Rassenhygiene und ihre Bedeutung mit großer geistiger Energie sich zu eigen gemacht, während die meisten akademischen Autoritäten diesen Fragen noch ziemlich verständnislos gegenüberstanden."[17]

Das sind die originalen Wurzeln für die „Theorie" der Ausmerzung der „Minderwertigen". Am 4. Juli 1933 schließlich wurde das Sterilisationsgesetz erlassen. Damit war der alte Anspruch vieler Psychiater und Ärzte der Weimarer Zeit eingelöst.

Soweit Lenz.[18]

Die ideellen Ziele der Begründer der psychiatrischen Rassenhygiene – Liebermeister, Ploetz, Aschaffenburg, Lenz – schienen in der Folge viele Menschen zu faszinieren, ohne daß sie begriffen, daß sich im Hintergrund die „Ausjäte" (Originalton) der „Minderwertigen" verbarg. Jedenfalls konstituierten sich in der Folge *Vereine* und *Gesellschaften*, die versuchten, auf die Geschicke in Politik und Wirtschaft Einfluß zu nehmen.

Eine solche Einrichtung war auch die *„Gesellschaft für Rassenhygiene"*. Sie war die treibende Kraft einer rassenhygienisch-eugenischen Programmatik, die schon früh propagandistisch mißbraucht wurde. Zitat:

„Durch einige Satzungs- und Leitsatz-Änderungen, die insbesondere Reaktionen auf den Ersten Weltkrieg waren, trat das propagandistische Element zunehmend in den Vordergrund; rassenhygienische Lebensführung wurde gänzlich unwichtig. 1931 paßte man die Statuten dahingehend den Gegebenheiten an, als der ‚Rassen'-Begriff durch Schlagwörter wie ‚Familie' oder ‚Volk' ersetzt wurde. Außerdem radikalisierte man die Ansichten dergestalt, daß neben den steten Forderungen nach ‚Aufwertung' des Volkes zunehmend auch Forderungen zur (zwangsweisen) Sterilisierung sogenannter ‚Minderwertigen' ins Programm einmündeten."[19]

Die Rassenhygieniker oder Eugeniker hatten damit weniger als dreißig Jahre gebraucht, um mit ihren Ideen Eingang in die Wissenschaft und Politik zu finden. Der

17 Fritz Lenz: Die soziologische Bedeutung der Selektion. In: Schranitz und Herberer (Hrsg.): 100 Jahre Evolutionsforschung. Stuttgart 1960

18 Eine Randnotiz: Das Buch von Baur-Fischer-Lenz wurde 1940 zum vierten Mal aufgelegt, das fünfte Mal 1948 in den USA. Fritz Lenz selbst bekam 1946 wieder eine Professur in Göttingen. Und noch heute beziehen sich viele Humangenetiker auf ihn.

19 Jürgen Kroll: Zur Entstehung und Institutionalisierung einer naturwissenschaftlichen und sozialpolitischen Bewegung: Die Entwicklung der Eugenik/Rassenhygiene bis zum Jahre 1933. Diss. Soz.-Wiss. Tübingen (o. J.)

rassenhygienische Gedanke, und das war das alles entscheidende Ereignis, hätte jedoch nie und nimmer diese Ausformung erfahren ohne die Psychiater. Erst die *Psychiater* waren es, die den Schulterschluß der *Eugenik* und der *Rassentheorie* zustande brachten.

Soweit die Theorie. Folgen sollte die Praxis, die sich noch weitaus schlimmer gestalten sollte, als man es sich in seinen kühnsten Horrorträumen hätte ausmalen können.

AUF EINEN BLICK

1. Der Nationalsozialismus mit seinem Rassenwahn als Kernpunkt ist nicht denkbar ohne die Psychiatrie.
2. Der Psychiater Gustav Liebermeister schuf eine Therapie nach einer unbewiesenen bloßen Theorie des Rassenideologen Gobineau.
   Er unterschied zwischen „höherstehenden Menschen" und „Triebmenschen".
3. Der Begriff *Eugenik* wurde austauschbar mit dem Begriff *Rassenhygiene*.
   „Gut" waren plötzlich günstige Erbanlagen der arischen Rasse.
4. Alfred Ploetz schuf die Grundlagen zur deutschen Rassenhygiene gemeinsam mit dem prominenten Psychiater Gustav Aschaffenburg, der für die Ausmerzung der „Minderwertigen" eintrat („Volksschädlinge", Kranke, „Unfertige", Behinderte, Greise, Tbc-Patienten, Landstreicher, Alkoholiker usw.).
5. Der Humangenetiker Fritz Lenz verfaßte mit zwei anderen Autoren das Buch „Menschliche Erblehre und Rassenhygiene", das 1921 erschien. Hitler bezog u. a. aus diesem Buch seine nationalsozialistisch-rassistischen Wahnideen.

„Da die Sterilisierung das einzig sichere Mittel ist, um die weitere Vererbung von Geisteskrankheiten und schweren Erbleiden zu verhüten, muß sie demnach als eine Tat der Nächstenliebe und Vorsorge für die kommende Generation angesehen werden."

Prof. Dr. Ernst Rüdin
deutscher Rassenpsychiater, 1936

„Man müßte ein Gesetz schaffen, das der Natur zu ihrem Recht verhilft. Die Natur würde dieses lebensunwürdige Geschöpf verhungern lassen. Wir würden humaner sein und ihm einen schmerzlosen Gnadentod bereiten. Das ist die einzige Humanität, die in solchen Fällen angebracht ist, und sie ist hundertmal edler, anständiger und menschlicher als jene Feigheit, die sich hinter der Humanitätsduselei verkriecht und dem armen Geschöpf die Last seines Daseins, der Familie und der Volksgemeinschaft die Last des Unterhalts aufbürdet."

„Das Schwarze Korps" (SS-Kampfblatt) am 18. März 1937

5. WIE PSYCHIATRISCHE IDEEN IN DIE GESELLSCHAFT INFILTRIERT WURDEN

Wir haben aufgezeigt, wie die beiden Entwicklungslinien Psychiatrie und Rassenwahn-Ideologie fadengerade aufeinander zuliefen und sich schließlich gemeinsam verbanden.

Aber wie konnte es in der Folge dazu kommen, daß diese Rassenideen, kombiniert mit der (unsinnigen) Idee des „richtigen" Erbgutes, auf breitester Ebene einzusickern vermochten? Das heißt, die spannende Frage lautet jetzt: Wie konnten einige Psychiater die intellektuelle Perversion bewerkstelligen, daß schließlich so viele dieser Idee nachliefen?

Wie vermochten sie es, daß sie Mediziner, ärztliches Pflege- und Hilfspersonal und eine unübersehbare Anzahl sogenannter „Mitläufer" zu Massentötern mutieren konnten? Wie gelang es ihnen, solche Ideen einem ganzen Volk zu implantieren, einzupflanzen?

Natürlich waren eine ganze Anzahl von Faktoren dafür verantwortlich: zunächst einmal benutzten die Psychiater bereits existierende Vorurteile (gegen die Juden z.B.) und Zeitströmungen (die Idee der „überlegenen arischen" Rasse etwa). Darüber hinaus verbanden sie sich mit einem totalitären System, das ihre Ideen mittels Propagandatechniken dem Volk einfach einhämmerte, wöchentlich, täglich, ja stündlich. Trotzdem mußte das ganze inszeniert werden. Mußte die Intrige gesponnen werden. Wie ging man hierbei vor?`

Nun – höchst raffiniert:

Zunächst einmal war das ganze längst „wissenschaftlich" vorbereitet.

Blenden wir kurz zurück:

Die Psychiatrie feierte kurz nach der Jahrhundertwende die Lehre von der Vererbung als die alleinseligmachende Erkenntnis. Mit anderen Worten: praktisch jede geistig-seelische Störung oder Abnormität, ja sogar kriminelles, sexuell abartiges und landstreicherisches Verhalten wurde in ein Korsett gezwängt, das da hieß „Erbanlagen". Folglich mußte das, was erbbedingt abartig war, möglichst frühzeitig erkannt und unschädlich gemacht werden. Der Begriff des „lebensunwerten Lebens" entstand.

1920 wurde dabei ein wichtiger Meilenstein gesetzt:

Die Forderung nach Vernichtung lebensunwerten Lebens

Zwei „Wissenschaftler", der eine von ihnen Psychiater, der andere ein Doktor der Rechtswissenschaften und der Philosophie, publizierten eine kleine Schrift, in der erstmals wissenschaftlich wohlbegründet die Vernichtung des lebensunwerten Lebens gefordert wurde. Diese beiden Wegbereiter der Euthanasie forderten in ihrer Publikation, daß in bestimmten Fällen dem Tod nachgeholfen werden dürfe. Alfred E. Hoche, ein junger Psychiater, war einer von ihnen. Wie sehr sich die Psychiatrie offenbar danach sehnte, „wertlosem Patientenmaterial" den staatlich abgesegneten Todesstoß nach Gutdünken versetzen zu können, verdeutlicht die folgende Begebenheit, entnommen der damaligen zeitgenössischen psychiatrischen Literatur – dem Buch „Jahresringe. Innenansichten eines Menschenlebens" aus dem Jahre 1937 von Alfred Hoche.

Hoche war damals junger Assistenzarzt in Heidelberg, als er an das Sterbebett eines kleinen, neunjährigen Mädchens gerufen wurde. Doch der Tod des kleinen Mädchens interessierte Hoche weder im ärztlich-helfenden noch im menschlichen, sondern nur im kaltherzig wissenschaftlichen Sinne. In Hoches eigenen Worten beschrieb er die Gedanken um die Euthanasie wie folgt:

Alfred E. Hoche (1865 – 1943) Professor für Psychiatrie in Freiburg i. Br.[1]

„Es bestand ein dringendes wissenschaftliches Interesse an der Möglichkeit, durch die Sektion die Art des Krankheitsvorganges feststellen zu können; da erschien der Vater und verlangte die Herausgabe der Kleinen, wozu er natürlich berechtigt war. (...) Lebte sie noch bei seinem auf die nächste Stunde festgesetzten Wiederkommen, mußte ich sie hergeben; starb sie vorher, so konnten wir die Autopsie vornehmen. Ich (...) erwog den Gedanken, durch eine kleine Morphiumeinspritzung – viel wäre nicht nötig gewesen – das nur noch flackernde Lebenslicht völlig zu löschen. Während die Saalschwester beim Essen war, saß ich an dem Bettchen mit einer gefüllten Spritze in der Hand und schwankte – soll ich – soll ich nicht. Ich habe das Problem, das sich mir hier zum ersten Mal stellte, später zusammen mit Binding in einer viel umschrienen Schrift behandelt; ich lehne den Standpunkt ab, daß der Arzt die bedingungslose Pflicht hat, Leben zu verlängern.“[2]

Der Umstand, daß der Vater die Herausgabe seiner sterbenden Tochter verlangte, störte Hoche erheblich, und die zur Zeit dieses Vorfalls noch gültige Gesetzgebung, die eine Euthansie als Verbrechen betrachtete, verhinderte diesen Mord. Alfred Erich Hoche, der Psychiater und Freiburger Hochschullehrer[3] (1865–1943), wurde selbst ein tragisches Opfer der von ihm geforderten Euthanasie: Im Jahre 1940 erhielt er die Urne mit der Asche einer Verwandten übersandt und brachte gegenüber einem Kollegen (Dr. Mathes, Direktor der Heil- und Pflegeanstalten Emmendingen) zum Ausdruck, daß er diese Euthanasiemaßnahmen auf‘s schärfste mißbilligte.[4] Leider zu spät –, der Lehrer wurde von den nationalsozialistischen Folgen seiner Lehre eingeholt.

---

1 Quelle: Alfred E. Hoche: Jahresringe. Innenansicht eines Menschenlebens. München und Berlin 1937

2 Alfred Hoche, a.a.O., S. 290

3 Einer seiner Schüler ist Werner Heyde, von dem noch die Rede sein wird; dieser war Mitorganisator der Euthanasie ab 1939

4 Berichtet in Klee: „Euthanasie“ im NS-Staat. Frankfurt am Main 1989, S. 25

Der Mitautor jener denkwürdigen und epochemachenden Schrift um die Euthanasie, Karl Binding, 1841 als Sohn einer Frankfurter Juristenfamilie geboren, der es bis zum Reichsgerichtspräsidenten brachte, überlebte die Veröffentlichung der Schrift nicht; er starb noch während deren Drucklegung im Jahr 1920. Aber was waren die Forderungen dieser denkwürdigen 62 Seiten umfassenden Schrift und worauf begründeten sie sich? Fassen wir die wichtigsten Thesen zusammen:[5]

1. Einem Schwerkranken oder Verwundeten, dem der Tod unmittelbar bevorsteht, darf durch ein Medikament der Leidensweg verkürzt werden.
2. Diese Art der bewußten Vorverlegung des Todes ist jedoch keine Tötungshandlung, sondern *„in Wahrheit eine reine Heilhandlung“*. (Man merke sich diese Formulierung, denn sie diente der nachfolgenden Generation als rechtfertigende Grundlage für die Vernichtung.)
3. Selbst ein beispielsweise durch einen Unfall Bewußtloser sollte der Euthanasie unterzogen werden dürfen, ohne daß dies juristische Konsequenzen haben darf.
4. Es gibt Menschen, die *für die Gesellschaft wertlos* sind. Hierunter fallen in erster Linie die Insassen der „Idioteninstitute“ – Aufenthaltsorte *„nicht nur wertloser, sondern absolut negativ zu wertender Existenzen“*.
5. Die Gruppe der unheilbar Blödsinnigen, die weder in eine Tötung einwilligen können noch irgendeinen Lebenswillen zum Ausdruck bringen, darf getötet werden. Wörtlich: *„Ihr Tod reißt nicht die geringste Lücke – außer vielleicht im Gefühl der Mutter oder der treuen Pflegerin. ... In Zeiten höherer Sittlichkeit ... würde man diese armen Menschen wohl amtlich von sich selbst erlösen.“*

   Mit anderen Worten: „wissenschaftliche“ Gründe für die Tötungen wurden strapaziert, die nachträglich „um drei Ecken herum“ ethisch gerechtfertigt wurden.

Damit war der Grundstein für eine Entwicklung gelegt, die zwanzig Jahre später zu ihrem grauenvollen Höhepunkt gelangen sollte. Interessant ist, daß Hoche und Binding als Rechtfertigung für das ärztliche Töten unter anderem wirtschaftliche Gründe angeben:

„Die Frage, ob der für diese Kategorien von Ballastexistenzen notwendige Aufwand nach allen Richtungen hin gerechtfertigt sei, war in den verflossenen Zeiten des Wohlstandes nicht dringend; jetzt ist es anders geworden, und wir müssen uns ernstlich mit ihr beschäftigen.“[6]

Man erinnere sich: 1920 lag Deutschland wirtschaftlich zerstört am Boden, die Reparationsforderungen der Alliierten nach dem Ersten Weltkrieg waren derart

5 Alle zitiert nach Klee, a.a.O., S. 20ff.
6 Zit. nach Klee, a.a.O., S. 24

hoch, daß ihre Rückzahlung erst 1988 vollzogen sein würde. Wirtschaftlich gesehen also eine gute Rechtfertigungsgrundlage für eine Ideologie der Ausmerzung des sozialen und ökonomischen Ballasts. Wie fatal diese denkerischen Vorstöße in der Folge sein würden, ahnte damals noch niemand; daß sie jedoch geradezu *programmatisch* weiterverfolgt wurden von der deutschen Psychiatrie, ist bis heute kaum nachdrücklich dokumentiert worden. Hier befindet sich ein wichtiges Glied in jener entsetzlichen Kette von Ereignissen, deren Endergebnis rund 6 Millionen ausgemerzte „Ballastexistenzen“ waren. Wir möchten an dieser Stelle bewußt appellieren, die Geschichtsbücher zu korrigieren: Nicht erst Hitler nach 1933, sondern der Jurist Binding und der Psychiater Hoche legten 1920 in einem dramatischen Appell die Gründe für die Ausmerzung logisch nieder – so logisch, daß sie freimütig von einer großen Anzahl von Menschen übernommen wurden. Verstehen Sie uns bitte nicht falsch: Wir möchten Hitler und die braune Mörderbande nicht reinwaschen und auch keine Rechtfertigung für ihr Handeln unterbreiten. Aber wir versuchen, nachvollziehbar zu machen, was uns allen so unverständlich scheint. Der Mensch, der einen *guten Grund* für eine wie auch immer geartete Handlung besitzt (umso mehr, wenn dieser Grund juristisch, wissenschaftlich und wirtschaftlich „untermauert“ wird), neigt offenbar dazu, innere moralische Barrieren fallen und zerstörerischen Trieben freien Lauf zu lassen, wie dies im Dritten Reich geschehen ist. Und die Psychiatrie bot hierzu allen nur denkbaren theoretischen Raum.

Von der Rassenhygiene zum Nationalsozialismus

Forschen wir weiter. Erste Antworten auf unsere Frage, *wie* diese Ideen in die Gesellschaft finden konnten, haben wir bereits erhalten. Aber es gibt noch weitere: Parallel zur Veröffentlichung der „bahnbrechenden“ Schrift von Binding und Hoche war eine andere Entwicklung vonstatten gegangen, die unter der Rubrik „Psychohygiene“ einzureihen ist. Mit dieser Wortneuschöpfung war eigentlich die vorbeugende seelische Fürsorge gemeint. Jedoch wandelte sich die Begriffsbestimmung sehr bald dahingehend, daß unter *Psychohygiene* alles einzureihen war, was *Rassenreinheit* und *Ausmerzung minderwertigen Erbgutes* betraf.

Und genau an diesem Punkt wurde ein weiterer entscheidender Gedankensprung vollzogen: Die Definition des Minderwertigen. Was genau galt bereits vor der Machtergreifung durch die Nationalsozialisten in den Augen führender Psychiater als minderwertig?

Um diese Entwicklung zu begreifen, müssen wir uns einem weiteren namhaften und führenden Psychiater seiner Zeit widmen, einem der Wegbereiter des psychia-

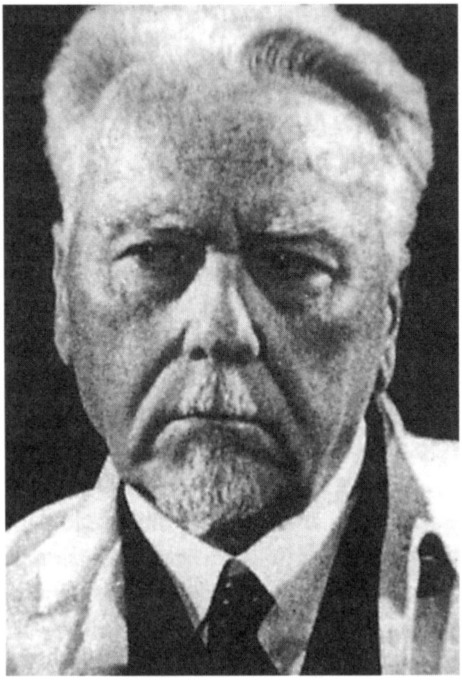

Ernst Rüdin, 19.4.1874 – 22.10.1952
„Vater" der Rassenhygiene

trisch-nationalsozialistischen Tötungstreibens: *Ernst Rüdin*, geboren am 19. April 1874. Er war der eigentliche Begründer der den Nazis als Vorlage dienenden psychiatrischen Erblehre und Rassenhygiene, von den anderen Vätern, die mehr theoretisiert hatten, einmal abgesehen. Seit 1911 forschte Rüdin an der angeblichen Vererblichkeit von Geisteskrankheiten.

Rüdin war es, der die Mendelschen Erbregeln auf die Familienforschung übertrug und damit eine praktische Grundlage für die spätere Zwangssterilisation schuf.

Das war fast drei Jahrzehnte vor der Machtergreifung durch die Nationalsozialisten, und mehr als ein Jahrzehnt, bevor Hitler irgendwelche Gedanken in dieser Richtung publizierte.

Rüdin war es, der die Rassenhygiene gesellschaftsfähig machte, und so ist es kaum verwunderlich, daß er schließlich, im Jahre 1933, einer der drei Wissenschaftler war, die den Kommentar zum Sterilisationsgesetz verfaßten. Rüdin kann mit Fug und Recht als der *geistige* Initiator dieses Gesetzes bezeichnet werden – bekanntlich war das Sterilisationsgesetz („Gesetz zur Verhütung erbkranken Nachwuchses", das am 1.1.1934 in Kraft trat) die Vorstufe zur Euthanasie.

Rüdin war es, der im Mai 1930 auf dem Ersten Internationalen Kongreß der Psychohygiene (First International Congress on Mental Hygiene) in Washington, D.C. zum Thema referierte: „Die Bedeutung von Eugenik und Erblehre für die Psychohygiene".

Wir wollen keine Geschichtsklitterung betreiben; es würde jedoch den historischen Tatsachen mehr als gerecht, wenn endlich einmal klargestellt würde, daß nicht Hitler *allein* der geistige Vater der Sterilisation und Ausmerzung war, sondern daß Rüdin ihm gewissermaßen hier in großväterlicher Weise wissenschaftlich verbrämten Feuerschutz bot.

Die Fakten sind: Die Psychiatrie hatte den *gedanklichen* Weg bereitet; die Nationalsozialisten machten den *gesetzlichen* Weg frei für die Zwangssterilisation.

1911 veröffentlichten Rüdin und Gruber eine Studie zum Thema „Fortpflanzung, Vererbung, Rassenhygiene".[7] Darin geht es um eine Bevölkerungsstudie. Hier einige Auszüge:

„Alle Völker müssen eine außerordentlich große Zahl von Minderwertigen, Schwächlinge, Kränkliche und Krüppel, mit sich schleppen. ... Die Forderung der Organisation systematischer Erhebungen darüber ist die nächste, welche die Rassenhygiene an die Staatsverwaltungen zu stellen hat."[8]

Halten wir ein wichtiges Faktum fest: Die Psychiatrie hat also bereits zu diesem Zeitpunkt (1911) den Gesetzgeber gedrängt, im Sinne einer Rassenhygiene tätig zu werden.

Noch ein Zitat, das den Geist der Studie widerspiegelt:

„Mit einer sittlichen Erneuerung allein, ... mit dem Wiedererwecken von sozialer Moral, von wahrhaft völkischer Gesinnung und Lebensführung in uns heutigen, fortwährend über Sozialreform deklamierenden Egoisten, ist es daher nicht getan. Hoffentlich ist die Zeit nicht fern, wo die Gesetzgeber einsehen, daß die Individuen von der Gesamtheit für diesen Dienst der Erzeugung eines tüchtigen Nachwuchses ...

Nur auf diesem Wege wird auch dem zerstörenden Übel der sog. Frauenemanzipation zu begegnen sein.

Durch eine weise Gesetzgebung in dieser Richtung (...) würde auch zugleich in rationellster Weise die erforderliche Zuchtwahl getrieben werden können. Die freiwillige Sterilität der physisch und moralisch Minderwertigen wäre dann nur erwünscht!"[9]

1911 wurde also erbhygienische Gesetzgebung zum ersten Mal in großem Stil gefordert. 22 Jahre sollte es dauern, bis dieser Wunsch in Erfüllung gehen sollte.

Lange Jahre schon hatte also die deutsche Psychiatrie darauf hingearbeitet, eines Tages die gesetzliche Grundlage für das zu erhalten, was ihr vorschwebte: die eugenische Züchtung einer optimalen Rasse, der Herrenrasse. Die Methode, den Gesetzgeber in die „richtige" Richtung zu beeinflussen, war also ein weiterer Weg, ihre Ideen in die Gesellschaft einzupflanzen. Und verbrämt wurde das ganze immer hochwissenschaftlich.

Zur *Rassenhygiene* oder *Eugenik* gehörten alle Maßnahmen, die günstige Erbanlagen fördern und ungünstige unterdrücken sollten.

---

7 Prof. Dr. Max von Gruber, Priv.-Doz. Dr. Ernst Rüdin: Fortpflanzung, Vererbung, Rassenhygiene. München 1911

8 a.a.O., S. 91

9 a.a.O., S. 163ff.

Der ideale oder bessere Menschentyp konnte hervorgebracht werden durch *positive* und *negative* Eugenik. Diese beiden Fachbegriffe wurden von den Eugenikern (Rassenhygienikern) schon seit längerem verwendet.

Positive Eugenik war das Fördern günstiger Erbanlagen, beispielsweise durch Eheberatung, staatliche Unterstützung für kinderreiche Familien mit gesundem Erbgut etc.

Negative Eugenik war die Ausmerzung aller mit unerwünschten oder ungünstigen Erbanlagen ausgestatteten Menschen, vorwiegend durch Ausschalten von der Fortpflanzung. Da Eheberatung allein nicht genügte – mit ihr versuchte man, Menschen mit ungünstigen Erbanlagen zu einer freiwilligen Sterilisation oder einem Verzicht auf Kinder zu raten –, mußte eine gesetzliche Regelung gefunden werden, die die zwangsweise Sterilisation bei erbgeschädigten Männern und Frauen ermöglichte.

Erblehre und Rassenhygiene begannen nun einen immer größeren Raum einzunehmen, und *die Psychiatrie erwies sich als das ideale Betätigungsfeld beider Gebiete.*

Die Forschung ging weiter. Insbesondere die *Zwillingsforschung* spielte dabei eine große Rolle, da man aus der Entwicklung eineiiger Zwillinge wichtige Rückschlüsse auf die Vererblichkeit von Geisteskrankheiten und anderen Krankheiten ziehen wollte. Rüdin faßte diese Ergebnisse in einem Artikel zusammen, der 1930 veröffentlicht wurde.[10]

„... Für die positive und negative Eugenik müssen wir aber auch etwas tun, ehe es zu spät ist.

Für die negative muß, neben anderen Mitteln [im Original durch Kursivschrift hervorgehoben; d. V.] auch die Sterilisation des erbkranken Teils ins Auge gefaßt werden... Es wäre ein Segen, zu wissen, daß erbuntüchtige, unglückliche Menschen nach Möglichkeit nicht mehr gezeugt werden. Es würde dadurch auch weit mehr Lebensraum für die Bestrebungen der positiven Eugenik, für glücklich Veranlagte, geschaffen, als man jetzt ahnen kann.

... so kann doch heute schon so viel gesagt werden, daß die absolute Höhe der Fruchtbarkeitsrate der erblich unerwünschten Typen eine so große ist, daß wir im Interesse der Humanität und des Erbgutes allen Anlaß haben, heute schon mit der Tat an die Verhütung der erblich Untüchtigen und Unglücklichen heranzugehen. Die so notwendige weitere Ausbreitung der Erbgesunden wird uns dann weniger Kopfzerbrechen machen, als es heute noch der Fall ist.“[11]

Diese kleine Publikation verdeutlich vieles. Erstens: Es waren wie gesagt nicht die Nationalsozialisten, die das Gesetz für den erbkranken Nachwuchs initiierten. Es war

10 DIE NATURWISSENSCHAFTEN, 18. Jg., Heft 13, 28. März 1930, S. 23ff.
11 a.a.O., S. 279f.

die psychiatrische Rassenhygienebewegung, allen voran Rüdin bereits drei Jahre vor der Machtübernahme durch den Nationalsozialismus!

Zweitens: Die Erbfanatiker trieben die Gesetzgeber mit einem dramatischen Appell zu einer Entscheidung. Sie wußten: nur über eine gesetzliche Regelung würde ihnen ermöglicht, ihre Vorstellungen von Erbgesundheit zu realisieren.

Drittens: Sie führten (wie Binding und Hoche) *wirtschaftliche* Gründe ins Feld, um eine Entscheidung des Gesetzgebers herbeizuführen.

Lange Jahre hatten die Psychiater darauf hingewirkt, daß ein entsprechendes Gesetz verabschiedet wird. 1932 war ein entsprechender Entwurf im Parlament gescheitert. Aber mit der Übernahme der Macht durch die Verkünder des Tausendjährigen Reiches war die Bahn frei.

Wie sehr es die Psychiatrie begrüßt haben mußte, daß ein Regime, wie das der Nationalsozialisten an die Macht kam, wird in dem von Rüdin und anderen herausgegebenen Kommentar zum „Gesetz zur Verhütung erbkranken Nachwuchses“[12] sehr deutlich:

„Mit der Annahme des Gesetzes zur Verhütung erbkranken Nachwuchses hat die nationalsozialistische deutsche Reichsregierung einen bedeutungsvollen Schritt für die Zukunft unseres Volkes getan. Unsere früheren Regierungen konnten ihrer ganzen Einstellung und Zusammensetzung nach zu einem Entschluß in dieser Frage nicht kommen, wie überhaupt der deutsche Parlamentarismus sich als unfähig erwiesen hat, grundsätzlich neue Wege zur Rettung unseres Volkes zu beschreiten. ... Erst die nationalsozialistische Weltanschauung hat den Blick unseres Volkes in die Zukunft gerichtet, wir haben uns wieder auf den Sinn unseres Lebens, auf den Zweck unseres Staatswesens, den Kampf um Fortbestand und Leben der Familie, der Art und der Rasse besonnen! Hitler schreibt in seinem Buch ‚Mein Kampf‘: ‚Wer körperlich und geistig nicht gesund ist, darf sein Leid nicht im Körper seines Kindes verewigen...‘

Das Gesetz ist demnach als eine Bresche in das Geröll und die Kleinmütigkeit einer überholten Weltanschauung und einer übertriebenen selbstmörderischen Nächstenliebe der vergangenen Jahrhunderte aufzufassen.“[13]

Das Ergebnis sollte so barbarisch sein, so grausam und menschenverachtend, wie es nie in der Geschichte der Fall gewesen war. Wir haben versucht, in unserer folgenden Zusammenfassung der Ereignisse nichts zu beschönigen; allerdings müssen wir zugeben, daß es nicht unbedingt „leichte Lektüre“ ist.

---

12 Gesetz zur Verhütung erbkranken Nachwuchses vom 14. Juli 1933, bearbeitet und erläutert von Dr. med. Arthur Gütt, Dr. med. Ernst Rüdin, Dr. jur. Falk Ruttke. München 1934

13 a.a.O., S. 5

AUF EINEN BLICK

Auf folgende Weise konnten die menschenverachtenden Ideen von Psychiatern Eingang in die Gesellschaft finden und „salonfähig" werden:

1. Die daran beteiligten Psychiater gaben dem Ganzen einen *hochwissenschaftlichen* Anstrich. In diesem Zusammenhang wurde sogar das Wort „Ethik" bemüht.
2. Häufig und gerne wurden *wirtschaftliche* Gründe ins Feld geführt.
3. Ein Teil der deutschen Psychiatrie arbeitete in Forschung und Lehre seit dem zweiten Jahrzehnt dieses Jahrhunderts ferner darauf hin, eine *gesetzliche* Grundlage für eine Rassenhygiene zu schaffen. Ernst Rüdin darf als wissenschaftlicher Legitimator der Zwangssterilisation bezeichnet werden.
4. 1920 erschien eine Schrift, die die Legalisierung der Euthanasie forderte. Sie diente später den Nationalsozialisten und Psychiatern als Grundlage. Die Verfasser waren der Psychiater Alfred Hoche und der Jurist Karl Binding.
5. Mit der Machtübernahme durch die NSDAP im Januar 1933 war für die rassenideologisch ausgerichtete Psychiatrie der Weg frei. Das Gesetz zur Verhütung erbkranken Nachwuchses, das zuvor schon einmal im Parlament gescheitert war, wurde nun verabschiedet. Die erste Stufe auf dem Weg zur Euthanasie war damit beschritten.

„Es handelt sich nicht um Vernichtung lebens-unwerten Lebens, sondern Durchführung eines Erlösungsaktes für Schwer- und Schwerstleidende und ihre Angehörigen."

Aus dem Protokoll einer geheimen Tagung zum Thema Euthanasie am 23. April 1941 – geschrieben von Dr. Alexander Bergmann, der sinngemäß Oberdienstleiter Brack zitiert.[1]

6. GEHEIME REICHSSACHE: AKTION T4 – DIE VERNICHTER GEHEN ANS WERK

Kehren wir zurück in das schrecklichste Stück Geschichte, das je auf unserem Boden geschrieben wurde.

Am 30. Januar 1933 wird der gebürtige Österreicher Adolf Hitler zum Deutschen Reichskanzler gewählt. Bei den Reichstagswahlen am 5. März erreichen die Nationalsozialisten knapp 44 Prozent der Stimmen und sichern sich mit der „Kampffront" die Mehrheit im Parlament. Mitte März erklärt Innenminister Göring den Kampf gegen den „Schmutz" – was auch immer er darunter versteht. Am 22. März 1933 wird in Dachau das erste Konzentrationslager eingeweiht. „Verwahrloste Mitglieder der Gesellschaft" sollen dort untergebracht und erzogen werden. Der „Untermensch" soll ausgeschaltet werden, so der Reichsführer SS Heinrich Himmler vor Truppenkommandeuren.

Am 14. Juli 1933 wird das „Gesetz zur Verhütung erbkranken Nachwuchses" verabschiedet, der Tag des Inkrafttretens ist der 1. Januar 1934. Hauptinitiator dieses Gesetzes ist, wie schon dargestellt, Ernst Rüdin, Direktor des Kaiser-Wilhelm-Instituts für Psychiatrie (Deutsche Forschungsanstalt für Psychiatrie) in München. Rudolf Höß, der spätere Lagerkommandant von Auschwitz, beginnt seine KZ-Laufbahn in Dachau.

Es wird nun in großer Zahl sterilisiert und ausgesondert. (Die Schätzzahlen über die insgesamt zwischen 1934 und 1945 vorgenommenen Sterilisierungen schwanken

1 Aus: Götz Aly (Hrsg.): Aktion T4 1939–1945. Die „Euthanasie"-Zentrale in der Tiergartenstraße 4. Berlin 1989, S. 56

zwischen 100.000 und 350.000. Viele der Zwangssterilisierten wurden möglicherweise später der Euthanasie zugeführt.) Allein im ersten Jahr (1934) werden über 62.000 Sterilisierungsanordnungen erlassen, im nächsten über 71.000. Abgelehnt werden 1934 nur 4874 Anträge, 1935 sind es 8976 Ablehnungen.[2] Viele werden aus rein politischen Gründen der Sterilisation zugeführt.

Karrieren werden geschmiedet, und die Psychiatrie hat ihre Hände in diesem schmutzigen Spiel. Der Stationsarzt der Würzburger Psychiatrischen Klinik und spätere Cheforganisator der Euthanasie, Psychiater Werner Heyde, geboren 1902 (der nach dem Krieg der Justiz entfliehen und unter dem falschen Namen *Dr. Sawade* weiterpraktizieren wird, mit Wissen von Kollegen), schreibt Anfang März 1933 ein psychiatrisches Gutachten über einen Geisteskranken, das Millionen von Menschen zum Verhängnis werden soll. Theodor Eicke, als gemeingefährlich eingeliefert worden, wird von Heyde als entlassungsfähig und nicht gefährlich eingestuft. Eicke, SS-Standartenführer, wird noch 1933 erster Kommandant von Dachau und 1934 Inspekteur und Chef aller Konzentrationslager sowie ab 1936 Führer der SS-Totenkopfverbände. Allerdings gelingt die Entlassung Eickes durch Heyde erst, nachdem dieser sich unmittelbar mit Himmler[3] ins Einvernehmen setzt – der für die Haftentlassung Eickes zuständige Polizeipräsident in Ludwigshafen hatte nämlich das Gutachten ignoriert und es vorgezogen, seinem Menschenverstand mehr zu glauben als einem Psychiater. Im Gegenzug für die Freilassung empfiehlt Eicke seinem Psychiater, in die NSDAP einzutreten, was dieser am 1. Mai 1933 tut. Die weitere Karriere Heydes ist ein steiler Aufwärtsflug: 1934 Oberarzt, 1935 Kreisamtsleiter im rassenpolitischen Amt und Beisitzer beim Erbgesundheitsgericht – jener Instanz also, die letztlich über Sterilisationsanträge zu befinden hat. Am 1. Juni 1936 wird Heyde Mitglied der Totenkopfverbände und Gutachter der Gestapo.[4]

Heyde schreibt in seinem Lebenslauf am 1. Januar 1939:

„Im Jahre 1936 wurde ich ... dringend aufgefordert, die psychiatrisch-neurologische und erbbiologische Überwachung der Konzentrationslager einzurichten und zu leiten und eine psychiatrisch-neurologische Gutachtertätigkeit für die Geheime Staatspolizei Berlin zu übernehmen.“[5]

Damit beginnt eine fatale Verkettung von Ereignissen.

Ab 1937 werden Asoziale und Gewohnheitsverbrecher systematisch in KZs überführt. Dem folgen Forderungen der Fürsorgeverbände, auch „*Wanderer, Trinker,*

2 Klee: „Euthanasie“ im NS-Staat. Frankfurt am Main 1989, S. 86
3 Himmler war Reichsführer SS
4 Berichtet in Klee, a.a.O., S. 60
5 Zit. nach Klee 1989, a.a.O., S. 60

Werner Heyde, Chef aller KZs[6]

Arbeitsscheue, Fürsorgezöglinge und selbst bereits sterilisierte, schwachsinnige Frauen dingfest zu machen".[7] Aus dem Gesetz zur Verhütung erbkranken Nachwuchses entwickelt sich allmählich eine großangelegte Hexenjagd, die schließlich in der „Euthanasie" gipfelt. Die Forderungen werden immer radikaler. Hitler und seine Waffen-SS, versessen darauf, den „Volkskörper zu reinigen", angestachelt durch die rassenhygienischen Lehren von Lenz, Rüdin und anderen, drängen in Richtung einer radikalen Lösung. In der Psychiatrie finden sie willfährige Gehilfen in der Durchsetzung ihrer wahnsinnigen Vorstellungen – was nicht verwunderlich ist, war es doch die Psychiatrie, die den Gedanken der Rassenhygiene überhaupt wissenschaftlich aufbereitet hatte. Wie großzügig dabei die Psychiatrie dem NS-Regime unter die Arme zu greifen willens ist, zeigt folgendes Beispiel

Professor Werner Villinger, Psychiater und leitender Arzt in Bethel, führt den Begriff der *„endogenen Arbeitsscheu"* ein und führt diese auf erbliche Bedingungen zurück (endogen bedeutet anlagebedingt). Stumpfl, Mitarbeiter Rüdins am Kaiser-Wilhelm-Institut für Stammbaumforschung, stellt fest, daß Landstreicher in erheblich höherem Maße Psychopathen und Schwachsinnige seien als der Durchschnitt. Und was noch dramatischer ist: Der Begriff des „getarnten Schwachsinns" wird geprägt, um damit eine Form des Schwachsinns zu beschreiben, die „die Maske der Schlauheit" trägt[8] – mit anderen Worten, selbst nicht-schwachsinnige Menschen können nunmehr als „getarnt schwachsinnig" eingestuft werden, solange sie nur unliebsam sind! Wer normal ist, aber lästig, ist schwachsinnig, und zwar getarnt! Mit dieser Wortkapriole ist es gelungen, die erbbiologischen Theorien des Schwachsinns auszudehnen auf völlig normale Menschen und sie so zu verknüpfen mit der politischen Forderung nach der Ausschaltung aller unliebsamen gesellschaftlichen Elemente. Also Kommunisten, Pazifisten und eingefleischte Demokraten – sie alle sind in Wirklichkeit „getarnt Schwachsinnige".

6 Foto: Das große Lexikon des Dritten Reichs, Hrsgg. von Chr. Zentner und Fr. Bedürftig, München 1985
7 Zit. nach Klee 1989, a.a.O., S. 61
8 Klee, a.a.O., S. 64

Kurzum, wer dem Regime nicht paßt, kann der Diagnose „erbbedingt schwachsinnig“ unterzogen werden – mit fatalen Folgen. (Dies zeigt erstmals in erschreckender Deutlichkeit zu welchen Leistungen die „Wissenschaft“ Psychiatrie imstande ist, wenn es darum geht, Begriffsdefinitionen festzulegen und normal und unnormal voneinander abzugrenzen und im Sinne und Interesse eines totalitären Regimes zu handeln.)[9]

Nun beginnt eine großangelegte Aktion gegen alle „Arbeitsscheuen“, „Verbrecher“, „Trinker“, „Landstreicher“, „Bettler“ und „Asozialen“, was auch immer die Nationalsozialisten darunter verstehen. Verhaftet wird praktisch jeder, der durch sein Verhalten „der Gesellschaft zur Last fällt“.[10]

Noch eine wesentliche Änderung findet bereits 1936 statt: Ab diesem Jahr beginnen die ersten systematischen Verlegungen von Geisteskranken aus verschiedenen psychiatrischen Anstalten.[11] Praktisch *mit Dienstantritt Heydes als psychiatrischem Leiter aller KZs* gehen die Deportationen aus den Anstalten los. Heyde ist also offenbar der erste, der diese Verlegungen in die Wege leitet. Die Anstaltsmitarbeiter sind völlig ahnungslos über den Zweck dieser Verlegungen.

Bereits ab 1937 setzt dann eine systematische „Säuberung“ insbesondere der kirchlichen Anstalten und karitativen Einrichtungen ein. Die Insassen werden in staatliche Institutionen überführt, unter anderem Hadamar, einer späteren Tötungsanstalt. Die propagandistische Vorbereitung der „Euthanasie“ beginnt etwa zur selben Zeit. Besucher werden durch psychiatrische Institutionen geführt, um die Notwendigkeit von Erbhygiene und Euthanasie am lebenden Objekt zu demonstrieren; Abiturienten schreiben Schulaufsätze zum Thema Euthanasie. Die Entlastung der Staatskassen spielt dabei eine alle anderen Argumente überragende Rolle.[12]

Der erste verzeichnete Fall legitimierter Tötung – also Euthanasie –, durch den eine mörderische Lawine in Gang gesetzt wird, die erst das Ende des Krieges stoppen kann, ereignet sich Anfang 1939. Auf Gesuch eines Vaters an den Führer Adolf Hitler wird Dr. Karl Brandt, Hitlers Begleitarzt und Mediziner, damit beauftragt, sich des Falls Knauer, so der Name des Kindes, anzunehmen. Die Justiz erhält entsprechende Mitteilung an oberste Stelle – mit anderen Worten, das Vorgehen Brandts wird vom

---

9 Daß die Psychiatrie in der DDR einen ähnlichen Kurs einschlug, belegt Klee in seinem neuesten Buch „Irrsinn Ost – Irrsinn West“. Psychiatrie in Deutschland. Erschienen in Frankfurt am Main 1993

10 Nach Klee: Dokumente zur Euthanasie, S. 64

11 Der Autor Ernst Klee, der dieses Faktum recherchierte, brachte damit eine erstaunliche historische Tatsache ans Licht, die bislang völlig unbekannt war: Man war allgemein davon ausgegangen, daß die Krankenabtransporte zu Tötungszwecken erst mit Kriegsbeginn, also am 1. September 1939, ihren Anfang gefunden hätten. Tasächlich begann die ganze Aktion also viel früher, jedoch sehr versteckt. In: Ernst Klee: „Euthanasie“ im NS-Staat, S. 66

12 a.a.O., S. 76

Führer gedeckt, ein Einschreiten der Justiz verhindert (Euthanasie ist ja nach damaligem Recht offiziell illegal). Hitler ermächtigt Karl Brandt und Philipp Bouhler, den Leiter der Kanzlei des Führers (die solche Angelegenheiten und Gesuche bearbeitet), *„in Fällen ähnlicher Art analog dem Falle Kind Knauer zu verfahren“*[13] (mit anderen Worten, es *darf* euthanasiert werden). Ab da braut sich in der Kanzlei des Führers im engsten Kreis die Organisierung der Kinder-Euthanasie zusammen. Zum Gremium, das die Vorbereitungen trifft, gehören:[14] Dr. Karl Brandt (Mediziner, Chirurg), Dr. Helmut Unger (Augenarzt), Dr. Ernst Wentzler (Kinderarzt), der Psychiater Dr. Hans Heinze (Leiter der Heil- und Pflegeanstalt Brandenburg-Görden) und Prof. Werner Catel, Kinderarzt der Universitätsklinik Leipzig. Am 18. August 1939 ergeht ein streng vertraulicher Erlaß betreffs der Meldepflicht über mißgestaltete und behinderte Neugeborene, der auch eine Nachmeldepflicht in bezug auf alle Kinder vor Vollendung des 3. Lebensjahres beinhaltet. Meldepflichtig sind Hebammen und Ärzte. Erfaßt und gemeldet werden sollen alle Kinder, die geistig oder körperlich behindert oder gelähmt sind.

Etwa im Juli 1939 bestellt Hitler Staatssekretär Conti, den Stabsleiter der Parteikanzlei Martin Bormann und den Reichsminister und Chef der Reichskanzlei Hans Heinrich Lammers zu sich. Bei dieser Besprechung wird Conti mit der Durchführung der Euthanasie beauftragt; er wird allerdings bald von Bouhler und Brandt abgelöst, die neben der Kinder- auch die Erwachseneneuthanasie zugeordnet bekommen. In der Folge suchen sie zuverlässige Ärzte. Mit Namen bekannt sind die Ordinarien für Neurologie und Psychiatrie Max de Crinis (Berlin), Carl Schneider (Heidelberg), Berthold Kihn (Jena) und der inzwischen zum außerplanmäßigen Professor aufgestiegene Werner Heyde (Würzburg). Hinzu kommen die schon für die Kinder-Euthanasie engagierten Wentzler, Unger und Heinze, weiterhin die Anstaltsdirektoren Dr. Pfannmüller (Eglfing-Haar) und Dr. Bender (Berlin-Buch), später noch Professor Nitsche (Sonnenstein bei Pirna).[15]

Die „Euthanasie“ der Behinderten und psychisch Kranken wird nun genauso organisiert, wie dies schon von dem Psychiater Alfred Hoche und Karl Binding im Jahre 1920 ausgedacht worden war. Alfred Hoche hatte bereits 1920 empfohlen, eine Kommission einzusetzen, die behördlicherseits die „Euthanasie der Ballastexistenzen” anordnete. Karl Binding räumte die juristischen Bedenken aus.[16] Und genauso

13 a.a.O., S. 78
14 Nach Klee, a.a.O., S. 79
15 Vgl. Ernst Klee: „Euthanasie“ im NS-Staat, S. 83
16 Vgl. Alfred Hoche zum Einsatz einer „Kommission“ zur Durchführung der Opferauswahl zur „Euthanasie“. In: Karl Bindung und Alfred Hoche: Die Freigabe der Vernichtung lebensunwerten Lebens. Ihr Maß und ihre Form. Leipzig 1920, S. 61

Max de Crinis[18]

wie Hoche, Binding und einige andere sich die „Euthanasie-Selektion" vorgestellt hatten, wird sie knapp zwanzig Jahre später umgesetzt.

Dieser, als „T4"[17] getarnte Vernichtungsfeldzug gegen alles „Minderwertige", dessen „Feldherr" der Reichsleiter und Chef der Reichskanzlei des Führers, *Philipp Bouhler* ist, wird von auserwählten, politisch zuverlässigen Psychiatern, Ärzten und Pflegern im Geheimen durchgeführt und geht später als „Aktion Gnadentod" in die Alltagssprache ein.

Die auserwählten Ärzte werden von Bouhler Ende Juli nach Berlin eingeladen. Dort wird das gesamte Vorhaben besprochen. In der Begründung heißt es, es solle Lazarettraum für die Verwundeten des kurz bevorstehenden Krieges geschaffen werden. Hitler lehne jedoch aus außenpolitischen Gründen eine gesetzliche Regelung ab; dennoch sei jeder, der mitmacht, vor Strafverfolgung geschützt. Außer de Crinis (der später dennoch der Euthanasie in großem Stil Vorschub leistet) sagen alle ihre Unterstützung zu. Mehrere Tötungsarten werden von den Ärzten vorgeschlagen, aber erst eine Stellungnahme von drei Pharmakologen führt schließlich zu einer Einigung: Kohlenmonoxydgas soll für die Vernichtung verwendet werden. Die I.G. Farbenindustrie übernimmt die Herstellung des Gases.

Am 1. September 1939, dem Tag, als deutsche Truppen Polen überfallen und den Zweiten Weltkrieg lostreten, wird ein offizieller Sterilisierungsstopp verfügt. Sterilisiert werden solle jetzt nur noch in Ausnahmefällen, heißt es. Auch die Ehetauglichkeit muß nicht mehr – wie seit 1. Januar 1934 vorgeschrieben – ärztlich attestiert werden. (Dennoch wird noch bis Kriegsende vereinzelt weiter sterilisiert.) Die weiteren organisatorischen Vorbereitungen der Euthanasie laufen noch, als in Pommern bereits die ersten Geisteskranken aus Anstalten abgeholt und von Truppen der SS kurzerhand im Wald hingerichtet werden – durch Erschießen. Die Leichen werden in Massengräbern verscharrt, erst 1945 beim Heranrücken der russischen Truppen wer-

17 Die administrative Zentralstelle befindet sich zunächst im Columbushaus am Potsdamer Platz in Berlin, ab April 1940 in der Tiergartenstraße 4 in Berlin. Die Bezeichnung „T4" wurde seitdem als Deckname für die gesamte Aktion gewählt

18 Berlin Document Center

den diese Massengräber von deutschen Soldaten geöffnet, die Leichen verbrannt. Exekutiert werden etwa 3500 Geisteskranke aus pommerschen Irrenanstalten, die dann von der Wehrmacht als Lazarett übernommen werden.

Brack und mehrere andere aus der mittlerweile in der Kanzlei des Führers eingerichteten Organisationszentrale für die Euthanasie besuchen Anfang Oktober die Irrenanstalt Grafeneck in Baden-Württemberg, die die erste Tötungsanstalt sein wird. Am 9. Oktober wird an sämtliche Anstalten des Reichs ein Erlaß verfügt, der die Meldepflicht über Anstaltsinsassen nach bestimmten Kriterien anweist. Unterzeichnet ist der Erlaß von Dr. Conti, Leiter des Reichsgesundheitsamtes im Innenministerium. Der Erlaß ist so getarnt, daß der Eindruck entsteht, eine bessere Organisierung der Krankenversorgung im Zuge der kriegsbedingten Maßnahmen sei der Zweck des Meldebogens.

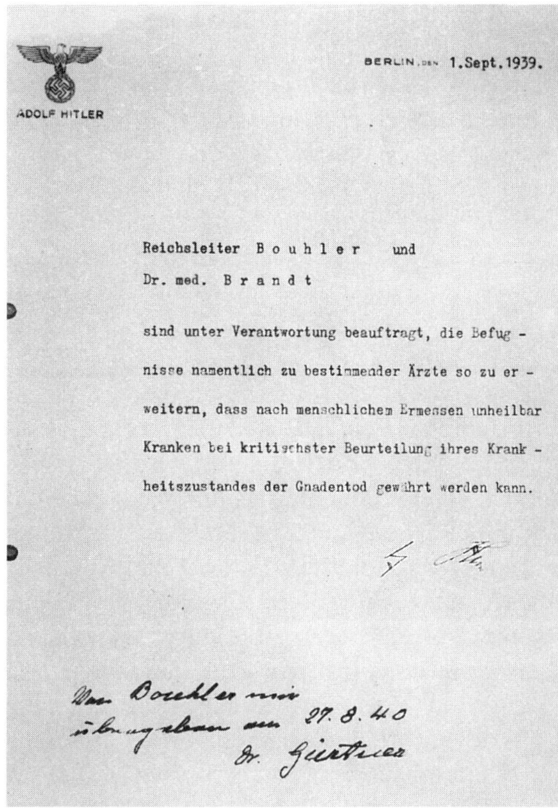

ADOLF HITLER

BERLIN, DEN 1.Sept.1939.

Reichsleiter B o u h l e r und

Dr. med. B r a n d t

sind unter Verantwortung beauftragt, die Befug - nisse namentlich zu bestimmender Ärzte so zu er - weitern, dass nach menschlichem Ermessen unheilbar Kranken bei kritischster Beurteilung ihres Krank - heitszustandes der Gnadentod gewährt werden kann.

Von Bouhler mir übergeben am 27.8.40 Dr. Gürtner

Adolf Hitlers Ermächtigung zur „Euthanasie“ vom 1. September 1939[19]

Gemeldet werden müssen alle Patienten, die an einer der folgenden Krankheiten leiden und nicht mit sinnvoller und produktiver Arbeit beschäftigt werden können: Schizophrenie, Epilepsie, Senilität (Altersschwachsinn), Lähmungserkrankungen, Schwachsinn, einigen anderen psychiatrischen Erkrankungen sowie alle Kranken, die seit fünf oder mehr Jahren interniert oder die kriminell sind oder die nicht die deutsche Staatsangehörigkeit besitzen bzw. „nicht deutschen oder artverwandten Blutes“ sind.

19 Bundesarchiv Abteilung Potsdam BArch, R 22 Nr. 4201

Am 12. Oktober wird per Dekret Schloß Grafeneck beschlagnahmt; sofort beginnen Umbaumaßnahmen unter der Leitung von Brack und Heyde. Die erste „Probevergasung" mit Kohlenmonoxyd findet Anfang Januar 1940 in Brandenburg statt.

Bis zu diesem Zeitpunkt ist in der Kanzlei des Führers (KdF) eine Menge Arbeit geleistet worden. Hitler hat – rückdatiert, wie Historiker annehmen – mit Schreiben vom 1. September 1939 die „Euthanasie" genehmigt.

Hitlers Schreiben ist genaugenommen weder Befehl noch Erlaß, es ist vielmehr eine an die Psychiatrie adressierte „Lizenz zum Töten".[20] (Es ist mehr als bemerkenswert, daß außer diesem Geheimschreiben niemals eine wie auch immer geartete gesetzliche Grundlage für die „Euthanasie" geschaffen werden wird!)

„Alle Verantwortlichen wissen, daß Hitler eine gesetzliche Regelung aus politischen Gründen ablehnt."[21] Mit anderen Worten, was sich in den nächsten knapp sechs Jahren in den verschiedenen Tötungsanstalten in Deutschland, Österreich und Polen abspielen wird, ist selbst nach dem Gesetz des Dritten Reichs illegal. Die Meister des Tötens, die nunmehr ans Werk gehen, haben zu keinem einzigen Zeitpunkt eine gesetzliche Grundlage für ihr grausames Vernichtungswerk.

Hinzu kommt, daß der Wortlaut der Ermächtigung selbst bei großzügigster Interpretation niemals dahingehend ausgelegt werden kann, nach Belieben jeden umzubringen, der in irgendeiner Weise stört, unproduktiv ist oder unheilbar geisteskrank. Und dennoch genügt diese Ermächtigung führenden Psychiatern in Deutschland – ist es das Signal, worauf sie nur gewartet haben, um ihre wahren Absichten in die Tat umzusetzen?

Verfolgen wir den weiteren Verlauf der Ereignisse, die in ihrer Unmenschlichkeit und Grausamkeit nicht zu übertreffen sind:

In Berlin wird die Tötungsorganisation gegründet unter dem Namen *„Reichsarbeitsgemeinschaft Heil- und Pflegeanstalten"*. Ihr Sitz befindet sich zunächst im Columbushaus am Potsdamer Platz, ab April 1940 in der Tiergartenstraße 4 in Berlin. (Die Bezeichnung „T4" wird seitdem als Deckname für die gesamte Aktion gewählt.) Nichts am Gebäude weist von außen darauf hin, welch brutale Geschehnisse sich im Inneren abspielen. Und was noch bemerkenswert ist: Die Zahl der von der Aktion zu erfassenden Menschen wird bereits Anfang Oktober von den Verantwortlichen auf etwa 70.000 festgelegt. (Diese Zahl ist nicht ganz unwichtig, wie wir noch sehen werden.)

Der Psychiater Werner Heyde ist der medizinische Leiter der Aktion. Gleichzeitig wird ein Gutachterstab von etwa 30 Ärzten ernannt (überwiegend Psychiater), Heyde ist Obergutachter. Jeweils drei Ärzte sollen über einen Fall anhand der ausgefüllten Fragebögen entscheiden, die in großer Zahl bei der Reichsarbeitsgemeinschaft eingehen (sie werden jedoch nicht an die Postanschrift gesandt, sondern an ein eigens dafür

20 Vgl. hierzu Götz Aly, a.a.O., S. 14
21 Klee, a.a.O., S. 101

eingerichtetes Postfach; die Adresse bleibt nach außen hin völlig geheim). Die Reichsarbeitsgemeinschaft (RAG) wird finanziert durch den Schatzmeister der NSDAP.[22]

Es ist alles wohldurchdacht. Am 18. November 1939 wird die „Gemeinnützige Krankentransport GmbH", kurz „Gekrat" genannt, handelsregisterlich eingetragen. Es ist ein Hohn, der wohl seinesgleichen sucht: Diese Transportgesellschaft ist fortan verantwortlich für das Abholen der von den Gutachtern ausgewählten Patienten und deren Überstellung an die Vernichtungsanstalten.

Erst am 23. November wird die Verlegung offiziell (wie wir dargestellt haben, fanden vereinzelte Verlegungen und sogar Tötungen bereits seit 1937 statt, allerdings zu diesem Zeitpunkt noch nicht zentral organisiert) – durch Erlaß X 4792 des württembergischen Innenministeriums, dem dann andere ähnliche Erlasse der anderen Innenministerien folgen. Wörtlich heißt es dort zur Begründung dieser Maßnahme:

Gekrat-Busse im Einsatz[23]

22 Klee, a.a.O., S. 103

23 Hessisches Staatsarchiv Nr. 397

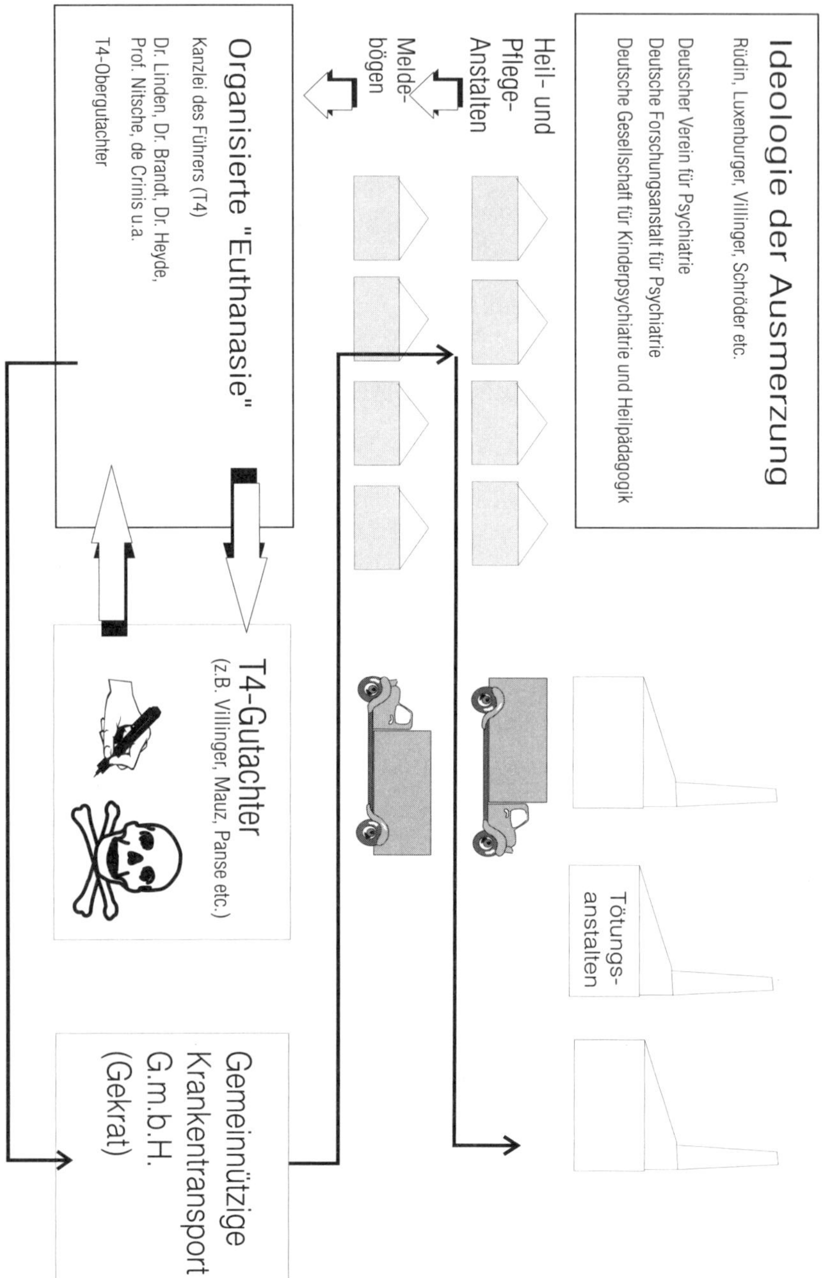
T4 - Das gut organisierte Verbrechen
Ideologie der Ausmerzung
Rüdin, Luxenburger, Villinger, Schröder etc.
Deutscher Verein für Psychiatrie
Deutsche Forschungsanstalt für Psychiatrie
Deutsche Gesellschaft für Kinderpsychiatrie und Heilpädagogik
Heil- und Pflege-Anstalten
Melde-bögen
Organisierte "Euthanasie"
Kanzlei des Führers (T4)
Dr. Linden, Dr. Brandt, Dr. Heyde, Prof. Nitsche, de Crinis u.a.
T4-Obergutachter
T4-Gutachter
(z.B. Villinger, Mauz, Panse etc.)
Tötungs-anstalten
Gemeinnützige Krankentransport G.m.b.H. (Gekrat)

„Die gegenwärtige Lage macht die Verlegung einer größeren Anzahl von in Heil- und Pflegeanstalten und Anstalten ähnlicher Art untergebrachten Kranken notwendig.“[24]

Es ist also beabsichtigt, die Pflegeanstalten und kirchlichen Fürsorgeanstalten im Unklaren zu lassen über den wahren Grund der Aktion. (Viele Anstaltsdirektoren sind jedoch anscheinend auf geheimen Treffen eingeweiht worden.) Anfang Dezember 1939 erfolgen die ersten Abtransporte von Geisteskranken aus der (heute polnischen) Anstalt in Meseritz (damals Pommern). Die Menschen werden schlimmer behandelt als Vieh, das man zum Schlachthof fährt. Sie werden von Soldaten auf die Wagenplattform geworfen. Zeugenaussagen zufolge erhalten viele von ihnen eine „Beruhigungsspritze“, eine Überdosis Scopolamin (ein Antikrampfmittel). Alle Patienten werden mit der gleichen Nadel gespritzt, ein Augenzeuge berichtet:

„... die Kranken bekamen nach einigen Minuten einen Schock, der sich in Form von Schaum auf den Lippen äußerte, Abbruch der Reaktionsfähigkeit, Hervortreten der Augen und der Unfähigkeit, die Glieder zu bewegen ...“[25]

Doch es soll noch viel schlimmer kommen. Die Abtransportierten werden in eigens dafür gebauten Gaswagen hingerichtet: In das hermetisch abgeriegelte Wageninnere wird das tödliche Gas geleitet, man wartet, bis das Geschrei verstummt ist und zerrt dann die Toten und Halbtoten aus dem Wagen, um sie im Wald zu verscharren. Wer nicht durch das Gas getötet wurde, erhält einen Gnadenschuß; möglicherweise werden jedoch auch noch lebende Schwerverletzte mit den Toten unter die Erde geschaufelt.

Mittlerweile laufen in der Berliner Euthanasiezentrale fieberhaft die Vorbereitungen für die Evakuierungsmaßnahmen der Geisteskranken aus ihren Heilanstalten in die Vernich-

Die T4-Zentrale[26]

24 Aus: Archiv Ernst Klee
25 Zit. nach Klee, a.a.O., S. 106
26 Bildquelle: Landesbildstelle BERLIN

tungsanstalten. Eine Tötung vor Ort scheidet aus – jedenfalls in dieser ersten Phase der Euthanasie. Hitler hätte dies aus innenpolitischen Gründen nicht zugelassen. Für die Vernichtungsanstalten (vorgesehen sind zunächst Brandenburg und Grafeneck) müssen eigens Krematoriumsöfen beschafft und installiert werden.

Nur das Weihnachtsfest 1939 unterbricht die gespenstischen Vorbereitungen, von denen die Öffentlichkeit keine Ahnung hat.

Mitte Januar dann finden die ersten Probetötungen mit Kohlenmonoxydgas in der Heilanstalt Brandenburg statt. Brack und der Psychiater Heyde sind die verantwortlichen Leiter dieses Versuchsballons. Mehrere Ärzte sowie anderes Personal, das später mit den Vernichtungsaktionen in anderen Anstalten zu tun haben wird, sind zugegen. Alle sind zu strengster Geheimhaltung verpflichtet. Für die Demonstration eigens hergerichtet wurde ein spezieller „Duschraum“, in den die ahnungslosen Anstaltsinsassen geführt werden, angeblich um gereinigt zu werden. In den Wasserleitungsrohren an den Wänden befinden sich winzige Löcher, aus denen das tödliche Gas in den hermetisch abgeriegelten Raum strömen kann. An der Eingangstüre befindet sich ein Guckloch...

„Bei dieser ersten Vergasung wurden etwa 18–20 Personen in diesen ‚Duschraum‘ geführt vom Pflegepersonal. Diese Männer mußten sich in einem Vorraum ausziehen, so daß sie vollkommen nackt waren. Die Türe wurde hinter ihnen verschlossen. Diese Menschen gingen ruhig in den Raum und zeigten keinerlei Anzeichen von Erregung. Dr. Widmann [Widmann war ein Chemiker; Anmerkung der Hrsg.] *bediente die Gasanlage, durch das Guckloch konnte ich beobachten, daß nach etwa einer Minute die Menschen umkippten oder auf Bänken lagen. Es haben sich keinerlei Szenen oder Tumulte abgespielt. Nach weiteren fünf Minuten wurde der Raum entlüftet. Besonders dazu bestimmte SS-Leute holten auf Spezialtragbaren die Toten aus dem Raum und brachten sie an die Verbrennungsöfen.“*[27]

Die „Spezialbahren“ sind so konstruiert, daß sie direkt auf die Verbrennungsöfen aufgesetzt und die Leichen, ohne sie dabei berühren zu müssen, in den Ofen geschoben werden können, etwa wie man einen Brotteig in den Backofen schiebt. Bemerkenswert ist, daß nach dieser Zeugenaussage die Toten keiner ärztlichen Untersuchung mehr unterzogen werden – es wird offenbar nicht einmal sichergestellt, daß vor der Verbrennung der Tod in jedem Falle eingetreten ist.

Das scheinbar gute Gelingen dieser Probetötung sowie weiterer ähnlicher Vergasungen beflügelt nunmehr die Produktion in den Tötungsanstalten. Parallel finden weitere Tötungsaktionen im besetzten Polen statt, mit Maschinengewehr und mit

27 Augenzeugenbericht von August Becker

fahrbaren Gaswagen. Diese sehen nach außen aus wie „Kaiser's-Kaffee"-Wagen, um keinen Argwohn zu erwecken. Das Gas, ebenfalls reines Kohlenmonoxyd, wird aus Stahlflaschen in die Kastenaufbauten der LKWs geleitet.[28]

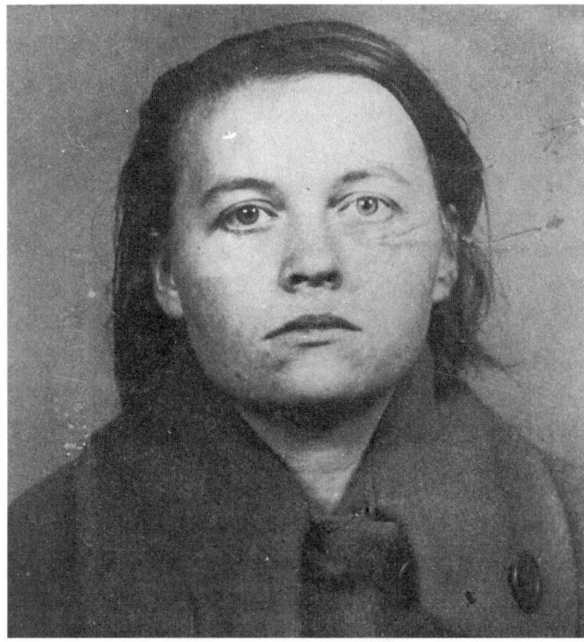

Forschungsopfer der NS-Psychiatrie[29]

Nach außen wird der Anschein eines natürlichen Todes geweckt. Die Angehörigen erhalten aus der Anstalt, in die der „tragisch Verstorbene" verlegt worden war, Nachricht über den plötzlichen Tod ihres Verwandten. Die Benachrichtigungsschreiben haben fast immer gleichen oder ähnlichen Wortlaut; als Todesursache werden Herzversagen, Gehirnlähmung oder ganz einfach eine tödlich verlaufende schwere Erkrankung angegeben. Infolge der Kriegswirren erweckt dies zunächst kaum Verdacht; erst als die Tötungen in ihrer Zahl zunehmen und Todesursachen zum Teil widersprüchlich zum Gesundheitszustand des Hingemordeten sind, schöpfen Angehörige Verdacht, reichen teilweise auch Beschwerden ein. (Aufgrund der Tatsache, daß die Kleidung der Euthanasierten von der *Gekrat* jeweils zur Herkunftsanstalt zurückgebracht werden, wissen die Mitarbeiter dieser Anstalten bald ebenso wie die Bevölkerung, was wirklich geschieht.) Dennoch – die „Aktion Gnadentod", die „Evakuierung", die „Desinfektion" – wie die Euthanasie umgangssprachlich zwischen den Beteiligten genannt wird – ist in ganz großem Stil angelaufen.

In der Berliner Euthanasie-Zentrale treffen die Meldebögen der reichsdeutschen staatlichen und privaten Heil- und Pflegeanstalten (auch der kirchlichen, also Caritas und Innere Mission) in großer Zahl ein. Der administrative Ablauf ist penibel festgelegt. Die Meldebögen werden fotokopiert und von der Zentrale jeweils an drei Gut-

28 Klee, a.a.O., S. 113
29 Bundesarchiv, Abteilung Potsdam, BArch, R 179 Nr. 3190

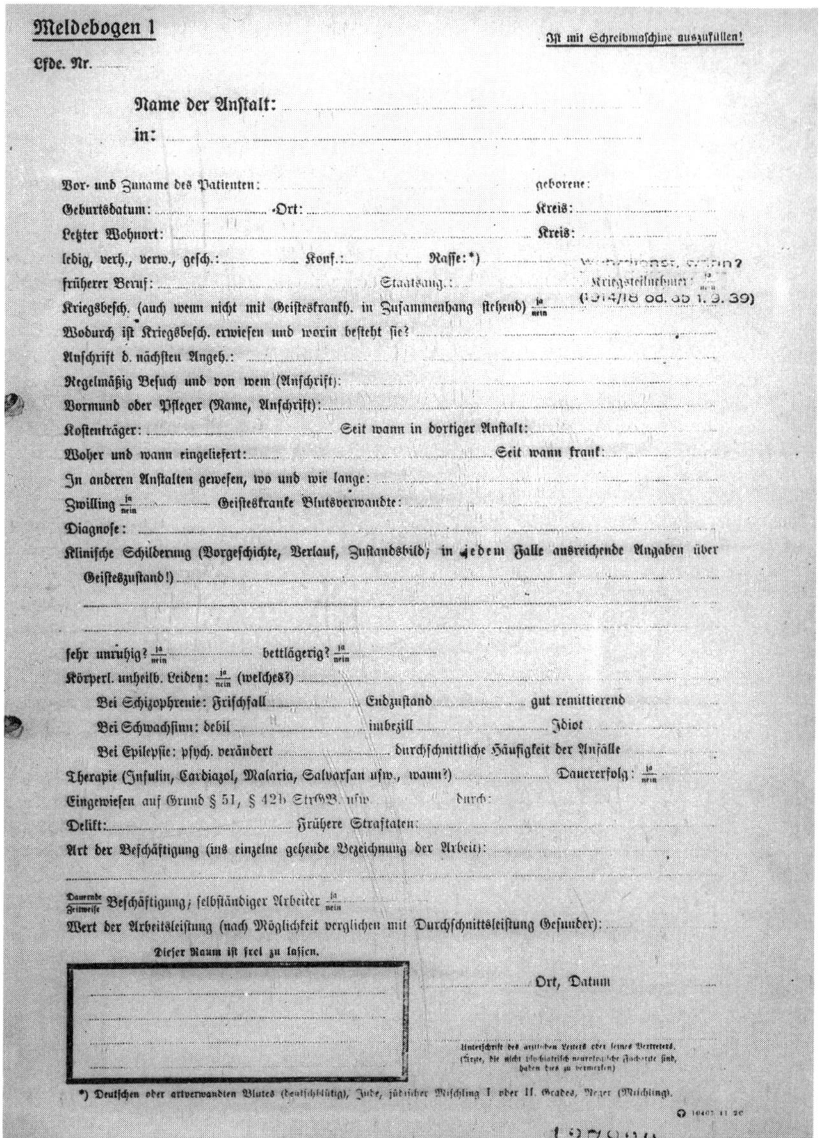

Meldebogen 1

Ist mit Schreibmaschine auszufüllen!

Lfde. Nr.

Name der Anstalt:

in:

Vor- und Zuname des Patienten: geborene:

Geburtsdatum: Ort: Kreis:

Letzter Wohnort: Kreis:

ledig, verh., verw., gesch.: Konf.: Rasse:*) Wehrdienst, wann?

früherer Beruf: Staatsang.: Kriegsteilnehmer: ja/nein

Kriegsbesch. (auch wenn nicht mit Geisteskrankh. in Zusammenhang stehend) ja/nein (1914/18 od. ab 1.9.39)

Wodurch ist Kriegsbesch. erwiesen und worin besteht sie?

Anschrift d. nächsten Angeh.:

Regelmäßig Besuch und von wem (Anschrift):

Vormund oder Pfleger (Name, Anschrift):

Kostenträger: Seit wann in dortiger Anstalt:

Woher und wann eingeliefert: Seit wann krank:

In anderen Anstalten gewesen, wo und wie lange:

Zwilling ja/nein Geisteskranke Blutsverwandte:

Diagnose:

Klinische Schilderung (Vorgeschichte, Verlauf, Zustandsbild; in jedem Falle ausreichende Angaben über Geisteszustand!)

sehr unruhig? ja/nein bettlägerig? ja/nein

Körperl. unheilb. Leiden: ja/nein (welches?)

Bei Schizophrenie: Frischfall Endzustand gut remittierend

Bei Schwachsinn: debil imbezill Idiot

Bei Epilepsie: psych. verändert durchschnittliche Häufigkeit der Anfälle

Therapie (Insulin, Cardiazol, Malaria, Salvarsan usw., wann?) Dauererfolg: ja/nein

Eingewiesen auf Grund § 51, § 42b StrGB. usw. durch:

Delikt: Frühere Straftaten:

Art der Beschäftigung (ins einzelne gehende Bezeichnung der Arbeit):

Dauernde/Zeitweise Beschäftigung; selbständiger Arbeiter ja/nein

Wert der Arbeitsleistung (nach Möglichkeit verglichen mit Durchschnittsleistung Gesunder):

Dieser Raum ist frei zu lassen.

Ort, Datum

Unterschrift des ärztlichen Leiters oder seines Vertreters.
(Ärzte, die nicht Psychiatrisch-neurologische Fachärzte sind, haben dies zu vermerken)

*) Deutschen oder artverwandten Blutes (deutschblütig), Jude, jüdischer Mischling I. oder II. Grades, Neger (Mischling).

127839

Meldebogen für Anstalten[30]

30 Bundesarchiv Abteilung Potsdam, BArch, R 96 I Nr. 2

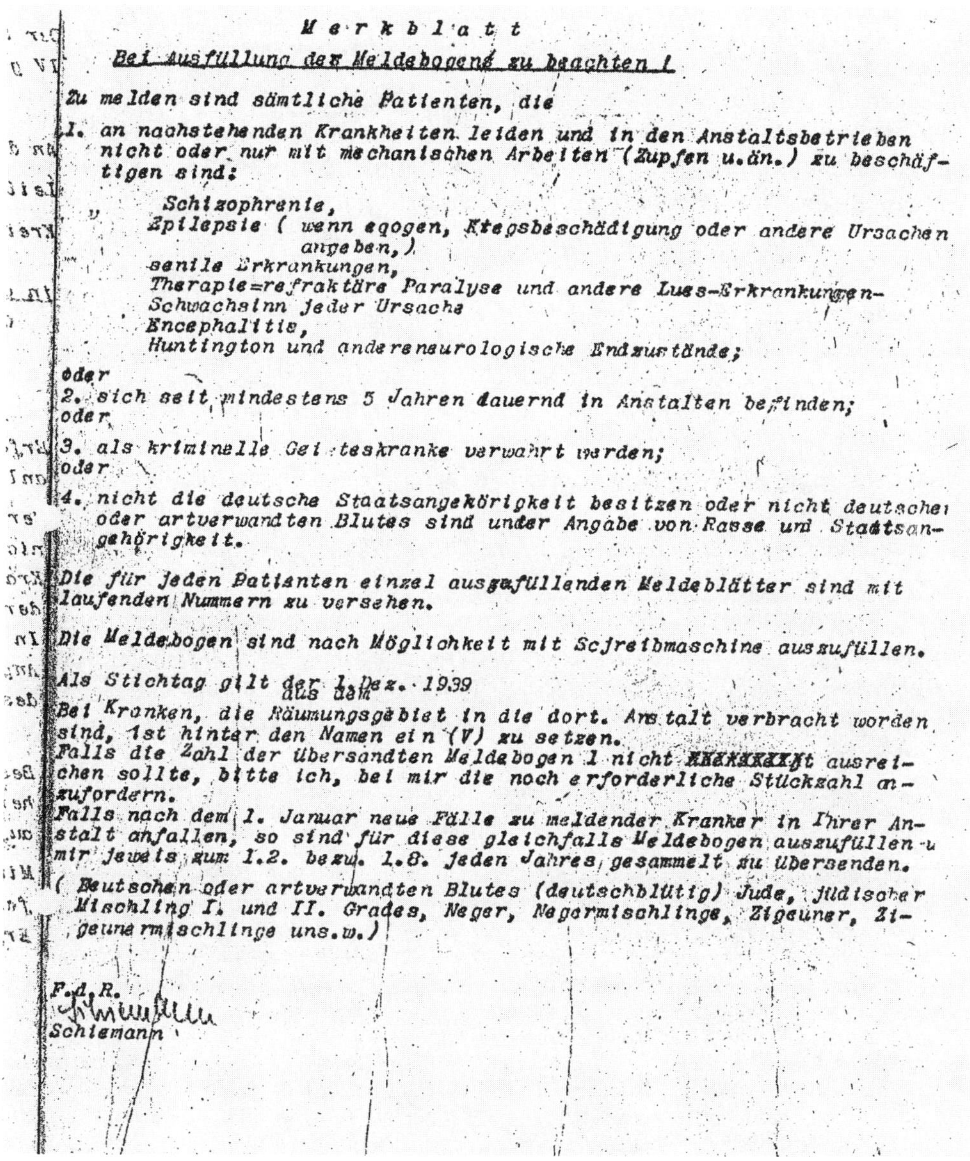

Merkblatt

Bei Ausfüllung der Meldebogens zu beachten !

Zu melden sind sämtliche Patienten, die

1. an nachstehenden Krankheiten leiden und in den Anstaltsbetrieben nicht oder nur mit mechanischen Arbeiten (Zupfen u.än.) zu beschäftigen sind:

Schizophrenie,
Epilepsie (wenn exogen, Kriegsbeschädigung oder andere Ursachen angeben,)
senile Erkrankungen,
Therapie=refraktäre Paralyse und andere Lues-Erkrankungen-
Schwachsinn jeder Ursache
Encephalitis,
Huntington und andereneurologische Endzustände;

oder

2. sich seit mindestens 5 Jahren dauernd in Anstalten befinden;

oder

3. als kriminelle Geisteskranke verwahrt werden;

oder

4. nicht die deutsche Staatsangehörigkeit besitzen oder nicht deutschen oder artverwandten Blutes sind unter Angabe von Rasse und Staatsangehörigkeit.

Die für jeden Patienten einzel auszufüllenden Meldeblätter sind mit laufenden Nummern zu versehen.

Die Meldebogen sind nach Möglichkeit mit Scjreibmaschine auszufüllen.

Als Stichtag gilt der 1. Dez. 1939

Bei Kranken, die aus dem Räumungsgebiet in die dort. Anstalt verbracht worden sind, ist hinter den Namen ein (V) zu setzen.
Falls die Zahl der übersandten Meldebogen 1 nicht XXXXXXXXt ausreichen sollte, bitte ich, bei mir die noch erforderliche Stückzahl anzufordern.
Falls nach dem 1. Januar neue Fälle zu meldender Kranker in Ihrer Anstalt anfallen, so sind für diese gleichfalls Meldebogen auszufüllen u mir jeweils zum 1.2. bezw. 1.8. jeden Jahres gesammelt zu übersenden.
(Deutschen oder artverwandten Blutes (deutschblütig) Jude, jüdischer Mischling I. und II. Grades, Neger, Negermischlinge, Zigeuner, Zigeunermischlinge uns.w.)

F.d.R.
Schiemann

Merkblatt zum Meldebogen[31]

31 Bundesarchiv Abteilung Potsdam, EVZ I/6, A.4

achter und danach an einen Obergutachter geschickt. Die drei psychiatrischen Ärzte, die ihre Entscheidung zu treffen haben, markieren diese mit einem roten „+“-Zeichen, wenn der Betreffende zu töten ist, und mit einem blauen „–“-Zeichen, wenn er am Leben bleiben darf. Der Obergutachter hat das letzte Wort und muß in Zweifelsfällen eine endgültige Entscheidung treffen. Einer der Obergutachter ist Heyde (übrigens ein offenbar sehr gelehriger Schüler Kraepelins), der zweite Linden, später ersetzt durch den Psychiater Nitsche. Die allerletzte Entscheidung in Zweifelsfällen liegt bei Brack (der sich den Tarnnamen Jennerwein zugelegt hat) –, einem Wirtschaftswissenschaftler, der weder von Medizin noch von Psychiatrie etwas versteht.

Es gibt keine festgelegten Kriterien, nach denen die Opfer für die Tötungen ausgesucht werden.[32] Doch die Psychiater scheinen sich ihrer Sache sehr sicher zu sein: Als im August 1941 die Euthanasie von Hitler offiziell gestoppt wird, haben sie die genannte Zahl von 70.000 infrage kommenden Anstaltsinsassen exakt um 273 überschritten.[33] Kein Protest seitens der beteiligten Psychiater ist bekannt; die Tötung geschieht vorrangig aus Nützlichkeitserwägungen, wie aus einem internen T4-Dokument ersichtlich ist:

„Ausscheidung aller derjenigen, die unfähig sind, auch nur in Anstalten produktive Arbeit zu leisten, also nicht nur von geistig Toten.“[34]

Die Tötungsanstalten, die in der Folge eingerichtet werden nach dem Modell Brandenburg (i.e. mit Gas-„Dusch“-Raum und Verbrennungsöfen) sind: Grafeneck, Hartheim (Österreich) und Sonnenstein. (Ende 1940 stellen Grafeneck und Brandenburg den Betrieb ein, die anfallende Aufgabe übernehmen die Anstalten Hadamar bei Limburg und Bernburg an der Saale.)

Die Gutachter verdienen ein anständiges Geld für ihre Arbeit. So erhält ein als Gutachter tätiger Psychiater ab Oktober 1940 für die Auswertung von bis zu 500 Fra-

32 Es wäre eigentlich mehr als eine Randbemerkung wert, auf den ausgesprochenen Sadismus, mit dem die Euthanasie zum Teil vollzogen wurde, einzugehen; dies ist von anderen Autoren jedoch bereits in einer Ausführlichkeit und Deutlichkeit geschehen, der wir nichts mehr hinzufügen brauchen. Wir verweisen auf die entsprechenden Literaturhinweise. Ein Beispiel sei dennoch zitiert, wenn auch nur als Fußnote: „Anläßlich einer Visite Gelnys (ein NS-Psychiater; d.V.) hörte ich zufällig, wie er zu einem jungen Mädchen unter Streicheln der Wange sagte: ‚So ein Kind, schade um sie‘, dann machte er zwei Schritte zurück zur Schwester ... und erklärte: ‚Weg mit ihr.‘“ So die von Klee zitierte Aussage eines Arztes der Anstalt Gugging 1946 vor dem Landgericht Wien. Gelny, ein Psychiater, von dem noch die Rede sein wird, war äußerst tierlieb. „So soll er Regenwürmer und Kröten von der Straße entfernt haben, damit sie nicht überfahren würden“ (ebenfalls aus Klee, „Euthanasie“ im NS-Staat, S. 437). Gelny elektroschockte eine offenbar größere Zahl von Patienten in grauenvoller Weise zu Tode. Auch die Tierliebe anderer NS-Psychiater ist bekanntgeworden; man kann davon ausgehen, daß es sich hier nicht nur um historische Verbrämungen der wohl scheußlichsten Monster aller Zeiten handelt

33 Aly u.a.: Aktion T4, S. 11

34 Klee: Dokumente zur Euthanasie. Frankfurt am Main 1985, S. 100

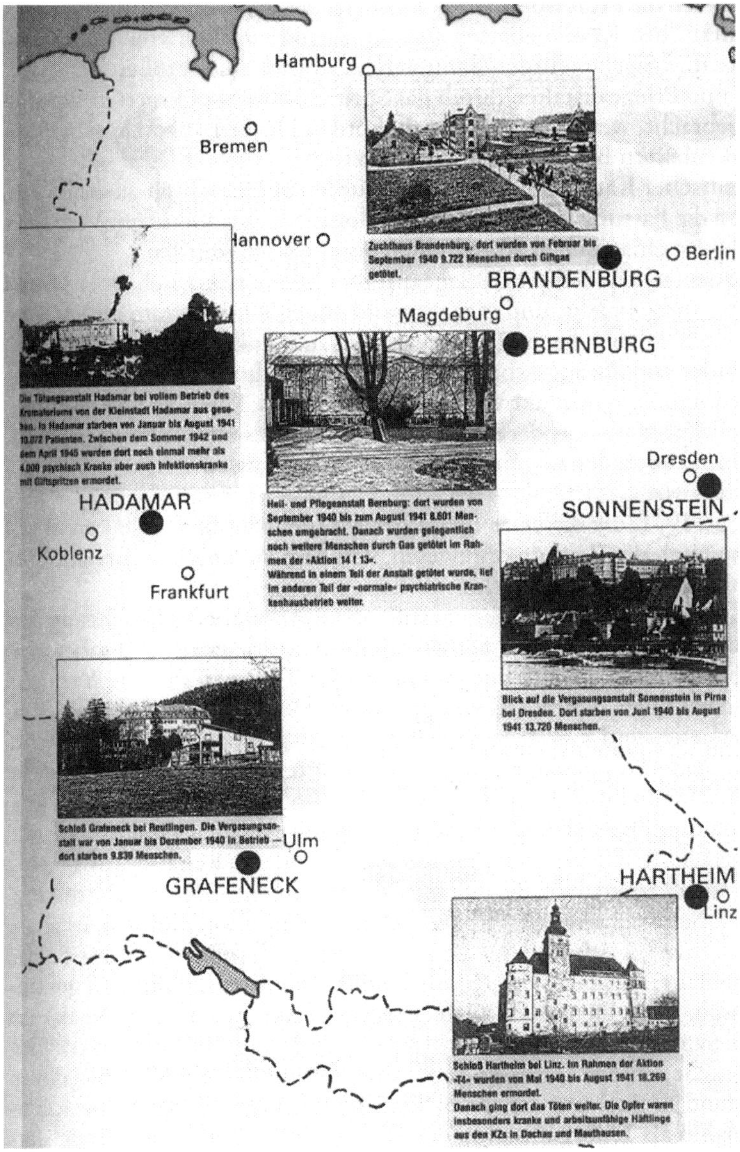

Karte der Tötungsanstalten[35]

35 Bundesarchiv Koblenz

gebögen im Monat eine Entschädigung von 100 Reichsmark, bis 2000 Fragebögen 200 Reichsmark, bis 3500 Fragebögen 300 Reichsmark und darüber 400 Reichsmark. So ist es kaum verwunderlich, daß die als Gutachter tätigen Ärzte wie am Fließband arbeiten, obwohl sie diese Tätigkeit neben ihrer sonstigen beruflichen Arbeit zu verrichten haben. Ein Psychiater beispielsweise, Dr. Pfannmüller aus Haar bei München, bearbeitet in drei Wochen über 2000 Meldebögen, ein anderer – Dr. Schreck – in neun Monaten 15.000 Bögen, nach eigener Aussage „sehr gewissenhaft".[36] Ein Zeuge berichtet, daß ein begutachtender Arzt sogar „in einer öffentlichen Wirtschaft, während er Wein trank", arbeitete.[37] Zu über dreiviertel werden bei dieser Euthanasie-Aktion schizophrene Patienten selektiert, wobei zu beachten ist, daß die Begriffsbestimmung dieser Diagnose damals (wie heute) außerordentlich dehnbar ist. So kann man wohl annehmen, daß auf vielen Meldebögen „schizophren" gleichbedeutend ist mit „ungewollter Patient". In den karitativen (also kirchlich geführten) Anstalten ist eine andere Art von Patienten untergebracht, hier lautet die Auswahl der Getöteten: zu 34 Prozent Schwachsinnige, 23 Prozent Idioten, 16 Prozent Epileptiker, 12 Prozent Schizophrene.[38]

Bemerkenswert ist auch, daß aus den psychiatrischen Nervenkliniken der Universitäten keine Abtransporte stattfinden, da in diesen Kliniken, so wörtlich Dr. Linden in einem Brief: *„abgesehen von wenigen Demonstrationsfällen ... keine Dauerpatienten verwahrt werden"*[39] – eine bemerkenswerte Tatsache also, daß man das „Demonstrationsmaterial" der Universitätskliniken verschont! Kriminelle, die als geisteskrank eingewiesen worden waren, aber vielleicht sogar aus Gutwilligkeit einiger psychiatrischer Gutachter beim Gerichtsverfahren für nicht zurechnungsfähig befunden und somit der Todesstrafe entgangen waren, ereilt nun nachträglich ihre Hinrichtung; die Richter sind die T4-Gutachter; ihre Henker die Ärzte, die die Gashähne aufdrehen. (Heyde selbst sagt 1961 aus, daß die Anordnung ergangen sei, *„Kriminelle besonders scharf zu beurteilen."*)[40]

Mitunter trifft es auch den Falschen, es kommt zu Verwechslungen insbesondere bei gleichen Namen. Den „Ausgewählten" wird vom Anstaltspersonal zur Kenntlichmachung ein Heftpflaster mit ihrem Namen auf den Rücken geklebt. Doch nicht immer ist Keller gleich Keller oder Müller gleich Müller, wie der folgende Fall belegt:

---

36 Klee: „Euthanasie" im NS-Staat, S. 120/121

37 Zeugenaussage von Mauthe am 18. Oktober 1948. Zit. nach Klee, a.a.O., S. 101

38 Alle hier genannten Zahlen entstammen einer Untersuchung von Gerhard Schmidt an über 2000 Patienten. Veröffentlicht in Klee, a.a.O., S. 122

39 Zit. nach Klee, a.a.O., S. 123

40 Zit. nach Klee, a.a.O., S. 123

Doctors at Headquarters

Ärzte in der Zentrale: Dr. Steinmeyer 1.3.1941 - 31.3.1943

Prof. Nitsche	1.5.1940
Prof. Heyde	1.5.1940 - 31.12.1941
Dr. Rob. Müller	8.11.1940
Dr. Hebold	29.3.1941 - 31.3.1943
Dr. Gust. Schneider	15.8.1941 - 31.3.1943
Dr. Ratka	1.9.1941 - 31.3.1943
Dr. Wiszher	1.8.1941 - 31.5.1943
Dr. Straub	16.2.1941 - 31.3.1943
Dr. Schmalenbach	26.6.1940
Dr. Runckel	1.9.1941
Dr, Becker, Herbert	23.6.1941

Doctors Institutions

Ärzte in den Anstalten:

Dr. Baumhard	1.11.1939
Dr. Schumann	1.12.1939
Dr. Eberl	1.2.1940
Dr. Hennecke	25.4.1940
Dr. Lonauer	1.4.1940
Dr. Borm	25.11.1940
Dr. Bunke	13.8.1940 - 31.3.1943
Dr. Ullrich	15.3.1940
Dr. Berner	15.5.1941 - 31.12.1941
Dr. Gorgass	1.5.1941 - 30.4.1942
Dr. Renno	6.5.1940
Dr. Endruweit	22.11.1940
Dr. Worthmann	12.5.1940 - 31.10.1940

Experiments at

Forschung Görden:

Dr. Heinze	1.2.1942 (Beginn d. Forschung) (Beginning of experiments)
Dr. Schumacher	26.1.1942 - 31.3.1943
Dr. Assmussen	20.2.1942

Experiments at

Forschung Heidelberg:

Prof. Schneider	
Dr. Schmorl	15.1.1942 - 31.5.1943
Dr. Suckow	15.11.1942 - 31.3.1943
Dr. Rauch	1.7.1942 - 31.3.1943
Dr. Wendt	1.7.1942 - 31.3.1943
Dr. Schmieder	1.7.1942 - 31.3.1943

127890

Gutachterliste der T4[41]

41 Bundesarchiv Abteilung Potsdam, BArch, R 96 I Nr. 1

Gutachter:

Dr. Pfannmüller	17.11.1939
Dr. Wagenknecht	17.11.1939 – 16.2.1940
Dr. Hefter	17.11.1939
Dr. Heinze	17.11.1939
Dr. Kaldewey	28.2.1940 –
Dr. Rodenberg	28.2.1940 –
Dr. Schreck	28.2.1940 – 30.11.40
Dr. Steinmeyer	28.2.1940
Prof. Nitsche	28.2.1940
Dr. Mennecke	28.2.1940
Prof.Dr. Panse	14.5.1940 – 11.12.40
Prof.Dr. Schneider	20.4.1940
Prof.Dr. Pohlisch	14.5.1940 –
Prof.Dr. Zucker	8.5.1940
Dr. Renno	31.5.1940
Prof.Dr. Reisch	30.6.1940 –
Dr. Hebold	8.5.1940
Dr. Lonauer	9.5.1940
Dr. Schmitz	30.4.1940 –
Prof. Kihn	5.6.1940
Dr. Munkwitz	25.7.1940 –
Dr. Schumacher	5.8.1940
Dr. Begusch	2.9.1940 –
Dr. Borger	2.9.4940 –
Dr. Schmidt	2.9.1940 –
Prof. Mauz	2.9.1940 –
Dr. Faltlhauser	6.9.1940
Dr. Heene	6.9.1940 –
Dr. Fehringer	6.9.1940 –
Dr. Bertha	30.9.1940 –
Dr. Jekelius	14.10.1940 –
Dr. Müller	4.3.1941
Prof. Villinger	28.3.1941
Dr. Straub	8.7.1941
Dr. Wischer	2.8.1941
Dr. Schmalenbach	28.8.1941
Dr. Ratka	10.9.1941
Dr. Runckel	3.10.1942
Dr. Schulz	7.5.1943
Dr. G. Schneider	31.5.1943 (?)

12789

Ein Patient mit Namen Keller wird aus der Anstalt Wiesloch abtransportiert; wie sich später jedoch herausstellt, mit den Papieren eines anderen Patienten Keller, der ebenfalls in der Anstalt untergebracht ist. (Zur Erläuterung: Die Anstalten müssen die Aktenunterlagen eines jedes Patienten beim Abtransport dem Personal der *Gekrat* übergeben. In der Vernichtungsanstalt wird dann eine „Todesursache" und ein „Todestag" eingetragen, und die Angehörigen erhalten irgendwann Tage oder Wochen nach dem Abtransport Nachricht über das Versterben ihres Verwandten.) Besagter Pat. Keller, dessen Papiere also versehentlich zusammen mit seinem Namensvetter in die Vernichtungsanstalt geschickt worden waren, der aber noch am Leben ist, wird deshalb fälschlicherweise als tot gemeldet – und seine Angehörigen werden von seinem Tod in Kenntnis gesetzt, obwohl sie wissen, daß er sich noch in der Anstalt befindet. Daraufhin wird der vorher nicht für die Selektion bestimmte Patient Keller, ein harmloser, leicht geisteskranker Maler, der niemandem im Weg ist, der Euthanasie aus dem alleinigen Grunde zugeführt, damit die Aktenlage wieder richtiggestellt ist.[42] Ein Beweis für den geradezu absurden deutschen Ordnungsfanatismus, mit der diese Tötungen (mit verwaltungsmäßiger Gründlichkeit) vollzogen werden!

Es ist auch keineswegs eine unbestrittene Tatsache, daß sich die Tötungen so friedlich vollziehen, wie dies beim Probelauf geschildert wurde (man vergesse nicht, daß diese Probetötung von Beteiligten – also Schuldigen – geschildert worden ist, also von Mittätern, die keinerlei Vorteil davon gehabt hätten, das wirkliche Leiden ihrer Opfer zu beschreiben).

Ein Zeuge aus Hadamar schildert 1946 den Ablauf der Tötungen rückblickend so:

„Durch dieses [Guckfenster; d.Hrsg.] *sah ich etwa 40 bis 45 Männer, die dichtgedrängt im Nebenraum waren und nun langsam starben. Einige lagen auf der Erde, andere waren zusammengesunken, viele hatten den Mund auf, als wenn sie keine Luft mehr bekamen. Die Todesart war so qualvoll, daß man von einer humanen Tötung nicht sprechen konnte, zumal viele der Getöteten ja auch klare Augenblicke gehabt haben mögen. Ich sah dem Vorgang etwa 2–3 Minuten lang zu und entfernte mich dann, weil ich den Anblick nicht länger ertragen konnte und mir schlecht wurde."*[43]

Das gesamte Personal, das an der Durchführung der Tötungen beteiligt ist, wird zum Schweigen verpflichtet, teilweise unter Androhung der Todesstrafe. Dennoch spricht sich die Aktion ziemlich schnell in der Bevölkerung herum. (Erstaunlich, warum es keinen Aufstand der Angehörigen und ihrer Bekannten und Freunde gibt – immerhin hätte eine aufgebrachte deutsche Bevölkerung dem Morden wahrschein-

42 Berichtet in Klee, a.a.O., S. 184
43 Aussage Maximilian L., Nachlaßverwalter Hadamar, 6. 4. 46 (4aJs / 46 StA Ffm)

lich ein Ende bereiten können, da Hitler innenpolitische Schwierigkeiten zu dieser Zeit noch mehr fürchtete als außenpolitische.)

Mitarbeiter der Tötungsanstalten verdienen besser als anderswo, zum einen durch eine deutlich bessere Bezahlung als in anderen Beschäftigungen, zum anderen dadurch, daß sie die Lebensmittelmarken der Getöteten an sich nehmen. An die Zentrale hingegen muß das Zahngold geschickt werden; Patienten mit Goldzähnen erhalten vor der Vernichtung ein Kreuz auf den Rücken, und die Leichenverbrenner sind dann beauftragt, ihnen die Goldzähne zu ziehen. Ein „Heizer", der in der Anstalt Hartheim tätig ist, berichtet Jahre später, er habe im Schichtdienst (zu zweit jeweils 12 Stunden) zwischen 1940 und 1944 etwa 30.000 Menschen verbrannt – eine unvorstellbare Anzahl, wenn man sich vorstellt, daß hier vier oder sechs Menschen in sechs Jahren eine ganze Kleinstadt vernichtet haben! Allein im August 1940 werden in vier Anstalten zusammen 5791 Menschen umgebracht – ein trauriger Rekord, der jedoch von den Massentötungen, die später an den Juden vorgenommen werden, weit in den Schatten gestellt werden wird.

Die beteiligten Psychiater – es sei immer wieder betont – vollziehen ihre Dienstpflicht sehr gewissenhaft. Über jeden Ermordeten wird Buch geführt. Niemand verschwindet, ohne daß das Standesamt ordnungsgemäß in Kenntnis gesetzt wird, mit dem kleinen Zusatz allerdings, daß eigene Standesämter eingerichtet werden und daß es eben manchmal – wie oben im Falle Keller – auch die Falschen erwischt. Es herrschen teilweise kuriose Zustände; so bearbeiten Gerichte die Fälle von bald zu entlassenden Sträflingen in psychiatrischen Anstalten, die längst schon nicht mehr leben – wie auch im Falle des Melkers Werner W., der am 15. Juni 1940 aus der Anstalt(haft) entlassen werden soll laut richterlicher Verfügung, der aber seit dem 26. März 1940 „infolge Brustfellentzündung" nicht mehr am Leben ist. Dr. Friedrich F., wegen Beleidigung vor Gericht gestellt, aber freigesprochen, jedoch einer psychiatrischen Unterbringung zugeteilt, verstirbt am 30. März 1940 „an Herzschlag", nachdem er von der Anstalt in Waldheim nach Brandenburg verlegt worden war. Seine Frau schöpft Verdacht, weil sie über den Ort der Einäscherung falsche Auskünfte erhält.[44]

Die Geheimhaltung gelingt immer schlechter; Pannen tragen das ihrige dazu bei, daß sich bald herumgesprochen hat, was sich in den Tötungsanstalten wirklich abspielt. In einem Fall werden einer Familie zwei Urnen zugestellt; in einem anderen Falle erhalten Eltern Nachricht vom „Tod" ihres geisteskranken Kindes (samt Urne!), das sie erst wenige Tage zuvor aus der Anstalt nach Hause geholt haben und das bei ihnen am Leben weilt.

44 Berichtet in Klee: „Euthanasie" im NS-Staat, S. 241

Oder es wird als Todesursache Blinddarmentzündung angegeben, obwohl der Blinddarm schon vor Jahren entfernt worden war.[45] Kurz, die Absurdität und Brutalität dieses Geschehens ist unfaßbar, unbeschreiblich und ekelerregend.

Die T4-Zentrale fährt mit der Aktion finanzielle Profite ein. Diese entstehen dadurch, daß zwischen Tötungstag und angeblichem Sterbedatum mehrere Tage, manchmal Wochen liegen, in welchen der Anstaltsaufenthalt dennoch bezahlt werden muß. Abgewickelt werden diese Angelegenheiten von der Zentralen Verrechnungsstelle Heil- und Pflegeanstalten, einer Unterabteilung der Reichsarbeitsgemeinschaft Heil- und Pflegeanstalten. Die Kostenträger müssen an die Zentrale Verrechnungsstelle die Tageskosten für die Zeit bezahlen, in der der längst Hingemordete angeblich in der Verlegungsanstalt untergebracht ist. Hans-Joachim Becker, der Leiter der Verrechnungsstelle, erhält den Spitznamen Millionen-Becker; bei Übergabe des Postens an seinen Nachfolger hat er bereits 14 Millionen Reichsmark auf dem Konto (das Geld muß später an den Reichsschatzmeister der NSDAP abgeführt werden).[46]

Es ließen sich hier zahllose Beispiele für die Brutalität und Inhumanität anführen, mit der diese erste große Vernichtungswelle durch die Psychiatrie und die Mitarbeiter der T 4 vollzogen wird – da dies in aller Ausführlichkeit von Ernst Klee in seinem Buch „Euthanasie im NS-Staat" jedoch bereits geschehen ist, sei hier darauf verzichtet. Folgen wir statt dessen dem weiteren Verlauf der Ereignisse, denn mit dem (scheinbaren) Ende der Euthanasie nach Hitlers Euthanasie-Stopp im Jahre 1941 beginnt eigentlich erst das Töten in ganz großem Stil.

Um bei der Bevölkerung eine höhere Akzeptanz für das grauenhafte Geschehen zu erreichen, werden zu Propagandazwecken im Oktober 1939, als die Planungen für den Massenmord auf Hochtouren laufen, zwei Filme in Auftrag gegeben, und zwar der Film „Dasein ohne Leben" nach Prof. Dr. Kämpfer und der Film „Geisteskrank".

Im ersten Film sollen Geisteskrankheit als ein Erbübel dargestellt und die psychisch Kranken als groteske Wesen diffamiert werden. Es soll um jeden Preis der Eindruck bei der Bevölkerung erweckt werden, daß die Pflege der Kranken sinnlos und *viel zu teuer* und eine Therapie überhaupt nicht möglich sei, da ja die Krankheiten angeblich „erblich bedingt" seien. Auch im zweiten Film „Geisteskrank" wird nach eingehenden Darstellungen von Elektroschock- und Insulin-„kuren" die Unheilbarkeit von psychisch Kranken pseudowissenschaftlich aufbereitet, verbunden mit der Forderung nach „Tötung" der „unheilbar Kranken". In diesem Streifen geht man sogar

45 Alle Fälle nach Klee, a.a.O., S. 251
46 Nach Klee: Dokumente zur Euthanasie, S. 141f.

Daß Adolf Hitler offenbar schon 1940 die Einstellung der Euthanasie verfügte, scheint folgendes Dokument zu belegen, auf das wir nach Fertigstellung des Buches aufmerksam wurden – es soll aufgrund seiner historischen Brisanz in diesem Zusammenhang nicht fehlen. Dabei handelt es sich um ein Schreiben des Reichsministers der Justiz an den Reichsminister und Chef der Reichskanzlei, datiert vom 24. Juli 1940. Eindeutig und in aller Schärfe wird darin zum Ausdruck gebracht, das der „Führer" die Praktiken der psychiatrischen „Euthanasie" nicht legimitieren wollte. Es ist zu beachten, daß dieser Brief ein Jahr vor dem offiziellen „Euthanasie-Stopp" datiert. Er wurde mit anderen Worten offenbar schlichtweg ignoriert.

(Der handschriftliche Text neben dem maschinenschriftlichen Brief ist ein Aktenvermerk im Hinblick darauf, welche Anlagen diesem Schreiben in Abschrift hinzugefügt worden waren; es handelte sich dabei möglicherweise um Beschwerdebriefe oder „lästige Anfragen" verunsicherter Bürger. – Hinweis: Das zweite Wort in der siebten Zeile des zweiten Absatzes heißt vermutlich „rasch".)

NO-832

Der Reichsminister der Justiz   Berlin, den 24 Juli 1940

Herrn
Reichsminister und Chef der Reichskanzlei
Dr. L a m m e r s.

Sehr verehrter Herr Kollege Lammers!

Auf Grund unserer gestrigen Aussprache übersende ich Jhnen die gewünschten Abdrucke.

Wie Sie mir gestern mitgeteilt haben, hat der Führer es abgelehnt, ein Gesetz zu erlassen. Daraus ergibt sich nach meiner Überzeugung die Notwendigkeit, die heimliche Tötung von Geisteskranken sofort einzustellen. Das heutige Verfahren ist nicht zuletzt durch die versuchte Tarnung rasch und weithin bekannt geworden. Zu welchen Peinlichkeiten das führt, bitte ich aus den Beilagen zu entnehmen. Die Zahl solcher Anfragen wird sich mehren.

Es ist ungewöhnlich mißlich, darauf amtlich einen Bescheid zu geben, denn weder die Tatsache noch der Jnhalt einer Anordnung durch den Führer kann erkennbar gemacht werden. Der Standpunkt, die Reichsjustizverwaltung wisse von dem ganzen Verfahren nichts, ist den eigenen Behörden gegenüber unmöglich.

Jch darf wohl annehmen, daß Sie, sehr verehrter Herr Kollege Lammers, die beteiligten Stellen von dem Willen des Führers verständigt haben und bitte Sie dringendst, mich über den Erfolg dieses Schrittes zu unterrichten.

Heil Hitler!
Jhr sehr ergebener

PID Doc. Report
Ref. No. 171
doc. No. 4a

Quelle: Institut für Zeitgeschichte, Dokument NO-832

soweit, die T4-Psychiater der Selektions-Kommission bei ihrer „Arbeit" in der Tiergartenstraße zu filmen. Die Schlußszene des Films zeigt den Tötungsvorgang durch Vergasen.[47] Allerdings bekommt die Öffentlichkeit den Film nie zu sehen; und auch ein Spielfilm aus dem Jahre 1941, der sich (im Auftrag der Kanzlei des Führers gedreht) mit dem Thema auseinandersetzt, endet mit einer Panne, als entdeckt wird, daß als Beispiel einer zu Euthanasierenden ausgerechnet eine an multipler Sklerose erkrankte Patientin ausgewählt wurde.

Historisch ungeklärt ist, ob Hitler über die wirkliche Ausweitung des Euthanasiegeschehens im Unklaren bleibt, zumindest bis zu einem bestimmten Zeitpunkt im Jahre 1941 – als er in der Folge überraschenderweise einen Euthanasie-Stopp verfügt. Der Hintergrund zu diesem historisch kaum erklärlichen Meinungswechsel auf seiten Hitlers wird sich nie völlig aufklären lassen; wir können lediglich mutmaßen aus dem, was uns Zeitzeugen darüber überliefert haben. Etwa die folgende, vor Gericht bezeugte Aussage des Psychiaters Dr. Menneckes, der selbst in der rheinischen Anstalt Eichberg an Euthanasie-Aktionen beteiligt war:

„Es soll eines Tages der Führer Hitler von München nach Berlin in seinem Extrazug gefahren sein, und als er etwa in der Höhe von Hog gewesen ist, da hat sein Extrazug einen Aufenthalt auf einer Station machen müssen, und als er sich nun nach dem Grunde dieses Haltens erkundigen wollte und ans Fenster ging, da wird er gesehen von einer Menschenmenge, die draußen steht und einer Verladung eines Transports geistig behinderter Kranker beiwohnt. Als diese Menschenmenge draußen den Hitler am Fenster sieht, da nimmt sie eine recht erheblich bedrohliche Haltung an. Im Angesicht der Verladung dieser Geisteskranken. Was mit den Kranken geschah, das wußten die Menschen da draußen, die da demonstrierten. Diese Demonstration, die sich da gegen Hitler richtete, die soll ihn veranlaßt haben, nun einen Schlußstrich unter die ganze Sache zu ziehen und das bis dahin betriebene Verfahren (...) abzublasen."[48]

Ein weiteres Dokument belegt, daß Hitler selbst von der „Euthanasie" bis zu einem bestimmten Zeitpunkt angeblich nichts gewußt haben soll. Wiederum geht es um den sogenannten „Euthanasie-Stopp" vom 24. August 1941:

„Das Aufhören der Vernichtung im großen Stil wurde propagandistisch geschickt ausgewertet, so ein Arzt der Anstalt Weißenau über den sogenannten Stopp, indem

47 Das gesamte Filmmaterial sollte 1945 vernichtet werden. Ein Kameramann, der an der Produktion des T4-Films teilnahm, drehte jedoch heimlich einen Parallelfilm, der, nachdem er 1991 in einem Stasi-Archiv der ehemaligen DDR entdeckt wurde, nunmehr vorliegt – ein zeitgeschichtliches Dokument des Grauens, eine Anklage gegen eine Pseudo-Wissenschaft

48 Aussage Mennecke. Öffentliche Sitzung im sogenannten Eichberg-Prozeß am 3. Dezember 1946. Zit. n. Ernst Klee: „Euthanasie" im NS-Staat. Ffm 1985, S. 340

man durch Flüsterpropaganda ausstreute, dies sei auf persönliche Initiative Adolf Hitlers geschehen, der vorher gar nichts von den Tötungen gewußt hätte."[49]

Eine dritte Interpretationsmöglichkeit erscheint uns die wahrscheinlichste: die ursprünglich als Schätzzahl angegebene Menge an zu vernichtendem Patientenmaterial ist bis zum August 1941 exakt erreicht – wie wir schon angedeutet haben. Die ursprüngliche Aktion hat also offenbar ihren Zweck erfüllt – nicht jedoch die Euthanasie als solche. Und genau hier nimmt die Geschichte eine Entwicklung, die hochdramatisch, ja in ihrer ganzen Niederträchtigkeit gar nicht mehr nachzuvollziehen ist.

Bereits seit Anfang 1941 bestehen in der Kanzlei des Führers offenbar Pläne, die Tötungskapazitäten der T4 dafür zu nutzen, auch die überfüllten Konzentrationslager von „Ballastexistenzen" zu säubern. Diese Säuberungsaktion läuft unter dem Aktenzeichen und Namen „14f13" und stellt tatsächlich die Vorstufe zur *„Endlösung"*, der Judenvernichtung, dar! Mit anderen Worten, die psychiatrischen Vernichtungsmodelle und das bereits bewährte Personal werden nunmehr dafür eingesetzt, um auch in den Konzentrationslagern tätig zu werden. Ab April besuchen renommierte Ärzte die KZs, darunter Heyde und Nitsche, die Obergutachter der T4. Nitsche über die Kriterien, nach welchen selektiert wird: *„Die Durchkämmung der KZs fand nach genau denselben Gesichtspunkten anhand derselben Meldebögen statt wie die der Irrenhäuser.*"[50] Tatsächlich läuft also alles nach dem bekannten Verfahren ab: Meldung der „kranken" KZ-Insassen, Abtransport durch die *Gekrat* und Vergasen in den Anstalten Bernburg, Hartheim und Sonnenstein. Insbesondere trifft es nun Juden, Polen, Verbrecher und Pazifisten. Die Tötungsanstalten haben also auch nach dem offiziellen Stopp der Euthanasie mehr als genug Arbeit. Jedoch werden jetzt keine Trostbriefe mehr an die Angehörigen verschickt und keine Sterbeurkunden mehr ausgestellt. Der offizielle Tod der Häftlinge findet im KZ statt.

(Ein Wendepunkt tritt hier erst am 27. April 1943 ein, als nach der sich immer mehr abzeichnenden Niederlage an der Ostfront und dem Rückzug der deutschen Truppen die Rüstungsindustrie ihr Äußerstes geben muß. Nun sind KZ-Häftlinge plötzlich als nützliche Arbeitskräfte gefragt.)

Anders die Entwicklung in Polen. Hier zeichnet sich bereits 1941 eine entscheidende Wende ab: ab September/Oktober 1941 konzentrieren sich die Anstrengungen darauf, nun auch die Tötungsmethode der T4 für die Vernichtung der Juden einzusetzen. Jedoch beginnt man zunächst mit eigens für die Tötung entwickelten Gaswagen, in die durch eine Umleitung die Motorenabgase (Kohlenmonoxyd) geleitet werden. Gasflaschen nach Osten zu transportieren wird als zu aufwendig eingeschätzt; das

49 Bericht Dr. Bischoff vom 13.10.1945. In: Poltrot, 57. Zit. n. Ernst Klee: „Euthanasie" im NS-Staat. Ffm 1985, S. 341

50 Zit. nach Klee, a.a.O., S. 345

Gas soll vor Ort „produziert" werden. Etwa ab September 1941 kommt dann auch das Blausäuregas Zyklon B zum Einsatz, hergestellt von der IG-Farben-Tochter Degesch – Deutsche Gesellschaft für Schädlingsbekämpfung. Das Präparat steht in den Lagern zur Ungeziefervertilgung zu Verfügung. Die ersten Vergasungsopfer sind zwei Dutzend russischer Gefangener, die unter dem Vorwand, sie würden entlaust, in den Wagen geführt werden.[51] Rudolf Höß, Kommandant des KZ Auschwitz, berichtet über die ersten „Probeläufe" für die Massenvergasungen:

„Die [900; d.Hrsg.] *Russen ... gingen alle ganz ruhig in den Leichenraum, da ihnen gesagt wurde, sie würden entlaust. ...Die Türen wurden zugeschlossen und das Gas durch die Öffnungen hineingeschüttet... Beim Einwerfen schrien einige ‚Gas', darauf ging ein mächtiges Brüllen los und ein Drängen nach beiden Türen. Diese hielten aber dem Druck aus. Nach mehreren Stunden erst wurde geöffnet und entlüftet. Da sah ich nun zum ersten Male die Gasleichen in der Menge. Mich befiel doch ein Unbehagen, so ein Erschauern...* "[52]

Die Tötungs- oder Euthanasieaktionen nach dem Euthanasie-Stopp durch Hitler im August 1941 verlaufen vielschichtig. Zum einen sind, wie bereits gesagt, die bestehenden Vernichtungsanstalten durch die Zulieferungen aus den KZs auch weiterhin vollauf mit ihrem mörderischen Tun beschäftigt; zum anderen finden in Polen und den eroberten Gebieten der UdSSR systematische Tötungen nach dem Muster der T4 statt. Als die sogenannte Endlösung der Judenfrage ansteht, werden ebenfalls das Know-how und das Personal der T4 bemüht. Die nach Reinhard Heydrich benannte „Aktion Reinhard" – die Abstellung des Euthanasie-Personals zur Judenvernichtung – beginnt ziemlich exakt nach dem Euthanasie-Stopp in der zweiten Jahreshälfte des Jahres 1941. In der Folge werden in Polen drei Vernichtungslager nach dem Muster der deutschen Tötungsanstalten eingerichtet: im März 1942 wird Belzec in Betrieb genommen, im Mai 1942 Sobibor und im Juli 1942 Treblinka. Schätzungen zufolge sterben allein in diesen Lagern mindestens 1,7 Millionen Menschen. Die Hinrichtungen in den zum Teil für die anfallenden Menschenmassen zu klein gebauten Gaskammern machen Erweiterungsarbeiten notwendig. Die Kammern werden schließlich so konstruiert, daß etwa 500 Menschen gleichzeitig in den „sanften Schlaf" geführt werden können, allerdings sind

51 Genaugenommen sind die ersten Opfer 25 russische Gefangene in Minsk, die in einem Probelauf erst in einen Bunker und dann mit 250 Kilogramm Sprengstoff in die Luft gejagt werden. Da nicht alle bei der Sprengung ums Leben kommen, werden sie erneut in den Bunker geschafft und eine zweite Sprengladung gezündet. Jüdische Häftlinge müssen anderntags die Leichenteile aus der Umgebung auflesen, teilweise regelrecht von den Bäumen pflücken. Das Kriminaltechnische Institut in Berlin unter der Leitung von Dr. Albert Gottlob Widmann kommt zu dem Schluß, daß diese Tötungsart zu umfangreiche Begleitarbeiten nach sich zieht; so greift man auf das einfachere Vergasen zurück

52 Aufzeichnungen Rudolf Höß, zit. nach: Kaden, Nestler. Dokumente des Verbrechens. Aus den Akten des Dritten Reiches, Band 3, Berlin 1993, S. 40

die Schlachtbankwärter durchaus nicht kleinlich und schaffen mitunter bis zu 1500 Menschen in die dafür viel zu kleinen Räume.

„Wenn er auf eine möglichst letzte Ausnutzung der Gaskammern bestanden habe, so sei das auch im Interesse der wartenden Juden geschehen; denn je schneller die Vergasungen erfolgt seien, umso kürzer seien die Leiden und Ängste der noch nicht vergasten Juden gewesen. Diese hätten insbesondere während des strengen Frostes im Winter sein Mitleid erregt, da sie nackt und frierend bei mitunter 20 Grad Kälte im Schlauch auf ihre Abfertigung hätten warten müssen. Er habe sich dann besonders eifrig für eine schnelle und rationelle Füllung der Gaskammern eingesetzt, um den nackten Menschen den Aufenthalt in der schneidenden Kälte zu verkürzen.“[53]

Die Vernichtung der Juden wird zu einer exakten Kopie der in Deutschland durchgeführten Euthanasie. In einem Brief an den Reichskommissar für das Ostland wird deutlich, daß Brack, der Leiter der gesamten Euthanasie, nur zu bereitwillig Menschen und Material zur Verfügung stellen will: *„Nach Sachlage bestehen keine Bedenken, wenn diejenigen Juden, die nicht arbeitsfähig sind, mit den Brackschen Hilfsmitteln beseitigt werden.“* [54] Etwa 100 bewährte Mitarbeiter aus der Zentrale und den Tötungsanstalten werden in der Folge in die polnischen Vernichtungsanstalten verlegt. Ihre Dienststelle ist weiterhin die T4-Zentrale, von dort werden sie auch bezahlt. Den Toten werden vor der Verbrennung die Zähne gezogen; so werden alleine in einem einzigen Monat 27 Kilogramm Feingold an die T4-Zentrale geschickt.[55] Mit unbeschreiblicher Grausamkeit wird nun zur systematischen Vernichtung von Juden, Zigeunern und anderem „lebensunwertem Leben“ geschritten. Genügend Zeugenaussagen belegen die unmenschliche und einmalige Brutalität, mit der dabei vorgegangen wurde. Stellvertretend hier nur zwei Zitate von Augenzeugen:

„Nachdem die Angekommenen zum Platz neben dem Krematorium gebracht worden waren, mußten Sie sich völlig entkleiden, weil ihnen gesagt wurde, daß sie duschen würden. Dann wurden sie – häufig mit Schlägen – ...in das sogenannte Bad getrieben, das in Wirklichkeit eine Gaskammer war...“

Die verzweifelten Menschen standen in Gruppen vor den Tarnschildern, die an den Säulen und Wänden angebracht waren. ...Ihre blutigen, zerschlagenen Köpfe und Gesichter waren ein Beweis dafür, daß es kaum einem gelungen war, den Knüppelschlägen auf dem Hof zu entgehen. Angst und Trauer gaben ihren Gesichtern einen grauen, fahlen Ausdruck ... Die Menschen fingen an, sich voneinander zu verabschieden, Männer umarmten ihre Frauen und Kinder. Ströme von Tränen flossen. Mütter wandten sich ihren Kindern zu und streichelten sie zärtlich ... Sie weinten zu-

53 Gerichtsurteil über NS-Verbrecher Gustav Münzberger
54 Zit. nach Klee, „Euthanasie im NS-Staat“, S. 371
55 Vgl. Klee, ebd., S. 375

sammen mit ihren Müttern still und verzweifelt vor sich hin ... Nach einer Weile vernahm ich aus der Gaskammer durchdringende Schreie, Poltern gegen die Tür, aber auch Gejammere und Gestöhne. Die Menschen fingen an zu husten, ihr Gehuste wurde von Minute zu Minute stärker. ... Der anfänglich anschwellende und unüberhörbar werdende Lärm ließ von Minute zu Minute nach und ging bald in ein vielstimmiges, dumpfes Röcheln über, das hin und wieder noch von Gehuste übertönt wurde...“[56]

Das also ist der tragische Höhepunkt einer Rassenhygiene, die sich Rüdin und andere führende Psychiater ausgedacht hatten! Das ist – mit Verlaub gesagt – das schreckliche Endergebnis der Phantasie von „Wissenschaftlern“, die als Psychiater sich anmaßten, der Welt ein Beispiel zu setzen, um ihr zu zeigen, wie krank und gesund, normal und abnormal, rassisch rein und rassisch unrein, voneinander getrennt werden sollten. Verfolgen wir den weiteren Gang der Geschichte im Telegrammstil; es würde sowohl den Rahmen dieses Buches als auch die Toleranzgrenze der Leser überspannen, hier auf sämtliche Einzelheiten einzugehen. Aber immerhin noch so viel:

Die Euthanasie geht auch an den Geisteskranken in den deutschen Anstalten weiter – in unverminderter Härte! Diesmal sind es Psychiater selbst, die auch außerhalb der Hitlerverordnung das Heft in die Hand nehmen.

Als aufgrund der Hitler-Verfügung vom 24. August 1941 die „Euthanasie“ sofort einzustellen war, werden die psychiatrischen Anstalten hinter vorgehaltener Hand in der einen und anderen Form zum Weitermachen aufgefordert. (Dies ging als sogenannte „Wilde Euthanasie“ in die Geschichte ein; ob es sich dabei tatsächlich um eine wilde Ausuferung handelte oder ob es nicht vielmehr eine inoffizielle Fortsetzung eines durchaus von offizieller Seite gewollten Geschehens handelte, läßt sich nicht mehr eindeutig nachvollziehen.)

Tatsache ist, daß die Aufforderung zum fortgesetzten Töten ergangen ist. Deutliche Beweise dafür liegen vor, wie im Falle der thüringischen Anstalt Hildburghausen, die der Staatsrat Professor Karl Astel vom thüringischen Inneministerium besuchte:

„Dr. Astel forderte uns Ärzte damals auf, die Euthanasie fortzusetzen. Er erwähnte zwar das Wort ‚Euthanasie‘ nicht, aus seinen Worten war jedoch deutlich zu erkennen, daß er dies von uns erwartete.“[57]

Astel wird 1943 allerdings mehrmals von seinem Disziplinarvorgesetzten gerügt, weil in seinem Dienstbereich offen die Euthanasie propagiert wurde:

56 Zeugenaussagen zit. aus Robert Jay Lifton, Ärzte im Dritten Reich, Stuttgart 1988, S. 199 und 216
57 Aussage von Dr. Johannes Schottky am 26. Februar 1971 im Verfahren Ks 2/63 GSta Frankfurt gegen Prof. Werner Heyde u. a., Ordner T4-Zeugen

„Wie Sie wissen, wünscht der Führer, daß jede Diskussion über die Frage der Euthanasie vermieden wird.“[58]

Die, die mit dem Verbrechen weitermachen, werden darin keineswegs vom Regime bevormundet. So urteilt Lifton:

„Die Ärzte handelten entsprechend ihrem eigenen persönlichen und ideologischen Neigungen und richteten sich an dem aus, was sie für die Marschrichtung des Reimes hielten. Der Rhythmus dieses Marschtritts wurde nun aber nicht mehr von der Reichskanzlei vorgegeben, die sich mit der Aufgaben von T4 von dem Programm selbst verabschiedet hatte, sondern vom Reichsinnenministerium und seinen medizinischen Abteilungen auf Reichsebene.“[59]

Doch statt eines umfassenden Vergasungsprogramms finden die Tötungen nunmehr auf andere, umfassendere Weise als bisher statt. Viele Patienten werden mittels Giftbeimischung ins Essen, Injektion oder Nahrungsentzug umgebracht.

Die Euthanasie an Kindern ist vom offiziellen Euthanasie-Stopp nicht betroffen. Im Gegenteil: Das Alter der zu selektierenden Kinder wird bis auf 16–17 Jahre heraufgesetzt, was dazu führt, daß einige Jugendliche – soeben der Vernichtung durch die Gaskammern entkommen – nunmehr dem Tötungsprogramm der Kindereuthanasie zum Opfer fallen.[60]

Insbesondere tut sich die Anstalt von Prof. Heinze hervor, von dem in späteren Kapiteln noch die Rede sein wird. Die Kinderfachabteilung der Anstalt Brandenburg-Görden ist das Paradebeispiel nazipsychiatrischen Machtmißbrauchs durch Herren im weißen Hemd. Berüchtigt sind auch der Kalmenhof in Idstein, auch hier werden zahllose Kinder ermordet, ebenso die Anstalt des Dr. Pfannmüller in München-Haar. Ein Augenzeuge berichtet:

„Während meines Besuchs [in Pfannmüllers Klinik; Anm. d. Hrsg.] *wurde ich Augenzeuge folgender Tatsachen: Nach dem Besuch einiger anderer Krankenstationen führte uns der Anstaltsleiter mit Namen Pfannmüller in eine Kinderstation. ... Pfannmüller explizierte in dieser Station besonders eingehend seine Absichten. Folgende zusammenfassende Ansprache durch Pfannmüller ist mir dem Sinne gemäß erinnerlich: Diese Geschöpfe (gemeint waren besagte Kinder) stellen für mich als Nationalsozialisten natürlich nur eine Belastung unseres gesunden Volkskörpers dar. Wir töten (er kann auch einen umschreibenden Ausdruck für dieses Wort töten gebraucht haben) nicht durch Gift, Injektionen usw., da würde die Auslandspresse und gewisse Herren in der Schweiz* [wahrscheinlich das Rote Kreuz; Anm. d. Hrsg.] *nur neues Hetzmaterial haben.*

58 Brief von Linden v. 12. Nov. 43; Akte des Thür. Innenministeriums, III E, 21

59 Lifton, a.a.O., S. 112

60 Vgl. dazu Lifton, a.a.O., S. 114 und Gerhard Schmidt, Selektion in der Heilanstalt 1939–1945. Stuttgart 1965, S. 121–124

Nein, unsere Methode ist viel einfacher und natürlicher wie Sie sehen. Bei diesen Worten zog er ... ein Kind aus dem Bettchen. Während er das Kind wie einen toten Hasen herumzeigte, konstatierte er mit Kennermiene und zynischem Grinsen: Bei diesem z. B. wird's noch 2–3 Tage dauern. Der Anblick des fetten, grinsenden Mannes, in der fleischigen Hand das wimmernde Gerippe, umgeben von anderen hungernden Kindern, ist mir noch deutlich vor Augen. Weiterhin erklärte der Mörder dann, daß nicht plötzlicher Nahrungsentzug angewandt werde, sondern allmähliche Verringerung der Rationen. ...Pfannmüller machte weiterhin keinen Hehl daraus, daß unter den ... zu ermordenden Kindern, auch Kinder sich befanden, welche nicht geisteskrank waren, nämlich Kinder von jüdischen Eltern. "[61]

Insbesondere ist man seitens der Psychiater an der Erforschung der Gehirne der Getöteten interessiert; daß die Heidelberger Universität eng mit den Tötungsanstalten zusammenarbeitete, um sich entsprechendes „Material" zuliefern zu lassen, ist ebenso bekannt wie der Fall des Berliner Kaiser-Wilhelm-Instituts für Hirnforschung, in welchem Professor Hallervorden beinahe 700 Gehirne von der *Gekrat* in Empfang nimmt.

Auf dem Eichberg im Rheingau ist man nicht nur an Gehirnuntersuchungen interessiert, sondern es werden auch Menschenversuche mit Medikamenten im Auftrag der I.G. Farben unternommen. In dieser Anstalt werden ohne Unterbrechung bis Kriegsende Kinder und Erwachsene (unter ihnen Ostarbeiter) getötet.[62] Zwischen dem Eichberg und der Heidelberger Forschungsstelle entbrennt ein Streit um die Gehirne; Professor Carl Schneider in Heidelberg beansprucht einen Teil des sogenannten Materials für seine eigenen Forschungen.

Und bei allem ist die Euthanasie-Zentrale mit von der Partie, organisiert Personal und Tötungsmaterial, stellt ihr Know-how und ihre administrativen Mittel zur Verfügung. Die „T4" ist tatsächlich der „harte Kern" des Vernichtungsgeschehens und stellt nicht nur die Vorhut für die später einsetzende Massenvernichtung von Juden, Zigeunern, Polen und anderen „lebensunwerten" Menschenformen, sie ist in der Tat Organisator, Ausbildungszentrale und geistiger wie auch administrativer Kopf der Schlange, die sechs Jahre lang ihr vernichtendes Werk anrichtet. Daß davon so wenig an die Öffentlichkeit dringt, hat mehrere Ursachen; die naheliegendste ist sicherlich die, daß die gesamte Propaganda ausschließlich auf das Kriegsgeschehen ausgerichtet ist und das geheime Treiben der „Vernichter" sich lautlos hinter den Kulissen vollziehen kann.

Am 8. Mai 1945 ist der Krieg in Deutschland zu Ende. In den Vernichtungsanstalten aber tötet man sogar jetzt noch weiter – oder läßt die Patienten verhungern. So wird

61 Aussage von Ludwig Lehner am 30. März 1947, Document Nr. 863
62 Vgl. Klee 1989, a.a.O., S. 400

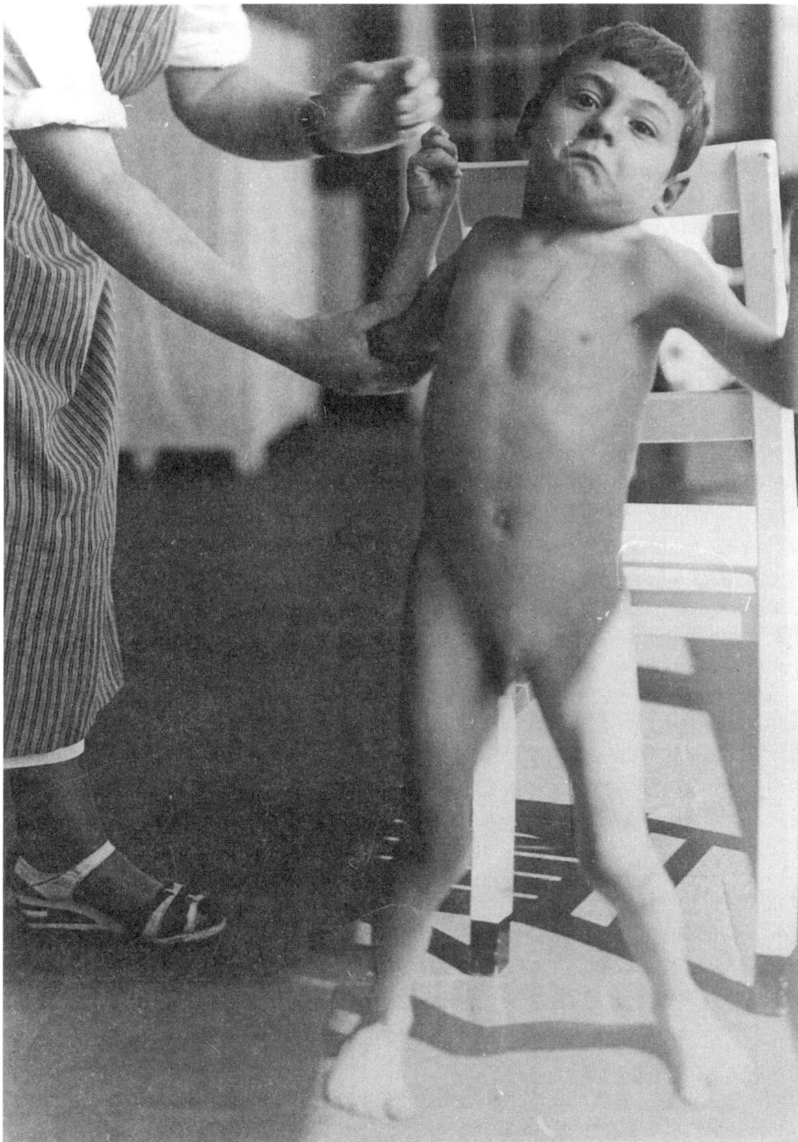

Forschungskind auf dem Eichberg/Rheingau[63]

63 Quelle: Hessisches Hauptstaatsarchiv Wiesbaden, 461/32 442

DIE KINDERTÖTUNGSANSTALTEN[63]

Ansbach
Leiter der Anstalt: Dr. Schuch
Leiterin der Kinderfachabteilung: Dr. Asam-Bruckmüller
Berlin
a) Kinderklinik Dr. Wentzler
b) Städtische Kinderklinik
Leiter der Kinderfachabteilung: Dr. Dr. Hefter (T4-Gutachter)
Eglfing-Haar bei München
Leiter: Dr. Pfannmüller (T4-Gutachter)
Eichberg bei Eltville (Rheingau)
Leiter der Anstalt: Dr. Mennecke (T4-Gutachter)
Leiter der Kinderfachabteilung: Dr. Walther Schmidt
Görden bei Brandenburg
Leiter: Dr. Heinze (T4-Obergutachter)
Hamburg-Rothenburgsort
Leiter: Dr. Bayer
Kalmenhof bei Idstein im Taunus
Leiter der Kinderfachabteilung: Frau Dr. Weber, später Dr. Hermann Wesse
Kaufbeuren
Leiter: Dr. Faltlhauer (T4-Gutachter)
Leipzig (Universitätskinderklinik)
Leiter: Professor Dr. Catel
Leipzig-Dösen
Leiter der Kinderfachabteilung: Dr. Mittag
Lüneburg
Leiter: Dr. Baumert
Meseritz-Obrawalde
Leiterin der Kinderfachabteilung: Dr. Hilde Wernicke
Niedermarsberg
Leiter: Dr. Steinmeyer (T4-Gutachter)
Sachsenberg bei Schwerin
Leiter der Kinderfachabteilung: Dr. Alfred Leu
Stadtroda/Thüringen
Leiter: Professor Dr. Kloos
Städtisches Kinderheim Stuttgart
Leiter: Dr. Lempp
Waldniel bei Andernach am Rhein
Leiter der Kinderfachabteilung: Dr. Georg Renno (T4-Gutachter), später Dr. Hermann Wesse
Wien („Am Spiegelgrund")
Leiter: Dr. Jekelius (T4-Gutachter), später Dr. Illing

63 Ks 2/63 GstA Frankfurt gegen Prof. Werner Heyde, S. 128 ff.

am 29. Mai 1945 ein vierjähriger schwachsinniger Junge in Kaufbeuren umgebracht, und am 7. Juli kommt in einer Münchener Zeitung eine schreckliche Entdeckung ans Tageslicht, die beweist, daß der verlorene Krieg nicht in die Anstalten gelangte:

Als Robert E. Abrahms am 2. Juli in das Landeskrankenhaus Kaufbeuren kommt, findet er dort die noch warme, baumelnde Leiche des zweiten leitenden Arztes Dr. Falthauser, der sich erhängt hatte. 12 Stunden vor Abrahms Ankunft war der letzte Erwachsene gestorben. In Irsee, einer Unterabteilung von Kaufbeuren, finden die Soldaten die Leichen von Männern und Frauen, die wenige Stunden vorher erst gestorben waren – verhungert zumeist.[65]

Das schrecklichste Kapitel in der deutschen Geschichte ist vorüber – aber viele Fragen bleiben auf Jahrzehnte hinaus unbeantwortet. Die genaue Zahl der Getöteten im Rahmen der „Euthanasie" wird sich nie ermitteln lassen; viele Anstalten vernichteten nach dem Krieg alle Unterlagen. Wer sich alles daran beteiligte, blieb bis heute ebenso im Dunkeln wie die genaue Liste sämtlicher Hintermänner, Professoren und Doktoren. Es muß wahrlich ein Heer von Psychiatern und Gefolgsleuten gewesen sein, die der „T4" zuzurechnen waren, die also entweder direkt der „T4" unterstanden oder aber in ihrem Sinne „arbeiteten". Hinzu kamen die rassenbiologisch denkenden Gesinnungsgenossen in Partei und Ministerialbürokratie. Anderseits kann man mit einiger Berechtigung davon ausgehen, daß trotzdem ein großer Teil von Psychiatern, die bei der „T4" engagiert waren, unentdeckt blieb.

Die Propagandamaschinerie des NS-Regimes hat bis heute die gänzliche Aufdeckung darüber verhindert, wer sich hinter der „T4" alles verbarg. Nur mühsam können die Zusammenhänge rekonstruiert werden; die ganze Dimension der „T4" ist bis dato völlig unzureichend durchleuchtet und deren Bedeutung unterschätzt. Der getarnte Feldzug namhafter Psychiater unter der Schirmherrschaft der NSDAP konnte sowohl vor und während des Krieges ohne viel Aufsehen vonstatten gehen, als auch nach dem Kriege unentdeckt bleiben. Erst Mitte der siebziger Jahre setzte allmählich eine Aufarbeitung dieses schrecklichen Stücks Vergangenheit ein, die jedoch bislang nie in aller Deutlichkeit stattgefunden hat.

Es sei noch einmal betont: Die NS-Psychiatrie war mehr als nur ein Befehlsempfänger und -vollstrecker. Sie war Mitinitiator, wenn nicht sogar Hauptriebkraft der späteren Völkervernichtung in ganz großem Stil.

Damit sei Adolf Hitler nicht „reingewaschen". Wenn wir mit dem Finger auf die „anderen" Schuldigen zeigen, dann wollen wir nur auf jene Gestalten deuten, deren wirkliche Rolle bis heute nicht endgültig ausgeleuchtet wurde.

65 Aus Pietätsgründen haben wir in dieser lückenhaften Darstellung des Euthanasie-Geschehens auf viele einzelne Ereignisse verzichtet, wie beispielsweise die Feier der 10.000ten Leiche in Hadamar, die mit Sekt und Gejohle des Personals feierlich in den Verbrennungsofen geschoben wurde.

Das waren jedenfalls die Ergebnisse der Männer hinter Hitler, jener Mörderbande, die die Euthanasie praktiziert hatte; jene brutale Ausgeburt von Herrschaften im braunen und im weißen Gewand, deren Handlungen jeder Beschreibung spotten. Um es noch einmal zu wiederholen: Die wahren Schuldigen wurden selten in der Öffentlichkeit laut beim Namen genannt: Psychiater, die unter dem Deckmäntelchen ihrer pseudowissenschaftlichen Behauptungen kaltblütig ein ethnisches Säuberungsprogramm ausgeführt hatten. Psychiater, deren Lehren bis heute – wir werden dies noch belegen – von dieser Wissenschaft zum Teil nicht einmal widerrufen wurden. Warum dieser Berufsstand sich offenbar mit einer Selbsterkenntnis und aktiver Reue schwertut, kann hier nicht ergründet werden; allerdings – dies sei vorab nur angedeutet – lassen eindeutige Parallelen in der Gegenwart den Schluß zu, daß man an einer Selbstkritik überhaupt nicht interessiert ist.

Und halten wir ein letztes Mal fest: Die Hintermänner, die wirklich bestimmten, was geschehen sollte, waren *Psychiater* in protegierten Positionen! Es waren primär *Psychiater in Spitzenpositionen* wie z.B. die Professoren *Max de Crinis* und *Carl Schneider*, die die aktive Planung und Durchführung einer „Vernichtungspsychiatrie" betrieben.

Bei der Euthanasie handelte es sich dabei um ein Programm, das ebenso systematisch verfolgt wurde, wie Hitler seine politischen Ziele anstrebte! Ein Programm, das zu Hitlers Programmen und Entwicklungsschritten quasi parallel lief, das in ihm den idealen politischen und militärischen Wegbereiter gefunden hatte – ein Gesinnungsgenosse, wie ihn sich die Herren Psychiater kaum besser wünschen konnten. Ein Programm, dem „nebenbei" auch viele hundertausend Deutsche zum Opfer fielen, nur weil sie „nutzlose Esser" waren, weil sie die Staatsökonomie belasteten![66]

---

66 Die SS und das Reich waren an den Konzentrationslagerinsassen lediglich in wirtschaftlicher Hinsicht interessiert. Sie wurden als Maschinen betrachtet, nicht als menschliche Wesen. Zusammenbruch oder Tod eines Häftlings waren nur insofern von Interesse, als dies den Verlust einer Arbeitskraft darstellte. Ihre arrogante Auffassung, nach der alle Nichtdeutschen Untermenschen waren, ließ sie dem Schicksal derjenigen, deren Recht auf Leben ebenso unantastbar war wie das jedes Deutschen, völlig gleichgültig gegenüberstehen." (F.K. Kaul: Ärzte in Ausschwitz. Berlin/DDR 1968, 23-24 [z. T. zit. n. dem Nürnberger Urteil gegen das WVHA (Fall IV)]). Diese ganze Menschenverachtung kann durch ein „Himmler-Zitat" eindrucksvoll belegt werden:
„Ob bei dem Bau eines Panzergrabens 10 000 Weiber fallen, interessiert mich nur insoweit, als der Panzergraben für Deutschland fertig wird."
Und dann sagt er in Posen im Oktober 1943:
„Wir haben damals die Masse Mensch nicht so gewertet, wie wir sie heute als Rohstoff, als Arbeitskraft werten. Was letzten Endes, wenn ich in Generationen denke, nicht schade ist, was aber heute wegen des Verlustes der Arbeitskräfte bedauerlich ist; die Gefangenen sind nach Zehntausenden und Hunderttausenden an Entkräftung, an Hunger gestorben. Wenn eine Schleifmaschine oder eine Drehbank abgenutzt war, wurde sie zum alten Eisen geworfen, wenn ein Häftling vor Hunger oder Erschöpfung zusammenbricht, wurde er erschossen oder vergast." (F.K. Kaul, a.a.O.)

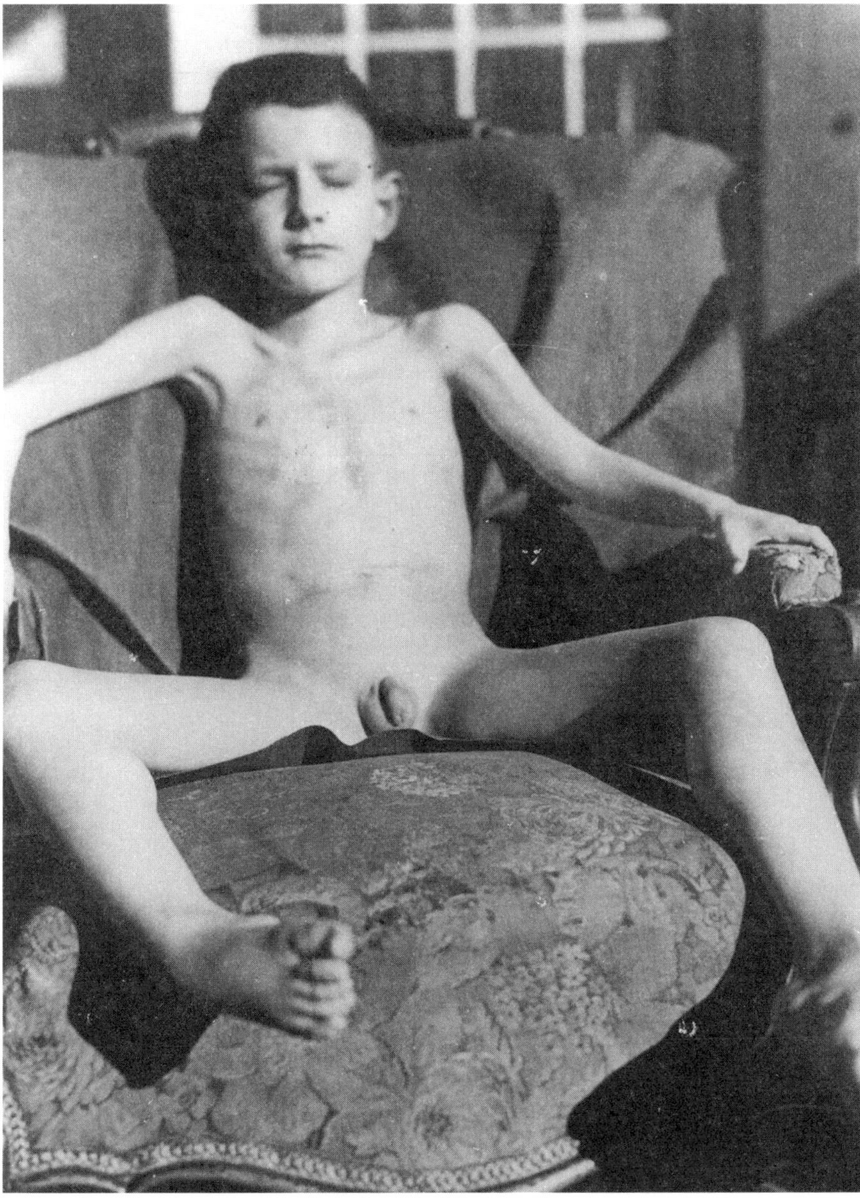

Hessisches Hauptstaatsarchiv Wiesbaden, 461/32442

Psychiatrie und Nationalsozialismus:

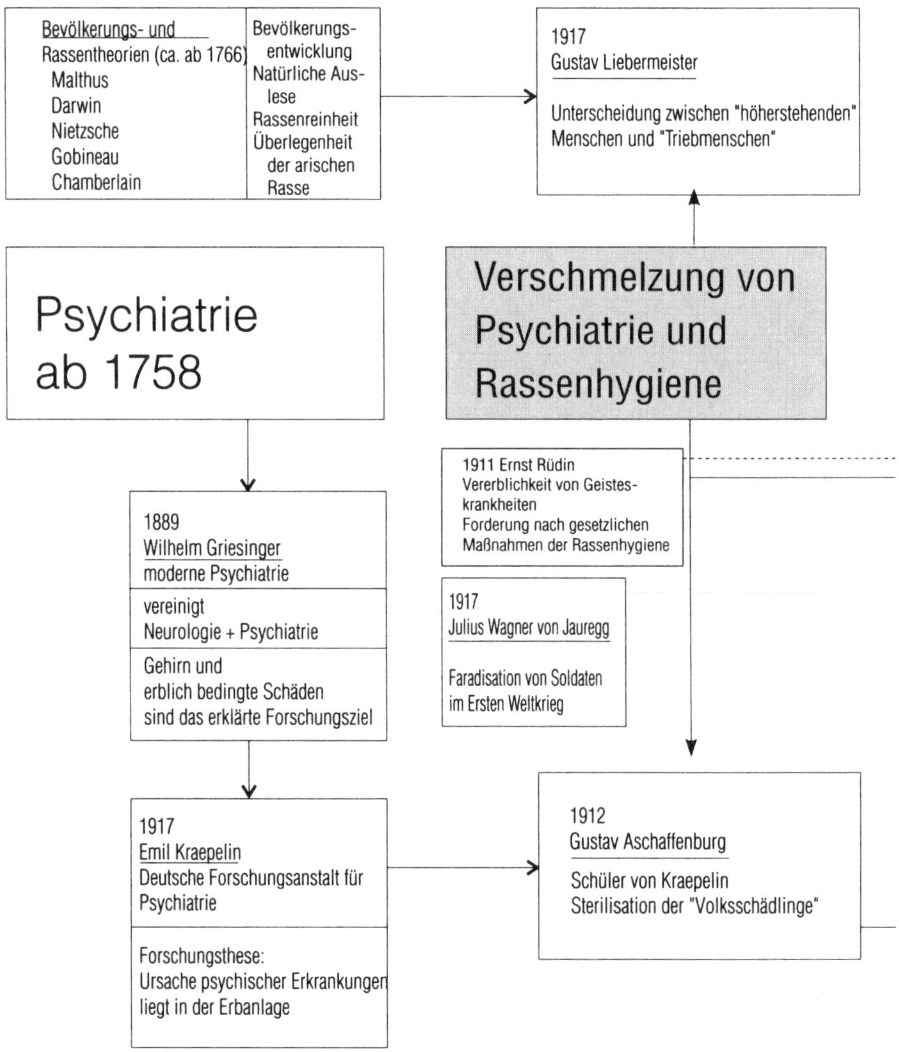

Zeitliche Entwicklung

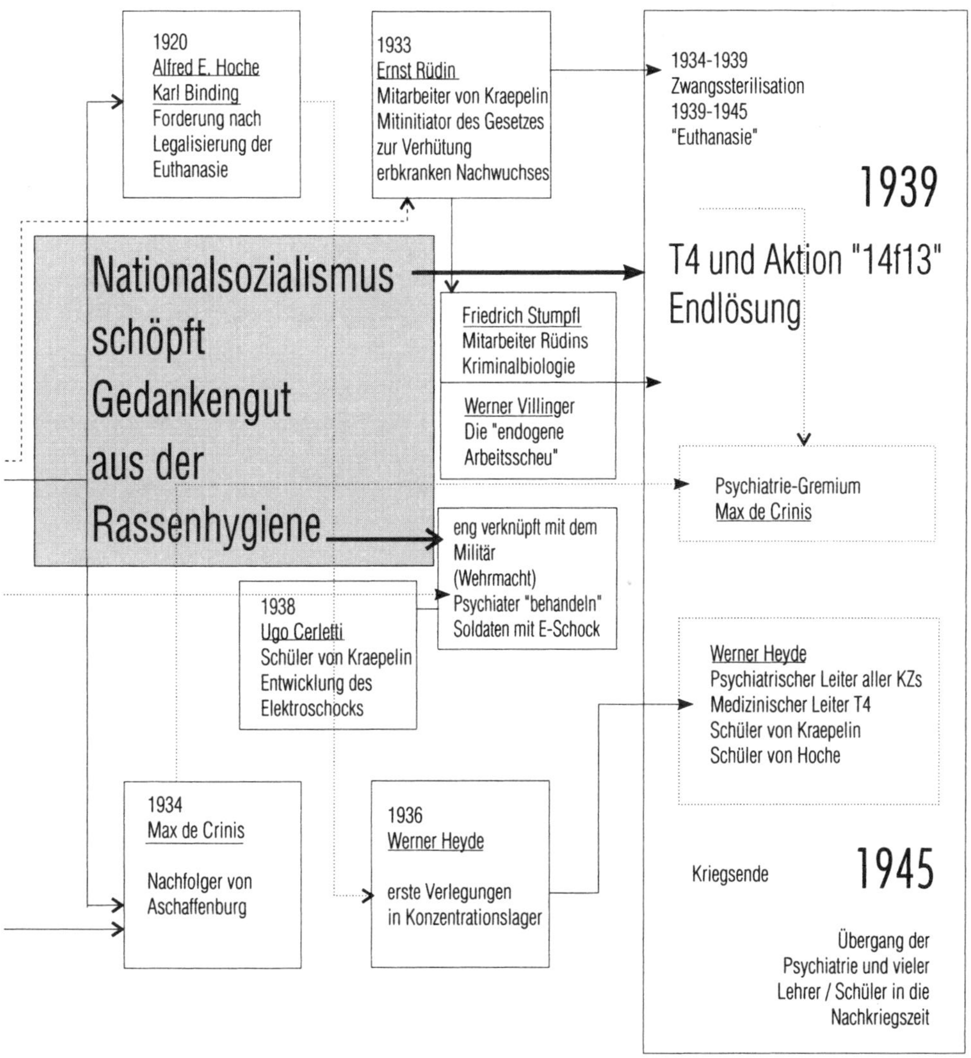

Das also ist jenes fehlende Puzzleteil in den Geschichtsbüchern: die Tatsache, daß über die „T4" die *Psychiatrie* in vollem Umfange mitverantwortlich zu machen ist an dem, was sich zwischen 1939 und 1945 in Deutschland, Polen und Österreich ereignete.

Hitler war zweifellos der Hauptschuldige, da er auf politischer Ebene die Weichen stellte für sechs Jahre des Grauens. Doch ohne seine Hintermänner, ohne die perfide Unmenschlichkeit, mit der das grauenvolle Morden systematisiert und „mechanisiert" wurde, ist es fraglich, ob Millionen von Juden und andere Leidtragende wohl in derartiger Anzahl und auf solch organisierte, grausame und brutale Weise ums Leben gekommen wären. Die Landkarte der Vernichtungslager und Tötungsanstalten zeigt ein dichtes Netz, das sich nicht – wie viele glauben – irgendwo im ostpreußischen Raum befindet, sondern vielmehr ganz Deutschland umfaßte[67] (siehe S.122/123).

Wir haben nun sowohl die Entwicklung des erbbiologischen Denkens bis hin zur Ausmerzung in ganz großem Stil verfolgt, als auch die Verzahnung und Verflechtung von Psychiatrie und Militär. Der Werdegang der Psychiatrie bis und mit dem Tausendjährigen Reich ist damit weitgehend umrissen.

Kommen wir zum zweiten Teil dieses Buches. Zu der Frage, was mit diesen Hintermännern des Völkermordens nach 1945 geschehen ist und wie es geschehen konnte, daß so viele von ihnen hochgeehrt bis an ihr Lebensende blieben, ja daß ihre Schüler und Jünger teilweise *heute* noch namhafte Lehrstühle innehaben. Weiter soll die Frage *erstmals* beantwortet werden, die trotz vieler Recherchen auf diesem Gebiet bislang von allen Autoren nicht hinreichend geklärt werden konnte: Warum war es der Psychiatrie möglich, so völlig unentdeckt zu bleiben nach dem Krieg? Unentdeckt als *Mitverantwortlicher* für den Holocaust, als *Hauptverursacher* der Anstaltstötungen, als Architekt der Tötung am Fließband, als geistiger Vater der Ideologie, die diese Tötungen überhaupt erst rechtfertigte? Warum konnte es einer ganzen Wissenschaft gelingen, sich so geschickt im Hintergrund zu halten, daß die Schuldigen *nur* im braunen Gewand, *nur* auf der faschistisch-politischen Seite gesucht wurden? Und nicht auch im weißen Kittel? Warum wurde hier die Ursachenforschung auf geschickte Weise in ganz andere Bahnen abgelenkt?

Wie bereits versprochen, werden wir in diesem zweiten Teil auch Namen nennen, *aktuelle* Namen von zum Teil hochgeehrten Persönlichkeiten und Institutionen, die ihre Vergangenheit offenbar nicht aufgearbeitet haben. Wir werden jedoch noch weiter gehen: Wir werden den Versuch unternehmen, zu dokumentieren, daß die Psychiatrie viele Lehren und Grundsätze nach 1945 kaum oder nur dem Anschein nach

67 Nach Ernst Klee (Hrsg.): Dokumente zur „Euthanasie". Ffm 1985

geändert hat. Und daß die von ihr selbst so hochgepriesenen Methoden – allen voran die moderne Pharmakotherapie – in Wirklichkeit Wirkungen zeigen, die, bei aller Einmaligkeit und Grausamkeit der Geschehnisse zwischen dem 1. September 1939 und dem Kriegsende 1945, fragwürdig und teilweise ähnlich verabscheuungswürdig sind – jedenfalls in ihren Ansätzen.

Dänemark
Flensburg
Kiel
Stralsund
Kolberg
Schwerin
Hamburg
X
Waren
Stettin
II
Oldenburg
Bremen
Schneidemuhl
Eberswalde
Stendal
XI
Hannover
Landsberg
Osnabrück
VI
Berlin
III
Munster
Detmold
Braunschweig
Magdeburg
Kleve
Dortmund
Wittenberg
Cottbus
Glogau
Paderborn
Nordhausen
Halle
Gorlitz
Dusseldorf
Kassel
Leipzig
Köln
Weimar
Dresden
VIII
Aachen
Siegen
Leisnig
Eupen
Meiningen
Gera
IV
Reichenberg
Malmedy
Koblenz
Gießen
Plauen
XII
IX
Bad Elster
Trier
Wiesbaden
Saaz
Mainz
Eger
Prag
Luxemburg
Wurzburg
Bamberg
Böhmen
XIII
Kaiserslautern
und
Metz
Heidelberg
Fürth
Nürnberg
Saarbrücken
Karlsruhe
Regensburg
Straßburg
Stuttgart
Passau
XVII
Reutlingen
Augsburg
VII
Ulm
St. Pölten
Freiburg
V
München
Steyr
Konstanz
Salzburg
Bruck
Innsbruck
Schweiz
XVIII
Klagenfurt
Marburg
Italien
Krainburg
Cilli

Abbildung 5: Wehrkreiskarte 1943
(Karte der politischen Gliederung des Großdeutschen Reiches. Herausgegeben von Richard Schwarz. Rüstungsinspektionen Stand 1.8.1943. Die Karte wurde freundlicherweise vom Bundes- und Militärarchiv Freiburg zur Verfügung gestellt.)

Quelle: Günter Komo: „Für Volk und Vaterland", Die Militärpsychiatrie in den Weltkriegen. Hamburg 1991

Übersicht 1: Aufstellung der Beratenden Psychiater im Ersatzheer

Ubersicht : Einsatz der Beratenden Psychiater im Ersatzheer im Jahre 1942
(nicht vollständig)
Quelle: BA/MA RH12-23 H20/475 (div. Korrespondenz)

Wehrkreis	Dienstgrad	Titel und Name
I.............Königsberg	Oberarzt; Stabsarzt	Prof. Mauz
II............Stettin	Oberstarzt	Dr. Franckenberg
III...........Berlin	Oberstarzt später Oberfeldarzt	Prof. de Crinis 1945 Beratender Psychiater beim Heeressanitäsinspekteur
IV...........Leipzig	Oberarzt	Prof. Wagner
IV...........Dresden	Oberstarzt	Dr. Butter
V.............Straßburg	Oberfeldarzt	Prof. Bostroem
VI...........Ensen/Köln	Stabsarzt	Prof. Pohnisch; Nachfolger Dr. Panse
VII..........München	Oberstarzt; Oberkriegsarzt	Prof. Bumke
VIII		
IX...........Marburg	Oberstabsarzt	Prof. Kretschmer
X.............Hamburg	Stabsarzt	Prof. Bürger-Prinz
XI...........Braunschweig	Stabsarzt	Prof. Ernst später Beratender Psychiater der Heeresgruppe F
XII..........Heidelberg	Oberstabsarzt	Prof. Carl Schneider
XIII.........Erlangen	Marine-Oberstabsarzt	Prof. Meggendorfer
XVII.........Wien	Oberfeldarzt	Dr. Fuchs
XVIII........Innsbruck	Stabsarzt	Prof. Scharfetter
XIX		
XX...........Riesenburg	Oberstabsarzt	Prof. Otten
XXI..........Posen	Oberarzt	Prof. Weigl
Koordinationsstelle Militärärztliche Akademie Berlin	Oberstarzt	Prof. Wuth bis Anfang 1945 dann bis Kriegsende Prof. de Crinis
Berater 1939	Generaloberarzt a.D.	Prof. Stier

Quelle: Komo: „Für Volk und Vaterland", Dissertation. Hamburg 1991

AUF EINEN BLICK

1. Die „Euthanasie“ wurde von der Kanzlei des Führers aus organisiert. Führend daran beteiligt waren folgende Ärzte und Psychiater:
   - Werner Heyde, der seit 1936 systematisch Deportationen aus Anstalten vornehmen ließ.
   - Dr. Karl Brandt, Leibarzt Hitlers, der die erste Kindes-Euthanasie auf Ermächtigung des Führers durchführte.
   - Dr. Hans Heinze, Leiter der Heilanstalt Brandenburg-Görden, der die Kinder-Euthanasie vorbereitete und die Ausbildung der Ärzte übernahm.
   - Prof. Werner Catel, Kinderarzt aus Leipzig, der zum Führungskader der T4 gehörte.
   - Max de Crinis, Psychiater
   - Carl Schneider, Psychiater
   - Professor Hermann Paul Nitsche, Psychiater
   - Dr. Hermann Pfannmüller, Psychiater und Anstaltsdirektor in München-Haar
2. Mit Kriegsbeginn begann auch die Arbeit der T4-Zentrale in Berlin, deren offizieller Name „Reichsarbeitsgemeinschaft Heil- und Pflegeanstalten“ war. Sämtliche Anstaltsinsassen waren auf Meldebögen an die Zentrale zu hinterbringen. Dort wurde von Gutachtern bestimmt, wer der Tötung zuzuführen war.
   Zu den T4-Gutachtern gehörten unter anderem folgende Psychiater: Nitsche, Heyde, Heinze, Panse, Schneider, Pohlisch, Mauz, Faltlhauser, Villinger – gemäß vorliegender Unterlagen.
3. Den Abtransport der Kranken in die Tötungsanstalten besorgte die Gemeinnützige Krankentransport GmbH, kurz Gekrat. Mit den Listen aus der Zentale fuhren sie bei den Heilanstalten vor und holten die Patienten ab.
4. Tötungsanstalten, in welchen die Patienten vergast und anschließend verbrannt wurden, waren:
   Grafeneck, Hartheim (bei Linz), Brandenburg, Bernburg, Sonnenstein und Hadamar.
5. Die Euthanasie ging genauso vonstatten, wie es Binding und Hoche bereits 1920 in ihrem Buch gefordert hatten.
6. Die Kinder-Euthanasie wurde organisiert und geleitet von dem „Reichsausschuß zur wissenschaftlichen Erfassung erb- und anlagebedingter

schwerer Leiden" in Berlin; sie war der Kanzlei des Führers unterstellt. Die leitenden Gutachter, die über Leben und Tod der Kinder zu entscheiden hatten, waren:

- Prof. Werner Catel, Kinderarzt Leipzig
- Prof. Hans Heinze, Psychiater, Brandenburg-Görden
- Dr. Ernst Wentzler, Kinderarzt, Berlin-Frohnau

7. Am 24. August 1941 stoppte Hitler offiziell die Euthanasie. Bis zu diesem Zeitpunkt waren exakt 70.273 Menschen in den Anstalten getötet worden. Die Euthanasie nahm jedoch ihren Fortgang. Getötet wurde in der Folge nicht nur in den Tötungsanstalten, sondern zunehmend auch in anderen Heilanstalten. Die Tötungsmethoden: Tod durch das Spritzen von Gift, Tod durch Verhungern, Tod durch Elektroschock.
8. Unter der Bezeichnung „14f13" wurden mit Beginn des Jahres 1941 das Personal und die Räumlichkeiten der Tötungsanstalten zunehmend dazu genutzt, die Konzentrationslager zu leeren. Man verfuhr nach dem an Geisteskranken erprobten Schema: Die T4 und die „Gekrat" führten die Aktion durch. Die Psychiater beteiligten sich damit auch an der Tötung von politischen Häftlingen, Asozialen, Landstreichern, Zigeunern und Juden.
9. Als letzter Höhepunkt wurde das „Know-how" der T4 sowie etwa hundert ihrer Mitarbeiter in die Vernichtungslager nach Polen verlegt. Dort tötete man – nach dem Muster der Morde in Deutschland – insgesamt etwa sechs Millionen Juden bis Kriegsende. In erster Linie wurde dabei die Methode des Vergasens gewählt. Zunächst arbeitete man mit Autoabgasen, später mit Zyklon B, das die Firma I.G. Farben herstellte.

Teil II:

DIE VERDRÄNGTE VERGANGENHEIT

„Die Strafkammer ... ist nicht der Meinung, daß die Vernichtung geistig völlig Toter und ‚leerer Menschenhülsen', wie sie Hoche genannt hat, absolut und a priori unmoralisch ist. Man kann über diese Frage äußerst verschiedener Meinung sein. Dem klassischen Altertum war die Beseitigung lebensunwerten Lebens eine völlige Selbstverständlichkeit. ... Alle diese mitgeteilten Einzelheiten ... lassen erkennen, daß die Frage der Verkürzung lebensunwerten Lebens zwar ein höchst umstrittenes Problem ist, daß ihre Durchführung aber keinesfalls eine Maßnahme genannt werden kann, welche dem allgemeinen Sittengesetz widerstreitet."

Strafkammer 1 des Landgerichts Hamburg zum Thema der Kinder-Euthanasie, am 19. April 1949[1]

1. WIE DER ÜBERGANG EINGEFÄDELT WURDE

Unverständlich und unfaßbar erscheint, was nach dem Krieg in Deutschland geschah. Viele der Täter, Mittäter, Befürworter und Sympathisanten blieben nicht nur in ihren Ämtern, sie wurden verehrt, geschätzt und lobgepriesen – teilweise bis in die heutige Zeit. Eine unzweideutige Distanzierung von den Lehrern und Lehren der Nazizeit fand, wir deuteten es bereits an, seitens der Psychiatrie bis heute in aller Schärfe und dezidierter Form nicht statt.

Sicher, es wurden auch Täter gefaßt, als Mörder verurteilt und hingerichtet: Professor Paul Nitsche schickte die Fallschwertmaschine am 25. März 1948 in Dresden in den Tod. Carl Schneider wurde aufgrund seines verbrecherischen Engagements im Zuge der Nürnberger Prozesse hingerichtet. Max de Crinis verabreichte sich und seiner Familie am 2. Mai 1945 auf der Flucht Zyankali und entzog sich so seinen irdischen Richtern.

Leonardo Conti, Reichsärzteführer von 1939 bis 1945, beging 1945 Selbstmord.

1 Zitiert aus Klee: „Euthanasie" im NS-Staat, S. 385f.

Andere wurden aufgrund ihrer NS-Verbrechen zu einer langen Gefängnisstrafe verurteilt, wie zum Beispiel Professor Heinze von einem russischen Gericht. Wieder andere entzogen sich durch Flucht der Haft und Verurteilung, vielleicht gar der Hinrichtung.

Unfaßbar aber ist: Viele praktizierten nach dem Krieg weiter, als wäre nichts geschehen! So konnte beispielsweise Professor Heyde, der ehemalige Leiter der T4-Aktion, nicht nur nach seiner Verhaftung 1947 fliehen und – unter dem falschen Namen als Dr. med. Sawade – wieder als Psychiater arbeiten, sondern obendrein auch als psychiatrischer Gerichtsgutachter in Schleswig-Holstein tätig sein, *„obgleich u.a. zahlreiche Professoren, der Sozialgerichtsdirektor, der Präsident des Landessozialgerichts, ein Landgerichtsrat, eine Sozialgerichtsrätin, zwei Senatspräsidenten und sogar ein Bundesrichter wußten, daß Professor Heyde mit Dr. Sawade identisch war'.*"[2] Ein Mantel des Schweigens wurde um ihn gehüllt.

Zum Thema des Schweigens äußerte sich Bürger-Prinz, der über die wahre Identität Sawades gewußt haben soll, im Jahre 1961 vor dem Parlamentarischen Untersuchungsausschuß des schleswig-holsteinischen Landtages, als es darum ging, den Fall Heyde/Sawade zu klären:

„Ich glaube nicht, daß es abgesehen vom Seelsorger einen Beruf gibt, in dem der Begriff des Schweigens eine so große Rolle spielt wie bei uns, und zwar Schweigen in bezug auf alles ... Schweigen wird bei uns sehr groß geschrieben und ist nicht mit dem, was man ärztliche Schweigepflicht nennt, beschlossen.... "[3]

Das Schlimmste jedoch: Viele Psychiater, die während der NS-Zeit in verantwortungsvollen Positionen wirkten, brauchten sich nach dem Zweiten Weltkrieg nicht einmal zu verstecken. Niemand brachte sie auf die Anklagebank. Rüdin sei hier genannt, Kretschmer und viele andere. Ihnen gelang, wie auch anderen NS-Gelehrten, der schmerzlose Übergang in das Nachkriegszeitalter.

Ein Grund hierfür: Die Rolle der Rechtsprechung im Dritten Reich. Noch heute, fast fünfzig Jahre danach, ist die Rolle der Justiz während der Nazizeit nur unzureichend aufgearbeitet worden; noch immer klaffen beachtliche Lücken: so ist beispielsweise die Tätigkeit und sind vor allem die „Täter" der „NS-Sondergerichte" kaum erforscht.

„Hauptaufgabe der Sondergerichte war, den politischen Widerstand gegen das Naziregime strafrechtlich zu verfolgen. Im Zweiten Weltkrieg übernahmen sie zusätzlich mehr und mehr Aufgaben der ordentlichen Justiz und fällten von 1942 an den größten Teil der Urteile. Fachleute schätzen, daß allein das Sondergericht Hannover,

2 Nach: Klee: „Euthanasie" im NS-Staat, S. 414

3 Zitiert in: Klee: Was sie taten – Was sie wurden. Ärzte, Juristen und andere Beteiligte am Kranken- oder Judenmord. Frankfurt 1988, S. 146

eines von mehreren im heutigen Niedersachsen, 4000 Angeklagte verurteilte, etwa 170 von ihnen zum Tode. Rund 50 Richter und Staatsanwälte, die an den Sondergerichten tätig gewesen waren, wurden später von der niedersächsischen Justizverwaltung übernommen.“[4]

So sind viele Entscheidungen der Justiz, welche in die „braune Vergangenheit“ fielen, zwar gedanklich nachvollziehbar, aber damit keinesfalls gebilligt, wie das Beispiel im folgenden Fall zeigt.

„Die ‚Verkürzung lebensunwerten Lebens‘, erkannte das Landgericht Hamburg am 19. April 1949, könne keinesfalls eine ‚Maßnahme genannt werden, welche den allgemeinen Sittengesetzen widerstreitet‘. Dr. med. Lotte A., die 14 Kinder getötet und das auch zugegeben hatte, wurde ‚außer Verfolgung gesetzt‘. Das Urteil sprach ein Richter, der vormals Kreisleiter der NSDAP Bielefeld gewesen war. Lotte A. praktizierte bis 1986.“[5]

Der Skandal wird noch schlimmer, wenn man sich vor Augen hält, daß im Zuge der Nachkriegszeit überlebende Patienten ihren ehemaligen Peinigern und Vernichtern erneut als Patienten ausgesetzt werden konnten. Man muß es sich einmal vorstellen: Eine Patientin, die von Bürger-Prinz in die Tötungsanstalt Meseritz überwiesen wurde und durch Zufall überlebte, sah sich nach dem Kriege wiederum Bürger-Prinz als behandelndem Arzt und Gutachter ausgesetzt. Das war kein Horrorszenario, sondern traurige Wirklichkeit.

Nicht nur was das Theoriegebäude um die Rassenhygiene betraf zeigte sich die Nachkriegsgesellschaft durchaus „aufgeschlossen“. So wurde nach 1945 unseres Wissens kein akademischer Verfechter der Rassenhygiene und Zwangssterilisation zur Verantwortung gezogen. Auch nicht Hans Bürger-Prinz, der seine psychiatrischen Kollegen schon 1935 streng ermahnt hatte (Zitat aus dem Spiegel),

„‚Erbkranke‘ schon als Kinder, ‚vor der Fruchtbarkeit‘ zu ‚erfassen‘, um sie ‚herauszulesen und von der Fortpflanzung auszuschalten‘, (er) wurde ordentlicher Professor in Hamburg! Der spätere Nobelpreisträger Konrad Lorenz, der 1940 für die ‚schärfere Ausmerzung ethisch Minderwertiger‘ eingetreten war, sorgte sich nach den braunen Jahren als Bestsellerautor nur noch ganz allgemein um das ‚sogenannte Böse‘, nicht um seine Vergangenheit.

Johannes Heinrich Schulz, sanfter Vater des ‚autogenen Trainings‘ und zugleich strenger Gutachter für Erbgesundheit und homosexuelles Verhalten – er schickte Homosexuelle ins KZ, wenn sie nicht vor seinen Augen einer Frau beiwohnen konnten –

4 „Viele Nazi-Richter übernommen“. In: Frankfurter Rundschau v. 4. Mai 1992
5 Spiegel-Serie 1988: „Die Mörder sind noch unter uns“ (I) Heft 25, S. 116

wurde nach 1945 einer der beliebtesten ärztlichen Fortbilder. Der Professor starb, steinalt und hochgeehrt, 1970.

Jahrzehntelang war Hans-Joachim Rauch, 79, der als Gerichtspsychiater noch in Stammheim seine großen Auftritte hatte, Ordinarius in Heidelberg. Während der NS-Zeit, damals noch Pathologe, sezierte er die Gehirne vergaster Kinder. Die kleinen Patienten wurden in die Tötungsanstalt Eichberg bei Heidelberg gebracht; Rauchs Institut stillte sein Begehr nach ihren lebendfrischen Organen."[6]

Eigentlich kaum zu glauben, aber solchen Professoren, die nach 1945 mit einer wirklichen Entnazifizierung ernst machen wollten, wurde die Verwirklichung dieses Vorhabens vereitelt, ja selbst ihr Aufenthalt unmöglich gemacht: Einer von ihnen war der Kinderarzt Professor Rudolf Degkwitz. Sein Scheitern steht für das vergebliche Bestreben vieler, die nach dem Krieg einen Neuanfang suchten.

Rudolf Degkwitz sollte nach dem Krieg in Hamburg als Dekan der medizinischen Fakultät und als Präsident der Gesundheitsbehörde am Wiederaufbau mitwirken. Wir zitieren hierzu einen der besten Kenner der deutschen NS-Ärztegeschichte, Professor Hendrik van den Bussche. In seinem Buch über die „Medizinische Wissenschaft im Dritten Reich" beschrieb er Rudolf Degkwitz' Tätigkeit wie folgt:

„*(...) Seiner Meinung nach sollte jeder Arzt, der Mitglied der NSDAP gewesen war, aus dem Staatsdienst entlassen werden. Mit dieser Auffassung stand Degkwitz weitgehend allein. Weder die britischen Militärbehörden noch der Hamburger Senat, geschweige denn der Universitätssenat oder die Fakultät teilten diesen Standpunkt im entferntesten. Als Degkwitz dennoch versuchte, allein gegen alle und nicht immer nur im Rahmen bürgerlicher Konventionen, diese Linie durchzusetzen, wurde er in Ärztekreisen rasch zum meistgehaßten Mann Hamburgs.*"[7]

Das und wohl noch weitere Zerwürfnisse trieben Degkwitz dazu, aufzugeben und in die USA auszuwandern.

6 Spiegel-Serie 1988: „Die Mörder sind noch unter uns" (I) Heft 25, S. 115-116

7 Der britische Geheimdienst charakterisierte Rudolf Degkwitz treffend wie folgt: „Er ist heute ein echter, überzeugter Anti-Nazi, der viel radikaler ist als der Durchschnittsdeutsche. Er ist zugleich einer der facettenreichsten Persönlichkeiten Hamburgs, der vor niemandem Angst hat und die Auseinandersetzung liebt" [freie Übersetzung des englischen Originaltextes durch die Autoren] (PRO, FO 1014/206, 67340, Regional Intelligence Officer to Regional Governmental Officer, 5.12.1946). – Zit. n. Hendrik van den Bussche (Hrsg.): Medizinische Wissenschaft im „Dritten Reich". Kontinuität, Anpassung und Opposition an der Hamburger Medizinischen Fakultät (Hamburger Beiträge zur Wissenschaftsgeschichte Bd. 5). Berlin und Hamburg 1989, S. 427

„Mit Schreiben vom 25.5.1948 quittierte Degkwitz den Dienst. Er unterließ es aber nicht, die Gründe für seinen Rücktritt in der politischen Öffentlichkeit mit der ihm eigenen Klarheit darzustellen.“[8]

In einem Schreiben an den Universitätssenat führte er unter anderem aus:

„‚Fast vollständig sind die ehemaligen Nationalsozialisten, die Ideenträger und Verkünder des Hitlerschen Evangeliums der Gewalt mit der Entschuldigung an die Universitäten zurückgesandt worden, daß sie nur ‚Mitläufer‘ gewesen wären. Die Aufgaben der Universität und die Verantwortung der akademischen Lehrer sind aber so gross, daß es auch für ‚Mitläufer‘ keine Entschuldigung geben kann. (...) Besteht unter solchen Umständen die Möglichkeit, freie Persönlichkeiten und Demokraten zu erziehen oder ist nicht die alte Situation wieder hergestellt worden, die an den deutschen Katastrophen der Neuzeit die Hauptschuld trägt: nach oben geduckt und heimlich schimpfend Vorgesetzte zu ertragen, die man nicht achten kann und schliesslich resigniert, ‚denen da oben‘ die Verantwortung zu überlassen. Und wer soll der akademischen Jugend einprägen, dass die Hitlerzeit eine Zeit der Schande war, wenn durch ihre Stellung ganz besonders dafür Verantwortliche zurückkehren, wieder ihre alten Parteigenossen um sich versammeln und die wenigen von Anfang an antinationalsozialistischen Dozenten wieder eine ebenso machtlose Minderheit bilden wie in der Hitlerzeit. (...) Sie werden zwar nicht für Hitler eintreten, aber ihr Nationalismus, aus dem das Nazitum geboren wurde, bleibt unverändert und muss bewusst oder unbewusst zum Ausdruck kommen.‘“[9]

Die Justiz stellte nach dem Krieg also zur Bewältigung der braunen und blutbefleckten Vergangenheit keine große Hilfe dar. Das ist auch nicht weiter verwunderlich angesichts der Tatsache, daß viele Nazi-Richter nach dem Kriege ohne Bedenken übernommen wurden.

„Die meisten Mörder hat nur der Ablauf von Zeit, ihr eigenes Alter, besiegt. Nach Gründung der Bundesrepublik brachten sie es wieder zu Chefarzt-, Amtsarzt- und Professorenstellen, geachtet als Akademiker und Hochschullehrer, tadellos vernetzt mit Justiz, Bürokratie und Archiven, beschützt durch alte Kameraden. (...) Das Thema Medizin und Nationalsozialismus (...) wurde vergessen, verdrängt, retuschiert, von Anfang an.“[10]

8 Inwieweit über die hier dargelegten Gründe für die Emigration hinaus die mehrfach von Zeitzeugen genannte Befürchtung Degkwitz' gehört, die Rote Armee würde auch Westdeutschland in Kürze besetzen (pers. Mitteilung, Prof.Dr. H. Dietel), muß offen bleiben. Zit. n. Hendrik van den Bussche, a.a.O., S. 427

9 StA HH, HW-DPA, IV 166, Degkwitz an Hohen Senat der Hansischen Universität, 16.6.1948. Zit. n. Hendrik van den Bussche, a.a.O., S. 428

10 Spiegel-Serie 1988: „Die Mörder sind noch unter uns“ (I) Heft 25, S. 116

Diesem unserem Kapitel wurde ein bemerkenswertes und typisches Zitat vorangestellt. In dieser Urteilsbegründung bezieht sich das Landgericht ausdrücklich auf die Schrift von Binding und Hoche aus dem Jahr 1920. Mit anderen Worten, die psychiatrischen und juristischen Autoritäten, die erst die Vernichtung überhaupt eingeleitet hatten, werden nun auch noch zur Rechtfertigung bemüht, daß diese Vernichtung moralisch nicht zu verurteilen sei. Die Strafkammer 1 des Landgerichts Hamburg beschloß, aus diesem Grund das Verfahren gegen ca. 20 Angeschuldigte nicht zu eröffnen und sie außer Verfolgung zu setzen. Das war 1949 – vier Jahre nur nach den Greueltaten.[11]

Doch wir wollen an dieser Stelle nicht die zahllosen Fälle der Beurteilung durch die Justiz aufarbeiten und werten. Der springende Punkt, der Skandal, ist ein ganz anderer: Der Psychiatrie war es gelungen, sowohl ihre Lehrer als auch ihre menschenverachtende Ideologie *und* ihre menschenverachtenden und zerstörerischen Praktiken über das Kriegsende hinwegzuretten. Während der Nationalsozialismus sein verdientes Ende fand, gelang es der Psychiatrie, praktisch unbehelligt Teile ihrer (Irr-)Lehren weiterzuverbreiten. Nicht wenige der einstigen Wegbereiter und Gesinnungsgenossen des nationalsozialistischen Völkermordes konnten ihre Schüler „befruchten" wie ehedem. Der Forschungsbetrieb lief weiter als wäre nichts geschehen. Zwar war man in der Zukunft sehr vorsichtig damit, rassenideologische Formulierungen zu verwenden (diese tauchen erst sehr viel später in den USA wieder auf, dann allerdings umso deutlicher). Jedoch wurde auch eine klare Distanzierung von den alten rassenhygienischen Lehrern und Lehren *nicht* vollzogen. Damit war eines bewirkt: Das theoretische Gedankengebäude blieb praktisch unangetastet erhalten. Beispiele für die ungebrochene Kontinuität lassen sich zitieren.

Ein prominentes Beispiel ist der ehemalige Gutachter im „Reichsausschuß zur wissenschaftlichen Erfassung schwerer erb- und anlagebedingter Leiden", dem Gutachtergremium der Kinder-Euthanasie, Prof. Werner Catel (geb. 1894). Catel genoß nach dem Krieg als Professor der Kinderheilkunde einen guten europäischen Ruf. Das Internationale Biographische Archiv (Munzinger Archiv) registriert 1964:

„Catel hatte zwar mit der Euthanasie-Aktion gegen Erwachsene in der Nazizeit nichts zu tun. Als Chef der Kinderklinik in Leipzig hatte er jedoch in den Jahren 1940–1944 als Gutachter im sogenannten ‚Reichsausschuß zur wissenschaftlichen Erfassung schwerer erb- und anlagebedingter Leiden' mitgearbeitet. Auf Grund dieser Gutachten wurden eine Anzahl von Kleinstkindern, durchweg Vollidioten, in bestimmten Krankenhäusern getötet...

11 Berichtet in Klee: „Euthanasie" im NS-Staat, S. 384

In einem Spiegel-Gespräch erklärte der Professor, der seither in einem Buch vorschlug, der Gesetzgeber sollte dem Arzt in gewissem, genau definiertem Umfang die Tötung vollidiotischer Kinder freigeben, daß er nach wie vor zu dieser Auffassung stehe...“[12]

Die Aussagen über Catel, ein Kinderarzt, sind zumindest höchst widersprüchlich. Auf der einen Seite stellte die Staatsanwaltschaft Hannover im Jahre 1964 in der Strafsache Catel fest, daß seine Einstellung zur Frage der Euthanasie auf seiner Überzeugung beruhe und begründet sei auf seinem ärztlichen Wissen und Gewissen; daß er nicht aus politischen Überzeugungen gehandelt habe (die ärztliche Unmoral wird also außer Verfolgung gestellt, da sie nicht politisch motiviert war). Andererseits, und dies ist ein Punkt, den man Catel zugutehalten könnte, habe Catel bis 1945 in einer Klinik gegen die Weisungen des Naziregimes gehandelt, indem er zahlreiche jüdische Kinder auf eigene Verantwortung und Gefahr behandelt habe. Auch habe er mehrere hundert kranke Säuglinge von Polen, Russen und Franzosen während des Krieges in seiner Klinik aufgenommen und mit deutscher Frauenmilch aufgezogen.[13]

Klee stellt fest, daß niemand nach dem Krieg so zynisch über den nationalsozialistischen Kindermord gesprochen habe wie Catel. In Catels eigenen Worten wurde nicht euthanasiert, sondern eine „Beruhigungstherapie“ mit dem Ziel der „Einschläferung“ angewendet, behinderte Kinder wurden also „zu Tode beruhigt“.[14]

Eines ist bei alledem sicher:

Es könnte der Verdacht entstehen, daß die Psychiatrie menschenverachtendes Potential noch immer in sich trägt. Die menschenverachtende Sprache einiger Psychiater wird durch die Analyse von Texten deutlich, die den Übergang von der Nazi- zur Nachkriegszeit dokumentieren. So ist zum Beispiel eine Publikation von Villinger und Stutte aus dem Jahre 1948 voller Begriffe wie:

- *„Menschenmaterial“* für Patienten (Villinger und Stutte 1948, 252)
- *„sozialbiologische Unterwertigkeit“* (Villinger und Stutte 1948, 252)
- *„Die Sichtung, Siebung und Lenkung dieses Strandgutes von jugendlich Verwahrlosten und Dissozialen“* (Villinger und Stutte 1948, 249)
- *„soziale Störenfriede und Gesellschaftsfeinde“* (Villinger und Stutte 1948, 250)
- *„Psychopathen“* (Villinger und Stutte 1948, 250)[15]

---

12 Munzinger-Archiv, Lieferung 21/64 vom 23.5.1964

13 Aus: Fabian von Schlabrendorff: Begegnungen in fünf Jahrzehnten. Tübingen 1979, S. 368ff.

14 Klee: Was sie taten, was sie wurden, a.a.O. S. 139ff.

15 Alles nach Werner Villinger und Hermann Stutte: Zeitgemäße Aufgaben und Probleme der Jugendfürsorge. In: Der Nervenarzt, Heft 6, Juni 1948, S. 249-254

Bemerkenswert ist hier vielleicht auch folgendes Zitat des Psychiaters Dr. Dr. Gerhard Kloos, der 1942 eine Kinderfachabteilung übernommen hatte und 1952 zum außerordentlichen Professor für Psychiatrie in Kiel ernannt wurde:[16]

„Bei den störenden Psychopathen, insbesondere den Haltlosen, Gemütlosen, Kriminellen, sexuell Perversen und Querulanten ist ihre Unschädlichmachung durch die Abwehrmittel der Gesellschaft am wichtigsten (Anstaltsunterbringung, Arbeitshaus, Sicherungsverwahrung usw.).“[17]

Das Zitat stammt wohlgemerkt aus dem Jahre 1968 – die Zeit der Studentenrevolte.

Eine solchermaßen menschenverachtende Sprache offenbart eine bestimmte Einstellung und verrät ein elitäres und „bio-ideologisches“ Denken.[18] Werner Villinger war im übrigen, wie schon aufgezeigt, nicht eine unwichtige Randfigur, sondern einer der führenden Jugendpsychiater und Ordinarius für Psychiatrie und Nervenheilkunde an der Universität Marburg. Villinger war es auch, der nach dem Krieg eifrig *„am Entwurf eines neuen Sterilisationsgesetzes, das mit Billigung der amerikanischen Besatzungsmacht in den Jahren 1947-49 vom Gesundheitsausschuß des Stuttgarter Länderrates erarbeitet wurde,“*[19] mitwirkte.

Wie also gelang der Psychiatrie diese beispiellose Vertuschungsaktion? Wir haben gesehen, daß die Justiz kein Hindernis bedeutete. Und die Öffentlichkeit war nicht genügend informiert über die wahren Zusammenhänge. Wer also hätte über die Psychiatrie ernsthaft richten können? Die Alliierten? Doch auch sie ließen die meisten Täter laufen oder entschuldigten ihr Verhalten als „Mitläufer“. Warum? Wie schon gesagt, viele Fragen blieben unbeantwortet – und werden es vielleicht für immer bleiben. Dennoch werden wir einigen Fragen nachgehen und eine Antwort suchen.

Wir untersuchen dazu im zweiten Teil dieses Buches insbesondere drei Bereiche:

1. Die *personelle* Kontinuität
2. Die *ideologische* Kontinuität
3. Die *methodische* Kontinuität

---

16 Aly u.a.: Reform und Gewissen, „Euthanasie“ im Dienst des Fortschritts. Berlin 1985, S. 99

17 Kloos, G.: Grundriß der Psychiatrie und Neurologie, Ausgabe 1968 (Erstveröffentlichung 1944), S. 461

18 Was wir hier mit „bio-ideologisch“ umschreiben, ist nichts anderes als die Lehre der Rassenhygiene, der Vererblichkeit von Geisteskrankheiten und der Reduzierung von Persönlichkeit auf die biologischen Aspekte. Diese Lehre wurde wie eine politische Ideologie vertreten, verbreitet und durchgesetzt.

19 Hendrik van den Bussche, a.a.O., S. 431, Fußnote 64

AUF EINEN BLICK

1. Nach dem Krieg fand eine Verfolgung der Schuldigen nicht in ausreichendem Umfang statt. Einige der führenden NS-Persönlichkeiten, die in das Euthanasie-Geschehen verwickelt waren, wurden hingerichtet, einige begingen Selbstmord. Dazu gehörten:
   - Paul Nitsche
   - Carl Schneider
   - Karl Brandt
   - Leonardo Conti
2. Die meisten der NS-Psychiater, die vor dem Krieg in hohem Ansehen standen, konnten ihren Beruf ungehindert nach dem Krieg weiter ausüben. Selbst T4-Gutachter blieben nach dem Krieg in Rang und Würden.
3. Professor Heyde, führender T4-Gutachter, konnte im Westen unter falschem Namen wieder als Gerichtsgutachter praktizieren. Es bleibt der Verdacht bestehen, daß davon eine Reihe seiner ehemaligen Kollegen gewußt haben muß.
4. Die Kontinuität der Psychiatrie nach dem Krieg betrifft drei Bereiche:
   - Personen und Organisationen
   - Lehre und Ideologie
   - Methoden und Therapien

„Wir fühlen uns aber dafür verantwortlich, das Überkommene nach Maßgabe neuer Erfahrungen, Erkenntnisse und Möglichkeiten auszugestalten und zu vervollkommnen, um in unserem bescheidenen Maße beizutragen zur Erhaltung und Mehrung der Schlagkraft unserer Wehrmacht und damit zu Deutschlands Sieg.“

Werner Villinger (9. 10. 1887 – 9. 8. 1961), im Jahre 1941
Präsident der Deutschen Gesellschaft für Psychiatrie und Nervenheilkunde 1952–1954

2. NAMEN, NACHFOLGER, NACHRUFE

Beginnen wir mit der *personellen* Kontinuität der deutschen Psychiatrie nach dem Krieg. Wir haben die These aufgestellt, daß viele NS-Psychiater der Zukunft ruhigen Auges entgegenblicken konnten. Einige der in vorderster Front am tödlichen Treiben Beteiligten waren gefaßt und verurteilt worden oder durch Selbstmord aus dem Leben geschieden. Diese Hauptschuldigen dienten den anderen Beteiligten als ebenso nützliches Alibi wie die gesamte braune Führungsriege – ihr konnte man getrost die Schuld an den Ereignissen in die schmutzigen Stiefel schieben. Der Coup gelang – und die eigene Vergangenheit konnte erfolgreich vergessen werden. Bis heute. Dabei ist beachtlich – und dieser Umstand erscheint zumindest nach vorliegenden Dokumenten glaubwürdig –, daß namhafte Organisationen und Institutionen in das Geschehen verwickelt waren. Institutionen, die auch nach dem Krieg eine einflußreiche Rolle spielten.

Schon ein kurzer Blick in die Annalen der *Deutschen Gesellschaft für Psychiatrie, Psychotherapie und Nervenheilkunde* (kurz: DGPPN) läßt jedoch erkennen, wer auch nach dem Krieg zu den Drahtziehern gehörte. Beginnen wir daher bei diesem Dachverband der Psychiatrie.

Die Deutsche Gesellschaft für Psychiatrie, Psychotherapie und Nervenheilkunde (DGPPN) ging 1955 aus der *Gesellschaft Deutscher Neurologen und Psychiater* hervor. Diese wiederum war 1935 als Nachfolgeorganisation des 1864 gegründeten

Prof. Ernst Rüdin

Deutschen Vereins für Psychiatrie ins Leben gerufen worden. Beide genannten Vereine befürworteten zweifellos die Eugenik, Rassenbiologie und Erbgutverfeinerung. So sprach beispielsweise Psychiater R. Gaupp (sen.) 1925 in Kassel vor dem *Deutschen Verein für Psychiatrie* zum Thema *„Die Unfruchtbarmachung geistig Kranker und Minderwertiger"* unter anderem folgende Worte:

„Spricht man von der Bekämpfung der Entartung eines Volkes durch Ausmerzung seiner minderwertigen Glieder auf dem Wege der Sterilisation, so denkt man wohl in erster Linie ... an das Gros der Degenerierten und Psychopathen, die in der Freiheit leben, viel Unheil stiften und auch dann, wenn sie sittlich nicht minderwertig sind, doch für Staat und Volk eine schwere Belastung darstellen. ... ohne ihre Sterilisierung wird der eugenische Gedanke einer Reinigung des ganzen Volkes von seinen minderwertigen Elementen niemals verwirklicht werden können."[1]

Das war der Geist, von dem die *Gesellschaft Deutscher Neurologen und Psychiater* also beseelt war. Und: Prof. Dr. R. Gaupp sen. wird noch heute in der von der DGPPN herausgegebenen Liste der *Ehrenmitglieder* aufgeführt. Untersucht man diese Liste der Ehrenmitglieder und Präsidenten, dann wimmelt es nur so von Eugenikern und Rassenhygienikern, eben jenen, die ihren Anteil dazu beitrugen, daß die Auswüchse des Nationalsozialismus so entsetzliche Formen annahmen, indem sie die theoretische Begründung für die Ausmerzung lieferten.

Beschäftigen wir uns daher mit einigen Präsidenten der DGPPN.

1 Zit. nach Thom u.a.: Medizin unterm Hakenkreuz. VEB Verlag Volk und Gesundheit 1989, S. 69

PRÄSIDENT VON 1935 BIS 1945: ERNST RÜDIN (1874–1952)

Rüdin war eng mit dem Nationalsozialismus verflochten, wie wir bereits gesehen haben. Bereits 1904 gründete er das „Archiv für Rassen- und Gesellschaftspsychologie". Seine Lebensstationen lesen sich wie folgt:

1916 ordentlicher Professor für Psychiatrie. 1919 Leiter der Genealogischen Abteilung[2] des Deutschen Forschungsinstituts für Psychiatrie in München. 1933 Reichskommissar für die Deutsche Gesellschaft für Rassenhygiene und Obmann im Sachverständigenbeirat für Bevölkerungs- und Rassenpolitik.[3]

Empfänger der Goethe-Medaille für Kunst und Wissenschaft aus der Hand des „Führers" persönlich zu seinem 65. Geburtstag. Fünf Jahre später, 1944, erhielt Rüdin von Hitler eine Bronzemedaille mit dem Naziemblem und der Auszeichnung „Wegbereiter der Erbhygiene".[4] Rüdin, wir brauchen es hier nicht zu wiederholen, war ein Rassenhygieniker und Hauptinitiator der Sterilisationsgesetze sowie Mitverfasser des Kommentars zum „Gesetz zur Verhütung erbkranken Nachwuchses". Sein Mitautor Ruttke war, wie später publik wurde,[5] ebenfalls Autor des Nürnberger Rassengesetzes, das die Verfolgung der Juden legalisierte.

Rüdin dürfte es wohl zu verdanken sein, daß die Psychiatrie eine „Freiheit der Forschung und Lehre" in der Zeit des Nationalsozialismus genoß, die einmalig blieb. Die deutsche Nachkriegspsychiatrie hat sich nie von diesem Lehrmeister der Rassenhygiene distanziert; zwar ist hie und da ein Wort der Kritik zu vernehmen, aber äußerstenfalls in dem Sinne, daß Rüdin *„infolge seines Glaubens an die Wirkung ‚rassenhygienischer' Maßnahmen auf dem Gebiet der Psychiatrie mit dem Nationalsozialismus zusammenarbeitete und hierdurch dem Legitimationsbedürfnis der einschlägigen Gesetzgebung nachkam"* – wörtlich so nachzulesen in der von der Max-Planck-Gesellschaft im Februar 1992 herausgegebenen Ausgabe der „Berichte und Mitteilungen", Kapitel „75 Jahre Max-Planck-Institut für Psychiatrie, München 1917–1992" auf Seite 27.

Was hätte Rüdin wohl dazu gesagt, hätte er diesen festlichen Anlaß noch erlebt?

„Zunächst ist festzustellen, daß es vor allem der Psychiater war, welcher Staat und Partei auf die ungeheuren Erbgefahren aufmerksam gemacht hat, welche gewisse psychisch und neurologisch Kranke für die Zukunft unseres Volkes bedeuten, und es ist eine Großtat des deutschen Staates und Volkes, daß es sich dieser Einsicht nicht verschlossen hat, sondern tatkräftig zur Bekämpfung dieser Gefahr übergegangen ist."[6]

2 Genealogie: Abstammungslehre
3 Munzinger-Archiv vom 6.4.1944, München
4 Max Weinreich: Hitler's Professors. New York 1946, S. 33
5 Max Weinreich: Hitler's Professors. New York 1946, S. 33
6 Ernst Rüdin auf der 5. Jahresversammlung der Gesellschaft Deutscher Neurologen und Psychiater im März 1939 in Wiesbaden

Archiv für
Rassen- und Gesellschaftsbiologie
einschließlich Rassen- und Gesellschaftshygiene

Zeitschrift
für die Erforschung des Wesens von Rasse und Gesellschaft und ihres gegenseitigen Verhältnisses, für die biologischen Bedingungen ihrer Erhaltung und Entwicklung sowie für die grundlegenden Probleme der Entwicklungslehre

Wissenschaftliches Organ
der Deutschen Gesellschaft für Rassenhygiene und des Reichsausschusses für Volksgesundheitsdienst

Gegründet von

Prof., Dr. med., Dr. phil. h. c. Alfred Ploetz †

Herausgeber: Dr. med. Agnes Bluhm, Professor der Statistik und Bevölkerungspolitik Dr. F. Burgdörfer, Professor der Anthropologie Dr. E. Fischer, Professor Dr. W. Groß, Leiter des Rassenpolitischen Amtes der NSDAP, Staatssekretär a. D. SS-Brigadeführer Dr. med. A. Gütt, Professor für Allgemeine Biologie und menschliche Abstammungslehre Dr. G. Heberer, Professor der Rassenhygiene Dr. F. Lenz, Professor der Anthropologie Dr. Th. Mollison, Dr. jur. A. Nordenholz, Professor der Hygiene Dr. E. Rodenwaldt, Professor der Psychiatrie und der Rassenhygiene Dr. E. Rüdin, Professor für Rasse und Recht Oberregierungsrat Dr. F. Ruttke, Professor für arische Kultur und Sprachwissenschaft Dr. Walther Wüst

Schriftleitung
Prof. Dr. Ernst Rüdin, München.

36. Band

J. F. Lehmanns Verlag, München-Berlin

Gesetz zur Verhütung erbkranken Nachwuchses

vom 14. Juli 1933

nebst Ausführungsverordnungen

Bearbeitet und erläutert von

Dr. med. Arthur Gütt
Ministerialdirektor
im Reichsministerium des Innern

Dr. med. Ernst Rüdin
o. ö. Professor für Psychiatrie an der Universität und Direktor
des Kaiser Wilhelm-Instituts für Genealogie und Demographie
der Deutschen Forschungsanstalt für Psychiatrie in München

Dr. jur. Falk Ruttke
Geschäftsführender Direktor des Reichsausschusses für Volksgesundheitsdienst
beim Reichsministerium des Innern

Mit Beiträgen:

Die Eingriffe zur Unfruchtbarmachung des Mannes und zur Entmannung.
Von Geheimrat Prof. Dr. med. Erich Lexer, München

Die Eingriffe zur Unfruchtbarmachung der Frau.
Von Prof. Dr. med. Heinrich Eymer, München

Mit 26 zum Teil farbigen Abbildungen

Zweite, neubearbeitete Auflage

J. F. Lehmanns Verlag / München 1936

Aufgaben und Ziele der Deutschen Gesellschaft für Rassenhygiene.
Von Prof. Ernst Rüdin.

Die Gründung der Deutschen Gesellschaft für Rassenhygiene geht zurück auf das Jahr 1905, als Alfred Ploetz, der Begründer der deutschen Rassenhygiene und heute Ehrenmitglied der Gesellschaft, zusammen mit wenigen Freunden, zu denen auch ich gehörte, den ersten Versuch in Deutschland wagte, dem rassenhygienischen Gedanken durch eine Vereinsorganisation weitere Verbreitung zu verschaffen. Aber trotz unserer beständigen Anstrengungen, die Öffentlichkeit darauf aufmerksam zu machen, daß endlich auch für die Rasse etwas zu geschehen habe, trotz unserer Hinweise schon am Anfang dieses Jahrhunderts, auf den kulturschöpferischen Wert der nordischen Rasse, auf die ungeheure Gefahr des Sinkens der deutschen Geburtenrate und auf die naturwidrige Aufpäppelung alles Erbschwachen, Kranken und Minderwertigen, konnten unsere Ideen keine Anerkennung bei den maßgebenden Stellen erzielen. Wenn es unserer geistigen Bewegung auch gelang, im Stillen und ganz allmählich die Köpfe und Herzen unserer besten Deutschen zu gewinnen, so sorgten doch die bekannten damals herrschenden Strömungen dafür, daß keine rassenhygienischen Maßnahmen getroffen werden durften. Die Bedeutung der Rassenhygiene ist in Deutschland erst durch das politische Werk Adolf Hitlers allen aufgeweckten Deutschen offenbar geworden, und erst durch ihn wurde endlich unser mehr als dreißigjähriger Traum zur Wirklichkeit, Rassenhygiene in die Tat umsetzen zu können.

Die gegenwärtige Kundgebung soll darum unserm Führer den tiefen Dank dafür vor aller Welt zum Ausdruck bringen.

Heute ist die Bahn für Rassenhygiene frei. Allein wir haben gerade nur die ersten Schrittchen auf ihr gemacht und es sind noch viele, viele Schritte zu gehen, bis wesentliche Ziele der Rassenhygiene erreicht sind. Rassenhygiene ist keine Modesache, sondern sie muß ein Volk ständig begleiten, damit es immer auf der Höhe bleibt. Und diesen Weg unseres Volkes, unserer Rasse in die Zukunft nach rassenhygienischen Gesichtspunkten zu organisieren, das Volk mit all dem Rüstwerk, all dem geistigen und moralischen Proviant zu versehen, den es für seine schicksalsbestimmende Reise braucht, ist, im Verein mit anderen Organisationen und mit der Gesetzgebung, die Aufgabe der Deutschen Gesellschaft für Rassenhygiene, die durch das Verdienst des Herrn Reichsministers Dr. Frick im völkischen Sinne neu organisiert dasteht.

PRÄSIDENT VON 1948 BIS 1951: ERNST KRETSCHMER (1888–1964)

Bei Kretschmer handelt es sich um ein weiteres ehrwürdiges Mitglied in der Riege der deutschen Vor- und Nachkriegspsychiatrie – unter anderem international bekannt durch seine Forschungen zur Konstitutionsbiologie, ein Teil der psychiatrischen Erblehre, die sich mit dem Körperbau und daraus abzuleitenden Schlüssen befaßt. Kretschmer prägte die Begriffe des Leptosomen, Pyknikers und athletischen Menschentypus[7] und entwickelte den sogenannten Kretschmer-Höhn-Test für Oberschüler.[8] Kretschmer war offenbar ein enger Freund des oben erwähnten Psychiaters Gaupp, unter dem er auch promovierte. Kretschmer war auch Wehrkreispsychiater und engagierter Rassenhygieniker. 1934 äußerte er sich sehr positiv zur Sterilisation von Schwachsinnigen, die er als am „fortpflanzungsgefährlichsten" bezeichnete. Sie (die Schwachsinnigen), so Kretschmer, *„können im Erbgang durch das einfache ausmerzende Sterilisierungsverfahren gut und sicher erfaßt werden und sind deshalb das größte und volkshygienisch dankbarste Wirkungsgebiet im Sinne des Sterilisierungsgesetzes"*.[9]

Im weiteren Sinne faßt dann Kretschmer auch *„Trunksucht, Kriminalität und Epilepsie"* unter die *„mehr oder weniger unspezifischen Gesamtentartungen"*, die das *„eigentlich große Wirkungsgebiet für die konsequente Ausmerzung"* sind.[10] Im weiteren Verlauf seiner Abhandlung scheut er sich nicht, sogar *„Gesunde, Nervöse und Psychopathen"* in einem Atemzug der besonders sorgfältigen Arbeit eines „konstitutionsbiologisch" geschulten ärztlichen Eheberaters anzuempfehlen.

Daß Kretschmer auch in der organisierten Psychiatrie unter dem Nationalsozialismus aktiv war, belegt folgendes Zitat:

„Am 29. Juli desselben Jahres (1933; d.V.) fand eine Sitzung des Vorstands des Deutschen Vereins für Psychiatrie statt, an der .... und Kretschmer teilnahmen. Beschlossen wurde eine engere Verbindung zwischen der Psychotherapiebewegung, dem Verband für psychische Hygiene und Rassenhygiene und dem Deutschen Verein für Psychiatrie. In den Vorstand kooptiert (hinzugewählt; d.V.) wurden Rüdin, Kretschmer und Roemer, Rüdin wurde zum stellvertretenden Vorsitzenden erklärt."[11]

---

7 Verzichten wir auf die allzu detaillierte Erläuterung. Der Leptosome ist schmächtig, mit dünnem Brustkorb; der Pykniker dick und untersetzt und der athletische Typ kräftig und muskulös. Je nach Typus ist der Mensch laut Kretschmer für bestimmte geistige Störungen oder Krankheiten anfällig.

8 Erwähnt in: Munzinger Archiv vom 28.3.1964, Nr. 1313

9 Aus: Kretschmer: Konstitutionslehre und Rassenhygiene. In: Rüdin: Erblehre und Rassenhygiene im völkischen Staat: München 1934, S. 185

10 a.a.O., S. 186

11 Hans-Ludwig Siemen: „Menschen blieben auf der Strecke..." Psychiatrie zwischen Reform und Nationalsozialismus. Gütersloh 1987, S. 134

Zeittafel 1: Prof. Dr. Ernst Kretschmer

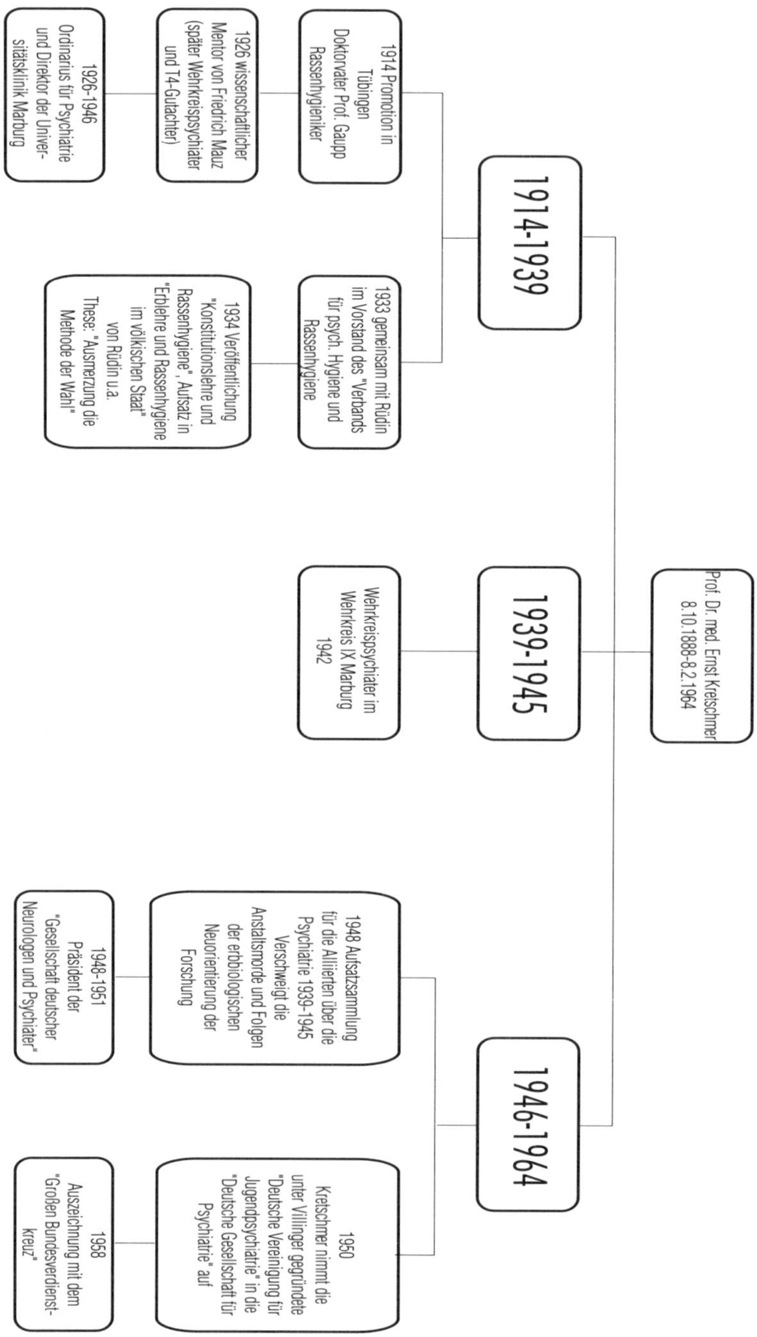

Die *Zeitschrift für psychische Hygiene*[12] wurde in der letzten Zeit ihres Erscheinens vor Kriegsende unter Mitwirkung unter anderem von Kretschmer und Rüdin herausgegeben. Nebenbei bemerkt erschien diese Zeitschrift als Beilage zur „Allgemeinen Zeitschrift für Psychiatrie und ihre Grenzgebiete", dem offiziellen Organ der „Gesellschaft Deutscher Neurologen und Psychiater". Dieser Psychiater befand sich also in allerbester Gesellschaft. Allerdings müssen wir eine wichtige Einschränkung machen: Daß er *unmittelbar* in die Euthanasie-Aktion verwickelt war, ist nicht nachweisbar; eher scheint er zu jenen zu gehören, die zwar beobachteten was geschah, sich jedoch weder dagegen verwahrten noch ausdrücklich befürwortend äußerten. Kretschmer dürfte sehr wohl gewußt haben, was vor sich ging.[13] Daß er kaum Grund hatte seine Stimme zum Protest zu erheben, wenn er denn tatsächlich die wahren Vorgänge kannte, belegt eigentlich die Grundeinstellung, die er zum Thema Rassenhygiene besaß. In einer nach dem Krieg im Auftrag der Alliierten zusammengestellten Aufsatzsammlung zu den in der deutschen Psychiatrie in der Zeit von 1939 bis 1945 erbrachten Leistungen werden von ihm mit keinem Wort die Anstaltstötungen erwähnt.[14]

Wohl aber etwas scheinheilig mutet es an, wenn er Jahre später in seinem 1966 publizierten Werk *„Mensch und Lebensgrund"* schreibt:

„Eine eigenartige Lehre von der Rasse ... versuchte ... mit den rücksichtslosesten Mitteln die Seele des deutschen Volkes zu erobern. In scheinbar wissenschaftlichem Gewand auftretend, stand sie doch in scharfem Gegensatz zu den Ergebnissen der gründlichen und ernsten Forschung auf diesem Gebiet."[15]

Da ist doch die Frage berechtigt: *Wer* trat hier in scheinbar wissenschaftlichem Gewand auf und *wer* betrieb die ernste Forschung auf diesem Gebiet? Und warum empört sich Psychiater Kretschmer, wenn er denn Grund und Anlaß zur Empörung findet, erst dreißig Jahre zu spät – mit einer Vehemenz, als wäre nicht er es, sondern ganz andere gewesen, die damals mit eben der gleichen Vehemenz von der „Ausmerzung" sprachen? Wie es scheint, gehört er zu den „Mißverstandenen"...

Begründete Zweifel an der Seriosität seiner Aussagen werden allerdings geweckt, wenn man einige Seiten später liest:

„Daß schon die von den Vorfahren ererbte Keimanlage gesund und richtig zusammenstimmen muß, entspricht der praktischen Erfahrung. Deshalb gibt es in vielen modernen Völkern ... sogenannte eugenische Bewegungen ... die auf sorgfältig er-

12 Psychische Hygiene und Rassenbiologie sind praktisch austauschbare Begriffe. Wir werden dies in einem späteren Kapitel noch näher darstellen
13 In: Ernst Klee: Was sie taten – was sie wurden, S. 172
14 Thom u.a.: Medizin unterm Hakenkreuz. VEB Verlag Volk und Gesundheit 1989, S. 165
15 Ernst Kretschmer: Mensch und Lebensgrund. Gesammelte Aufsätze. Tübingen 1966, S. 145

forschter Basis das Überhandnehmen von Erbkrankheiten ... verhüten wollen. Das ist auch gut und richtig. "[16]

Und schon wenige Seiten weiter wird der Leser aufgeklärt, wie dieser Verhütungsprozeß vor sich geht – es handelt sich wohlgemerkt um ein Buch eines der renommiertesten Psychiater unseres Jahrhunderts:

„Wo wir Geniezüchtung in der gesetzmäßigen Form verfolgen können, da finden wir zuerst Inzucht, die bestimmte Spezialbegabungen anreichert und dann Kreuzung, die die geistige Ausweitung und die Steigerung der Spannkraft der Persönlichkeit bedingt. Die besten Ergebnisse entstehen also nicht durch dauernde Inzucht, noch weniger durch fortgesetzte wahllose Mischung, sondern offenbar durch einen bestimmten Rhythmus im Wechsel von Inzucht und Kreuzung. "[17]

Kehren wir zu den weiteren Präsidenten der Deutschen Gesellschaft für Psychiatrie und Nervenheilkunde zurück.

PRÄSIDENT VON 1952 BIS 1954: WERNER VILLINGER (1887–1961)

Werner Villinger gehört wohl zu den umstrittensten Figuren der Psychiatrie im und nach dem Dritten Reich. Zweifellos war er von allem Anfang ein vehementer Verfechter der Psychohygiene.[18] Villinger war Chefarzt der Bodelschwinghschen Anstalten in Bethel bei Bielefeld von 1934 bis 1939, Ordinarius in Breslau von 1938 bis 1945 und zugleich beratender Psychiater des Wehrkreises VIII. Nach dem Krieg von 1946 bis 1955 war er ordentlicher Professor an der Universität Marburg. 1953 erhielt der das Große Verdienstkreuz der Bundesrepublik Deutschland und die juristische Ehrendoktorwürde der Universität Hamburg.

Um zu zeigen, wie widersprüchlich die Lage der Dinge um die Person Villingers ist, hier einige Fakten:

Am 1. Mai 1937 wurde Villinger NSDAP-Mitglied. Villinger war Beisitzer an den Erbgesundheitsobergerichten in Hamm und Breslau.[19] In Bethel wurden unter der ärztlichen Leitung Villingers allein bis Ende Oktober 1935 schon 2.675 Sterilisationsanzeigen erstattet, 600 Anträge auf Sterilisation gestellt und 460 Sterilisationen durchgeführt.[20] Villinger hielt den Indikationskatalog des Sterilisierungsgesetzes für

16 a.a.O., S. 149

17 a.a.O., S. 160

18 Auf die Psychohygienebewegung wird im Kapitel 5 des zweiten Teils noch eingegangen. Der Begriff „Psychohygiene" bedeutet wörtlich soviel wie „seelische Gesundheitsführung" oder „geistige Gesundheit". Mehr darüber, wie gesagt, an späterer Stelle

19 Vgl. Friedemann Pfäfflin: Bemerkungen zur forensischen Psychiatrie. In: Recht und Psychiatrie 5 (1987), S. 134-140, hier S. 137

20 Kurt Novak: „Euthanasie" und Sterilisierung im „Dritten Reich". Göttingen 1978, hier S. 106

Zeittafel 2: Prof. Dr. Werner Villinger

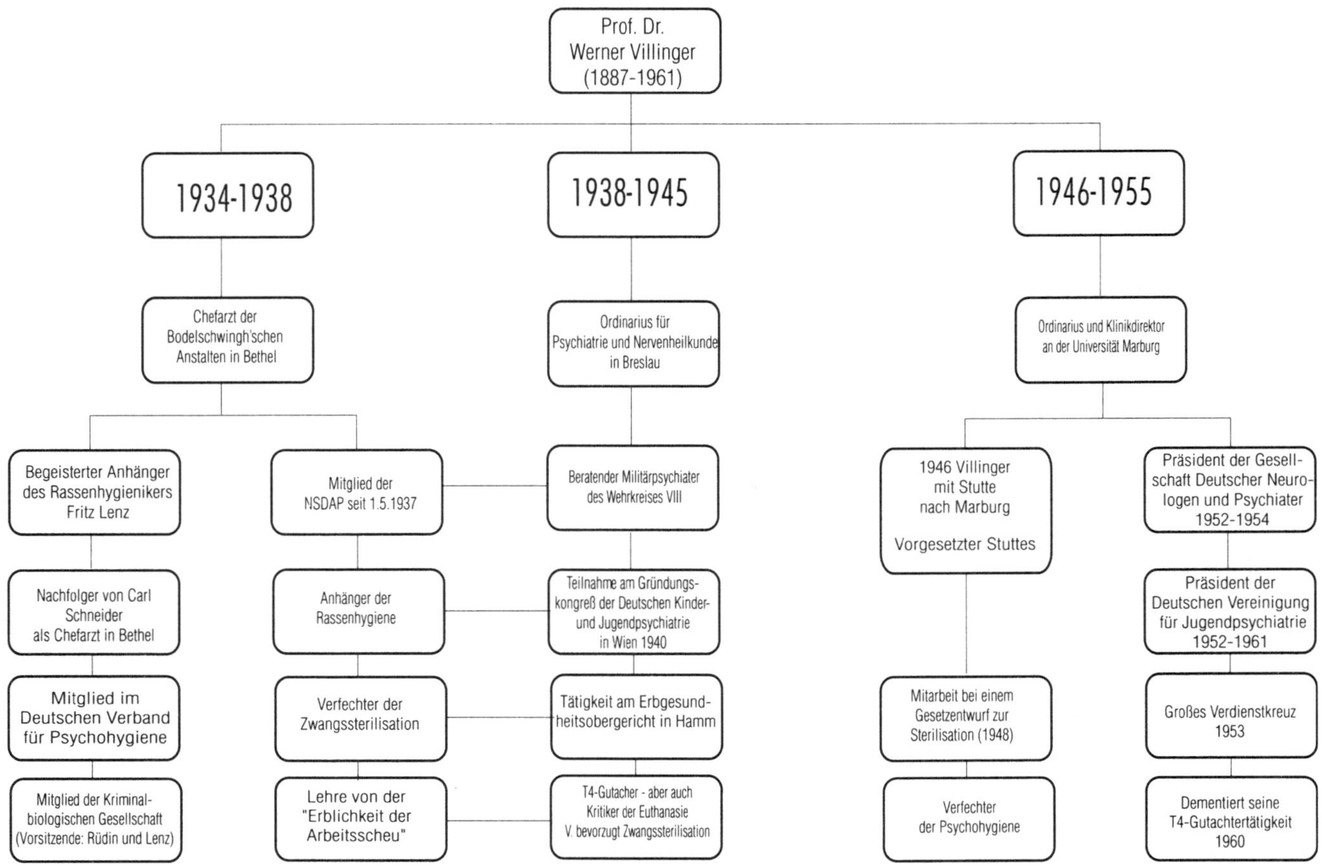

ausreichend, wenn es darum ging, auch die „Asozialen" zu sterilisieren.[21] Weiter wird der Wehrkreispsychiater Villinger am 28. März 1941 in der Liste der T4-Gutachter aufgeführt. Villinger war also offenbar in das „Euthanasie-Geschehen" verstrickt, wenngleich er hier nach Zeugenaussagen eher sabotierend wirkte:

„Villinger ist (...) im März 1941 T4-Gutachter geworden. Auch hier charakteristisch: Er macht mit – jedoch zögerlich. T4-Mitarbeiter Meumann, bei dem die Meldebogen eingingen, erinnerte sich, ‚daß von ihm die beurteilten Meldebogen nur mit größeren Verspätungen zu uns zurückgelangten'. Außerdem ist Villinger ‚fast ausschließlich' zu dem Ergebnis gekommen, ‚die Kranken seien nicht der Vernichtung zuzuführen'."[22]

Villinger war von der Notwendigkeit der „Euthanasie" gewiß nicht so überzeugt wie ein Max de Crinis oder Carl Schneider (sprach er sich doch vielmehr „nur" für Zwangssterilisationsmaßnahmen aus), aber er stellte sich dem NS-Regime für deren Zwecke zur Verfügung.

Weiter beweisen die Veröffentlichungen Villingers, daß es ein Irrtum ist zu glauben, daß sich die Psychiatrie nur während der NS-Zeit menschenverachtend gebärdete. Sein Vokabular strotzt geradezu vor menschenverachtenden Ausdrücken. Als Kinder- und Jugendpsychiater ließ er kaum einen Zweifel daran, als was er seine kleinen Patienten eigentlich betrachtete, die er noch 1948 als „Menschenmaterial" bezeichnete (siehe S. 135). Er sprach von seinen milieugeschädigten Zöglingen, die für ihn „Strandgut von jugendlich Verwahrlosten und Dissozialen" waren oder einfach nur noch „soziale Störenfriede" und – wir kennen den Begriff schon – „Psychopathen".[23] Villinger war also elitär und allem Anschein nach *kein* Menschenfreund. Wenn es nach ihm gegangen wäre, hätte sich möglicherweise in Deutschland die Sterilisation, das heißt die Unfruchtbarmachung von Behinderten im ganz großen Stil, durchgesetzt, am besten „bis auf den letzten Mann bzw. die letzte Frau", denn dann wären die Behinderungen als Erbgutbelastung „ausgerottet" gewesen.[24]

---

21 Benno Müller-Hill: Tödliche Wissenschaft. Reinbek 1984, hier S. 35

22 Vgl. hierzu Ernst Klee: Was sie taten – Was sie wurden, S. 171

23 Alles nach Werner Villinger und Hermann Stutte: Zeitgemäße Aufgaben und Probleme der Jugendfürsorge. In: Der Nervenarzt, H 6, Juni 1948, S. 249-254

24 Vgl. zur Person Villingers auch die Ausführungen in: Bussche, Hendrik van den (Hg.): Medizinische Wissenschaft im „Dritten Reich". Kontinuität, Anpassung und Opposition an der Hamburger Medizinischen Fakultät (Hamburger Beiträge zur Wissenschaftsgeschichte Bd. 5). Berlin und Hamburg 1989, S. 431, Fußnote 64

Nationalsozialistische Deutsche Arbeiterpartei

Gauleitung Westfalen-Süd

Gaupersonalamt, Hauptst. III

Bochum, den 17.7.37.

Arnsberg

I M K I a a v.21.5.37
10798 -Sp-

Politisches Führungszeugnis!

Streng vertraulich!

Pg. (n) Professor Villinger Beruf: Dr.med.
Wohnung: Bethel bei Bielefeld
Mitglied einer Gliederung -- seit: --

Über Obengenannte (n) ist in politischer Hinsicht Nachteiliges nicht bekannt geworden. Er — Sie bietet die Gewähr, sich auch in Zukunft für den nationalsozialistischen Staat einzusetzen.

Heil Hitler!

An den
Herrn Regierungspräsidenten,

Arnsberg - Westf.

Für die Hamburger Medizinische Fakultät galt Villinger nach 1945 *„allenthalben als einer der führenden Jugendpsychiater. Was nicht erwähnt wurde, ist die Tatsache, daß Villinger einer der aktivsten Befürworter der Anwendung und der großzügigen Interpretation des ‚Sterilisierungsgesetzes' war und er als Gutachter auch an der Erwachseneneuthanasie mitgewirkt hatte.“*[25]

Nach dem Kriege war Villinger wie gesagt führend beteiligt am Entwurf eines *neuen Sterilisationsgesetzes*, das mit Billigung der amerikanischen Besatzungsmacht in den Jahren 1947-49 vom Gesundheitsausschuß des Stuttgarter Länderrates erarbeitet wurde.

Villingers Verbindungen zu Hamburg rissen im übrigen auch nach seiner Berufung nach Marburg nicht ab. Am 20. Juli 1959 verlieh ihm die Rechtswissenschaftliche Fakultät den Dr. jur. h.c., weil Villinger, so die Laudatio, unter anderem *„der rechtsstaatlichen Gestaltung der Fürsorge für Geisteskranke und anderer unterbringungsbedürftiger Personen wichtige Anregungen gab“*.[26]

Der Spiegel brachte Villinger im Jahre 1961 wieder ins Gespräch, als über seine gutachterliche Tätigkeit für die T4 berichtet wurde.[27] Villinger beantwortete diesen Angriff auf seine Person mit einem Leserbrief. Hier ein Auszug:

„Der Versuch, zur Klärung dieses furchtbaren Geschehens beizutragen, wird durchaus anerkannt. Dabei ist Ihnen jedoch insofern ein Irrtum unterlaufen, als Sie mich als aktiv Mitwirkenden in diesem Verfahren aufgeführt haben. Das war nach meiner in der Fachwelt bekannten Einstellung zum Problem der Euthanasie, nach meiner jahrzehntelangen Tätigkeit als Chefarzt in Bethel und nach meiner menschlichen Grundhaltung unmöglich, zumal ich selbst in meiner Familie von diesem Verfahren betroffen worden bin.“[28]

Gegenüber der Staatsanwaltschaft bestritt Villinger jegliche Mitwirkung an der T4. Am 9. August 1961 stürzte er bei einer Bergwanderung nahe Innsbruck in die Tiefe und fand den Tod. Er sollte die in Innsbruck stattfindende siebte Tagung der Deutschen Gesellschaft für Jugendpsychiatrie leiten.[29]

Ziehen wir ein Fazit: Das mindeste, was sich Villinger zuschulden kommen ließ, war sein Schweigen während und nach dem Kriege. Fritz von Bodelschwingh war einer der wenigen Anstaltsleiter, die damals aktiven Widerstand leisteten. Er drang

---

25 Hendrik van den Bussche (Hrsg.): Medizinische Wissenschaft im „Dritten Reich“. Kontinuität, Anpassung und Opposition an der Hamburger Medizinischen Fakultät (Hamburger Beiträge zur Wissenschaftsgeschichte Bd. 5). Berlin und Hamburg 1989, S. 431

26 StA HH (Staatsarchiv Hamburg), Uni I, A 1608, S. 1

27 Der Spiegel Nr. 19/1961, Ärzte – die Kreuzelschreiber

28 Der Spiegel Nr. 23/1961

29 Munzinger-Archiv: Eintrag Werner Villinger, 28. 10. 1961

dabei sogar bis zum Führungskader der NSDAP vor, um die eigenen Patienten vor der Vernichtung zu schützen (leider nur teilweise erfolgreich).[30] Bodelschwingh suchte in seinem früheren Anstaltsarzt Villinger offenbar einen Verbündeten, wie ein Briefwechsel belegt, der in dem Buch „Medizin unterm Hakenkreuz" von Thom u.a. zitiert wird. Jedoch, wie es scheint, war Bodelschwingh damit nicht sehr erfolgreich.

PRÄSIDENT VON 1954 BIS 1956: JÜRG ZUTT (1893–1980)

Jürg Zutt, der Ordentlicher Universitätsprofessor war, ist keinerlei Beziehung zur NS-Psychiatrie nachzuweisen; im Gegenteil: Im „Zentralblatt für die gesamte Neurologie und Psychiatrie", dessen Schriftleiter er war, erschien im August 1942 ein Artikel, der sich der NS-Psychiatrie äußerst kritisch gegenüberstellte mit den mutigen Worten:

„Wenn man heutzutage die Psychiatrie ... keineswegs selten für minderwertig und entbehrlich ansieht, ja die Erbkranken und mit ihnen oft die Geisteskranken überhaupt herabwürdigt, ja für die Vernichtung schwerer Fälle eintritt ... so ist das ein großes Unrecht."[31]

Hut ab – solche Worte 1942 in einem offiziellen (also von staatlicher Seite mit Argusaugen überwachten) Organ zu schreiben *war mutig*, war zugleich ehrlich und integer! Es gab also auch *aktive* Gegenstimmen, und nicht zu leise. Zutt gehörte offenbar zu ihnen und widerlegt damit die beliebte Rechtfertigung des erzwungenen Gehorsams aus Angst um das eigene Leben.

PRÄSIDENT VON 1957 BIS 1958: FRIEDRICH MAUZ (1900–1979)

Friedrich Mauz dagegen, ehemaliger Wehrkreispsychiater und T4-Gutachter, diente der Gesellschaft in durchaus treuer, psychohygienischer (erbbiologischer) Tradition. Mauz' wissenschaftlicher Mentor (Ziehvater) war Ernst Kretschmer, unter ihm habilitierte er sich 1928. So verwundert es nicht, daß er sich ganz in die eugenische Tradition stellte. In einem Gedenkartikel („In memoriam") würdigte die Psychiater-Zeitschrift *Der Nervenarzt* 1980 die Verdienste von Robert Gaupp, Ernst Kretschmer und

30 Es ist bis heute ungeklärt, ob die Bombardierung der Bodelschwing'schen Anstalten in Bethel bei Bielefeld im September 1940 tatsächlich von britischen Flugzeugen oder nicht vielmehr durch die Gestapo durchgeführt wurde. Vgl. Klee: „Euthanasie" im NS-Staat, S. 255ff.

31 Zit. nach Klee: „Euthanasie" im NS-Staat, S. 397

Friedrich Mauz. Seine Gutachtertätigkeit für die T4 erfährt in diesem Nachruf, geschrieben von Psychiater Tölle, folgenden (bemerkenswerten) Hinweis:

„1932 wurde Mauz mit Kretschmer nach Bern berufen. Hätte sich dieser Plan nicht zerschlagen, wären Mauz manche Wirren der folgenden Jahre und des Krieges, die auch an ihm nicht spurlos vorübergingen, erspart geblieben ...“[32]

Gestatten Sie einen Kommentar: Das klingt wie eine der unschuldigsten Untertreibungen, die man in der historischen Literatur finden kann. Um es noch einmal ganz klar und unmißverständlich zu formulieren: Mauz gehörte zu den Psychiatern der T4. Er verstarb 1979, hochverehrt und gewürdigt. Klee kommentiert:

„Auf der Gutachterliste von T4 (...) stehen bekannte Persönlichkeiten. Neben den Professoren Heyde und Nitsche finden wir immerhin noch die Namen der Ordinarien Pohlisch und Panse (Bonn), Carl Schneider (Heidelberg), Erich Straub (Kiel), Friedrich Mauz (Königsberg), Berthold Kihn (Jena), die Professoren Zucker und (wohl nur kurz) Reisch, während Villinger (Breslau) – wie erinnerlich – mehr hinhaltend mitmacht.“[33]

1948 war Mauz – dies sei noch ergänzt – deutscher Delegierter des dritten internationalen Psychohygienekongresses in London – drei Jahre nach Beendigung seiner Aktivitäten als Mittäter des Naziregimes. Auf diesem Kongreß wurde übrigens die *World Federation of Mental Health* als Nachfolgeorganisation des 1931 ins Leben gerufenen internationalen Ausschusses für Psychohygiene gegründet.[34] Wir kommen auch darauf noch zurück. Um zu verdeutlichen, wie kritiklos „Desinfektoren“ (wir wählen diesen Begriff in Anlehnung an die damals übliche Sprache der Psychiater, die teilweise nicht von „Euthanasie“, sondern aus Tarnungsgründen von Desinfektion redeten)[35] in unserem Lande posthum verehrt werden, solange sie nur Professoren der Psychiatrie sind, hier ein Auszug aus einem Artikel der Münsterschen Zeitung vom 17. Mai 1980:

„Die Medizinische Fakultät der Universität Münster gedenkt heute im Rahmen einer akademischen Feierstunde ihres langjährigen Mitglieds und Direktors der Universitätsklinik Prof. Dr. Robert Friedrich Mauz. Der am 7. Juli vergangenen Jahres ... Gestorbene hat wie kaum ein anderer Psychiater seiner Generation das ärztliche Denken und Handeln in der deutschen Medizin mitgeprägt. ... wird sodann die besonderen Leistungen von Friedrich Mauz in Münster würdigen.“[36]

---

32 Der Nervenarzt 51 (1980), S. 503-504

33 Klee: „Euthanasie“ im NS-Staat, S. 227

34 In: Psychiatrie und Gesellschaft 1958, S. 161

35 Vgl. hierzu Ernst Klee: „Euthanasie“ im NS-Staat

36 Münstersche Zeitung vom 17. Mai 1980

Mauz war mitbeteiligt an der Entwicklung eines Gesetzes über die „Leidensbeendigung" bei unheilbar Kranken und Lebensunfähigen. Dies belegt Klee in *„Was sie taten – Was sie wurden. Ärzte, Juristen und andere Beteiligte am Kranken- oder Judenmord"*.[37] Die Planung und abschließende Sitzung fand im August 1940 statt. Der endgültige Entwurf ist nicht erhalten, wohl aber eine Zusammenstellung verschiedener Stellungnahmen der Beteiligten. Den Ärzten ging es vor allem darum, die immer noch nicht gesetzlich geregelte Euthanasie endlich auf eine juristisch einwandfreie Basis zu stellen. Hitler lehnte den Entwurf ab bzw. beließ ihn in der Schublade. Geplant war wohl eine endgültige Legalisierung nach dem (gewonnenen) Krieg. Sowohl im Inneren als auch nach außen sollten unnötige Komplikationen vermieden werden, die ein solches Gesetz zweifellos mit sich gebracht hätte. Die Psychiatrie-Tötungen gingen also ungehindert und ohne gesetzliche Grundlage weiter.

PRÄSIDENT VON 1959 BIS 1960: HANS BÜRGER-PRINZ (1897–1976)

Auch Bürger-Prinz war, wie bereits an früherer Stelle erwähnt, Wehrkreispsychiater. Er leitete von 1937 bis 1970 in ununterbrochener Folge die Psychiatrische Klinik und Klinik für Nervenleiden in Hamburg. Seine Rolle in der Euthanasiebewegung ist undurchsichtig; seine Einstellung, sich darüber zu äußern, haben wir bereits weiter vorn zitiert. Es gilt jedoch als gesichert, daß er um die Euthanasie gewußt haben muß. Sicher scheint weiterhin, daß auch im Falle Bürger-Prinz keine klare Distanzierung zu den Ereignissen in der Nazizeit stattfand. So schreibt der Spiegel 1988:

„Kein akademischer Propagandist der Rassehygiene, Zwangssterilisierung und Ausmerzung wurde zur Verantwortung gezogen. Hans-Bürger Prinz, der seine psychiatrischen Kollegen 1935 streng ermahnt hatte ‚Erbkranke' schon als Kinder, ‚vor der Fruchtbarkeit', zu ‚erfassen', um sie ‚herauszulesen und von der Fortpflanzung auszuschalten', wurde ordentlicher Professor in Hamburg."[38]

Bürger-Prinz war ein Schüler von Paul Schröder, dem Begründer der Deutschen Gesellschaft für Kinder- und Jugendpsychiatrie (siehe nächstes Kapitel). Nachdem Hitler die Ermächtigung zur Euthanasie erteilt hatte, sprach Hans Bürger-Prinz über die geplanten Aktionen mit dem Hamburger Gesundheitssenator. Dieses Ereignis ist überliefert:

„Eines Abends, in der Zeit nach dem Polenkrieg, plaudert der Hamburger Psychiatrieprofessor Hans Bürger-Prinz nach einem Empfang im Hotel Atlantic noch ein wenig mit dem Hamburger Gesundheitssenator. In der Runde sitzen weitere fünf oder

37 Ernst Klee: Was sie taten – was sie wurden. Ärzte, Juristen und andere Beteiligte am Kranken- oder Judenmord, S. 239

38 in Der Spiegel Nr. 25/1988, S. 115

Psychiatrische und Nervenklinik der Hansischen Universität

Hamburg 22, den 7. April 1942
Eingang: Eilbektal
Fernspr.: 28 10 01

Akten-Nr. ____________

Es wird gebeten, alle Zuschriften nur an die Direktion zu richten und dabei obige Akten-Nr. anzugeben.
Bei Anfragen Rückporto beifügen.

Herrn
Oberstarzt Prof. Dr. Wuth
Militärärztliche Akademie
Berlin NW 40
Scharnhorststr.35

Betr.: Schüttelzitterer oder Kriegsneurotiker.

Sehr verehrter Herr Kollege !

Ich habe bis jetzt hier nur einen Fall von Schüttelzittern gesehen, der auf keinerlei Therapie (Elektrizität, Cardiazolschocks) angesprochen hat, sondern in demselben Ausmaße wie bisher weiter schüttelt. Ich erwischte ihn auf einer Heeresentlassungsstelle und ließ ihn hier nach Hamburg bringen, wo ich ihn in einem Lazarett einem sehr guten Psychiater und Neurologen, der auch lange an der Front ~~war~~, Oberarzt Dr. Müller, anvertraut habe. Wir wollen in den nächsten Tagen versuchen, ihn in eine Dauerschlafbehandlung zu nehmen, ~~oder~~ um ihn für ~~rein~~ psych. therapeutische Maßnahmen geeigneter und reifer zu machen. Bei den Anderen, die ich gesehen habe, bin ich sehr scharf gewesen und habe sie vor die Alternative des besseren Heilungswillens oder der rücksichtslosen Simulationsverfolgung gestellt. Bei weiterer therapeutischer Behandlung mit den üblichen Methoden besserten sie sich dann wenigstens soweit, daß man sie, sofern es reine Ballastexistenzen waren, der zivilen Arbeitsverwendung zuführen konnte. Auch bei dem erstangezogenen Fall (ein Tänzer!) bin ich der Meinung, wenn alle Therapieversuche fehlschlagen, man ganz rücksichtslos werden sollte, denn eine Überführung in das zivile Arbeitsverhältnis stellt ja auch nur einen Ausweg dar, der zu einer breiten Straße werden kann. Ich meine, daß man auf Beschwerden der betr. Leute über Behandlungsmethoden keinen Wert legen sollte, jedenfalls kann man mit der Bereitschaft der Therapeuten, ihren Kopf für ihre Maßnahmen hinzuhalten, durchaus rechnen. Geeignete Herren sind mir im Wehrkreis durchaus bekannt, wenn es natürlich auch, wie überall, so ist, daß die Fülle der Aufgaben den Einzelnen allmählich erdrücken. Namhaft machen könnte ich: Oberarzt Dr. Löffler, Assistenzarzt Dr. Hoffmann, Reservelazarett XI, Oberarzt Dr. Pontheim und Oberarzt Dr. Müller, Reservelazarett V, Hamburg.

Mit ergebenster Begrüßung verbleibe ich
stets wie immer
Ihr sehr ergebener

(Prof. Bürger-Prinz)

Oberstarzt Prof.Dr.Wuth
Beratender Psychiater
beim Heeres-Sanitätsinspekteur
Dienststelle Militärärztliche Akademie

Berlin NW 40, den 24.April 1942
Scharnhorststr. 35

Nr. 1371/42

Herrn
Stabsarzt Prof.Dr.Bürger-Prinz
Psychiatrische und Nervenklinik
der Hansischen Universität
H a m b u r g 22

Betr.: Schüttelzitterer oder Kriegsneurotiker.

Sehr geehrter Herr Stabsarzt !

Ich bestätige mit Dank den Empfang Ihres Schreibens vom 7.d.M. und ersehe daraus, daß einzelne Fälle von Schüttelzitterern im Wehrkreis X behandelt werden können. Was etwaige Beschwerden der betreffenden zu Behandelnden anlangt, so ist die Sache doch nicht ganz so einfach, wie Sie meinen. Einmal hat das O.K.W. Vorschriften herausgegeben über die Duldung von Eingriffen und sodann liegen die Verhältnisse anders als im letzten Kriege, weil die Beschwerden vielfach auf dem Parteidienstwege an höhere Stellen gelangen, die Nichtärzte sind, und man dann genötigt ist, besondere Stellungnahmen auszuarbeiten.

Strenge ist sicherlich am Platze , aber unter den Kriegsneurotikern befindet sich ja nur ein Teil, bei dem es sich um Simulation handelt, da der einmal eingetretene Reflex willentlich eben nicht mehr unterdrückt werden kann.

Spricht man zu Richtern von Simulation, so kann der Betreffende nach § 83 MStGB mit dem Tode bestraft werden, während er an einer heilbaren Störung leidet.

Mit Heil Hitler
bin ich
Ihr ganz ergebener

Wuth

(Schriftverkehr zwischen Hans Bürger-Prinz und Oberstarzt Prof. Dr. Wuth aus dem Jahre 1942)

sechs Kollegen. Die Ärzte erfahren dabei, daß Kranke der Hansestadt zur ‚Euthanasie' abgeholt werden sollen. Bürger-Prinz zum Gesundheitssenator: ‚Stellen Sie sich das mal praktisch vor!' Er hält die Durchführung für unmöglich. "[39]

Dennoch werden keine Gegenreden oder Gegenaktionen seitens Bürger-Prinz bekannt.

Zurück in die Gegenwart: Bürger-Prinz war Teilnehmer der ersten Nachkriegstagung der „*Europäischen Liga für psychische Hygiene*" im Jahre 1951, an der auch Villinger teilnahm. Damit wiederum steht fest, daß Bürger-Prinz, der aus der Schule der Rassenhygiene stammte, dieser Schule unter dem späteren (alten) neuen Namen der *Psychohygiene* in ungebrochener Tradition treu blieb.

Kritiker monierten, daß Bürger-Prinz die Nazi-Vergangenheit bei sich offenbar verdrängte und blind gegenüber dem Bösen war. So wollte er auch von den Abtransporten der Anstaltsinsassen aus Hamburg nichts gewußt haben, ja leugnete diese sogar vor dem Hamburger Untersuchungsausschuß und in seiner Autobiographie. Klee belegt das Gegenteil: „*Gerade aus Hamburg waren Anstaltsbewohner in Massen nach Hadamar, Wien, Meseritz, Tiegenhof usw. zur Ermordung abtransportiert worden.* "[40]

Zitieren wir nochmals seine wohl eindrucksvollsten Worte vor dem Untersuchungsausschuß zum Fall Heyde/Sawade, die gewissermaßen als symptomatisch und charakteristisch gelten können:

„*Ich glaube nicht, daß es abgesehen vom Seelsorger einen Beruf gibt, in dem der Begriff des Schweigens eine so große Rolle spielt wie bei uns, und zwar Schweigen in bezug auf alles ... Schweigen wird bei uns sehr groß geschrieben und ist nicht mit dem, was man ärztliche Schweigepflicht nennt, beschlossen. ...* "[41]

PRÄSIDENT VON 1961 BIS 1962: HEINRICH KRANZ (1901–1979)

Kranz lieferte als Zwillingsforscher nicht unwesentliche Forschungsergebnisse für die erbbiologische Wissenschaft. Die Zwillingsforschung war das Lieblingsgebiet der Erb- und Rassenhygieniker – sollten doch aus der Entwicklung eineiiger Zwillinge wichtige Rückschlüsse auf die Vererblichkeit von Geisteskrankheiten gezogen werden.[42] Insbesondere Rüdin und Luxenburger berufen sich auf Kranz in ihrem Buch „Erblehre und Rassenhygiene im völkischen Staat". Kranz selbst vertrat nicht nur einen weniger radikal erbbiologischen Standpunkt, sondern sah auch soziale Einflüsse am Werk, mußte dafür heftige Kritik der stramm ausgerichteten Rassenhygieniker hinnehmen. Dennoch schloß er sich radikalen Forderungen in bezug auf die

39 Klee: „Euthanasie" im NS-Staat, S. 101

40 Klee: Was sie taten – Was sie wurden, S. 146

41 Zitiert in: Klee: Was sie taten – Was sie wurden, S. 146

42 Auch der berüchtige Auschwitz-Arzt Mengele (Assistenzarzt von Dr. Otmar Frhr. von Verschuer, Ras-

Zeittafel 3: Prof. Hans Bürger-Prinz

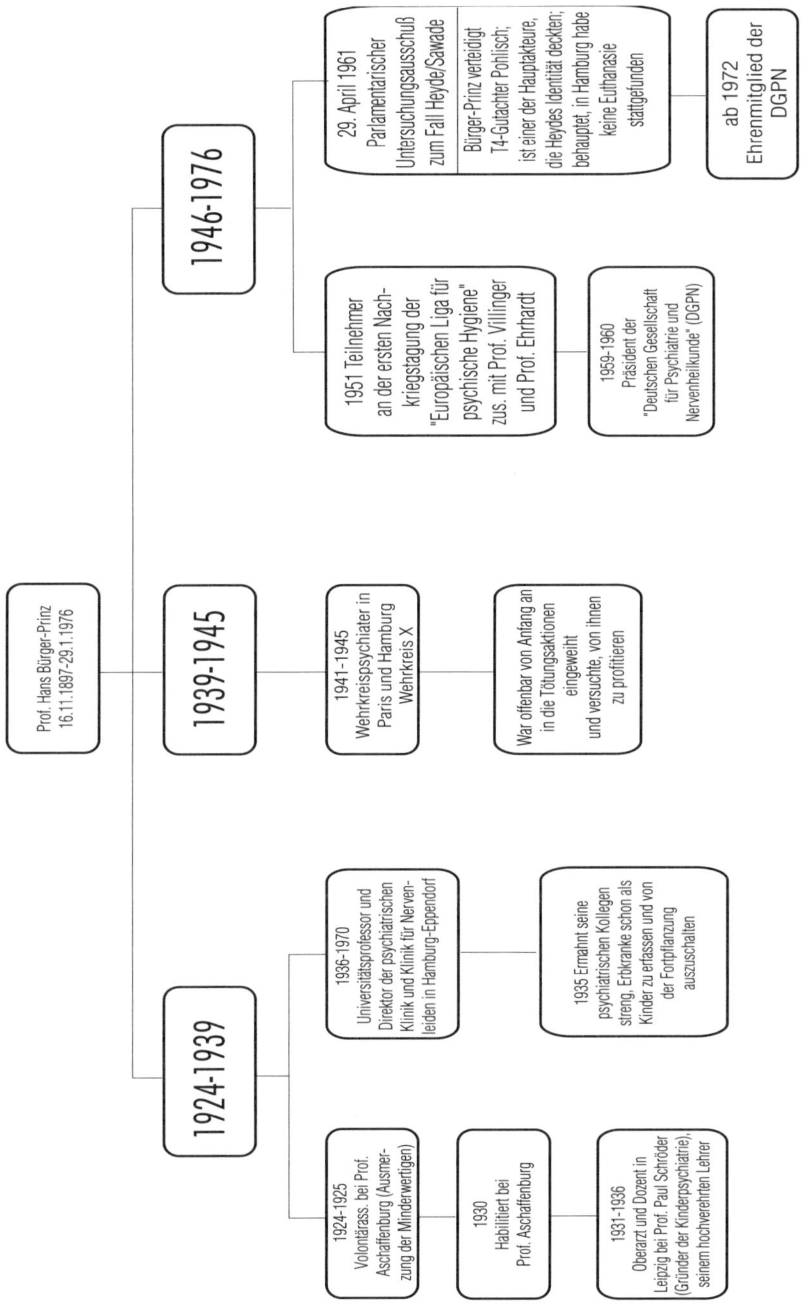

Behandlung Schwachsinniger letztlich während des Zweiten Weltkriegs an, als da waren: Eheauflösung, Unterbringung der Kinder in einer Erziehungsanstalt, Unfruchtbarmachung und eventuell Asylierung.[43] Selbst dem weniger radikalen Kranz kann man mithin eine solide rassenideologische Tradition nicht absprechen.

PRÄSIDENT VON 1963 BIS 1964: HANS MERGUET

Auch Merguet ist Psychohygieniker, steht also in der Tradition der Rassenhygiene. Dies belegt unter anderem ein Artikel aus dem Jahre 1958 [Unterstreichung d.d.V.]:

„Nachdem Merguet (Lengerich) dann, wohl als erster deutscher Psychiater in der Nachkriegszeit, seine Stimme für eine Wiederaufnahme der Psychohygienearbeit erhoben hatte, wurde ... 1949 ... eine ‚Deutsche Arbeitsgemeinschaft für psychische Hygiene' ins Leben gerufen, die anläßlich der 5. nach Brüssel einberufenen Jahresversammlung (1952) der WFMH [World Federation of Mental Health; d.V.] in diese aufgenommen wurde."[44]

Merguet, Direktor der Landesanstalt Lengerich, äußerte sich 1955 in einem Artikel über die Anstaltspsychiatrie in unserer Zeit außerdem durchaus positiv zur Gehirnchirurgie – eine äußerst umstrittene „Therapie"; diese „Leukotomie"[45] spiele laut Merguet bedauerlicherweise in deutschen Anstalten eine nur geringe Rolle im Vergleich mit anderen Ländern. (Dabei ist sie, laut Kritikern, barbarisch.)

„In einigen Anstalten allerdings ist sie [die Leukotomie; d.V.] mit sehr sorgfältiger Indikation häufiger angewandt worden, und zumindest der hohe Prozentsatz der danach entlassungsfähig gewordenen Patienten sollte uns Anlaß geben, unsere Stellung zu dieser schwerwiegenden Frage vorurteilslos zu überprüfen."[46]

---

senhygieniker, Erfinder der Zwillingsforschung und Leiter des Instituts für Erbbiologie und Rassenforschung in Frankfurt) war ein Liebhaber der Zwillingsforschung. In seiner Brutalität und Grausamkeit ist er unerreicht. So ist beispielsweise bekannt, daß er in seinem Büro an der Wand in 1,56 Meter Höhe einen geraden Strich ziehen ließ. Wer kleiner war, mußte in die Gaskammer, wer größer war, gehörte zu seinen Pfleglingen, die er durch Gehirnoperationen, Einspritzen von unterschiedlichsten experimentellen Lösungen, lebendige Folter etc. für die Forschung verwertete und anschließend umbrachte (sofern sie nicht unter seinen Händen auf dem Seziertisch starben). Einmal soll er, so wird berichtet, ein Zwillingspaar erschossen und anschließend den Brustkorb geöffnet haben, nur um Kollegen zu beweisen, daß er mit einer Diagnose recht hatte. Die Diagnose gab ihm zwar unrecht, aber nunmehr bestand zumindest kein Zweifel mehr. – Mengele floh nach dem Krieg nach Argentinien, wo er 1978 angeblich beim Baden im Meer ertrunken sein soll

43 Siehe: Fiat Review of German Science 1939-1946, Wiesbaden 1948, S. 260

44 Aus: Psychiatrie und Gesellschaft, 1958, S. 162

45 Leukotomie: operativer Eingriff in die weiße Gehirnsubstanz

46 In: Der Nervenarzt, 26. Jahrgang 1955, S. 386

Aber was ist denn eigentlich die Psychochirurgie oder Leukotomie oder der „stereotaktische Eingriff"?[47] Nun, laut kompetenten Äußerungen handelt es sich dabei um eine begrifflich geschönte „Schlachthausmethode" moderner „Seelenheiler", wie auch der Fall des 24jährigen Bernd L. illustriert:

„Der 24jährige Bernd L. unterzog sich nach mehreren Sittlichkeits-Delikten an einigen Jungen einer Gehirnoperation. Er machte sich über das Risiko keine Gedanken. ... In Hamburg ließ er sich von Prof. Dieter M. operieren, um von seinem abartigen Trieb befreit zu werden. Der Psycho-Chirurg verschmorte zwar einen Teil seines Gehirns, doch der Erfolg war nur von kurzer Dauer. L. verging sich nach der Operation an dem 10jährigen Sohn seiner Nachbarin und erdrosselte ihn mit einem Stromkabel."[48]

Wie gesagt, Merguet war ein eindeutiger Befürworter der Seelenchirurgie, des Eingriffs in das Gehirn mit Messer oder Sonde.

Im übrigen verwehrte er sich gegen die Flut von gesetzlichen Bestimmungen und Maßnahmen, die einen Patienten vor seinem Psychiater schützen sollten und lehnt die Einschaltung der Gerichte gemäß Art. 104 Grundgesetz klar ab.[49]

Merguet gehört in die Tradition der Psychohygiene, auf die wir in einem späteren Kapitel ausführlich eingehen werden.

PRÄSIDENT VON 1965 BIS 1966: FRIEDRICH PANSE (1899–1973)

Auch Panse war Wehrkreispsychiater und T4-Gutachter. Zu Panse noch einige weiter zurückreichende Anmerkungen:

Panse war Oberarzt an den Wittenauer Heilstätten und Beisitzer in den Erbgesundheitsgerichten und Erbgesundheitsobergerichten – Zusammenarbeit in Fragen der Sterilisation u.a. mit Heyde. Ab 1935 baute Panse gemeinsam mit Pohlisch das „Rheinische Provinzialinstitut für psychiatrisch-neurologische Erbforschung" auf. Ab 1937 war er Universitätsdozent und Lehrbeauftragter für Rassenhygiene in Bonn. NSDAP-Beitritt erfolgte 1937; Geheim-Euthanasie-Konferenz in Berlin gemeinsam mit Pohlisch. Der Euthanasiefilm wurde nach einer Idee von Panse erstellt – die Behandlung von Kriegsneurotikern und ihre Heilung, das sogenannte „Pansen", war nach ihm benannt.

---

47 Stereotaktisch ist eines jener psychiatrischen Kunstworte, mit denen einer brutalen Schlachthausmethode das Mäntelchen der Wissenschaftlichkeit verliehen werden soll. Das Wort bedeutet gehirnchirurgischer Eingriff mittels einer Sonde.

48 Der Spiegel vom 24. April 1980 – „Aus der Fassung". Hier zitiert aus: Keppler, Mehler: Der sanfte Schrei. München 1989^2

49 in: Der Nervenarzt, Nr. 26/1955, S. 385

Zeittafel 4: Prof. Friedrich Panse

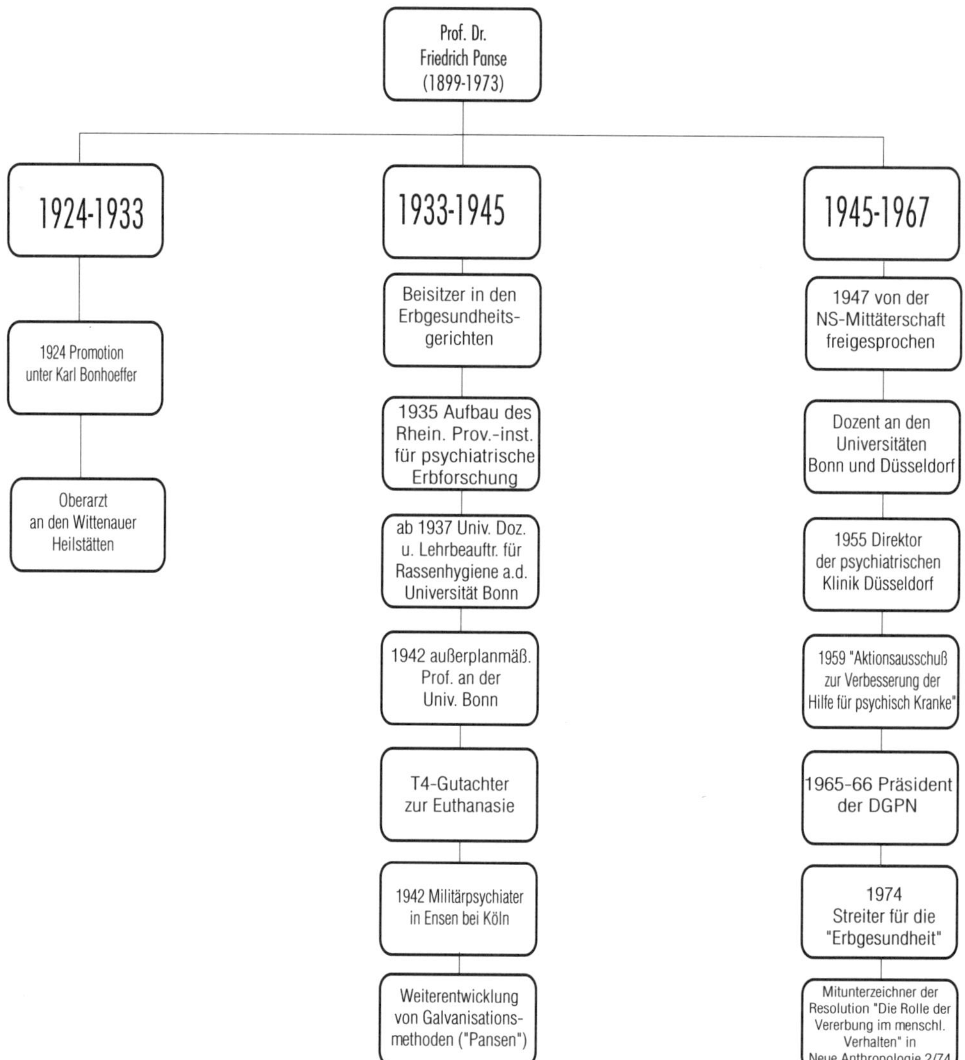

Auch Panse stellte die Kriegs- und Unfallneurose mehr und mehr in den Zusammenhang von Simulation und sah die *„Psychopathie mit dem Ziel des Erschleichens von Renten oder Abfindungen“*. Auf gut deutsch: Wer seelisch krank aus dem Krieg zurückkam wollte nur Geld.

„Eine weitere Tatsache, die sehr zum Verständnis der Rentenneurose beigetragen hat, war die Erfahrung, daß die Neurosen nach endgültiger Erledigung des Entschädigungsverfahrens durch eine Kapitalabfindung heilten.“[50]

Im Klartext: Aus der Beobachtung, daß Kriegsneurotiker nach Erhalt ihrer ihnen zustehenden Abfindung genesen sind, schlußfolgerte er, daß sie diese Neurosen nur zum Zwecke der Erschleichung des Geldes vorgetäuscht hätten.

Interessant ist auch die Verwicklung Panses in die moderne Elektrotherapie:

„Psychiater Panse (...) hat auf der Basis der bereits vor dem 1. Weltkrieg bekannten ‚Kaufmann-Kur‘ ein ‚Therapieverfahren‘ entwickelt, das in der Wehrmacht mit dem Verb ‚pansen‘ bezeichnet wurde. Dabei wurden nicht wie bei der ‚Kaufmann-Kur‘ Reizungen motorischer Nerven mittels faradischer Ströme vorgenommen, sondern es wurden auf großen Hautpartien mit einer Rolle sehr schmerzhafte galvanische Reize bis zu 300 Milliampere Stromstärke appliziert.“[51]

Erinnern wir uns: Mit der Weiterentwicklung der „Gleichstromtherapie“ hatten Militärpsychiater ein effektives Instrument gefunden, das angeblich „heilte“, in Wahrheit jedoch „disziplinierte“. Im Selbstversuch hatte sich gezeigt, daß der galvanische Strom ein höchst eindrucksvolles, den ganzen Körper aufwühlendes Erlebnis hinterläßt.[52] Die Methode bewährte sich, und nach kurzer Zeit entstanden mehrere Behandlungszentren.[53] Friedrich Panse arbeitete mit so großem Erfolg, daß das Lazarett Ensen zu einer zentralen Anlaufstelle für die besonders hartnäckigen Kriegsneurotikerfälle wurde.[54]

Friedrich Panse wurde von allen Vorwürfen der Beteiligung an nationalsozialistischen Verbrechen 1947 freigesprochen. Er brauchte sich nie als Psychiater für seine menschenverachtende Haltung und Methodik verantworten. Ohne große Probleme brachte er es zu höchsten Ämtern und Ehrungen. 1959 war er ständiger Mitarbeiter im „Aktionsausschuß zur Verbesserung der Hilfe für psychisch Kranke“.

50 Friedrich Panse: Das Schicksal von Renten- und Kriegsneurotikern nach Erledigung ihrer Ansprüche. In: Deutsche Zeitschrift für Nervenheilkunde, Bd. 88. Leipzig 1926, S. 233

51 Peter Riedesser und Axel Verderber: Aufrüstung der Seelen. Militärpsychologie und Militärpsychiatrie in Deutschland und Amerika. Freiburg 1985, S. 32

52 Elsässer, zitiert nach Rolf Valentin: Die Krankenbataillone. Düsseldorf 1981, S. 143-144

53 Derartige Zentren waren zum Beispiel das Reservelazarett Ensen bei Köln (Dr. Friedrich Panse) und das Reservelazarett II in Rodewisch (Dr. Klaubert) (BA-MA, RH 12-23, H 20-464)

54 Vgl. auch Roth 1987: Roth, Karl Heinz: Die Modernisierung der Folter in den beiden Weltkriegen. In: „1999“ (Zeitschrift für Sozialgeschichte des 20. und 21. Jahrhunderts) 2 (1987), S. 8-75 (Anm. 9), S. 42-45

PRÄSIDENT VON 1969 BIS 1971: HELMUTH E. EHRHARDT (geb. 1914)

Ehrhardt promovierte 1940 in Breslau. Er bedankte sich in seiner Doktorarbeit bei seinen „akademischen Lehrern“: dem Wehrkreispsychiater Bumke, bei Max de Crinis und bei Villinger.[55] Ehrhardt war von 1952 bis 1968 Schriftführer der Deutschen Gesellschaft für Psychiatrie und Nervenheilkunde, ehe er 1969 zu ihrem Präsidenten gewählt wurde. Außerdem war Ehrhardt Schüler von Villinger und de Crinis. Bemerkenswert ist, daß auch dieser Psychiater ein eifriger Verfechter des Elektroschocks war. Er zeichnete sich besonders durch seine ergiebigen Untersuchungen über das Verhalten des inneren Augapfeldrucks während und nach Verabreichungen eines Elektroschocks aus, die mit der bemerkenswerten Erkenntnis enden, daß dieser unter Schockeinwirkung um 25 bis 55 Prozent des Normalzustandes absinkt. Die „Untersuchung wurde bei 20 in der Schockbehandlung stehenden Patienten ... durchgeführt.“[56]

Ehrhardt verschaffte sich mit solcherlei bemerkenswerten optischen Meßergebnissen nach dem Krieg einen Ruf. 1948 schlug er vor, das „einfache und technisch elegante Verfahren“ des Elektroschocks auch ambulant zu verwenden, um wertvolle Anstaltsbetten (die nach dem Krieg rar geworden waren) freizubekommen beziehungsweise mehr Patienten in den segensreichen Genuß dieser umstrittenen Technologie kommen zu lassen.[57] Wörtlich:

„Die ambulante Behandlung bestimmter psychischer Erkrankungsformen ist heute in Anbetracht der Raumnot wie auch aus allgemeinen wirtschaftlichen Erwägungen eine Frage von praktischer Bedeutung. Der Elektroschock bietet die Möglichkeit, eine ganze Reihe geistiger und seelischer Störungen mit guten Erfolgsaussichten ambulant zu behandeln. Vielen bisher aus rein äußeren Gründen vernachlässigten oder mit unzureichenden Mitteln nur unvollständig behandelten Patienten eröffnet die ambulante Elektroschockbehandlung einen Weg zu wirksamer und schneller Hilfe. ...“[58]

Sowohl die Rassenhygiene im Dritten Reich als auch die Psychohygiene, wie sie später von Erhardt und Kollegen befürwortet wurde, benutzten allem Anschein nach als Begründung die *Fürsorge* und die Bemühung um *Hilfe*, um ihre wirklichen Ziele zu realisieren. Ehrhardt erwies sich dabei sogar als eifriger Rechtfertiger der Sterilisationsgesetze von 1933. Als er sich im Jahre 1961 gemeinsam mit Villinger

55 Dr. phil. Helmuth E. Ehrhardt: Beitrag zur elektrischen Erregbarkeit des [sic!] Nerven unter der Einwirkung von Narkoticis. Inaugural Dissertation, Breslau 1940, Abschnitt Lebenslauf
56 Veröffentlicht in: Deutsche Zeitschrift für Nervenheilkunde, 159. Band, 1948, S. 75-80 (unter Villinger)
57 In: Der Nervenarzt, 19. Jg. 1948, Heft 1, S. 37-42
58 a.a.O., S. 41f.

Prof. Dr. med., Dr. phil., Dr. jur.h.c.
Helmuth E. Ehrhardt

bei der 34. Sitzung des Wiedergutmachungsausschusses zur Frage der Rechtmäßigkeit einer Entschädigung von Zwangssterilisierten äußern sollte, verneinte Ehrhardt einen solchen Anspruch:

„Zur 34. Sitzung hatte der Ausschuß nun Experten eingeladen, um das Thema näher zu erörtern, darunter Hans Nachtsheim, die Psychiater Lauber, Villinger und Lewenstein sowie den Strafrechtler [Ehrhardt war auch Dr. jur.; d.V.] *Ehrhardt. Während der ganztägigen Verhandlungen setzte sich Nachtsheim, unterstützt vor allem durch Villinger und Ehrhardt, wiederum für die Anerkennung des Sterilisationsgesetzes als rechtmäßig ein und begründete seine Haltung mit den altbekannten eugenischen Argumenten. ... man bedenke im Zusammenhang damit die Bevölkerungsexplosion und mit ihr in Verbindung die qualitative Verschlechterung: ‚Das geht lawinenartig von Generation zu Generation –, wo kommen wir dann überhaupt hin?'"*[59]

Ehrhardt zeigte sich in dieser Ausschußsitzung auch durchaus optimistisch, daß ein neues Sterilisationsgesetz kommen würde.[60]

Bemerkenswert ist auch die Beurteilung Ehrhardts in der Sache Villinger, als er am 26. Juli 1961 vom Amtsgericht Marburg befragt wird, ob Villinger als T4-Gutachter tätig war: *„Es ist ausgeschlossen, daß Prof. Villinger in dieser Angelegenheit Gutachten erstattet hat."*[61] Manus manum lavat? Derselbe Ehrhardt äußert sich zur Frage der Euthanasie im Deutschen Ärzteblatt eineinhalb Jahrzehnte später:

„Beim Thema Euthanasie ... interessiert heute nicht mehr, ob, wer, unter welchen Voraussetzungen und in welchem Ausmaß an den grundsätzlich zu verurteilenden nazistischen Vernichtungsmaßnahmen beteiligt war."[62]

Wohl am bemerkenswertesten ist Ehrhardts Aufarbeitung der Vorgänge im Dritten Reich in seiner Publikation *„Euthanasie und Vernichtung ‚lebensunwerten' Le-*

59 Weingart u.a.: Rasse, Blut und Gene, Geschichte der Eugenik und Rassenhygiene in Deutschland. Frankfurt am Main 1988, S. 589f.

60 a.a.O., S. 600

61 Zit. nach Klee: Was sie taten – Was sie wurden, S. 171

62 Deutsches Ärzteblatt vom 27. Januar 1977, zit. n. Ernst Klee: Was sie taten, Was sie wurden, S. 171

bens", erschienen im von Hans Bürger-Prinz herausgegebenen *Forum der Psychiatrie* in der Ausgabe 11, 1965. Dort gibt er zum Ausdruck, daß das, was geschehen sei, „Einzelfälle" seien, soweit es die Psychiatrie betrifft. Zitat:

„Verschiedene Ordinarien der Psychiatrie [Lehrstühle; d.V.] an den Universitäten hat man als ‚Gutachter' zu gewinnen versucht, was aber nur in Einzelfällen, und auch da nur partiell, gelungen zu sein scheint; abgesehen von den wenigen, die ohnehin in der ‚Spitzengruppe' tätig waren. ...insoweit lagen die Universitätskliniken und ihre Direktoren ziemlich weit hinter der eigentlichen Front der Aktion. ... Das gilt genauso für die überwiegende Mehrheit der Anstaltspsychiater..."[63]

Angesichts der in unserem Kapitel über die T4 dargestellte Tatsache, daß die Universitäten um ihre Patienten, ihr „Demonstrationsmaterial", kämpften, klingt diese Aussage eher wie verspäteter Hohn. Jedoch – könnte man wirklich von Ehrhardt, einem Schüler des T4-Psychiaters de Crinis und T4-Gutachters Villinger, eine Verurteilung seiner akademischen Lehrer erwarten?

Abschließend Ehrhardts Kommentar:

„Als Ergebnis einer kritischen Analyse der Vernichtungsaktion gegen Geisteskranke zwischen 1939 und 1945 wäre demnach festzuhalten, daß zwar einzelne Psychiater maßgeblich an der Vorbereitung und der Durchführung der Aktion beteiligt waren, daß aber ‚die deutsche Psychiatrie' oder eine Mehrheit der deutschen Psychiater niemals auch nur die hypothetische Forderung nach einer ‚gesetzlich begrenzten Vernichtung lebensunwerten Lebens' akzeptiert hat. ‚Die deutsche Psychiatrie' hat zur Zeit der Vorbereitung und der Durchführung der Vernichtungsaktionen niemals die Möglichkeit zu einer freien Meinungsbildung, zu einer verbindlichen Meinungsäußerung oder zur Vorbereitung einer gemeinsamen Stellungnahme gehabt. ... Damit ist die Frage nach Schuld und Verantwortung gegenüber den in Rede stehenden Vernichtungsaktionen für die Justiz viel ‚kollektiver' als für die Psychiatrie gestellt..."[64]

So viel zum Thema Vergangenheitsbewältigung durch Prof. Ehrhardt, zu jener Zeit Schriftführer der Deutschen Gesellschaft für Psychiatrie und Nervenheilkunde.

---

63 Helmuth E. Ehrhardt: Euthanasie und Vernichtung „lebensunwerten" Lebens. In: Forum der Psychiatrie, Hrsg. Hans Bürger-Prinz. Hamburg 1965, S. 34

64 a.a.O., S. 42

Zeittafel 5: Prof. Helmuth E. Ehrhardt

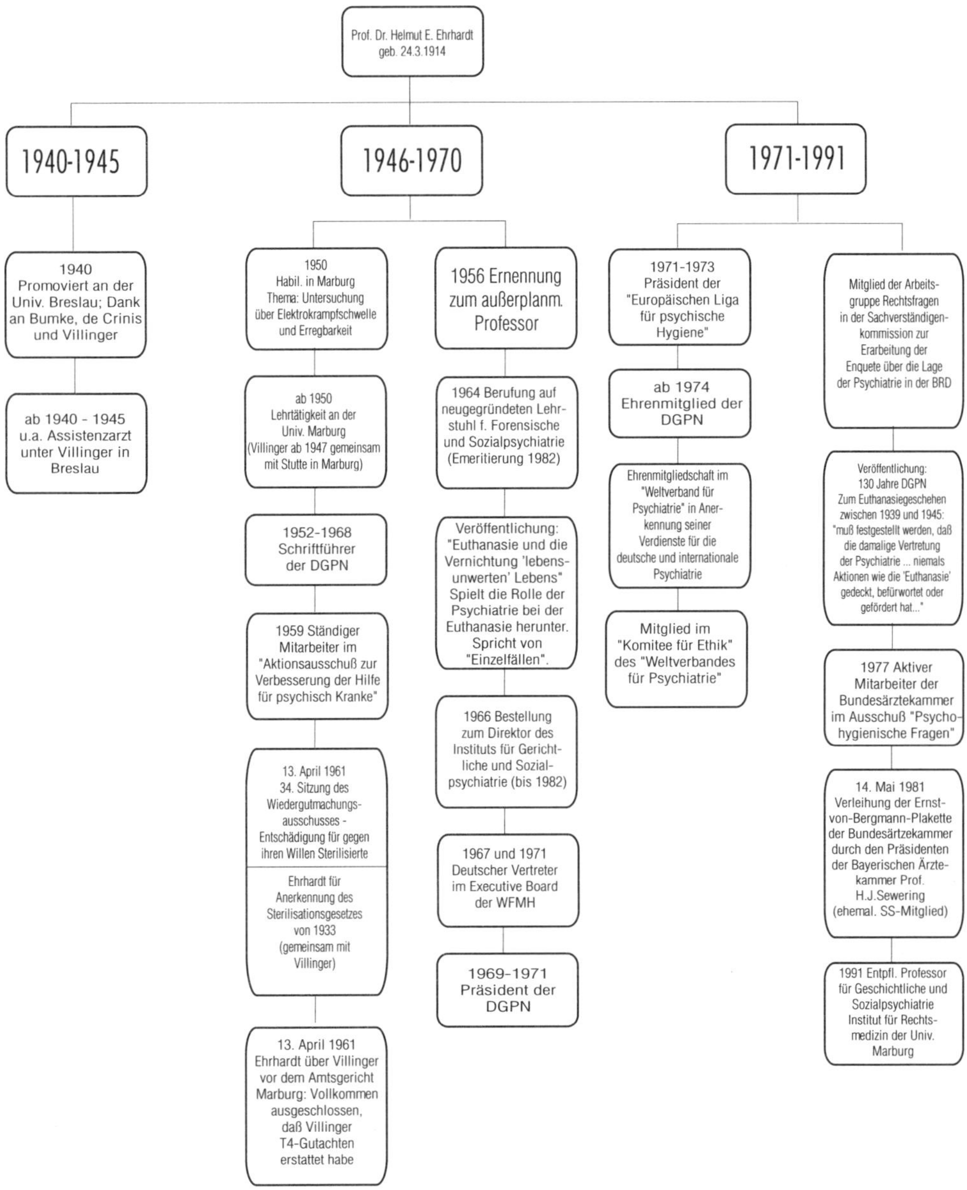

PRÄSIDENT VON 1971 BIS 1972: RUDOLF DEGKWITZ (1920–1990)

Nicht zu verwechseln mit seinem Vater Rudolf Degkwitz, über den wir in einem früheren Kapitel bereits berichteten und der nach dem Krieg einer der schärfsten Kritiker der deutschen Nazi-Psychiatrie war. Auch der Sohn hatte bereits während des Krieges gemeinsam mit seinem Vater öffentlich Widerstand geleistet und war dafür verhaftet und verurteilt worden. Ein weiteres Beispiel dafür, daß der kein Erfüllungsgehilfe war, der keiner sein wollte.

PRÄSIDENT VON 1973 BIS 1974: HANNS HIPPIUS (geb. 1925)

Hippius ist Schüler Villingers und Selbachs.[65] Der Münchner Psychiater (bis 1994 Leiter der Universitätsnervenklinik) geriet durch seine Experimente mit der „Pille gegen die Angst" 1989 in die Schlagzeilen. Hippius wurden auf eigenen Antrag hin eine Viertel Million DM an Forschungsgeldern vom Innenministerium bewilligt, um an gesunden wie auch an psychisch kranken Patienten die Wirkung von angstlösenden Pillen zu untersuchen. Daraus wollte er wichtige Schlußfolgerungen für den Katastrophenfall ableiten – wie beispielsweise den Atomkrieg, atomare Unfälle oder Paniksituationen wie im Fußballstadion von Brüssel, bei dem es Tote gegeben hatte. Den für das Experiment ausgewählten Patienten wurden Horrorfilme („Alien" u.ä.) gezeigt, anschließend erhielten sie Psychopharmaka, deren Wirkung auf das psychische Verhalten untersucht wurde. Damit sollte im Ernstfall verhindert werden, daß durch unkontrollierbare Angst- und Panikreaktionen die Verteidigungsbereitschaft der Bevölkerung und der Armee beeinträchtigt würde. Hippius in seinem Antrag an das Bundesamt für den Zivilschutz (das dem Innenministerium unterstellt ist):

„Die Bewältigung des Symptoms ‚Angst' spielt für die Leistungsfähigkeit in Belastungssituationen eine besonders große Rolle. ... Die Kenntnis individueller Belastbarkeit sowie der psychischen und somatischen Reagibilität (Fähigkeit zu rascher und sensibler Reaktion; d.V.) ermöglicht eine Vorhersage individueller Angstreaktionen in bedrohlichen Situationen unterschiedlicher Intensität.

---

65 Prof. Helmut Selbach war Mitarbeiter des Kaiser-Wilhelm-Instituts für Hirnforschung in Berlin unter dem Direktor Spatz in den vierziger Jahren. Spatz arbeitete sehr eng mit Julius Hallervorden, der die neuropathologische Abteilung leitete und sich über 500 Gehirne getöteter Geisteskranker zu Forschungszwecken beschaffte (die Hallervorden-Sammlung wurde vom Max-Planck-Institut bis 1990 aufbewahrt — siehe Kapitel II,3). Selbach publizierte Artikel über Hirnforschung unter Spatz und de Crinis

Von spezieller Bedeutung ist in diesem Rahmen die Frage einer möglichen Modifikation der Belastbarkeit durch pharmakologische oder verhaltensverändernde Maßnahmen."[66]

Prof. Hans Hippius

Erst nach mehreren empörten Artikeln in den Medien strich der Innenminister persönlich die bewilligten Mittel wieder. Hippius selbst soll seinen Angestellten damals sogar striktes Redeverbot in der Öffentlichkeit erteilt haben. Die *Wirtschaftswoche* schrieb: „*Wie Opium oder LSD soll die Pille vom Zivilschutz auch mit euphorisierenden Traumbildern beglücken.*"[67] Relaxed und happy in die Katastrophe, das war offenbar das Motto von „Hippi", wie der Münchener Toppsychiater liebevoll von Kollegen genannt wurde. Sein Image erhielt allerdings einen starken Riß, zumal er ohne Wissen des Forschungsministeriums tätig geworden war.

Noch eine interessante Randnotiz: Hier finden wir offenbar *Verschleierungstaktik* am Werk: Hippius selbst hatte diese Forschungen angeregt und ins Leben gerufen, nach außen sollte es jedoch wie ein offizieller Forschungsauftrag des Bundesamtes für den Zivilschutz aussehen. (Zum Thema Verschleierung folgt eine spannende Darstellung in einem späteren Kapitel.) Auch die „Internationalen Ärzte gegen den Atomkrieg" übten heftige Kritik an den Forschungen von Hippius, zumal er dazu beitrage, daß die Tatsache kaschiert werde, wie wenig Ärzte im Falle einer atomaren Katastrophe tatsächlich ausrichten könnten.

Die Panikforschung ist keineswegs ein Gebiet, das Hippius erst jetzt als Tätigkeitsfeld entdeckt hat. Seine Faszination für diesen Zweig der Wehrpsychiatrie läßt sich bis ins Jahr 1971 zurückverfolgen: Damals gründete er zusammen mit v. Baeyer, Ploog und Mikorey (ein Münchner Kriminalpsychiater und Antisemit) im Rahmen der sogenannten „Schutzkommission" des Bundesinnenministeriums den Fachausschuß VIII, Psychobiologie (Verhalten in Belastungssituationen).[68]

66 Auszug aus einem sechsseitigen Forschungsantrag, der den Briefkopf des Bundesamtes für den Zivilschutz trägt. Der Forschungsantrag, ein standardisiertes Formblatt, ist adressiert an das Bundesamt für Zivilschutz und lief über die Kommission zum Schutz der Zivilbevölkerung beim Bundesinnenministerium. Antragsteller ist Prof. Dr. Hippius, Universitätsnervenklinik München. (Abschrift aus Archiv d. „Wirtschaftswoche".)

67 Wirtschaftswoche Nr. 34, 43. Jg. vom 18. 8. 1989

68 Vgl. hierzu Beiträge zur nationalsozialistischen Gesundheits- und Sozialpolitik, Band 3: Herrenmensch und Arbeitsvölker. Berlin 1986, S. 181

Hippius' Forschungseifer ist psychiatrietypisch. Biologische Faktoren werden ursächlich in den Vordergrund gerückt, ihre Beeinflußbarkeit mit psycho-chemischen Mitteln ist der Mittelpunkt ihres Interesses. Angst oder Panik sind biochemische Reaktionen bzw. Prozesse, die – so die Logik der Seelenärzte – auf chemische Weise in eine Glücksstimmung verwandelt werden können. Es ist erschreckend, mit welcher Verantwortungslosigkeit hier wieder mit dem „Material Mensch" in einer sehr fragwürdigen Kooperation zwischen Psychiatrie und Politik umgegangen wird. Das in dieser Sache eingeleitete Ermittlungsverfahren gegen Hippius wurde übrigens 1990 eingestellt mit der Begründung, daß „keine Anhaltspunkte für strafbare Handlungen gegeben sind".[69]

Daß Hippius sich solch wichtiger Forschungen annahm und annimmt, verwundert indes kaum. Er ist vehementer Befürworter der Psychopharmaka, wenngleich er auch manchmal vor deren Mißbrauch und Auswüchsen warnt. Ebenso scheint er dem Elektroschock wohlgesonnen.[70]

Jene Rigorosität, welche für die Methodik der psychiatrischen Forschung oftmals bezeichnend ist, macht sich bei ihm bereits 1955 bemerkbar. Über seine Experimente mit *Reserpin*, einem Alkaloid der Wurzeldroge Rauwolfia, auch „Wahnsinnskraut" genannt, liest man unter dem Stichwort Applikation (am Krankengut; Anm. d. Verf.) wie folgt: „*Verweigerten psychotische Kranke die Einnahme des Medikaments, so wurde das Serpasil so lange intramuskulär injiziert, bis die Patienten soweit beruhigt waren, daß sie sich der oralen Medikation nicht mehr widersetzten.*"[71]

Laut Untersuchungen an der Klinik von Hippius ist „fast jeder 5. Bundesbürger psychisch krank" – das ergab eine Studie der Universität München, so die in Marburg erscheinende Oberhessische Presse in ihrer Ausgabe vom 9. Juni 1981. Weitere 20 Prozent leiden unter gelegentlichen, allerdings nicht behandlungsbedürftigen Störungen.

Zu den Freunden und guten Verbindungen von Hippius scheinen nach vorliegenden Informationen zu zählen: Gerhard Harrer (Nazi-Psychiater),[72] Hans Bürger-Prinz (Wehrkreispsychiater), Hans-Werner Müller (de Crinis-Schüler), L. B. Kalinowsky (Cerlettis-Schüler, brachte den E-Schock in die USA), Joachim-Ernst Meyer (Psychiater der „Aktion Psychisch Kranke", eine Lobbyorganisation, auf die wir noch zu sprechen kommen; Meyer wird Zusammenarbeit mit de Crinis und Haller-

69 Bescheid in der Aktensache AZ 123 Js 3115/90 vom Landgericht München I vom 21. März 1991

70 Vgl. hierzu Hippius' Veröffentlichung „Zum Thema Elektrokrampftherapie" in der Münch. Med. Wschr. 120 (1978) Nr. 24, S. 825f.

71 Siehe „Klinische Erfahrungen mit dem Rauwolfia-Alkaloid Reserpin in der Psychiatrie" von J. Hiob und H. Hippius. Dtsch. Med. Wschr., Nr. 41 v. 14 Oktober 1955, S. 1499.

72 Siehe Leipziger Volkszeitung vom 13. 10. 1991: SS-Vergangenheit von Prüfer entlarvt – Professor Harrer verläßt Waldheimer Untersuchungsausschuß

vorden nachgesagt), Oswald Bumke (Wehrkreispsychiater), Max Mikorey (Panikforscher und Rassenhygieniker) und Kurt Kolle (ehrte Rüdin).

Wir wollen nicht nur Kritik üben: Hippius' kritische Einstellung gegenüber einer unkontrollierten Ausbreitung von Psychopharmaka ist ihm zweifellos hoch anzurechnen, ebenso seine distanzierte Äußerung zur breiten Verwendung von Methadon als Ersatz zum Heroinentzug.[73] Dennoch ist er offenbar Verfechter der Psychohygienebewegung. Betrachtet man seine Aktivitäten in den einschlägigen Organisationen, drängt sich dieser Schluß geradezu auf: 1973 bekleidete Hippius das Amt des Vizepräsidenten in der „Europäischen Liga für Psychische Hygiene". Ein Verein, dessen Zielsetzungen Fragezeichen aufwerfen, wirft man einen Blick auf den Vorstand, bestehend aus Schülern von Villinger, de Crinis, Rüdin und Bürger-Prinz. Bemerkenswert hierbei ist übrigens auch die Tatsache, daß er dieses Amt zu eben jener Zeit innehatte, als er Präsident der DGPPN wurde. Kurz zuvor, 1972, engagierte er sich als stellvertretender Vorsitzender der Psychiatrie-Enquete-Kommission, deren ideologischer Ursprung und Ziele in einem späteren Kapitel noch näher beleuchtet werden. Der Vollständigkeit halber – als weitere Facette seiner psychiatrischen Gesinnung – sei noch erwähnt, daß Hippius persönlich zu jener Zeit individuelles Mitglied der WFMH (World Federation of Mental Health) war.

Gerade in Hippius begegnen wir jener zwiespältigen Psychiatrie, die auf der einen Seite sich für eine Öffnung ihrer selbst und eine breitere, bevölkerungsnahe Versorgung und gegen eine Isolation der psychisch Kranken ausspricht (von Hippius in seinem Modell der Offenen Psychiatrischen Klinik verwirklicht), auf der anderen Seite jedoch einem rigorosem Biologismus huldigt, der letztlich alles auf biochemischer Ebene, also mit Pharmaka, zu lösen versucht. Bestes Beispiel ist und bleibt die „Glückspille für den Katastrophenschutz", an deren Verwirklichung Hippius, wie wir zeigten, so aktiv arbeitete.

Doch kehren wir noch einmal zurück zur Deutschen Gesellschaft für Psychiatrie und Nervenheilkunde und ihren Präsidenten.

PRÄSIDENT VON 1979 BIS 1980: HANFRIED HELMCHEN (geb. 1933)

Helmchen ist ein Schüler Hallervordens, eines Gehirnspezialisten, der die Sektion euthanasierter Kinder zu Forschungszwecken befürwortete. (Hallervorden-Zitat: „...ich hörte, daß sie das tun würden und so ging ich hin und sagte ihnen – schaut her, Jungs, wenn ihr die Leute doch tötet, dann nehmt ihnen wenigstens die Gehirne raus, damit das Material verwendet werden kann...")[74] Helmchen in seiner Dissertation

73 SPEKTRUM der Psychiatrie und Nervenheilkunde 2/1989

74 Dokument des Office of the Chief Council for War Crimes, Document Nr. L-170, vom 20. Juli 1945

1956 über seinen Lehrer Hallervorden: „Herrn Prof. Dr. med. Julius Hallervorden bin ich für kritische Beratung und Literaturhinweise zu Dank verpflichtet." Es soll hier aus dieser Höflichkeitsfloskel, wie sie in Dissertationen üblich ist, allerdings keine ideologische Nähe abgeleitet werden.

Auch Friedrich Mauz, Wehrkreispsychiater und T4-Gutachter, wurde von Helmchen ob seiner Verdienste *„um die Weiterentwicklung der Psychiatrie auf nationaler und internationaler Ebene"* gewürdigt.[75]

Es wird einem Psychiater wie Helmchen sicherlich nicht gerecht, den Versuch zu unternehmen, sein wissenschaftliches Schaffen hier auf wenige Zeilen zu reduzieren; von daher sei ausdrücklich betont, daß die Beispiele, die wir hier nennen, lediglich einen Teilaspekt darstellen. Dennoch sind sie bemerkenswert.

Erstes Beispiel:

Die Berliner Tageszeitung berichtet am 1. Juli 1982 über Professor Helmchen:

„[Helmchen] tat sich bisher besonders durch seinen Kampf gegen die wenigen Patienten-Rechte hervor; schließlich ist es doch wissenschaftlich interessanter, an Menschen anstatt den mit der Zeit langweiligen Ratten neue chemische, ruhigstellende Drogen auszuprobieren. Doch dabei stehen Herrn Helmchen die Gesetze, die Menschenversuche regeln, im Weg.... Hanfried Helmchen: ‚Die juristischen Fixierungen scheinen uns aber der Praxis nicht immer adäquat und mit unserem Verständnis ärztlichen Verhaltens nicht immer vereinbar zu sein.'"[76, 77]

Einige Jahre zuvor berichtet der Psychopharmaka-Spezialist Helmchen in der Psychiater-Zeitschrift „Der Nervenarzt" über *„D-Penicillamin*[78] *in der Schizophrenie-Behandlung"* (nachdem er sich bei der Firma Heyl in Berlin für die „großzügige Überlassung von Versuchsmengen" bedankt hat):

(Die Patientin [im folgenden abgekürzt mit Pat.] Ragna M. ist 24 Jahre alt und leidet unter *Hebephrenie* – einer Form der Jugendschizophrenie):

„Am 6. Tag näßt die Pat. im Sitzen ein. Am 7. Tag ißt sie ... Seife und Zahnpasta ... Am 8. Tag wird die Pat. verbal sehr aggressiv, wehrt sich gegen die Medikation, ist sehr gequält und erregt ... Schließlich ißt die Pat. in einem Zustand maximaler Erregung und schwerster Verhaltensstörungen die auf der Station herumstehenden Blumen einschließlich Kakteen. Die Behandlung mit D-Penicillamin wird abgebrochen...

75 In: Münstersche Zeitung vom 17. Mai 1980

76 Zit. aus Helmchen, Müller-Oerlinghausen: Klinische Prüfung neuer Psychopharmaka. In: Nervenarzt 46, 1975, S.22

77 Artikel in DIE TAGESZEITUNG Berlin vom 1. Juli 1982, S. 9: Herr Professor Helmchen und das Menschenexperiment

78 D-Penicillamin ist ein Rheumamittel

Es erscheint somit wünschenswert und begründet, nun systematische Untersuchungen der psychopathologischen Wirkungen des D-Penicillamin durchzuführen.“[79]

Die TZ berichtet am 1. Juli 1982 auch über folgenden Fall einer 61jährigen Patientin, die aus der Wohnung ihrer Schwester hinausgeworfen wurde, mit der sie jahrelang zusammengewohnt hatte und in der Folge sehr niedergeschlagen war. Die Patientin wurde zunächst mit dem Aufputschmittel Tofranil und dann mit dem dämpfenden Neuroleptikum Taxilan behandelt. Helmchen selbst schildert den Fall:

„Im Delirium war die Kranke vollkommen desorientiert, verkannte die Umgebung, sprach verworren und befand sich in äußerster Erregung. Das Gesicht war stark gerötet. (...) schwere Schweißausbrüche. Nachdem die Patientin unter Decortin (gegen Hirnschwellung) etwas aufklarte, verfiel sie am 3. Tag in einen katatonen Stupor (mit Körperspannungen verbundene Bewegungslosigkeit) mit deutlicher Besserung der Bewußtseinstrübung. Am 5. Tag ging der Stupor allmählich wieder in ein erregt delirantes Bild über, das nicht zu beherrschen war. Besonders eindrucksvoll [man beachte die Zuschauerhaltung! d.V.] *waren jetzt rhythmisch-automatische, periodisch auftretende Drehbewegungen der Hände. Am 7. Tag kam die Patientin infolge eines zentralen Kreislaufversagens ad exitum (zu Tode).“*[80]

Helmchen selbst über die „Probleme der Therapieforschung in der Psychiatrie“:

„Fast nie wird er [der Arzt; d.V.] über ein zweifelsfreies und tiefgreifendes Wissen über alle Elemente und ihr jeweiliges Gewicht im speziellen Fall verfügen, das die Wahl seiner Therapie beeinflußt. Deshalb ist jede Behandlungsentscheidung und ihr Ergebnis mit der Unsicherheit persönlicher und wahrscheinlichkeitsbestimmter Schätzungen belastet. Insofern könnte auch bei jeder alltäglichen therapeutischen Entscheidung von einem Experiment gesprochen werden.“[81]

Fassen wir zusammen. Schizophrenie und Amnesie, sprich zu deutsch: Bewußtseinsspaltung und Gedächtnisschwund, kennzeichnen in nicht geringem Maße auch Teile der deutschen Psychiatrie nach dem Krieg. Von der Verwicklung in die Euthanasie will man möglichst ohne schuldhafte Beteiligung gewußt haben. Die Väter und Wegbereiter der Euthanasie wurden kaum ernsthaft in Frage gestellt; ihre Schüler und Anhänger bildeten einen Teil der Elite der deutschen Nachkriegspsychiatrie.

---

79 Der Nervenarzt, 38. Jg., Vol. 5/1967, S. 219

80 H. Helmchen: „Delirante Abläufe unter psychiatrischer Pharmakotherapie“". In: Archiv für Psychiatrie und Zeitschrift für die gesamte Neurologie. Band 202/1961, S. 399; hier zit. aus: Die Tageszeitung Berlin (TZ) vom 1. Juli 1982, S. 9

81 H. Helmchen: Probleme der Therapieforschung in der Psychiatrie. In: Der Nervenarzt, Nr. 53/1982, S. 378

Ehrenmitglieder

A Deutscher Verein für Psychiatrie

Geh. Rat Dr. H. Laehr, Zehlendorf (1905)
Prof. Dr. L. Bianchi, Neapel (1906)
Prof. Dr. V. Magnan, Paris (1906)
Prof. Dr. A. Tamburini, Rom (1906)
Geh. Med.-Rat Prof. Dr. E. Hitzig, Halle (1907)

Geh. Med.-Rat Dr. G. Ludwig, Heppenheim a. B. (1908)
Geh. Med.-Rat Prof. C. Pelman, Bonn (1909)
Geh. Rat Dr. G. Weber, Sonnenstein (1909)
Geh. Rat Dr. H. Schüle, Illenau (1910)
Hofrat Prof. Dr. H. Obersteiner, Wien (1918)
Geh. Rat Prof. Dr. E. Kraepelin, München (1920)
Geh. Med.-Rat. Dr. F. Siemens, Lauenburg (1920)
Geh. Med.-Rat Prof. Dr. F. Tuczek, Marburg (1920)
Geh. Sanitätsrat Dr. H. Laehr, Wernigerode (1924)
Geh. Rat Dr. A. Mercklin, Treptow a. d. R. (1925)
Prof. Dr. J. Wagner von Jauregg, Wien (1926)
Prof. Dr. E. Bleuler, Zürich (1928)
Justizrat Prof. Dr. W. Kahl, Berlin (1931)
Oberreichsanwalt Prof. Dr. L. Ebermayer, Leipzig (1931)
Prof. Dr. K. Rieger, Würzburg (1933)
Obermed.-Rat Dr. H. Simon, Gütersloh (1933)
Obermd.-Rat Dr. G. Kolb, Erlangen (1934)
Geh. Med.-Rat Prof. Dr. E. Schultze, Göttingen (1934)
Geh. Rat Prof. Dr. G. Ilberg, Dresden (1934)

B Gesellschaft Deutscher Neurologen und Psychiater

Geh. Rat Prof. Dr. K. Bonhoeffer, Berlin (1935)
Geh. Rat Prof. Dr. R. Sommer, Gießen (1935)
Prof. Dr. Dr. h. c. K. Schaffer, Budapest (1935)
Dr. med. Dr. phil. h. c. L. Binswanger, Kreuzlingen (1953)
Prof. Dr. R. Gaupp sen., Tübingen (1953)
Prof. Dr. K. Jaspers, Basel (1953)
Prof. Dr. J. Klaesi, Bern (1953)

Quelle: DGPPN, 1993

Ehrenmitglieder

C Deutsche Gesellschaft für Psychiatrie und Nervenheilkunde

† Prof. Dr. Dr. v. von Gebsattel, Bamberg (1964)
† Prof. Dr. F. Kehrer, Münster (1964)
† Prof. Dr. M. Reichardt, Würzburg (1964)
† Prof. Dr. Dr. Dr. h. c. K. Schneider, Heidelberg (1964)
† Prof. Dr. J. H. Schultz, Berlin (1964)

† Prof. Dr. P. H. Baan, Utrecht/Holland (1968)
Prof. Dr. M. Bleuler, Zürich/Schweiz (1968)
† Dr. med. Drs. h. c. Henri Ey, Paris/Frankreich (1968)
† Prof. Dr. H. Hoff, Wien/Österreich (1968)
Prof. Dr. L. B. Kalinowsky, New York/USA (1968)
Prof. Dr. J. J. Lopez-Ibor, Madrid/Spanien (1968)
† Prof. Dr. M. Müller, Bern/Schweiz (1968)
† Prof. Dr. E. Stengel, Sheffield/GB (1968)
† Prof. Dr. E. Straus, Lexington/Kentucky/USA (1968)

† Prof. Dr. J. S. Aksel, Istanbul/Türkei (1970)
† Prof. Dr. F. J. Braceland, Hartford/Connecticut/USA (1970)
Prof. Dr. M. Kaila, Helsinki/Finnland (1970)
Prof. Dr. E. Lindemann, Palo Alto/California/USA (1970)
Prof. Dr. C. Redlich, New Haven/Connecticut/USA (1970)
Prof. Dr. J. Ruesch, San Francisco/California/USA (1970)
Prof. Dr. R. Sarro, Barcelona/Spanien (1970)
† Dr. R. Schimrigk, Dortmund (1970)
† Prof. Dr. E. T. Slater, London/England (1970)
† Prof. Dr. Y. Uchimura, Tokyo/Japan (1970)
† Prof. Dr. H. Z. Winnik, Jerusalem/Israel (1970)
† Prof. Dr. E. Wittkower, Montreal/Kanada (1970)

† Prof. Dr. Dr. h. c. H. Bürger-Prinz, Hamburg (1972)
† Prof. Dr. H. Kranz, Mainz (1972)
† Prof. Dr. F. Mauz, Münster (1972)
† Med.-Dir. Dr. H. Merguet, Münster (1972)
† Prof. Dr. F. Panse, Düsseldorf (1972)
† Prof. Dr. J. Zutt, Frankfurt/Main (1972)

† Prof. Dr. W. von Baeyer, Heidelberg (1974)
Prof. Dr. Dr. Dr. h. c. H. E. Ehrhardt, Marburg/Lahn (1974)
Prof. Dr. R. K. Freudenberg, Reigate/Surrey/GB (1974)
† Prof. Dr. W. Skalweit, Berlin (1974)
Prof. Dr. E. Strömgren, Risskov/Dänemark (1974)

† Prof. Dr. L. Kanner, Baltimore/Maryland/USA (1976)
Prof. Dr. Dr. P. Pichot, Paris/Frankreich (1976)

† Med.-Direktor Dr. Dr. H. E. Schulz, Schondorf (1978)

† Prof. Dr. H. Schulte, Bremen (1984)

Zwischen 1935 und 1992 standen zwölf Präsidenten an der Spitze der DGPPN, die Nazi-Psychiater, T4-Gutachter oder Schüler von solchen waren. Von 54 Präsidentschaftsjahren waren also 32 Jahre in bewährten Händen. Man muß sich vor Augen führen, daß der DGPPN in diesem Zeitraum insgesamt nur 21 Präsidenten vorstanden.

Abschließend liegt das Urteil nahe, daß gerade die Deutsche Gesellschaft für Psychiatrie und Nervenheilkunde gut beraten wäre, einmal *Erbhygiene* im eigenen Haus zu betreiben und die *erbideologischen Lasten*, die sie mit sich herumschleppt, einer gründlichen „Anamnese" (medizinischer Ausdruck für die Vorgeschichte einer Krankheit) zu unterziehen. Doch die Stärke der Psychiatrie scheint es nicht zu sein, die Krankheit in ihren eigenen Reihen zu erkennen und zu behandeln.

AUF EINEN BLICK

1. Die führende Organisation der deutschen Psychiatrie war seit Beginn des Jahrhunderts der *Deutsche Verein für Psychiatrie.* Schon im Jahre 1925 propagierte dieser die „Sterilisation Minderwertiger“ mit dem Ziel der Vernichtung von erbkranken Mitmenschen.
2. Der Präsident des Deutschen Vereins für Psychiatrie war von 1935 bis 1945 Ernst Rüdin. Er war zugleich der Vater des Gesetzes zur Verhütung erbkranken Nachwuchses, das der Euthanasie und der späteren Judenvernichtung zum Vorbild diente.
3. Seit 1935 befanden sich in den Reihen der Präsidenten der Gesellschaft (heute *Deutsche Gesellschaft für Psychotherapie, Psychiatrie und Nervenheilkunde*) NS-Psychiater, Rassenhygieniker, T4-Gutachter oder Psychohygieniker bzw. deren Schüler.
   Einige Namen:
   - Ernst Rüdin
   - Ernst Kretschmer
   - Werner Villinger
   - Friedrich Mauz
   - Hans Bürger-Prinz
   - Heinrich Kranz
   - Hans Merguet
   - Friedrich Panse
   - Helmut Ehrhardt
   - Hans Hippius
   - Hanfried Helmchen
4. Eine Vergangenheitsbewältigung fand innerhalb der Gesellschaft deutscher Psychiater nicht statt. Die Verbindungen zur Nazi-Psychiatrie wurden und werden weitgehend geleugnet. Kritiker sprechen von „Gedächtnisschwund“.
5. Lehren und Forschungen nach 1945 weisen zumindest einige erschreckende Parallelen zur Nazizeit auf. Einige Beispiele:
   - Eine menschenverachtende, ja menschenfeindliche Sprache
   - Das Befürworten von eugenischen Aktionen auch nach dem Krieg
   - Das Zuarbeiten auf ein neues Sterilisationsgesetz
   - Das ehrende Gedenken führender NS-Psychiater
   - Das hartnäckige Schweigen (statt Schuldbekenntnissen)
   - Das Befürworten radikaler Therapien wie der Psychochirurgie
   - Das verantwortlungslos anmutende Experimentieren am Patienten
   - Experimente, die in Richtung Massenkontrolle zielen

„Beim Thema Euthanasie ... interessiert heute nicht mehr, ob, wer, unter welchen Voraussetzungen und in welchem Ausmaß an den grundsätzlich zu verurteilenden nazistischen Vernichtungsmaßnahmen beteiligt war." [1]

Professor Helmut E. Ehrhardt,
deutscher Psychiater, 1977

3. DIE UNGLAUBLICHEN SEILSCHAFTEN DER DEUTSCHEN KINDER- UND JUGENDPSYCHIATRIE

Die personelle Kontinuität der Psychiatrie nach dem Krieg betraf einen weiteren wichtigen Bereich: die Kinder- und Jugendpsychiatrie. Die im folgenden dargestellten Zusammenhänge dürften wahrscheinlich noch erschütternder sein als die bisherigen. Denn hier geht es nicht mehr um Erwachsene, hier geht es um das Kind und den Jugendlichen. Erinnern wir uns: Die ersten Getöteten unter der Psychiatrie des Nationalsozialismus waren wehrlose Kinder! Umso interessanter ist es also, auch in diesem Bereich die Hintergründe zu erforschen und zu untersuchen, ob auch in der Kinder- und Jugendpsychiatrie die These von der personellen und ideologischen Kontinuität gilt. Mit anderen Worten: ob „Nazi-Psychiater" auch hier nach dem Krieg ideologische Ziele weiterverfolgen konnten.

Wie auch immer, eines ist klar nachvollziehbar: Die führende Elite der deutschen Kinderpsychiatrie vertrat von Anfang an einen radikalen, rassistischen und staatsorientierten Standpunkt. Daß sich nach dem Krieg *die gleichen Psychiater*, unter ihnen der führende Kopf in der T4, der für Kindergutachten zuständig war, als „Neugestalter der Kinder- und Jugendpsychiatrie" auszeichneten, ist jedoch mehr als ein Skandal.

Es ist hochinteressant, einmal die genauen Hintergründe der Kinderpsychiatrie unter die Lupe zu nehmen, die ja – das sei vorweggeschickt – angeblich den wohltätigen Zweck verfolgte, sich um die wehrlosesten aller wehrlosen Patienten fürsorglich zu kümmern. Jedoch die Kinderpsychiatrie, gegründet 1940, verschrieb

1 Deutsches Ärzteblatt vom 27. Januar 1977, Zit. n. Ernst Klee: Was sie taten – Was sie wurden, S. 171

sich in Wirklichkeit seit ihrem Entstehen den völkisch-rassistischen Zielen. Der Nazihintergrund gerade dieser Institution wurde bereits von mehreren Autoren detailliert dokumentiert;[2] die *Kontinuität* innerhalb der psychiatrischen Bewegung bis heute wurde jedoch bislang kaum in aller Deutlichkeit herausgestellt. Dem zufälligen Beobachter mag lediglich auffallen, daß sich innerhalb der letzten zwanzig Jahre die Zahl der „Kinder- und Jugendpsychiater" hierzulande von etwa *zwanzig* auf zirka *fünfhundert* Ärzte erhöhte. Eine expansive *psychohygienische Politik,* wie das ganze genannt wurde und wird, brachte uns diese wachsende Anzahl von Kinderpsychiatern, aber sie bescherte uns zugleich eine Flut von Psychopharmakaverordnungen für Kinder, vor der Kritiker immer wieder warnend ihre Stimme erheben. Ein unmittelbarer Zusammenhang zum Geschehen in der Nazizeit ist daraus allein zwar nicht abzuleiten; dennoch sind erschütternde Verflechtungen dieser Institution mit der braunen Vergangenheit rekonstruierbar, wenn man die Aktenlage näher studiert.

Fahren wir mit unserer Analyse fort. Und nennen wir wieder konkrete Namen.

Beginnen wir dort, wo die heutige *Deutsche Gesellschaft für Kinder- und Jugendpsychiatrie* ihren Anfang nahm, im Jahre 1939 nämlich, als Hitler seine Zustimmung zur Euthanasierung geistig behinderter Kinder an die Psychiater erteilte.

In Wiesbaden wurde am 27. März 1939 auf Initiative von Dr. Paul Schröder, ordentlicher Professor der Psychiatrie und Neurologie, Leipzig, die Arbeitsgemeinschaft für Kinderpsychiatrie gegründet, die sich am 5. September 1940 zur 1. Tagung der Deutschen Gesellschaft für Kinderpsychiatrie und Heilpädagogik in Wien zusammenfand. Der Gründungskongreß stand ganz unter den politischen Vorzeichen der Zeit:

„Anwesend waren etwa 500 Teilnehmer, darunter Vertreter des Reichsinnenministeriums und des Reichsministeriums für Volksaufklärung und Propaganda, der Präsident des Reichsgesundheitsamtes und seine Herren, zahlreiche Vertreter von der Reichsverwaltung des NS-Lehrerbundes, des Amtes für Gesundheitsführung und Reichsjugendführung und anderer Parteiorganisationen, ...“[3]

Anwesend war auch die „Elite" der NS-Psychiatrie, so unter anderem *„der Altmeister der Psychiatrie, Professor Wagner von Jauregg“*,[4] der nach dem Ersten Weltkrieg bekanntlich nur knapp einer Verurteilung durch ein Militärgericht entgangen

2 So beispielsweise Ernst Klee: Was sie taten – Was sie wurden, Frankfurt 1988
Ernst Klee: Sichten und Vernichten. In: DIE ZEIT Nr. 38/1992
Thom u.a.: Medizin unterm Hakenkreuz. Leipzig 1989

3 Aus: Zeitschrift für Kinderforschung, hrsg. von Reiter, Villinger, Hoffmann und Zutt, 49. Band, Heft 1, Verlag J. Springer, Berlin 1941, S. 1

4 a.a.O.

war – er hatte, wie in einem früheren Kapitel dargestellt, Soldaten „mit unglaublicher Brutalität" unter Strom gesetzt.[5] Die Vorträge wurden getragen von dem damals üblichen Tenor, das unwerte Erbgut müsse aus dem Volkskörper ausgesiebt und ausgemerzt werden. Interessant für unsere historische Auswertung ist nun nicht nur ein kurzer Überblick über die Inhalte, sondern auch darüber, wer wie worüber gesprochen hat und welche Rolle *die gleichen Personen* in der Nachkriegspsychiatrie spielten – soweit sie noch lebten. Gehen wir also auf diesen bemerkenswerten Gründungskongreß näher ein.

Paul Schröder äußerte sich zur Eröffnung mit folgenden einleitenden Worten:

„Auch die Kinderpsychiatrie soll ... geschädigte und nicht vollwertige Kinder zu ihrem und der Allgemeinheit Nutzen eingliedern helfen (jedes nach seinem Vermögen) in die Volksgemeinschaft und in den allgemeinen Wirtschaftsprozeß. Das hat allerdings nicht wahllos und gleicherweise an allen ‚Schwierigen' zu geschehen, vielmehr unter steter sachkundiger Auswahl der Wertvollen und Erziehungsfähigen, mit ebenso strengem und zielbewußtem Verzicht auf die als überwiegend wertlos und unerziehbar Erkannten."[6] [Unterstreichung durch die Autoren]

Schröder wies darauf hin, daß das Wissen um die Früherkennung bereits vorhanden sei – der Anspruch der Psychiatrie lautete: Die möglichst frühzeitige Erkennung einer vorhandenen Störung oder möglichen Schädlichkeit für die Gemeinschaft. Eine hochinteressante Perspektive![7] – Schröder wurde zum ersten Präsidenten der Deutschen Gesellschaft für Kinderpsychiatrie und Heilpädagogik gewählt.

Der bereits im letzten Kapitel vorgestellte *Werner Villinger*, damals ordentlicher Professor in Breslau, nach dem Krieg in Marburg und erster Nachkriegspräsident der Gesellschaft, sprach auf diesem Kongreß folgende markigen Worte:

„Unser Erziehungserfolg ist ... nicht so sehr von unserem erzieherischen Wollen und Können abhängig als vielmehr von dem Ton, den wir zu kneten, dem Holz, das wir zu schnitzen haben."[8]

Daß sich gerade die Psychiater als besonders talentierte Meister dieser „Erziehungstätigkeit" erweisen sollten, ja zum Zeitpunkt des Kongresses bereits erwiesen hatten, ist mittlerweile ja hinreichend bekannt. Villinger war ein begeisterter An-

5 Wir berichteten darüber in einem früheren Kapitel (I/3)

6 Aus: Zeitschrift für Kinderforschung, hrsg. von Reiter, Villinger, Hoffmann und Zutt, 49. Band, Heft 1, Verlag J. Springer Berlin, 1941, S. 14

7 Exakt darauf werden wir nochmals in einem späteren Kapitel zurückkommen; es lohnt sich, diese Zielsetzung im Auge zu behalten. Fast wörtlich identische Forderungen wurden erst vor wenigen Jahren in den USA wieder laut, als es darum ging, potentielle Gewalttäter aus den Reihen schwarzer Jugendlicher mit Hilfe der Gentechnik schon frühzeitig auszusieben

8 a.a.O., S. 18

hänger des Rassehygienikers Fritz Lenz,[9] auf den er sich unter anderem in seinem 1940 gehaltenen Vortrag berief. Villinger vertrat die Auffassung, daß an der Ererbtheit des Charakters „kein Zweifel mehr möglich" sei. Er kam zu dem (natürlich vollkommen unsinnigen, aber ideologisch konsequenten) Schluß, daß

„die Einzelzüge der Persönlichkeitsstruktur und des vitalen Gefühls- und Trieblebens durch die Erbanlagen weitgehend bestimmt und festgelegt sind und darüber hinaus wohl auch die endgültige Prägung der Persönlichkeit."[10]

Doch Villinger wurde noch eine Spur deutlicher in seinen Ansichten, so wenn er beispielsweise gegen die „autoritätslosen 20er Jahre" wetterte, sprich die Zeit der demokratischen Weimarer Republik. Im Originalton:

„Auch ein ganzes Volk kann verwahrlosen, wenn ihm die Zügelführung und das Vorbild fehlt. So kam es ... in den autoritätslosen 20er Jahren zu einer besonders großen Zahl von Schwererziehbaren. ... Sie sind wie ausgestorben, jene widerspenstigen Lümmel, die einst die öffentlichen und privaten Fürsorgeanstalten bevölkerten..."[11] [Unterstreichung durch die Autoren].

Welch sarkastischer und sadistischer Ausspruch angesichts der Ereignisse der Zeit seitens eines *bis heute* in Rang und Würden verehrten Professors! Villinger beschloß seinen Vortrag mit den Worten: *„Die Welt blickt auf Deutschland; tun wir das Unsere!"*

Ja, es war der gleiche Villinger, der 1961, mehr als zwanzig Jahre später, an den Spiegel schrieb, als ihm seine T4-Vergangenheit vorgeworfen wurde:

„Dabei ist Ihnen jedoch insofern ein Irrtum unterlaufen, als Sie mich als aktiv Mitwirkenden in diesem Verfahren [der Euthanasie; d.V.] aufgeführt haben."[12]

Nein, Villinger war sicher kein „aktiv Mitwirkender an diesem Verfahren" – indem er etwa selbst den Gashahn geöffnet oder eine tödliche Injektion verabreicht hätte. Aber er bemerkte über die Vorgänge jener Zeit: *„Sie sind wie ausgestorben, jene widerspenstigen Lümmel..."*

Kehren wir zurück zum Gründungskongreß der *Deutschen Gesellschaft für Kinderpsychiatrie und Heilpädagogik* und den dort gehaltenen Vorträgen. *Dr. Anna Leiter*, Erbforscherin aus Dresden, verwies auf die „ungewöhnlich hohe erbliche Belastung" des von ihr untersuchten „zum größten Teil asozialen und antisozialen" Kindermaterials, etwa 3000 „charakterlich auffällige" Kinder. Sie kam dabei zu der bemerkenswerten Schlußfolgerung:

---

9 Siehe Kapitel: Der geheime Pakt mit dem Teufel
10 Aus: Zeitschrift f. Kinderforschung, hrsg. von Reiter, Villinger, Hoffmann u. Zutt, 49. Band, Heft 1, Verlag J. Springer, Berlin 1941, S. 21
11 a.a.O., S. 22
12 Der Spiegel Nr. 23/1961

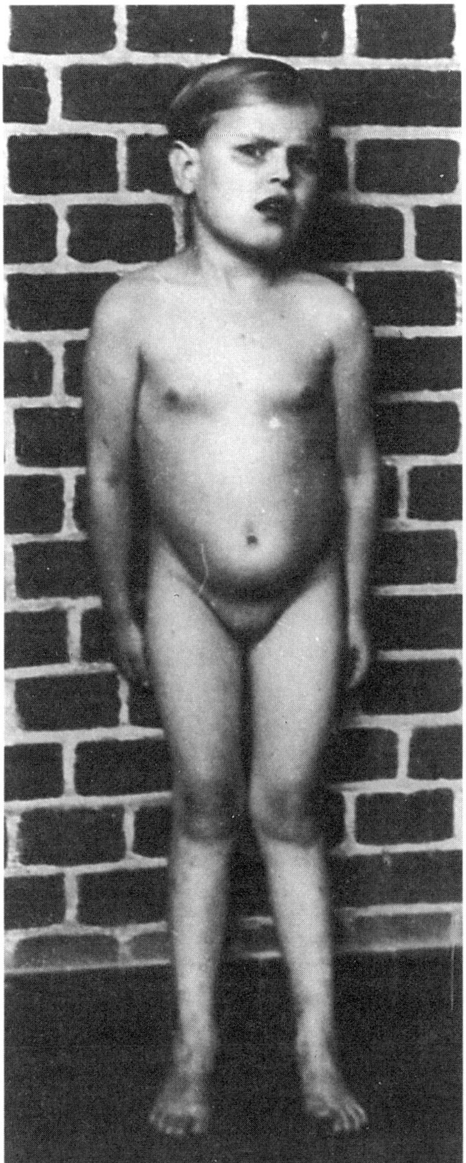

Forschungskinder der NS-Psychiater[13]

13 Quelle: Bundesarchiv, Abteilung Potsdam, BArch EVZ XIX/20 A.7 und BArch EVZ XIX/20 Akte 10

„Wir fordern daher, sobald eine sorgfältige und verantwortungsvolle Beobachtung einen hohen Grad von Gemütsarmut in Verbindung mit anderen kriminogenen [kriminelles Verhalten hervorbringenden; d.V.] *Reaktionsbereitschaften ergeben hat, die möglichst frühzeitige Bewahrung dieser Kinder, da sie für das Volksganze eine unerträgliche Belastung und Gefährdung bedeuten."*[14] [Unterstreichung d.d.V.]

Noch einmal im Klartext diese tragischen Worte: Gemütsarmut und kriminelles Verhalten werden hier in einen unmittelbaren Zusammenhang gebracht, die so gefährdeten Kinder sollen möglichst früh „bewahrt" werden, da sie eine nicht tragbare Last darstellen. Daß es den Psychiatern obwaltete zu entscheiden, wer der „Bewahrung" zuzuführen sei, verstand sich eigentlich von selbst. Doch zu diesem Zwecke wurde ja auch eigens dieser neue Berufsverband der Kinderpsychiatrie in Wien gegründet. Von Anfang an also war diese Vereinigung offenbar rassenhygienisch und auf Selektion ausgerichtet. Aber es geht noch weiter:

„Die Sichtung der Schulversager" wurde von Schuldirektor *E. Lesch* näher erläutert; er bezeichnete (wörtlich) als „schlechtes Schülermaterial" die folgenden Kategorien:

1. tatsächliche und voraussichtliche Sitzenbleiber der unteren Volksschulklassen;
2. Schüler aus höheren Klassen, die für die Sonderschule vorgeschlagen werden, sowie *„verschleppte Fälle, Grenzfälle und Zweifelsfälle";*
3. zurückgestellte Schulanfänger, befreite Volksschüler und bildungsunfähige Kinder;
4. Kinder mit besonderen Erziehungsschwierigkeiten;
5. Schulkinder, von denen bekannt ist, daß Geschwister oder Angehörige in einer Sonderschule sind oder waren; *„erbbiologische und volksgesundheitliche Gesichtspunkte empfehlen ihre vorbeugende Erfassung"*.[15]

Wörtlich äußerte er: *„Rücksicht auf Eltern, Milde, auch Gnade oder Gutmütigkeit sind hier nicht angebracht."*[16]

Eine genaue Gegenüberstellung dieser 1940 erstellten Kategorien mit modernen psychiatrisch-„psychohygienischen" Forderungen weist – wenn auch unter anderen Vorzeichen – z. T. erschreckende Parallelen auf; in unserem Kapitel über die Psychohygienebewegung werden wir darauf näher eingehen. Es ist nicht so sehr das politi-

14 Zeitschrift f. Kinderforschung, 49. Band, Heft 1, 1941, S. 93
15 a.a.O., S. 111, 112
16 a.a.O., S. 113

sche Klima, in dem diese Forderungen gestellt wurden, was uns heute erschüttert; es ist vielmehr dieser *arrogante Anspruch der Psychiatrie*, mittels von ihr mehr oder weniger willkürlich definierter „Kategorien" auszusieben, abzusondern und zu verwahren – von der anschließenden „Behandlung" einmal ganz zu schweigen.[17]

Nicht weniger menschenverachtend waren die Worte von *Dr. K. Tornow*, Magdeburg:

„Das neue Deutschland hat die fortschrittlichsten Tierschutzgesetze der Welt. Wie sollte es nicht seinen schwachen und geschädigten Volksgliedern Schutz und Hilfe zuteil werden lassen?"[18]

Und nur wenige Zeilen später erfahren wir, welche Gesinnung sich tatsächlich dahinter verbarg:

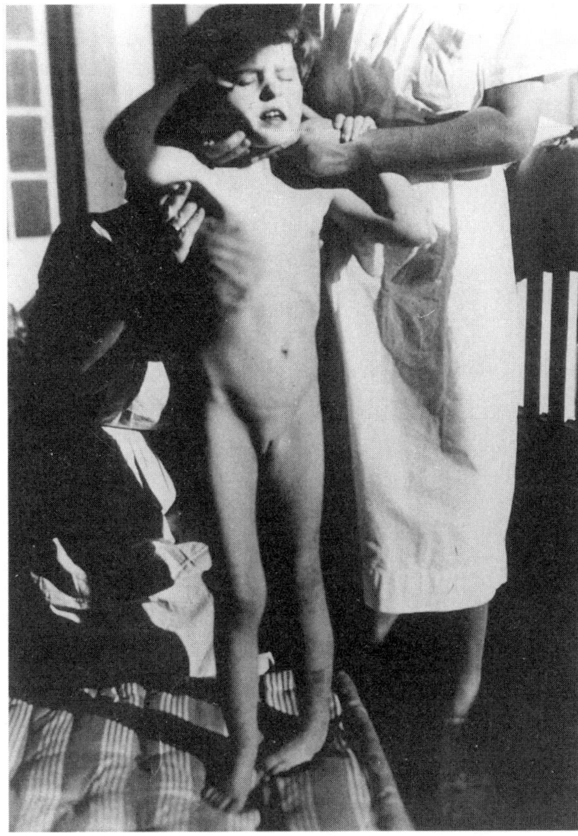

Potentieller Schulversager? – „ausgesiebt und abgespritzt" (Aus dem Fotoalbum eines Sektionsgehilfen in einer Kinderfachabteilung)[19]

17 Wir wollen nicht vorgreifen, müssen hier aber bereits eine wichtige Parallele zur Neuzeit andeuten: So werden heute Kategorien für „hyperaktive Kinder" festgeschrieben, Kategorien, die so allgemein gehalten und umfassend sind, daß etwa mindestens ein Viertel oder gar ein Drittel aller Drei- bis Zehnjährigen zu irgendeiner Zeit unter diese Definition fällt. Diese Vorgehensweise ist psychiatertypisch: Willkürlich werden Begriffe festgelegt und Krankheitskategorien festgeschrieben, die es danach ermöglichen, eine Forderung nach „besseren gesetzlichen Bestimmungen" und nach dem „Schutz der Allgemeinheit" zu erheben und so für eine breitangelegte psychiatrische Bevölkerungsversorgung die Straßen teeren zu lassen. Noch einmal: Es geht uns hier nicht darum, die Psychiatrie von heute mit der der dreißiger und vierziger Jahre in einen Topf zu werfen; es geht vielmehr darum, die Vorgehensweise aufzuzeigen; eine Vorgehensweise, die sich heute in ähnlicher Form wiederholen könnte

18 a.a.O., S. 81

19 Quelle: Hessisches Hauptstaatsarchiv Wiesbaden, 461/32442

„Trotz all der erlangten beachtlichen Erfolge der Sondererziehung wäre uns ein Deutschland ohne Sonderschüler lieber als ein solches mit Sonderschülern.“[20]

Die Eindeutigkeit solcher Worte spricht für sich. Und weiter:

„Für das Gesamtgebiet der Sonderpädagogik erscheint mir aber als Wichtigstes die Schaffung einer Zentralstelle für alle Fragen der Sondererziehung. ... Auch auf dem Gebiete der Sondererziehung wird Deutschland den Sieg über seine weltanschaulichen Gegner erringen und führend neue Wege zum Heile der Völker gehen und aufzeigen. Möge die neugegründete Gesellschaft für Kinderpsychiatrie und Sonder- oder Heilpädagogik auch dieser sich zwingend ergebenden Aufgabe dienen, vor allem aber dazu beitragen, für unser eigenes Volk die vorliegenden Aufgaben im völkischen Sinne, also im Interesse einer rassischen Gesundung zu lösen nach dem Grundsatz: ‚Nichts für uns, alles für Deutschland, Adolf Hitler die Treue!‘“[21]

Lassen wir es bei diesen wenigen eindrucksvollen Zitaten aus der Gründungsveranstaltung bewenden. Ihr erster Präsident Paul Schröder und ihr erster Schriftführer Werner Villinger waren an diesem rassisch-ideologischen Tenor maßgeblich beteiligt. Der spätere langjährige Präsident der *Deutschen Gesellschaft für Kinder- und Jugendpsychiatrie* (so der Name nach dem Krieg), Hermann Stutte, über den es noch einige Worte zu verlieren gilt, erinnerte sich in einem Artikel mit der Überschrift „30 Jahre Deutsche Vereinigung für Jugendpsychiatrie“ im Jahre 1970 geradezu mit nostalgischen Gefühlen an diese Gründungsversammlung zurück:

„Die offizielle Gründung der Deutschen Gesellschaft für Kinderpsychiatrie und Heilpädagogik erfolgte ... am 5. September 1940 in Wien. Diese Gründungsversammlung fand unter dem Protektorat des ehemaligen Ordinarius für Psychiatrie, Prof. Wagner von Jauregg, des bekannten Nobelpreisträgers, statt. Vertreter des Reichsinnenministers, des Reichsgesundheitsamts, der Reichsjugendführung ... richteten Geburtstagswünsche an die in der Mehrzahl aus Uniformierten bestehende Gründungsversammlung. ... Die Referate dieses ersten deutschen kinderpsychiatrischen Kongresses hatten ein beachtliches wissenschaftliches Niveau, und für mich ... waren die hier empfangenen Eindrücke von berufsentscheidender Existenz.“[22] [Unterstreichung durch die Autoren]

Man kann Hermann Stutte sicher nicht unterstellen, daß er übertrieben habe, als er diese Worte schrieb; sein weiterer Werdegang innerhalb dieser Gesellschaft unterstrich im Gegenteil sogar, wie berufsentscheidend dieser Gründungskongreß für den späteren Marburger Psychiater war. Daß auch ihn allerdings ein recht rascher Gedächtnisschwund befallen haben mußte, belegen die Originalzitate aus diesem Kon-

20 Zeitschrift f. Kinderforschung, a.a.O., S. 82
21 a.a.O., S. 85/86
22 Der Nervenarzt, Nr. 41/1970, S. 313-314

„Oft von Migränen und sie begleitenden Verstimmungen gequält,
... hat Schröder viele Schwierigkeiten mit anderen Menschen gehabt."

greß von „hohem wissenschaftlichen Niveau". Oder war etwa Stutte noch dreißig Jahre später derart überzeugt von der Richtigkeit dieses faschistischen Gedankenguts, daß es ihm gar nicht in den Sinn gekommen wäre, es in Frage zu stellen, selbst wenn er sich die Originalreden nochmals zu Gemüte geführt hätte?

Kehren wir zurück zur weiteren Entwicklung dieser „kinderfreundlichen" Gesellschaft. Sie kann am besten anhand der weiteren wissenschaftlichen Arbeiten und Publikationen ihrer Vorsitzenden erhellt werden. Ihr erster Präsident, Paul Schröder, hatte sich bereits einen Namen innerhalb der zeitgenössischen Psychiatrie gemacht. Er gab zu, ein gelehriger Schüler von Kraepelin und Bonhoeffer[23] zu sein – *„Lehrern, derer er sein Leben lang mit tiefer Verehrung gedachte"* (Bürger-Prinz 1941). Schröder publizierte 1933 in der *Münchener Medizinischen Wochenschrift* einen Artikel über Psychopathen und abnorme Charaktere; dort definierte er einen Psychopathen als einen Menschen *„außerhalb der Spielbreite des Durchschnittlichen und Normalen"*. Psychopathen waren für Schröder also nicht nur Menschen, welche im Vergleich mit dem Durchschnitt *„ein Mehr oder Weniger besitzen an Eigengehalt, an Liebesfähigkeit, Geltungsstreben, Temperament und Ansprechbarkeit"*,[24] sondern auch solche Zeitgenossen, die überaus begabt, liebesfähig, temperamentvoll usw. waren. In unseren Augen ein unglaublicher wissenschaftlicher Schwachsinn! Man bedenke einmal, was die Anwendung dieser Definition etwa in unserer Zeit bedeuten würde. Und doch wurde diese Lehre in Büchern und auf Kongressen weiterverbreitet.

23 Kraepelin war einer der führenden psychiatrischen Imperialisten (siehe Kapitel 3, Die unglaubliche Geschichte der Psychiatrie); Bonhoeffer machte sich unter anderem durch seine Vorträge über „Die psychiatrischen Aufgaben bei der Ausführung des Gesetzes zur Verhütung erbkranken Nachwuchses" 1934 einen Namen

24 Münchener Med. Wochenschrift 1933, I, S. 1007

Wie fatal die Lehren Schröders an seinen über 3000 Patienten für die gesamte Kinder- und Jugendpsychiatrie der NS-Zeit waren, kann man ermessen, wenn man sich vor Augen hält, daß seine „Charakterforschung" als Grundlage zur Feststellung der Erbtüchtigkeit diente – oder eben der Ausmerzung. Schröder sollte der Gesellschaft jedoch nicht mehr lange erhalten bleiben. Er starb am 7. Juni 1941 in Leipzig. Im Nachruf heißt es: *„Oft von Migränen und sie begleitenden Verstimmungen gequält, ... hat Schröder viel Schwierigkeiten mit anderen Menschen gehabt."* Villinger sollte seine Nachfolge antreten.

Der von Schröder designierte Nachfolger Villinger mußte sich jedoch weiterhin mit dem Posten des Schriftführers begnügen; er wurde *„in der Wahrnehmung dieser Funktion [des Präsidenten; d.V.] dadurch behindert, daß von Regierungsseite ein anderer zum Vorsitzenden ernannt wurde"*.[26] So jedenfalls informiert uns Hermann Stutte 1970 in einer Denkschrift über die Gesellschaft. Wer dieser „andere" war, verrät uns Stutte an dieser Stelle nicht. Offiziell führt die Gesellschaft heute Prof. Villinger in ihren Annalen als Vorsitzenden der Jahre nach 1941. In Wirklichkeit war es jedoch der bis zu seinem Tode umstrittene Dr. med. habil. Hans Heinze, Leiter der Landesanstalt Brandenburg-Görden und Obergutachter der *Kinder-Euthanasie*. Dieser Mann verdiente sich seine Lorbeeren beim „Reichsausschuß zur wissenschaftlichen Erfassung von erb- und anlagebedingten schweren Leiden", der *„Tarnorganisation zur Ermordung behinderter Kinder und Jugendlicher"*.[27] Der „Reichsausschuß" war praktisch der T4 angegliedert, nur daß er für die Kinder-Euthanasie zuständig war. Damit nicht genug: Ebenfalls war Heinze Gutachter der Erwachsenen-Euthanasie in der T4! Heinze ist also, wie Villinger, einer eingehenderen Untersuchung im Hinblick auf seine Lehre sowie seine Verbindungen zur Kinder- und Jugendpsychiatrie wert. Widmen wir uns diesem hochverehrungswürdigen Herrn, der der Psychiatrie bis zu seinem Ableben 1983 diente.

Dr. med. Hans Heinze, damals Arzt an der Kinderpoliklinik in Leipzig, veröffentlichte gemeinsam mit Paul Schröder 1931 das Buch „Kindliche Charaktere und ihre Abartigkeiten".[28] Darin wird gleich im ersten Absatz der Einleitung definiert, was unter *abartig* zu verstehen sei:

„Abartig ist abweichend von der Art, von der Norm, von der großen Spielbreite des Durchschnittes. Abartig ist nicht gleich krank. Abartig ist auch der Übergroße, der Überkleine, der Athlet, der Hochbegabte, das Genie. Abartig auf seelischem Gebiet ist, wer ... nach oben oder unten vom Durchschnitt abweicht."[29]

---

26 Hermann Stutte: In: Der Nervenarzt, Nr. 41/1970, 30 Jahre Deutsche Vereinigung für Jugendpsychiatrie, S. 314

27 DIE ZEIT, Nr. 38/1992

28 Dr. Paul Schröder: Kindliche Charaktere und ihre Abartigkeiten, mit erläuternden Beispielen von Dr. med. Hans Heinze. Breslau 1931

29 a.a.O., S. 15

Man bedenke diese Worte: Die Psychiatrie *definiert* zuerst Begriffe in der ihr genehmen Art und Weise, um auf diesem Weg alle für ihre näheren Untersuchungen in Frage kommenden Personen näher einzugrenzen. Dann sorgt sie für gesetzliche Regelungen und Bestimmungen, die ihr erlauben, im Rahmen der von ihr willkürlich gesetzten Definitionen und Normen korrigierend und nach Gutdünken einzugreifen. „Abartig ist auch das Genie" – abartiger kann eine Definition wohl kaum gefaßt werden.

Heinze war von Anfang an dieser definierenden, ausgrenzenden und auf Ausmerzung im Sinne der Staatsökonomie und der Reinheit des Volkskörpers bedachten Psychiatrie zuzurechnen. Heinze war denn auch in der Folge sowohl an den Planungen der Euthanasie und am Entwurf des Euthanasie-Gesetzes beteiligt, als auch Obergutachter bei der Kinder-Euthanasie und Gutachter bei der Erwachsenen-Euthanasie. (Dies belegten Klee[30] und Heim/Aly[31].)

1938 hatte Heinze die Leitung der Heil- und Pflegeanstalt Brandenburg-Görden übernommen. Görden diente 1940 als Zwischenanstalt für sogenannte „Versorgungstransporte" (der Aktion T4) und erhielt eine Kinderfachabteilung zur Begutachtung und Tötung behinderter Kinder. Ein Teil der Gördener Kinder wurde allerdings laut Aussagen des T4-Arztes Bumke in die Gaskammer des ehemaligen Zuchthauses in Brandenburg geschafft:

„Ein Teil der Kinderleichen wurde von Prof. Hallervorden aus Berlin seziert und zur wissenschaftlichen Auswertung mitgenommen ... ich glaube, es waren insgesamt zwei Transporte. Prof. Heinze war damals selbst in Brandenburg."[32]

Brandenburg-Görden galt offiziell als Ausbildungszentrum („Reichsschulstation") der mit der Tötung in anderen Anstalten beauftragten Ärzte. So zitiert Klee als Beispiel die Ärzte Dr. Lempp und Dr. Schütte aus Stuttgart, die nach Berlin gebeten wurden, *„damit sie in der Reichsschulstation Görden durch Heinze in die Art der Durchführung der betreffenden Aufgabe eingeführt werden können"*.[33] Heinze, der Präsident der Kinder- und Jugendpsychiatrie in Deutschland, war also nicht nur mitten in das Euthanasie-Geschehen verwickelt; er war obendrein auch noch Ausbilder der Euthanasie-Ärzte. Hallervorden war Oberarzt Heinzes; über die Rolle dieses

30 „Dem Gremium, das die Kinder-Euthanasie vorbereitet, gehören an: Hitlers Begleitarzt Karl Brandt, der Augenarzt Dr. Helmut Unger, ... Kinderarzt Dr. Ernst Wentzler (...), Dr. Hans Heinze ... und Professor Werner Catel ..." Ernst Klee: In: Euthanasie im NS-Staat, S. 77

31 Susanne Heim und Götz Aly: Bevölkerungsstruktur und Massenmord. Neue Dokumente zur deutschen Politik der Jahre 1938–1945, S. 192

32 Zit. nach Klee: Was sie taten – Was sie wurden, S. 136

33 Zit. nach Klee, a.a.O., S. 136

sadistischen Wissenschaftlers berichten Aly und Heim detailliert;[34] hier müssen wir zunächst auf ein späteres Kapitel verweisen. – Heinze, um beim Thema zu bleiben, arbeitete mit de Crinis eng zusammen:

„Ebenfalls 1939 ließ die Kaiser-Wilhelm-Gesellschaft [heute Max-Planck-Gesellschaft; d.V.] dem Anstaltsdirektor Heinze die ungewöhnliche Ehre eines Sitzes im Kuratorium ihres Hirnforschungsinstituts angedeihen, gleichzeitig mit Heinze rückte Max de Crinis in dieses Gremium ein. Mit großer Wahrscheinlichkeit ist im Kaiser-Wilhelm-Institut für Hirnforschung selbst eine Kindertötungsabteilung eingerichtet worden.“[35]

Thom geht sogar noch weiter in seinen Behauptungen:

„Nach Ermittlungen von Aly (...) kann sogar angenommen werden, daß in bestimmten Fällen Kinder nicht wegen des Schweregrades ihrer Behinderung, sondern wegen des Interesses an vergleichbaren Gehirnpräparaten für bestimmte Zustandsbilder, Verlaufsformen und Altersgruppen getötet worden sind.“[36]

Prof. Heinze war auch der Mitverfasser der *„Gedanken und Anregungen betr. die künftige Entwicklung der Psychiatrie“* (1943, gemeinsam mit Rüdin, de Crinis, C. Schneider und Nitsche – der harte Kern der Männer hinter Hitler also). Mehr darüber in einem späteren Kapitel. – Kurzum, in Heinze haben wir also eine *zentrale Figur* der gesamten NS-Psychiatrie vor uns, einer *der* Nazipsychiater und Männer hinter Hitler, mit besonders lebhaftem „Forschungsinteresse“ an Kindern und Jugendlichen. Er war Mitinitator der Euthanasie und Ausbilder der Tötungsärzte. Daß er jemals seinen kleinen Patienten etwas Böses antun wollte, haben wir ausdrücklich nicht behauptet.

Heinzes Schicksal nach dem Krieg ist schnell beschrieben. Die Strafe fiel im Verhältnis zu den begangenen Verbrechen mild aus; immerhin gehört Heinze aber zu jenen, die überhaupt ein Justizurteil ereilte. Ein russisches Militärtribunal verurteilte ihn 1946 zu sieben Jahren Zwangsarbeit. Bis 1952 verbüßte er seine Strafe in einem

34 „...Probelauf für Auschwitz und andere Schreckensorte. Dorthin, nach Brandenburg, gelangen nun erste Transporte von Geisteskranken, auch einmal ein Transport mit jüdischen Mitbürgern. Dorthin gelangen im Mai 1940 die seit 1937 genau untersuchten Kinder mit dem Vermerk >E<. Die Hirne der durch Kohlenmonoxyd getöteten Kinder wurden von Prof. Hallervorden oder – häufiger – seinem Assistenten Eicke entnommen, später Direktor der Psychiatrischen Landesklinik Marburg. Allein am 28. 10. 1940 verzeichnet das Aufnahmebuch die Herausnahme von 37 Kindergehirnen. Hallervorden untersuchte insgesamt 697 Opfer der sogenannten Euthanasie.“ In: Susanne Heim und Götz Aly: Bevölkerungsstruktur und Massenmord. Neue Dokumente zur deutschen Politik der Jahre 1938–1945, S. 198

35 Götz Aly u.a.: Reform und Gewissen – „Euthanasie“ im Dienst des Fortschritts. Berlin 1985, S. 64

36 Thom, Caregorodcev, Medizin unterm Hakenkreuz. Leipzig 1989, S. 144

Zuchthaus in Berlin-Strelitz und an anderen Orten. Ende 1952 gelangte er in den Westen und wurde 1953 Assistenzarzt an der Landesheilanstalt Mariental bei Münster in Westfalen.[37] Die Staatsanwaltschaft heftete sich ihm an die Fersen. Heinze behauptete bei Vernehmungen über seine Vergangenheit, er habe „unter Androhung der Vernichtung im KZ" und auf Anweisung gehandelt – und er habe durch seine Gutachtertätigkeit in Wirklichkeit Hunderten von Kindern das Leben gerettet (daß Ärzte sich sehr wohl ungestraft der Politik der Euthanasie widersetzen konnten, wurde bereits anhand namhafter Psychiater in einem früheren Kapitel gesagt). Er leugnete eine Verbindung zur *Forschungsstelle Heidelberg*, obwohl ihm diese anhand zahlreicher Dokumente nachgewiesen werden konnte. (Heidelberg war ebenfalls ein Euthanasie-Forschungszentrum in der NS-Zeit.) 1962 wurde gegen Heinze in Westdeutschland die Voruntersuchung eröffnet, aber verschiedene ärztliche Gutachten bescheinigten ihm, daß er weder vernehmungs- noch verhandlungsfähig sei. In einem amtsärztlichen Gutachten aus dem Jahr 1963 steht zu lesen:

„Nach anfänglichem geordneten Antworten glitt die Diktion [Ausdrucksweise; d. V.] erschreckend ab ... nach kurzem Überlegen kamen seine Argumente, seine Überempfindlichkeit gegen den Fragenkomplex ‚Euthanasie' deutlich wieder hervor ... um dann später wiederum in diese explosionsartige Aggressionslust ... zu verfallen."[38]

Bei späteren Untersuchungen brach er gar in Tränen aus, so daß das Verfahren schließlich eingestellt wurde. 1966 wurde Heinze „außer Verfolgung gesetzt" mit der Begründung, er sei „psychisch ein Wrack". Als er zwei Jahrzehnte später verstarb, erschien folgende Todesanzeige:[39]

37 Nach Klee: Was sie taten – Was sie wurden, S. 136/137
38 Zit. nach Klee, a.a.O., S. 137/138
39 Archivmaterial

Im Alter von 87 Jahren verstarb am 4. Februar 1983 der ehemalige Leiter unserer Klinik für Kinder- und Jugendpsychiatrie

Herr Prof. Dr. med. Hans Heinze

Wir werden ihm ein ehrendes Andenken bewahren.

Leitung und Personalrat
des

Nieders. Landeskrankenhauses
Wunstorf

Des wahrscheinlich führenden Gutachters der Kinder-Euthanasie, der für den Tod zahlreicher Kinder und Erwachsener mitverantwortlich zeichnete, gedachte man in Ehren.

Wie schon gesagt, die *heutige* Gesellschaft für Kinder- und Jugendpsychiatrie hat Heinze wohlweislich aus ihren Annalen gestrichen und (fälschlicherweise) dafür Werner Villinger eingesetzt. Villinger selbst blieb vorläufig Schriftführer; erst bei der Neugründung der Gesellschaft im Jahre 1952 auf der Tagung der Gesellschaft deutscher Neurologen und Psychiater wurde Villinger zum neuen Präsidenten der „Deutschen Vereinigung für Jugendpsychiatrie“ gewählt.

Villinger blieb Präsident der Gesellschaft bis 1961 und arbeitete mitentscheidend auf die Anerkennung der Kinder- und Jugendpsychiatrie als eigenständiges Fachgebiet hin. Unter Fromm als Präsidenten und Sewering als Vizepräsidenten der Bundesärztekammer wurde diese Anerkennung schließlich im Jahre 1968 vollzogen. (Nur am Rande sei angemerkt, daß sowohl Fromm als auch Sewering nach Angaben des Spiegel SS-Mitglieder waren.)[40]

40 Der Spiegel, Nr. 25/1988: Die Mörder sind noch unter uns, S. 119

Daten zur Geschichte der Vereinigung

1939	Gründung einer kinderpsychiatrischen Arbeitsgemeinschaft auf Veranlassung von Prof. Dr. P. Schröder (Leipzig).
1940	Gründung der «Deutschen Gesellschaft für Kinderpsychiatrie und Heilpädagogik» in Wien. Vorsitzender: Prof. Dr. P. Schröder, Schriftführer: Dr. W. Villinger.
1949	Erstes Nachkriegssymposium einiger Kinderpsychiater in Marburg.
1950	Neugründung der Gesellschaft als «Deutsche Vereinigung für Jugendpsychiatrie» auf dem Kongress der DGPN in München.
1973	Änderung der Bezeichnung in «Deutsche Vereinigung für Kinder- und Jugendpsychiatrie».

Vorsitzende

1940—41	Prof. Dr. P. Schröder (Leipzig)
1941	Prof. Dr. W. Villinger (Bethel, Breslau)
1950—61	Prof. Dr. W. Villinger (Marburg)
1961—67	Prof. Dr. G. F. von Stockert (Frankfurt)
1967—70	Prof. Dr. H. Stutte (Marburg)
1970—72	Prof. Dr. H. Harbauer (Frankfurt)
1972—74	Prof. Dr. G. Nissen (Berlin)
1974—	Prof. Dr. R. Lempp (Tübingen)

Periodika

Bis 1944	(51. Jahrgang): «Zeitschrift für Kinderforschung»
ab 1952	«Praxis für Kinderpsychologie und Kinderpsychiatrie»
ab 1934	«Zeitschrift für Kinderpsychiatrie», seit 1953 «Acta paedopsychiatrica»
1956—72	«Jahrbuch für Jugendpsychiatrie»
ab 1973	«Zeitschrift für Kinder- und Jugendpsychiatrie».

Kongresse

Die Deutsche Vereinigung für Kinder- und Jugendpsychiatrie hält in zweijährigen Abständen Tagungen ab, der 14. Kongress fand 1975 in Göttingen statt.

Die «Union Europäischer Pädopsychiater» (UEP) veranstaltet seit ihrer Gründung im Jahre 1954 in vierjährigen Abständen Kongresse, zuletzt 1975 in Wien.

Die «International Association for Child Psychiatrie» veranstaltet seit ihrer Gründung im Jahre 1937 Kongresse, der letzte fand 1974 in Philadelphia (USA) statt.

Aus: Deutsche Vereinigung für Kinder- und Jugendpsychiatrie,
Satzung und Mitgliederverzeichnis, Stand 1. Juni 1975

Villinger war es übrigens auch gewesen, der in seinem Buch *„Der nichtseßhafte Mensch"*[41] den Begriff der „endogenen Arbeitsscheu" geprägt hatte – in Anlehnung an die „endogene", also erblich bedingte, Psychose – mit anderen Worten, er vertrat die These, daß Arbeitsscheu erblich bedingt sei.

Eine weitere führende Figur der Kinderpsychiatrie in der Nachkriegszeit ist der bereits erwähnte *Hermann Stutte* (1909–1982), der von 1967 bis 1970 Präsident der Deutschen Gesellschaft für Kinder- und Jugendpsychiatrie war.

Stutte hatte unter *Sommer* promoviert, dem Begründer des *Deutschen Verbands für psychische Hygiene* – einer psychiatrischen Organisation, die wir noch betrachten werden. Stutte spielte – das sei hier nur am Rande angemerkt – eine recht bedeutende Rolle für die Entwicklung der *Kriminalbiologie.*[43] In seinen Schriften, die damit in Zusammenhang stehen, beruft er sich auf renommierte NS-Autoritäten und Psychiater wie Ehrhardt, Eyrich (württembergischer Landesjugendarzt; seit 1940 in die Tötungsaktionen eingeweiht)[44] wie auch auf seinen Lehrer Villinger.

Einer seiner renommiertesten Lehrmeister war „Nazi"-Hoffmann.[45]

Dieser Hoffmann publizierte in dem 1934 unter der Federführung von Rüdin erschienenen Sammelband „Erblehre und Rassenhygiene im völkischen Staat", wo er „großangelegte Nachkommensuntersuchungen" ankündigte. Freigestellt für diese Untersuchungen wurde *Hermann Stutte.*

Stutte hatte den Werdegang der Kinderpsychiatrie-Gesellschaft von Anfang an miterlebt, könnte also sogar um die Ausmerzung und die Euthanasie-Aktionen Bescheid gewußt haben. Denn zum Zeitpunkt der Gründung der Gesellschaft im Jahre 1940 waren bereits 14.000 Menschen in den Euthanasie-Vernichtungsanstalten vergast worden, darunter zahlreiche als schwachsinnig und unbrauchbar eingestufte Kinder. Hermann Stutte gehörte zwar selbst weder zur „T4" noch zur „NS-Militär-

41 Werner Villinger: Welche Merkmale lassen am jugendlichen Rechtsbrecher den künftigen Gewohnheitsverbrecher voraussehen? In: Der nichtseßhafte Mensch. Ein Beitrag zur Neugestaltung der Raum- und Menschenordnung im Großdeutschen Reich. In Zusammenarbeit mit dem Bayerischen Landesverband für Wanderdienst. München 1938, S. 213ff.

42 Quelle: Ernst Klee: Sichten und Vernichten. In: DIE ZEIT, Nr. 38 v. 11. September 1992

43 Vereinfacht gesagt, könnte man die Kriminalbiologie als die Erblehre über die Natur der Kriminellen bezeichnen. Eine Randbemerkung, um die personelle Kontinuität aufzuzeigen: Mitbegründer und Vorstandsmitglied der Kriminalbiologischen Gesellschaft war Ernst Rüdin, ebenfalls war Villinger Mitglied. Stutte war nach dem Krieg lange Jahre Herausgeber der „Monatsschrift für Kriminologie und Strafrechtsreform", zu den ständigen Mitarbeitern gehörten Bürger-Prinz und Ehrhardt

44 Klee: „Euthanasie" im NS-Staat, S. 253

45 Ernst Klee: Sichten und Vernichten. In: DIE ZEIT, Nr. 38 v. 11. September 1992, S. 60

psychiatrie", war aber seit 1934 Mitglied der SA und seit 1937 der NSDAP.[46] Stutte war, wie auch sein Lehrer Villinger, ein durch und durch erbbiologisch denkender und handelnder Wissenschaftler.[47] Hermann Stutte begrüßte 1941 die *„Gliederung der Fürsorgeerziehungsanstalten nach biologischen und prognostischen Gesichtspunkten"*. Hierzu muß man jedoch wissen, daß die Fürsorgeerziehung von den Nationalsozialisten als „erbbiologisches Sieb" angesehen wurde, also zur Unschädlichmachung und Vernichtung des „kranken" Erbstroms diente.[48]

Mit dem Ende der Nazi-Herrschaft 1945 endete der braune Alptraum, die Asozialenforschung jedoch nicht. Werner Villinger wurde, wie schon dargestellt, 1946 in Marburg Ordinarius und Direktor der Universitätsklinik. Er brachte Hermann Stutte als Oberarzt mit, der seine Lehrberechtigung 1944 mit einer Habilitationsschrift „Über Schicksal, Persönlichkeit und Sippe ehemaliger Fürsorgezöglinge" erlangt hatte. Nach dem Kriege erwähnten weder Stutte noch Villinger die dienende Rolle, die die deutsche Jugendpsychiatrie während der NS-Zeit spielte. Vielleicht deshalb, weil sie von ihren „Altlasten" selbst nie ganz frei wurden:

„1948 meldeten sich Stutte und Villinger gemeinsam in der Zeitschrift DER NERVENARZT zu Wort. Ihr Thema: ‚Zeitgemäße Aufgaben und Probleme der Jugendfürsorge'. Villinger/Stutte erinnern die Fürsorgeerziehung an die ‚sozialbiologische Unterwertigkeit des von ihr betreuten Menschenmaterials und beanspruchen ..., die Sichtung, Siebung und Lenkung dieses Strandgutes von jugendlichen Verwahrlosten' sei eine ärztlich-psychiatrische Aufgabe. Eine denkbare Lösung: ‚Schaffung eines Arbeitsdienstes (mit Überwachung von jugendpsychiatrischer Seite)'."[49]

In einem solchen Zusammenhang ist es legitim zu fragen, ob nicht die Gefahr besteht, daß solche Geisteshaltungen zu völlig irrationalen Forderungen führen? Wer wie Stutte Schwachsinnigkeit, Geisteskrankheit oder Kriminalität als „Ausdruck psychischer Auffälligkeiten" anführt, wird nicht plötzlich vernünftige Lehren in der Psychiatrie aufstellen können. Speziell, wenn ein Mann wie Stutte über Jahrzehnte jegliche kritische Distanz zu seinen Lehrern und den Lehren der NS-Zeit vermissen ließ.[50]

---

46 Klee, a.a.O., S. 60

47 Alles nach Werner Villinger und Hermann Stutte: Zeitgemäße Aufgaben und Probleme der Jugendfürsorge. In: Der Nervenarzt, H 6, Juni 1948, S. 249-254

48 Vgl. hierzu Ernst Klee: Sichten und Vernichten. In: DIE ZEIT Nr. 38 vom 11. September 1992, S. 60

49 Ebenda

50 Vgl. hierzu insbes. den Artikel von Carola Bollmann und Ulrike Wittich: Hermann Stutte und das Unerziehbarkeitsdogma in der deutschen Psychiatriegeschichte. In: Behindertenpädagogik, 22. Jg., H 2/1983, S. 107-123, und die darauf erfolgte Reaktion in Form von Leserbriefen und Stellungnahmen in Behindertenpädagogik (Zeitschrift), 23. Jg., H1, 1984, 44-48, sowie die Antwort von Carola Bollmann, veröffentl. in derselben Zeitschrift S. 48-54, hier: S. 50

Zeittafel 6: Prof. Hermann Stutte

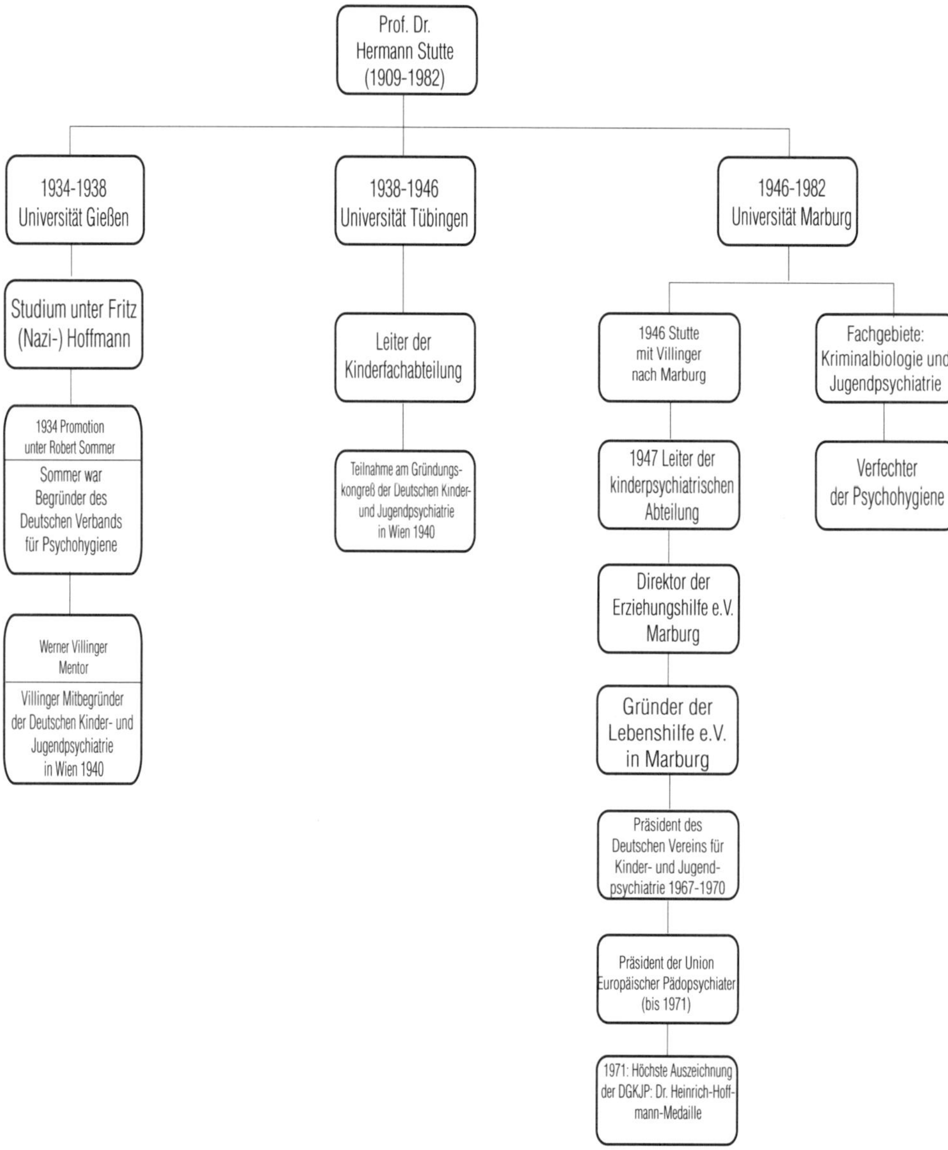

1956 forderte Stutte in einem „Handbuch für die Heimerziehung" denn auch drastische Maßnahmen: *„die besonders infektiöse Kerngruppe chronischer Asozialität [solle] möglichst frühzeitig ... einer geeigneten Sonderbehandlung"* zugeführt werden.[51]

Stutte zeichnete 1959 als Mitbegründer der „Lebenshilfe e.V.", einer Einrichtung zur Fürsorge für das behinderte Kind und deren Angehörigen. Er selbst nannte diese Institution die „größte psychohygienische Errungenschaft der Nachkriegszeit".[52] Mit anderen Worten, unter der Flagge „Psychohygiene" schickten sich Schüler der NS-Psychiater einmal mehr an, mit ihren Lehren und Methoden in die Gesellschaft vorzudringen. Den Vorsitz des Wissenschaftlichen Beirats der „Lebenshilfe" übernahm Villinger. *„Die Aufnahme von Villinger und Stutte bringt es mit sich, daß die Lebenshilfe die nächsten Jahre das fordern wird, was man gerade hinter sich hat: die Sterilisierung von Behinderten,"*[53] kommentierte DIE ZEIT. Stutte schlug in der Folge auch eine „Wiederanwendung der Schutzaufsicht" vor; er bezog sich dabei auf recht eindeutige Quellen („Volk und Rasse", 1937; „Handbuch der Erbbiologie", 1939) und die „charakterologischen Untersuchungen" von Prof. Heinze, von dem hier bereits ausführlich die Rede war.[54]

Stutte wurde 1971 von der Deutschen Gesellschaft für Kinder- und Jugendpsychiatrie die *Dr. Heinrich-Hoffmann-Medaille*, die höchste Auszeichnung dieser Gesellschaft, verliehen.

Die Kinder- und Jugendpsychiatrie entwickelte sich auch in den folgenden Jahren ganz nach den Vorstellungen ihrer Gründerväter. Nachfolger Stuttes als Präsident der Gesellschaft für Kinder- und Jugendpsychiatrie wurde *Hubert Harbauer*, der 1972 in der Kommission zur Untersuchung der Lage der Psychiatrie auftauchte (auch davon wird noch die Rede sein). Harbauer wiederum war Oberarzt bei Stutte, also einer seiner Schüler.

1971 wurde *Thea Schönfelder,* Schülerin und Mitarbeiterin von Hans Bürger-Prinz, in den Vorstand der Gesellschaft berufen. Von 1972 bis 1974 war *Gerhardt Nissen* Präsident, ein Befürworter der Anwendung von Psychopharmaka an Kindern. Sein Nachfolger wurde *Reinhardt Lempp*, der sich dafür aussprach, pornographische Schriften und Filme als Mittel der Abreaktion innerer sexueller Spannungen einzu-

51 DIE ZEIT, a.a.O.
52 Aus: Der Nervenarzt (1982) 53, S. 492, „In memoriam Hermann Stutte"
53 DIE ZEIT, a.a.O.
54 a.a.O.

Von der Rassenhygiene zum anerkannten medizinischen Fachgebiet:
Die Entwicklungsgeschichte der Kinder- und Jugendpsychiatrie in Deutschland

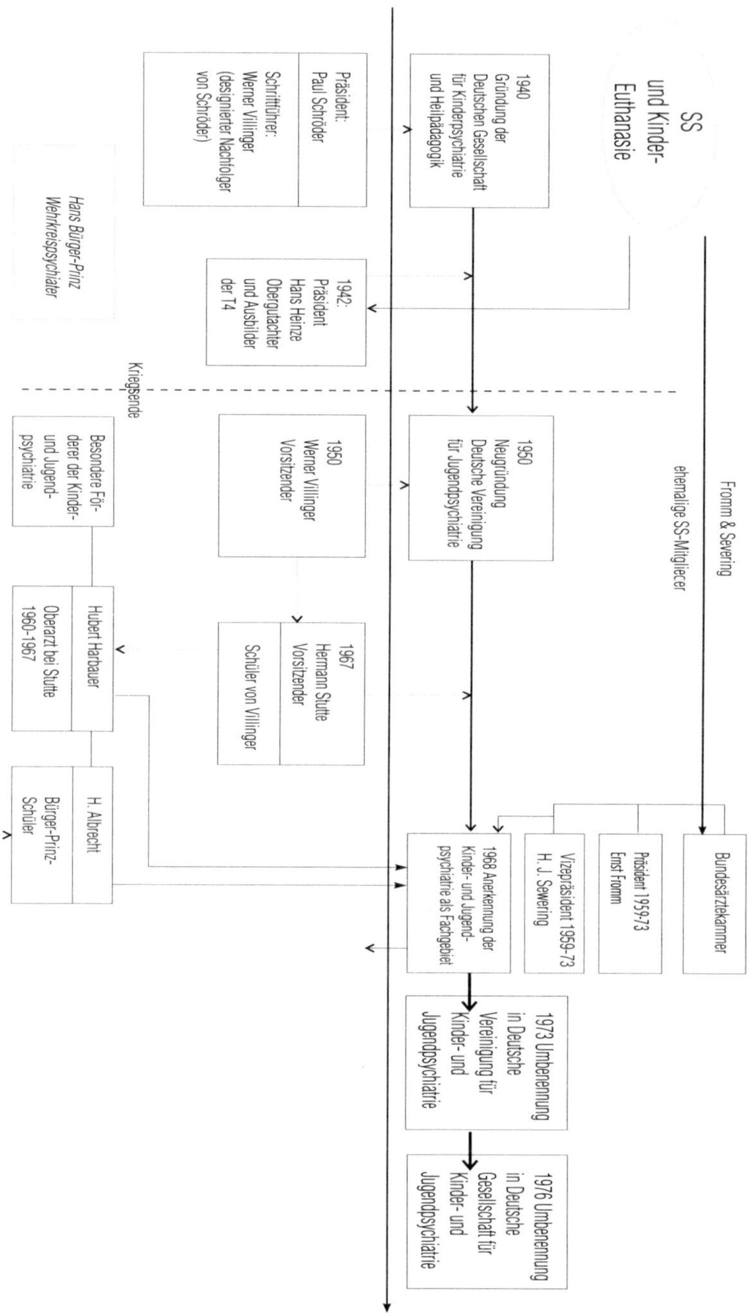

setzen – sofern man dem Spiegel hier Glauben schenken darf.[55] Ihm folgte *Manfred Müller-Küppers* als Vorstand von 1976 bis 1978; er berief sich gern auf die *Zwillingsforschungen* (Lieblingsthema der Rassenhygieniker vor und während des Dritten Reichs) als Grundlage für die These, daß Schizophrenie erblich sei. Kein Wunder, gehören doch zu den von ihm in seiner Promotionsschrift von 1952 zitierten Autoritäten hinreichend bekannte Größen wie Kretschmer, Panse und Wuth. Nach Vorstellungen von Müller-Küppers sollte ohne den Kinderpsychiater überhaupt nichts mehr laufen: *„Keine Adoption, keine Heimeinweisung, keine Rückstellung vom Schulbesuch ohne kinderpsychiatrische Untersuchung."*[56] Abschließend zu Müller-Küppers, einer in allen Spektralfarben der Psycho- und Erbhygiene schillernden Persönlichkeit, ein Zitat aus seiner Publikation „modern erziehen" zum Thema Schizophrenie:

„An der Erblichkeit bestimmter Dispositionen muß aufgrund von Zwillingsforschungen jedoch festgehalten werden. Durch die Einführung moderner medikamentöser Behandlungsmethoden – auch bei Kindern – ist die Prognose insgesamt deutlich besser geworden. Die sogenannte Elektrokrampfbehandlung wird nur noch in Einzelfällen angewandt, wenn sonst keine weiteren therapeutischen Möglichkeiten bestehen."[57]

Fassen wir uns kurz, was die weitere Entwicklung der Kinder- und Jugendpsychiatrie anbelangt.

Helmut Remschmidt, ebenfalls ein Schüler von Hermann Stutte, leitete die Gesellschaft von 1983 bis 1984. Sein Nachruf auf Stutte lautete:

„Seine Arbeiten verkörpern in ihrer Gründlichkeit und Originalität, ihrem Weitblick und Perspektivenreichtum ein umfassendes Lehrgebäude der Kinder- und Jugendpsychiatrie, das von hoher Wirksamkeit war und dies auch weiterhin bleiben wird."[58]

Über das psychiatrische Phänomen des Gedächtnisschwundes haben wir ja schon gesprochen...

55 DER SPIEGEL vom 30. November 1970: Im Unbewußten wirkt der Reiz oft anders

56 In: Rudolf Degkwitz (Hrsg.): Hundert Jahre Nervenheilkunde. Stuttgart 1985, S. 95

57 Prof. Dr. med. Manfred Müller-Küppers: modern erziehen, Grundlagen – Probleme – Lösungen. München 1972, S. 263

58 DIE ZEIT, a.a.O.

Remschmidt untersuchte in der Folge das Phänomen der *Hyperaktivität* bei Kindern, das nunmehr zum Lieblingsthema der Kinderpsychiatrie avancierte. Dabei gilt als hyperaktiv, wenn ein Kind auffallend häufiger als gleichaltrige Kinder die Mehrzahl der folgenden Merkmale aufweist:

1. Unruhig-überaktiv
2. Erregbar, impulsiv
3. Stört andere Kinder
4. Fängt etwas an und führt es nicht zu Ende, kurze Aufmerksamkeitsspanne
5. Zappelt andauernd
6. Leicht abgelenkt
7. Wünsche müssen sofort erfüllt werden; leicht frustrierbar
8. Weint häufig
9. Stimmung wechselt rasch und extrem
10. Neigt zu Wutausbrüchen und unvorhersagbarem Verhalten

Ähnliche Kriterien für die Hyperaktivität finden sich auch in einem Standardwerk der psychiatrischen Diagnostik;[59] es handelt sich also nicht etwa um vereinzelt angewendete diagnostische Methoden. Hier eröffnete sich den „Seelendoktoren" wohl in der Tat ein großes Forschungsgebiet. Speziell der breitangelegte Einsatz von Psychopharmaka, in erster Linie *Ritalin*,[60] das nach Meinung einiger Kritiker schwerste Abhängigkeit und gravierende Nebenwirkungen zeitigt, ist erschreckend. Doch die Psychiatrie stellte bislang sämtliche schwerwiegenden Begleiterscheinungen in Abrede und hielt an ihren „Forschungsergebnissen" hartnäckig fest. Remschmidt gehörte und gehört zu den Verfechtern einer neuen „Erbbiologie", die eine genetische Ursache der Hyperaktivität vermuten:

„...nachdem sich gezeigt hatte, daß organische Faktoren nicht hinreichend die Ursache der Störung erklären können, hat die genetische Forschung einen Aufschwung erfahren. Für eine genetische Belastung spricht das stark verschobene Verhältnis (9:1), ferner die Tatsache, daß unter den biologischen Eltern hyperaktiver Kinder ebenfalls Hyperaktivität gefunden wurde ..."[61]

---

59 Diagnostisches und Statistisches Manual Psychischer Störungen. Weinheim, Basel 1987. Die englische Originalausgabe wurde herausgegeben von der American Psychiatric Association unter dem Titel: Diagnostic and Statistical Manual of Mental Disorders. Washington 1987

60 Ritalin ist ein Psychopharmakon mit dem Wirkstoff Methylphenidat. Es fällt unter die Betäubungsmittelverordnung. Die wichtigsten Nebenwirkungen: Nervosität, Schweißausbrüche, Hochdruckkrisen, Schwindel, Appetitverlust, Sucht und Abhängigkeit, Wachstumsverzögerungen und verminderte Gewichtszunahme. Quelle: Langbein, Martin, Weiss: Bittere Pillen. Köln 1993[65], S. 119

61 Deutsches Ärzteblatt 84, Heft 28/29 vom 11. Juli 1987, S. 1215

Auf die Gefährlichkeit solcher Tendenzen, die im Sprachgebrauch und der „wissenschaftlichen“ Praxis der Kinderpsychiatrie klar zu erkennen sind, kann nur in aller Deutlichkeit und Schärfe hingewiesen werden, vor allem dann, wenn im gleichen Atemzug von „Autoritäten“ wie Remschmidt die Behauptung aufgestellt wird, daß 11 Prozent aller Kinder psychiatrisch krank (und damit behandlungsbedürftig) seien.[62] Remschmidt befindet sich übrigens als Fachautor der Zeitschrift „Psycho“ in guter Gesellschaft; einer der Herausgeber ist der Nazipsychiater Harrer.[63]

Wie man erkennen kann, sind die alten traditionellen Werte der Kinderpsychiatrie, wie sie 1940 auf der Gründungsveranstaltung festgeschrieben wurden, durchaus nicht in Vergessenheit geraten, auch nicht bei den Nachfolgern und Schülern jener Gründerväter aus der Nazizeit. Die Bestrebungen, möglichst frühzeitig „zu sichten und zu sieben“, also zwischen wertvollen und weniger wertvollen Menschen zu unterscheiden, sind mehr als bedenklich. Damit einher geht eine geradezu unmenschlich anmutende Behandlung von Kindern mit Psychodrogen – und das *nach* 1945.

Präsident der Deutschen Gesellschaft für Kinder- und Jugendpsychiatrie von 1988 bis 1990 war *Joest Martinius* – ebenfalls ein Verfechter der Verwendung von Psychodrogen bei Kindern. Martinius publizierte 1984 gemeinsam mit dem bereits erwähnten Prof. Nissen sowie Ch. Eggers eine Schrift, in welcher er die Wirkungen und Nebenwirkungen der Psychopharmaka bei der Anwendung bei Kindern untersucht.[64] Darin werden erstaunliche Thesen vertreten. Eine lautet:

„Die Zahl der in Gebrauch befindlichen Psychopharmaka ist beachtlich und als solche ein Beleg für enorme Fortschritte...“[65] – kann die Zahl der Verwendung fragwürdiger Medikamente ein Beleg für deren Wirksamkeit sein? Die Tradition der Autoren dieser Schrift wird erkenntlich, wenn sie sich außerdem unmittelbar auf Kraepelin beziehen. Erinnern wir uns: Kraepelin war einer der fanatischsten Verkünder des radikalen Imperialismus und Totalitarismus bereits 1918, also weit vor Hitler. Man beachte ferner die feinsinnige wissenschaftliche Art und Weise, wie Erkenntnisse gewonnen werden:

„Kraepelin hat, als er 1892 den Begriff ‚Pharmakopsychologie‘ prägte, dies schon so gesehen, indem er schrieb: ‚... daß wir in die Lage kommen werden, aus der besonderen Wirkung, die ein schon genauer bekanntes Mittel auf einen bestimmten psychischen Vorgang ausübt, die wahre Natur dieses letzteren besser zu erkennen.“[66]

62 Ärztezeitung vom 17. Februar 1988, S. 1

63 Siehe Leipziger Volkszeitung vom 13. 10. 1991: SS-Vergangenheit von Prüfer entlarvt – Professor Harrer verläßt Waldheimer Untersuchungsausschuß

64 Nissen, Eggers, Martinius: Kinder- und jugendpsychiatrische Pharmakotherapie in Klinik und Praxis. Berlin, Heidelberg, New York, Tokio 1984

65 a.a.O., S. 83

66 a.a.O., S. 84

Es klingt ungeheuerlich – heißt das doch im Klartext, daß dem Menschen gravierende Medikamente mit heftigen Wirkungen und Nebenwirkungen verabreicht werden, um daraus über die Natur der psychischen Erkrankung zu lernen.

Wir wollen hier nicht näher auf diese beachtliche Studie eingehen, die sich intensiv mit dem „hyperkinetischen Syndrom" beschäftigt, also mit den Phänomenen rund um das übermäßig aktive und somit verhaltensgestörte Kind. Nur so viel sei abschließend dazu gesagt: Die Studie gibt zu, daß der *Placeboeffekt*[67] bei 40 Prozent liegt – mit anderen Worten, allein 40 Prozent der Kinder reagieren bei Einnahme eines wirkungslosen Mittels mit abnehmenden Verhaltensstörungen! Angesichts des enormen Suchtpotentials der Psychopharmaka sollte dies zumindest zu denken geben. Bedeutet das doch im Klartext, daß beinahe der Hälfte der Kinder mit Sicherheit die Tortur mit Psychopharmaka erspart bleiben kann (nach unserer Meinung ist es bedenklich, daß Kinder überhaupt Psychopharmaka erhalten), weil ein von der Substanz her harmloses Medikament das gleiche bewirkt.

Die gleichen Psychiater über ihren erkenntnistheoretischen Stand:

„Psychopharmaka werden bei Kindern und Jugendlichen häufig angewendet, und dies, obwohl das Wissen über die Eigenschaften der verwendeten Substanzen und über deren Wirkungen im sich entwickelnden Organismus noch lückenhaft ist."[68]

Und:

„Beobachtungen an Kindern folgen notwendigerweise nicht den Tiermodellen, sondern geschahen als Heilversuche an Patienten...."[69]

Eines scheint festzustehen: Psychopharmaka stellen für die Kinderpsychiatrie eine bequeme „Biolösung" dar, die angewendet wird, ohne daß man über die Ursache der kindlichen Befindungs- oder Verhaltensstörung Bescheid weiß. Im allgemeinen wird in guter alter Tradition lediglich ganz einfach erblicher Befund unterstellt. Oft weiß man zudem nicht einmal, wie die Psychodrogen tatsächlich wirken.

Die Kinder- und Jugendpsychiatrie bewegt sich also in alten Gleisen. Außerordenlich zu denken gibt in diesem Zusammenhang auch eine „Denkschrift zur Lage der Kinder- und Jugendpsychiatrie in der Bundesrepublik Deutschland", herausgegeben vom Vorstand der Deutschen Gesellschaft für Kinder- und Jugendpsychiatrie im März 1984, uns vorliegend in der Neuauflage vom Juli 1990. Dort heißt es:

„Das Gesamtvorkommen psychiatrischer Erkrankungen und Auffälligkeiten [man beachte die weitläufige Begriffsfindung; darunter kann wirklich alles gefaßt

67 Ein Placebo ist ein Scheinmedikament, das jedoch keinerlei chemische, allenfalls eine psychologische Wirkung besitzt. In der Forschung werden Placebos oft verwendet, um zwischen der tatsächlichen und einer Scheinwirkung von Medikamenten unterscheiden zu können

68 a.a.O., S. 83

69 a.a.O., S. 89

werden; ist auffällig, wer der Gesellschaft mißfällt? Anm. d.V.] *in unausgelesenen Populationen* [also in wahllos untersuchten Bevölkerungsschichten; Anm. d.V.] *liegt – bezogen auf großstädtische Stichproben – im 3. Lebensjahr bei gut 20 %, fällt zum 6. Lebensjahr auf etwa 15 % ab und steigt über 16 % bei 8jährigen auf ca. 20 % bei 13-14jährigen. ...*

Im ländlichen Bereich liegen die Raten etwas niedriger; sie werden für 3 bis 13jährige im Mittel mit 18 % angegeben. Von den genannten Quoten hat gut ein Drittel ernstere Erkrankungen, die unbedingt behandlungsbedürftig sind. Bei knapp zwei Dritteln genügt häufig eine Beratung der Betroffenen und ihrer Familien. Für die Bundesrepublik Deutschland entspricht dies einer Zahl von 2,5 Mio. psychisch auffälliger und kranker Kinder und Jugendlicher, von denen 800.000 dringend einer Behandlung bedürfen."[70]

Und weiter heißt es:

„*Für zahlreiche psychiatrische Erkrankungen und Auffälligkeiten gibt es genetische Dispositionen...*"[71]

Wohl, die Sprache hat sich geändert: Statt von Erblast spricht man von genetischen Dispositionen, was sich ungleich eleganter anhört und keine unliebsamen Erinnerungen zu wecken vermag. Die Forderungen heute lauten: „mehr psychiatrische Versorgung der Bevölkerung". „Versorgung" bedeutet in vielen Fällen jedoch ganz einfach und schlicht: das Verordnen von Psychopharmaka. Dies nicht selten schon ab dem dritten Lebensjahr. Eine neue „eugenische Lösung"?

Unsere abschließende Frage dieses Kapitels lautet: Wieviel Vertrauen verdient eigentlich eine „Wissenschaft", die sich gerade an Kindern mehr als versündigt hat „im Namen der Forschung" und im Namen der „Volksreinhaltung", wenn sie heute wieder mit Forderungen aufwartet, die denen des Jahres 1940 so verblüffend ähnlich sehen – wenn auch nicht im Gewand der Euthanasie?

Als *Ehrenmitglieder* werden noch 1975 u. a. aufgeführt:

- Hans-Bürger Prinz
- Hermann Stutte

und als Ordentliche Mitglieder werden genannt:

- Helmuth E. Ehrhardt
- Hans Heinze, T4-Obergutachter
- Anna Leiter, Charakter- und Erbforscherin unter Schröder
- Friedrich Stumpfl, Rassenpsychiater

---

70 Denkschrift zur Lage der Kinder- und Jugendpsychiatrie in der Bundesrepublik Deutschland, herausgegeben vom Vorstand der Deutschen Gesellschaft für Kinder- und Jugendpsychiatrie im März 1984, Neuauflage vom Juli 1990. Hrsg. Prof. Dr. Dr. H. Remschmidt und Prof. Dr. Dr. M. H. Schmidt, S. 9

71 a.a.O., S. 11

Beenden wir dieses Kapitel deutscher Nachkriegspsychiatrie. Als wohl wichtigste Erkenntnis läßt sich festhalten, daß in der Kinder- und Jugendpsychiatrie kaum eine Zäsur nach dem Zweiten Weltkrieg stattfand. Die Vorsitzenden und Lehrer blieben die gleichen, die Zielsetzungen blieben die gleichen, oftmals änderten sich nur die Worte. Die Methoden haben sich verfeinert durch die Anwendung von Psychopharmaka an Kindern auf breitester Front. Die grundlegende These, daß psychische Krankheit in zahlreichen Fällen *erblich bedingt* sei (was von vielen bestritten wird) und daher mit mehr oder minder drastischen Maßnahmen (heute pharmakologisch und morgen möglicherweise durch einen Eingriff in die Genstruktur) zu behandeln sei, ist gleich geblieben.

Gerade die Forschung ist es auch, die uns im folgenden Kapitel interessieren wird. Bislang haben wir vorwiegend die Lehrer und ihre Schüler untersucht; haben uns der Erwachsenen- und der Kinderpsychiatrie gewidmet und mit ihren Präsidenten auseinandergesetzt. Doch wie kamen eigentlich all die „wissenschaftlichen Erkenntnisse" zustande, auf die sich diese Psychiatrie berufen konnte? Vor und auch nach dem Krieg? Hier spielt eine weitere Institution eine bedeutende Rolle, und in Verbindung damit eine erschreckende Tatsache...

AUF EINEN BLICK

1. Die Kinder- und Jugendpsychiatrie wurde 1940 begründet. Zu dieser Zeit gab es bereits etwa 14.000 Euthanasie-Tote in den psychiatrischen Anstalten; darunter zahlreiche Kinder.
2. Die Gründungsväter der Kinder- und Jugendpsychiatrie waren:
   - Paul Schröder, Psychiater, Leipzig, Schüler von Kraepelin
   - Werner Villinger, Psychiater, T4-Gutachter, Breslau
   - Dr. A. Leiter, Dresden
   - Dr. K. Tornow, Magdeburg
   - Professor Hans Heinze, Brandenburg, Leiter der Kinder-Euthanasie
3. Der Tenor der Gründungsveranstaltung war geprägt vom Geist des Nationalsozialismus. Die wichtigsten Schlagworte und Zielsetzungen lauteten:
   - Eingliederung „erbgutgeschädigter" (=behinderter) Kinder in den Wirtschaftsprozeß
   - Aussiebung der geschädigten Kinder, wenn Eingliederung nicht möglich ist

- Verzicht auf die Wertlosen und Unerziehbaren
- Keine Rücksicht und Milde gegenüber Eltern
- Schutz des Volksganzen vor der Gefahr erbgeschädigter Jugendlicher
- Ein Deutschland ohne Sonderschüler

4. Nach dem Krieg erfolgte die Umbenennung in Deutsche Gesellschaft für Kinder- und Jugendpsychiatrie. Die beiden Hauptfiguren, Hermann Stutte und Werner Villinger, beide Marburg, waren ebenfalls Gründungsmitglieder, die bereits im Jahre 1940 „tätig“ waren.
5. Einige der wichtigsten Präsidenten und Lehrer der *Deutschen Gesellschaft für Kinder- und Jugendpsychiatrie*:
   - Werner Villinger, T4-Gutachter (von 1950–1961)
   - Hermann Stutte, Schüler von Nazi-Hoffmann und dem Rassenhygieniker Gaupp (von 1967–1970)
   - Hubert Harbauer, Schüler Stuttes (von 1970–1972)
   - Helmut Remschmidt, Schüler von Stutte (1983–1984)
6. Die Lehren der Kinderpsychiater nach dem Krieg lauteten:
   - Psychische Krankheiten sind weitgehend erblich bedingt.
   - Die genetische Forschung ist deshalb voranzutreiben.
   - Hyperkinetische (hyperaktive) Kinder sind besonders gefährdet.
   - Hyperkinetische Kinder sind im Grunde erbkrank.
7. Die Präsidenten der Gesellschaft nach Stutte stehen in einer bedenklich anmutenden Tradition mit den Gründern. Viele sind Verfechter von Psychopharmaka, die Kindern verabreicht werden sollten. Die vermehrte Verwendung von Psychopharmaka wertet man als Beleg enormer Fortschritte.
8. Die heutigen Forderungen der Kinder- und Jugendpsychiatrie lauten: Etwa 2,5 Millionen Kinder und Jugendliche sind psychisch mehr oder weniger gestört oder krank. Davon bedürften angeblich 800.000 dringender Behandlung.

„...ich hörte, daß sie das tun würden und so ging ich hin und sagte ihnen – schaut her, Jungs, wenn ihr die Leute doch tötet, nehmt wenigstens die Gehirne heraus, damit das Material verwendet werden kann...“

Dr. Hallervorden, deutscher Psychiater
Kaiser-Wilhelm-Institut für Hirnforschung[1]

4. FORSCHUNG UND ERBLEHRE: ALTE MEISTER IM NEUEN GEWAND?

Blenden wir nochmals kurz in der Geschichte zurück.

Im Jahre 1900 setzte der Industriemagnat Friedrich Krupp einen Preis von über dreißigtausend Reichsmark für den aus, der die Bedeutung der biologischen Abstammungs- und Rassentheorie für die innenpolitische Entwicklung am besten darstellen würde. Was seine Hintergedanken gewesen sein mochten, wissen wir nicht. Der Rassenhygieniker Ploetz, über den wir bereits im ersten Teil des Buches gesprochen haben, widmete sich mit einigen Kollegen dieser neuen Aufgabe. In der Folge schmiedeten sie aus den Bevölkerungslehren von Malthus und Gobineau eine Art rassenhygienischer Theorie, nach der die Gesellschaft angeführt wird von den *genetisch hochwertigen* Menschen, während lebensunwerte und minderwertige Menschen sozusagen den Bodensatz bilden.[2] Das Ergebnis? Die ersten eugenischen Bestrebungen richteten sich darauf, eine Fortpflanzung der erbgesunden Bevölkerung zu fördern, die Fortpflanzung der „Untüchtigen“ hingegen zu verhindern.

Bereits im Jahre 1911 veröffentlichte Ernst Rüdin gemeinsam mit Prof. Max von Gruber (Vorstand des hygienischen Instituts in München) eine ausführliche Publikation zum Thema Rassenhygiene.

In dieser Schrift zur Rassenhygiene heißt es unter anderem:

„Hoffentlich ist die Zeit nicht fern, wo die Gesetzgeber einsehen, dass die Individuen von der Gesamtheit für diesen Dienst der Erzeugung eines tüchtigen Nach-

1 Dokument des Office of the Chief Council for War Crimes, Document Nr. L-170, vom 20. Juli 1945

2 Vgl. hierzu Artikel in Frankfurter Rundschau vom 20. Mai 1985, Dr. Klaus-Dieter Thomann: Rassenhygiene und Anthropologie

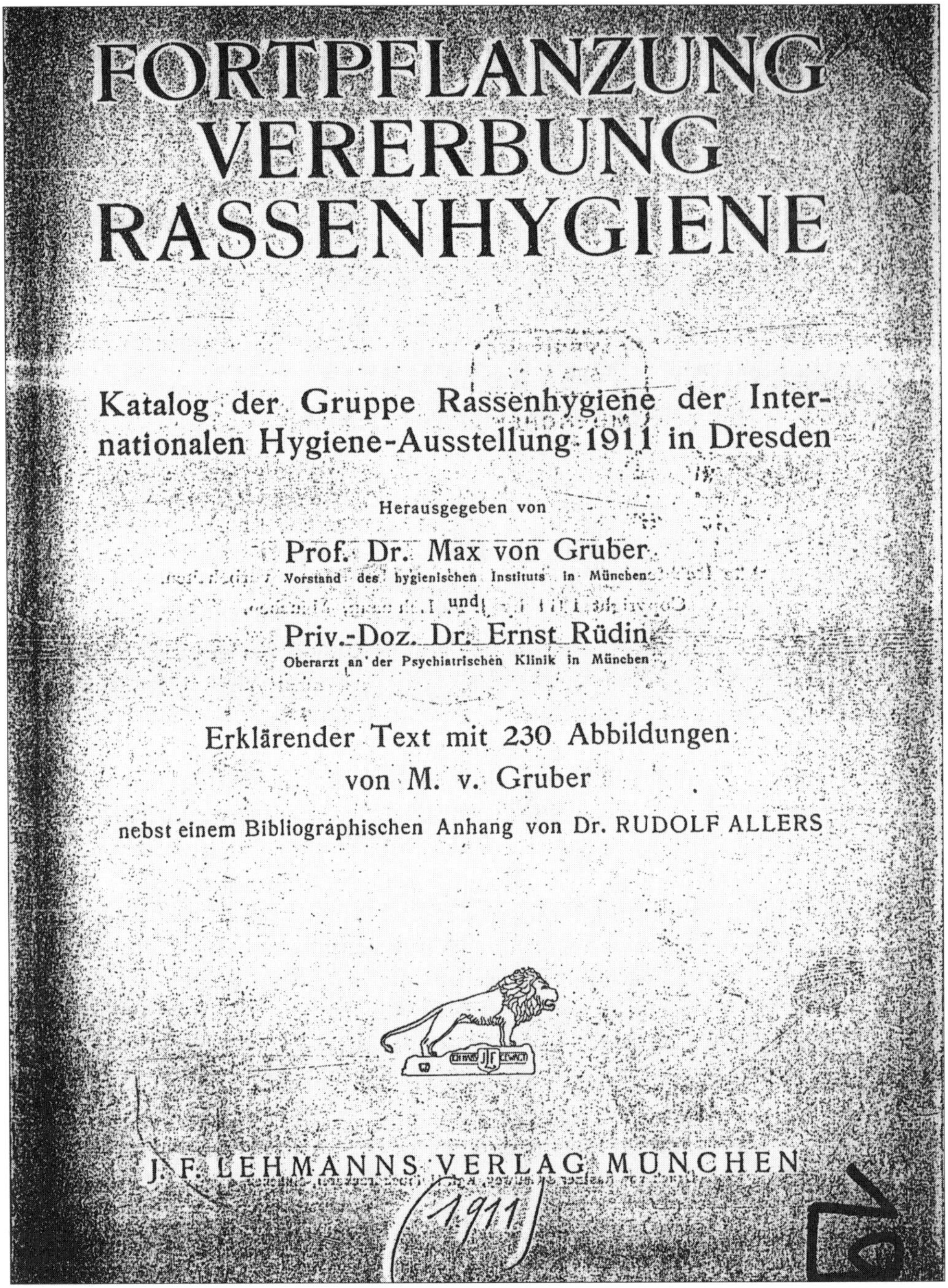

FORTPFLANZUNG VERERBUNG RASSENHYGIENE

Katalog der Gruppe Rassenhygiene der Internationalen Hygiene-Ausstellung 1911 in Dresden

Herausgegeben von

Prof. Dr. Max von Gruber

Vorstand des hygienischen Instituts in München

und

Priv.-Doz. Dr. Ernst Rüdin

Oberarzt an der Psychiatrischen Klinik in München

Erklärender Text mit 230 Abbildungen von M. v. Gruber

nebst einem Bibliographischen Anhang von Dr. RUDOLF ALLERS

J. F. LEHMANNS VERLAG MÜNCHEN

(1911)

wuchses, wie für andere Dinge entschädigt werden; dass diejenigen, welche um ihres persönlichen Behagens willen ihren Dienst in dieser Hinsicht versagen, ausgiebig herangezogen werden müssen, um die Kosten der ehelichen Fruchtbarkeit jener guten Rassenelemente zu tragen, deren kräftige Vermehrung für das Volkswohl unumgänglich notwendig ist. Nur auf diesem Wege wird auch dem zerstörenden Uebel der sog. Frauenemanzipation zu steuern sein.

...Die vernunftmäßige Ueberlegung erobert auch die Sexualsphäre; auf blindes Kindermachen ist also nur mehr bei den intellektuell und moralisch Minderwertigen zu rechnen, die ja gerade daran gehindert werden müssen. Für die anderen muss die Möglichkeit einer rationellen Pflege und Aufzucht der Kinder geschaffen werden. Ein mässiger Wohlstand, der immer noch die Anpassung der Kräfte fordert, um ihn zu erhalten, ist der Vermehrung nicht schädlich, schädlich wird erst der Reichtum und das Streben, ihn den Nachkommen zu erhalten. Weise Erbschaftssteuern werden daher einen sehr wesentlichen Teil einer rassenhygienischen Gesetzgebung der Zukunft bilden müssen."[3]

Halten wir also fest: Bereits 1911 waren es Psychiater, die in klaren Worten eine einschneidende rassenhygienische Gesetzgebung forderten! Einer der Wortführer war Ernst Rüdin.

Am 11. Januar 1911 wurde die *Kaiser-Wilhelm-Gesellschaft* gegründet, mit dem Ziel, *die Wissenschaften zu fördern*. Darunter fiel zu diesem Zeitpunkt noch nicht die Psychiatrie, wohl aber anerkannte Natur- und Geisteswissenschaften.

„Etwa 200 angesehene Männer und Frauen aus der deutschen Wirtschaft traten damals unter dem Protektorat des deutschen Kaisers und Königs von Preußen zu einem Verein zusammen, der den Zweck haben sollte, ‚die Wissenschaften, insbesondere durch Gründung und Erhaltung naturwissenschaftlicher Forschungsinstitute zu fördern'. 15 Millionen Mark waren in wenigen Tagen als Grundstock für das Vermögen der Gesellschaft von den Gründern zusammengebracht, weit über 100.000 Mark jährliche Mitgliedsbeiträge außerdem garantiert worden."[4]

Für die Entwicklung der Naturwissenschaften in Deutschland bedeutete dieser Schritt eine kleine Revolution. Aus der *Kaiser-Wilhelm-Gesellschaft* und ihrer Nachfolgerin, der 1948 gegründeten Max-Planck-Gesellschaft, entwickelte sich im Laufe der Jahrzehnte die weltbeste „Kaderschmiede für Nobelpreisträger", wie der Stern 1991 schrieb – mehr als zwei Dutzend Nobelpreisträger brachte diese renommierte Gesellschaft hervor, darunter auch Albert Einstein. Umso schockierender daher die Verflechtungen mit der NS-Psychiatrie. Wie konnte es dazu kommen? Untersuchen wir die Geschichte weiter.

---

3 Gruber, Rüdin: Fortpflanzung, Vererbung, Rassenhygiene. München 1911, S. 163-165
4 „25 Jahre Kaiser Wilhelm Gesellschaft", Band I, Berlin 1936, S. 1

1912 beauftragte der *Deutsche Verein für Psychiatrie* (heute Deutsche Gesellschaft für Psychiatrie und Nervenheilkunde) den Psychiater *Emil Kraepelin*[5] (1856–1926) damit , eine Studie auszuarbeiten, die die Entwicklung eines *Forschungsinstituts* für die Psychiatrie anregen sollte. Man erhoffte sich in den Vorstandsetagen des Vereins unter das fördernde Dach der Kaiser-Wilhelm-Gesellschaft aufgenommen zu werden; indes blieben diese Bemühungen zum damaligen Zeitpunkt ergebnislos. Als auch ein zweiter Anlauf ein Jahr später kläglich scheiterte, machte sich Kraepelin selbst auf und suchte Sponsoren für die erste Forschungsanstalt der Psychiatrie.

Hier kam wieder Krupp ins Spiel. Dieser war persönlich von den Plänen Kraepelins sehr angetan, war er doch der Rassenhygiene offenbar sehr zugeneigt. So war ein erster bescheidener Kapitalgrundstock gesichert. Offenbar als Arzt lernte Kraepelin dann 1916 einen reichen Amerikaner namens *James Loeb* kennen, und in ihm fand er einen zweiten wohlgesonnenen Förderer seines erbpsychiatrischen Vorhabens, nachdem Loeb wohl bei Kraepelin mit irgendeinem seelischen Problem vorgesprochen hatte. Kurzum, 1917 wurde Kraepelins und des deutschen Psychiatrievereins Traum endlich wahr. Insgesamt 1,7 Millionen Reichsmark hatte der Psychiater Privatpersonen und der Industrie abgerungen, unter anderem auch dem *Verband der Deutschen Chemischen Industrie*.[6] Zwar kam Berlin als Standort nicht mehr in Frage, dafür aber fand mit Segen des bayerischen Königs Ludwig III. in München die Gründung der *„Öffentlichen Stiftung Deutsche Forschungsanstalt für Psychiatrie"* statt; ein Schritt, der nicht ohne Folgen bleiben sollte.

Kraepelin, zugleich Ordentlicher Professor an der Universität München, leitete fortan das neugegründete Institut und gab ihm sogleich eine rassenhygienische Grundausrichtung. Aber verzichten wir auf Polemik und lesen wörtlich nach in den Annalen der Deutschen Forschungsanstalt für Psychiatrie:

„Kraepelin zeigte sich hierdurch als ein typischer Vertreter der Psychiatrie nach der Jahrhundertwende, der einerseits die naturwissenschaftliche Orientierung seines Faches zum Forschungsansatz erhob, andererseits den zu dieser Zeit gängigen Vorstellungen über die Degenerationslehre und die Vermehrung der Geisteskranken folgte [gemeint ist das Malthus'sche Horrorszenario über das Aussterben der geistig gesunden Menschen; d.V.]. *Es kann hier nur kurz auf die Verbindung dieses Ideenkreises mit der politischen Haltung Kraepelins hingewiesen werden, die sich durch einen konservativen Nationalismus auszeichnete."*[7]

Wie konservativ der Nationalismus eines Emil Kraepelin war, das brauchen wir hier wohl nicht noch einmal anzuführen; daß er lediglich ein Opfer seines Zeitgeistes

5 Siehe Teil I, Kapitel 3
6 Quelle: Max-Planck-Gesellschaft: Berichte und Mitteilungen, Heft 2/92, S. 12ff.
7 a.a.O., S. 13f.

gewesen sein sollte, ist allerdings eine eher lächerlich anmutende Rechtfertigung für diesen Vorkämpfer der Rassenhygiene und Sterilisation, der neben Rüdin wie kein Zweiter nach gesetzlichen Grundlagen für eine Politik der Rassenhygiene eintrat. Doch Kraepelin sollte es nicht mehr vergönnt sein, dies noch mitzuerleben.

Aber verfolgen wir die weitere Geschichte der Deutschen Forschungsanstalt für Psychiatrie.

Kraepelin rief bereits vor der Gründung seiner Forschungsanstalt die *genetisch-psychiatrische Familienforschung* ins Leben, eine Art Stammbaum- und Sippenforschung, die in ähnlicher Weise später den Nationalsozialisten als willkommene Grundlage für die Selektion ihrer Opfer dienen sollte. Hier nun bestand erstmals die Möglichkeit, in ganz großem Rahmen wissenschaftlich angehauchte Sippenforschung zu betreiben. Für Kraepelin lag der Forschungsansatz darin, nicht nur die Zusammenhänge hinter der Vererbung von Geisteskrankheit zu ergründen, sondern gleichzeitig die *Struktur und das Wesen des Gehirns* zu erforschen. Kraepelin war ein Gehirnwissenschaftler. Das Gehirn, so lautete seine Theorie, sei der alleinige Sitz aller Geisteskrankheiten. Entsprechend wichtig war es für ihn, die Hirnforschung mit anatomischen Mitteln – also durch Hirnzerlegungen an toten Körpern, Ratten, Katzen etc. – voranzutreiben.

Die *Deutsche Forschungsanstalt* wurde insgesamt in fünf Hauptbereiche untergliedert: die *Hirnforschungsabteilung*, die *psychiatrische Erbforschung*, die *experimentelle Psychologie* sowie je eine Abteilung für *Chemie* und *Serologie* (Blutforschung). Allerdings mußte Kraepelin mangels Geld und Räumlichkeiten auf die Psychologie und Chemie bald verzichten, so daß sich die Deutsche Forschungsanstalt ganz ihrem Hauptinteresse, der Erforschung von Erblichkeit und Gehirnstruktur, hingeben konnte.

Hätte nicht Loeb im Sommer 1922 einen Sonderzuschuß erteilt und 1923 die von ihm errichtete Stiftung erneut 50.000 $ in die Anstalt gepumpt, wäre die Deutsche Forschungsanstalt exakt im Jahre 1923 bankrott gegangen. Der Kaiser-Wilhelm-Gesellschaft wäre die Aufgabe erspart geblieben, die Psychiatrie in ihre Reihe der zu fördernden Wissenschaften zu integrieren. Genau das aber geschah, nachdem offenbar durch keine andere Maßnahme das Institut gerettet werden konnte.

Am 18. März 1924 wurde auf Beschluß des Senats der Kaiser-Wilhelm-Gesellschaft die Deutsche Forschungsanstalt für Psychiatrie an die Kaiser-Wilhelm-Institute angegliedert. Die Forschungsanstalt behielt jedoch vorläufig juristisch ihre Eigenständigkeit als selbständige Stiftung.

1924 oder 1925 stieß auch Rüdin erstmals dazu und leitete die eigens für ihn neu errichtete *„Genealogisch-Demographische“* Abteilung in der Forschungsanstalt, was nur ein akademischer Ausdruck für Erblichkeitsforschung und Sippenkunde ist. Auch Hans Luxenburger, Mitinitiator der späteren Sterilisationsgesetze, war Mitarbeiter Rüdins in dieser Abteilung. Er widmete sich intensiv der *Zwillingsforschung*,

Das Gebäude der Deutschen Forschungsanstalt in der Kraepelinstraße 2, ca. 1928[8]

denn von dieser erhoffte man sich genaue Hinweise auf Art und Wahrscheinlichkeit der Vererbung eines psychischen Leidens. Allerdings folgte Rüdin noch 1925 einem Ruf an die Universität Basel und konnte daher seine Arbeit in der Münchener Forschungsanstalt nur noch bedingt weiterbetreiben.

Nebenbei wurden in den anderen Abteilungen auch Malaria und Syphilis erforscht; das Institut sah sich also nicht nur mit dem Problem der erblichen Geisteskrankheiten beschäftigt. Doch die Finanzen blieben weiterhin auf schwachen Füßen.

Im Frühjahr 1925 reiste Kraepelin mit einem Mitarbeiter in die USA, um sich von der Rockefeller-Foundation mehr Geld zu erbitten. Er wollte einen Neubau verwirklichen und erhoffte sich von dort eine kräftige Finanzspritze. Die erhielt er dann 1926 auch (insgesamt 325.000 $), allerdings verstarb Kraepelin im Oktober 1926 und erlebte somit die Neueröffnung der Deutschen Forschungsanstalt am 13. Juni 1928 in der Kraepelinstraße in München-Schwabing nicht mehr.

Nach einigen Jahren weiterer Personalwechsel übernahm Rüdin schließlich die Leitung der Forschungsanstalt im Jahre 1931. Damit stellte er endgültig die Weichen für die Zusammenarbeit mit den Nationalsozialisten, die zwei Jahre nach sei-

8 Quelle: Max-Plank-Gesellschaft: Berichte und Mitteilungen 2/92, S. 27

nem Amtsantritt ans Ruder kamen. Rüdin hatte seit Aufnahme seiner Mitarbeit die Zwillingsforschung sowie umfassende Volkserhebungen über die Ausbreitung geistiger Krankheiten in den Mittelpunkt der Arbeiten seiner Abteilung gestellt. Über 9000 Zwillingspaare waren erfaßt, katalogisiert und ausgewertet worden. Dabei half ihm vor allem Luxenburger, der Mitverfasser einiger Bücher über die Erblehre.

Mittlerweile bestanden sechs selbständige Abteilungen innerhalb der Anstalt:

- eine Klinische Abteilung (die im Schwabinger Krankenhaus untergebracht war)
- eine Histopathologische Abteilung [*histopathologisch* hier gleichzusetzen mit hirnpathologisch – also die Untersuchung von Gehirnen verstorbener Geisteskranker]
- eine Abteilung für *Serologie* [Blutforschung] und experimentelle Therapie
- eine Abteilung für Genealogie[9] und Demographie (unter Ernst Rüdin) [in Rüdins eigenen Worten zu deutsch: Institut für die Erforschung der Vererbung geistiger Störungen][10]
- eine chemische Abteilung
- eine Abteilung für „Spirochätenforschung" [Spirochäten sind lange, spiralförmige Bakterien]

Doch die finanziellen Zuwendungen konzentrierten sich eigentlich mehr und mehr auf die Erforschung der genetischen Ursache von Geisteskrankheiten, also auf die Abteilung Rüdins. Loeb, der Hauptsponsor, verstarb im Jahre 1933, doch die Fördermittel flossen nun reichlich aus den Kassen des nationalsozialistischen Staatshaushaltes. Immerhin hatte Rüdin die „wissenschaftlichen Grundlagen" für das Gesetz zur Verhütung erbkranken Nachwuchses erarbeitet – und dies war ihm nur innerhalb des Gefüges und mit dem Geld der *Deutschen Forschungsanstalt für Psychiatrie* möglich! Die Sterilisationen waren also das unmittelbare Endergebnis jahrelanger Forschungsarbeit innerhalb der Deutschen Forschungsanstalt! Halten wir also fest: Rüdin und Kraepelin standen also keineswegs allein auf weiter Flur – sie hatten mächtige Sponsoren im Rücken.

Die Deutsche Forschungsanstalt für Psychiatrie arbeitete in der Zeit der Euthanasie, also ab 1939, mit der Tötungsabteilung in München-Haar (Direktor Dr. Pfannmüller) sowie mit den Anstalten Ansbach und Kaufbeuren zusammen, wo ebenfalls reichlich gemordet wurde. Der Autor Götz Aly hat dies recherchiert und dafür Hun-

9 Genealogie: Abstammungslehre, Geschlechterkunde. Die Genealogie untersucht u.a. die Abstammung und sich daraus ergebende gesellschaftliche, rechtliche etc. Zusammenhänge. Aus dem Griech. genea = Geburt, Abstammung und logos = Wissenschaft, Lehre

10 In: Rüdin 20 Jahre menschliche Erbforschung an der Deutschen Forschungsanstalt für Psychiatrie in München, Kaiser-Wilhelm-Institut. Publiz. in Archiv für Rassen- und Gesellschafts-Biologie einschließlich Rassen- und Gesellschafts-Hygiene. München 1938, 32. Band, 3. Heft, S. 193

derte von Beweisen in den Archiven des Max-Planck-Instituts für Psychiatrie in München[11] gefunden, wie er selbst schreibt.[12]

Wie sehr die heutige Max-Planck-Gesellschaft für Psychiatrie ihre eigenen Annalen der Geschichtsklitterung unterzieht, soll hier nur anhand eines kleinen Zitates veranschaulicht werden:

„Wenn seitens nationalsozialistischer Kreise versucht wurde, damit [mit finanziellen Zuwendungen; d.V.] *Einfluß auf die wissenschaftliche Ausrichtung der erbbiologischen Arbeit zu gewinnen, so haben sie in Rüdin kein willfähriges Werkzeug gefunden. Hier haben sich insbesondere Zuwendungen aus der SS-Stiftung ‚Ahnenerbe' als eine sehr zweischneidige Förderung erwiesen. Rüdin mußte damit eine gewisse Infiltration seiner Abteilung mit ideologiegebundenen Mitarbeitern in Kauf nehmen. ... Rassenforschung im Sinne nationalsozialistischer Ideologie ist in der Genealogischen Abteilung niemals betrieben worden."*[13]

Angesichts solcher Worte ist es die Frage, was denn Rüdin wohl durch den Kopf ging, als er in seinem Kommentar zum „Gesetz zur Verhütung erbkranken Nachwuchses" 1934 seinen Führer Adolf Hitler zitierte mit den Worten: „Wer körperlich und geistig nicht gesund ist, darf sein Leid nicht im Körper seines Kindes verewigen!"[14] Und wie er seine eigenen Worte wohl verstanden haben wollte, die im gleichen Buch lauteten:

„Das Gesetz [zur Verhütung erbkranken Nachwuchses; d.V.] *ist demnach als eine Bresche in das Geröll und die Kleinmütigkeit einer überholten Weltanschauung und einer übertriebenen selbstmörderischen Nächstenliebe der vergangenen Jahrhunderte aufzufassen."*[15]

Der Führer revanchierte sich gegenüber Rüdin mit der Verleihung allerhöchster Würden: die Goethemedaille sowie den Adlerschild des Dritten Reichs.

Wir wollen hier nicht ins Detail gehen und beschließen die Beurteilung der Selbstbeurteilung ganz einfach mit Rüdins Worten:

---

11 Das Max-Planck-Institut für Psychiatrie ist der Nachfolger des Kaiser-Wilhelm-Instituts für Psychiatrie; beide Namen sind identisch mit der Deutschen Forschungsanstalt in München. Der Name Deutsche Forschungsanstalt wurde nie fallengelassen und wird nach wie vor als Zweit- oder Beiname geführt.

12 Götz Aly, Karl Friedrich Masuhr, Maria Lehmann, Karl Heinz Roth, Ulrich Schultz: Reform und Gewissen – „Euthanasie" im Dienste des Fortschritts. Beiträge zur nationalsozialistischen Gesundheits- und Sozialpolitik, 2, Berlin 1985, S. 64 und S. 77

13 Jahrbuch der Max-Planck-Gesellschaft zur Förderung der Wissenschaften e.V. 1961, Teil II. Göttingen 1961, S. 670

14 Gesetz zur Verhütung erbkranken Nachwuchses, bearb. von Gütt, Rüdin und Ruttke. München 1934, S. 5

15 Ebenda

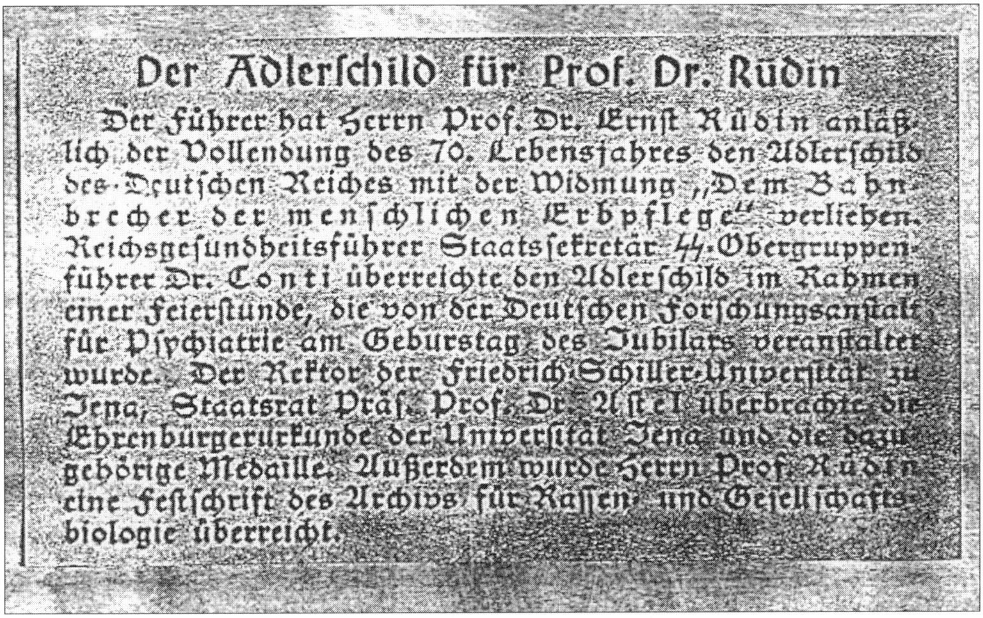

Der Adlerschild für Prof. Dr. Rüdin

Der Führer hat Herrn Prof. Dr. Ernst Rüdin anläßlich der Vollendung des 70. Lebensjahres den Adlerschild des Deutschen Reiches mit der Widmung „Dem Bahnbrecher der menschlichen Erbpflege" verliehen. Reichsgesundheitsführer Staatssekretär SS-Obergruppenführer Dr. Conti überreichte den Adlerschild im Rahmen einer Feierstunde, die von der Deutschen Forschungsanstalt für Psychiatrie am Geburtstag des Jubilars veranstaltet wurde. Der Rektor der Friedrich-Schiller-Universität zu Jena, Staatsrat Präs. Prof. Dr. Astel überbrachte die Ehrenbürgerurkunde der Universität Jena und die dazugehörige Medaille. Außerdem wurde Herrn Prof. Rüdin eine Festschrift des Archivs für Rassen- und Gesellschaftsbiologie überreicht.

„So ist das Gesetz zur Verhütung erbkranken Nachwuchses als der Beginn eines neuen Zeitalters im öffentlichen Gesundheitswesen und in der Medizin überhaupt anzusehen."[16]

Am 13. Juli 1944 wurde die Forschungsanstalt in München durch Bombenangriffe nahezu vollständig zerstört. Rüdin wurde am 14. November 1945 von der US-amerikanischen Militärregierung seines Amtes enthoben, jedoch niemals vor einen Richter gebracht, wo er nach unserer Ansicht hingehört hätte – er war „nur Mitläufer" und damit bereits voll entschuldigt. Tatsächlich aber war er einer jener Hintermänner Hitlers, die sich die eigenen Hände gar nicht mit Blut zu beflecken brauchten; er hatte genügend andere, die die Schmutzarbeit für ihn erledigten. Welche zentrale Rolle die Deutsche Forschungsanstalt für Psychiatrie, das heutige Max-Planck-Institut für Psychiatrie, für den Nationalsozialismus wirklich spielte, ist bis heute nie an die Öffentlichkeit gedrungen.

Doch damit nicht genug; es kommt noch viel brutaler. Kehren wir erneut einige Jahre in der Geschichte zurück.

Einer der Mitarbeiter der Deutschen Forschungsanstalt für Psychiatrie in München, Hugo Spatz (1888–1969), wechselte 1936 nach Berlin und trat dort 1937 als Direktor des *Kaiser-Wilhelm-Instituts für Hirnforschung* sein Amt an. Das Kaiser-

16 Ebenda, S. 55

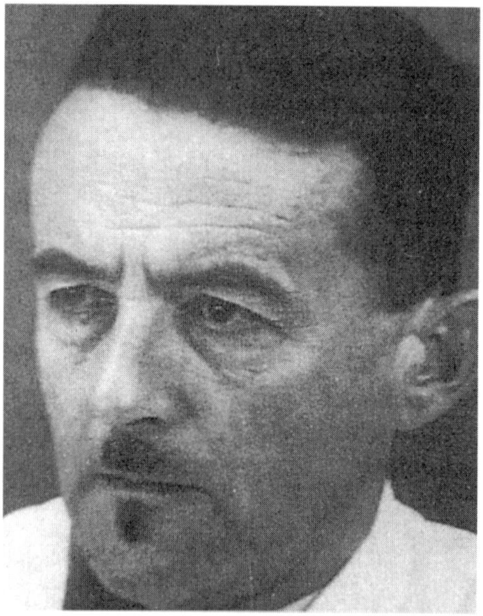

Hugo Spatz, Direktor des Kaiser-Wilhelm-Instituts für Hirnforschung in Berlin 1937–1945[17]

Julius Hallervorden, Mitarbeiter am Kaiser-Wilhelm-Institut für Hirnforschung in Berlin; Spezialist für die Sektion von Gehirnen euthanasierter Kinder und Erwachsener

Wilhelm-Institut für Hirnforschung in Berlin-Buch war 1915 ebenfalls aus Stiftungsmitteln der Familie Krupp gegründet worden. Im Jahre 1931 wurde ein mit Mitteln des Reichs und der preußischen Landesregierung sowie der *Rockefeller Foundation* errichteter Neubau bezogen. Das Institut widmete sich ganz der Erforschung anatomischer Besonderheiten in den Gehirnen von Geisteskranken. Auch Genforschung wurde betrieben, hierfür existierte sogar eine eigenständige genetische Abteilung.

Die Hirnforschung unterteilte sich 1937 in zwei Abteilungen: eine anatomische Abteilung unter Leitung von Hugo Spatz, dem Direktor des Instituts, und eine histopathologische [krankhafte Gewebsveränderungen untersuchende] Abteilung unter Leitung von Professor Julius Hallervorden (1882–1965). Etwa ab dem Jahr 1937 wohl dürften die Weichen für eine enge Zusammenarbeit zwischen der späteren Tötungsanstalt Brandenburg-Görden und dem Kaiser-Wilhelm-Institut für Hirnforschung gestellt worden sein. Die zentrale Person in diesem Geschehen war Julius Hallervorden. Dieser leitete nämlich bis 1945 auch die anatomische Abteilung in Brandenburg-Görden.

17 Quelle: MPG: Berichte und Mitteilungen 2/92 S. 21

Die Irrenanstalt Brandenburg-Görden wurde, wie wir bereits wissen, 1939 zur „Reichsschulanstalt“ für die Kindereuthanasie. Hier wurden unter der Leitung von Professor Heinze nicht nur Hunderte von Kindern getötet, sondern auch Dutzende von Ärzten in der Kinder-Euthanasie ausgebildet. Heinze selbst erhielt 1939 einen Sitz im Kuratorium (Aufsichtsrat) des Hirnforschungsinstituts; die pathologisch-anatomische Abteilung der Brandenburger Anstalt wurde nun als Außenstelle des Kaiser-Wilhelm-Instituts für Hirnforschung in Berlin-Buch geführt.[18] Hier wurde dann offenbar in der Folge auch aus reinem Forschungsinteresse getötet, wie Aly und andere dokumentiert haben.[19]

Forschungsopfer der NS-Psychiatrie[20]

Wenn die vorliegenden Fakten stimmen, dann hieße dies: „Interessante“ Fälle von Geistesgestörtheit wurden nicht unbedingt nur deshalb in die Gaskammern geführt, weil sie der Gesellschaft wirtschaftlich oder anderweitig zur Last fielen (das taten sie ohnehin), sondern weil sie für die forschende Wissenschaft von hohem, ja höchstem Interesse waren! Menschen wurden demnach auch vergast, damit sich die Forschung an ihren Gehirnen betätigen konnte.

Wenn wir diese Vorwürfe hier äußern, so stützen wir uns dabei auf die Recherchen zahlreicher Autoren, unter anderem Aly, Klee, Masuhr, Lehmann etc. Die Bundesarchive wurden hierfür ebenso gesichtet wie Militärarchive und zahlreiche Protokolle über Verhöre von Zeugen und Beteiligten.

Wie aber sah diese Forschungsarbeit im konkreten Fall aus?

18 Quelle: Aly u.a.: a.a.O., S. 64
19 Aly u.a.: a.a.O., S. 64ff.
20 Quelle: Staatsarchiv, Abteilung Potsdam, BArch, EVZ XIX/20 Akte 5

„Heinze, Catel, Schneider und Hallervorden ließen Promotionen und Habilitationen in diesem Forschungskontext erarbeiten, die auch nach dem Krieg und nach dem Selbstmord einiger Doktorväter noch mit Erfolg an deutschen Universitäten eingereicht und abgeschlossen worden sind."[21]

Schlimmer noch: Die Gehirne euthanasierter Kinder wurden bis 1990 in den Kellern des Max-Planck-Instituts für Hirnforschung in Frankfurt aufbewahrt. Ihren Weg dorthin fanden sie über die Heimatstadt Hallervordens, das hessische Dillenburg. Dorthin hatte Hallervorden die „wertvollen Bestände" 1944 auf Anweisung Hitlers in Sicherheit gebracht. Der amerikanische Sanitätsoffizier Leo Alexander bekam sie 1945 von Hallervorden persönlich gezeigt. Bei den Vernehmungen erklärte Hallervorden:

„Ich hatte erfahren, daß sie das tun wollten und so ging ich zu ihnen hin und sagte ihnen: Jungs, wenn ihr all diese Leute umbringen wollt, dann nehmt ihnen doch wenigstens die Gehirne raus, so daß das Material benutzt werden kann. Sie fragten mich, wieviele ich untersuchen könnte, und ich sagte ihnen, eine unbegrenzte Zahl – je mehr umso besser. (...) Es befand sich wunderbares Material unter diesen Gehirnen, herrliche Geisteskrankheiten, Verformungen und frühe kindliche Erkrankungen. Natürlich nahm ich die Gehirne an. Woher sie kamen und wie sie zu mir gelangten, interessierte mich wirklich nicht."[22]

Unter den Gehirnen dieser Sammlung befanden sich viele von Kindern, die in Brandenburg-Görden der Euthanasie zugeführt worden waren. Allein die Sendung vom 28. Oktober 1940 umfaßte 33 Kinder und Jugendliche zwischen sieben und achtzehn Jahren.[23] Den Kindern wurden sofort nach der Tötung die Gehirne entnommen, die dann oft am selben Tag seziert wurden. Wieviel die Forschung davon „profitierte" und wie vieles davon heute noch durch die Lehrbücher geistert, wissen wir nicht und wagen es auch gar nicht abzuschätzen. Tatsache ist, daß hier die Wissenschaft – Forschung und Lehre – unmittelbar „an der Quelle" saß, die Skalpelle in der Hand. Hallervorden bestritt übrigens später die Aussage des amerikanischen Offiziers, allerdings belegen die Akten das Gegenteil. Im Jahrbuch 1940 der Kaiser-Wilhelm-Gesellschaft wurde die Arbeit Hallervordens mit folgendem Satz gewürdigt:

„Die histopathologische Abteilung (Prof. Hallervorden) führte die Arbeiten über die anatomischen Grundlagen des angeborenen Schwachsinns fort; solche über Gehirnverletzungen wurden neu aufgenommen."[24]

Hugo Spatz, der Leiter des Berliner Instituts, und seine rechte Hand Hallervorden setzten sich nach dem Krieg nach Gießen ab und leiteten dort, unweit von Dillenburg,

21 Aly u.a.: a.a.O., S. 66

22 Zit. nach Aly u.a.: a.a.O., S. 67f. [Übersetzung d.d. Autoren]

23 Ebenda

24 Jahrbuch 1940 der Kaiser-Wilhelm-Gesellschaft zur Förderung der Wissenschaften, S. 25

das Max-Planck-Institut für Hirnforschung bis zum Jahre 1957. Von der Universität Granada erhielt Spatz die Ehrendoktorwürde verliehen; man dürfte dort wohl kaum um seine Verwicklung in die wissenschaftliche Auswertung der Gehirne euthanasierter Kinder gewußt haben. Das Schicksal der „Sammlung Hallervorden" wurde erst im Jahre 1990 besiegelt. Nur zögerlich gestand das Max-Planck-Institut für Hirnforschung in Frankfurt (dorthin waren die Gehirne mittlerweile gelangt) ein, daß hier historisches Material in ihren Kellern gelagert wurde, an dem das Blut der Euthanasie klebte. Das „Material" wurde auf einem Münchener Friedhof beigesetzt. Der Grabstein, der den Opfern gewidmet wurde, wurde von einer besonders böswilligen Zunge als „Der Plancke Hohn" bezeichnet; eine Darstellung, der wir Autoren uns nicht unbedingt anschließen möchten. Aber zu denken gibt es zumindest.

Wie war es um die Vergangenheitsbewältigung wirklich bestellt?

„Weder der psychiatrischen Wissenschaft noch dem Staat kann eine ausschließlich aktive oder passive Rolle zugeschrieben werden, beide handeln als Ausgangspunkt und Ziel ideengeschichtlicher Prozesse", so ist es nachzulesen in der Passage über das Dritte Reich und die Hirnforschung in der Psychiatrie, in der Festschrift „75 Jahre Max-Planck-Institut für Psychiatrie", herausgegeben 1992.

Doch damit ist die Geschichte der psychiatrischen Kaiser-Wilhelm-Institute noch nicht abgeschlossen.

Rekapitulieren wir in aller Kürze:

Seit 1917 gab es die „Deutsche Forschungsanstalt für Psychiatrie". Mit ihrer Angliederung an die Förderin der Wissenschaften, die Kaiser-Wilhelm-Gesellschaft, im Jahre 1924 entstanden nach und nach in verschiedenen Städten unterschiedliche psychiatrische oder psychiatrienahe Kaiser-Wilhelm-Institute. Dazu zählten:

- das Kaiser-Wilhelm-Institut für Psychiatrie, München
- das Kaiser-Wilhelm-Institut für Hirnforschung, Berlin-Buch
- das Kaiser-Wilhelm-Institut für Anthropologie, Berlin-Dahlem.

Die beiden erstgenannten haben wir in aller Kürze beschrieben; ein noch schrecklicheres Kapitel deutscher Forschungsgeschichte stellt aber auch das Kaiser-Wilhelm-Institut für Anthropologie dar.

Das Kaiser-Wilhelm-Institut für Anthropologie, menschliche Erblehre und Eugenik, wie der volle Name lautete, wurde am 15. September 1927 in Berlin-Dahlem eröffnet. An der Spitze des Instituts finden wir die uns bereits wohlbekannten Namen Eugen Fischer, Erwin Baur und Fritz Lenz. Rekapitulieren wir nochmals aus einem früheren Kapitel:

> Der vierte im Bunde (neben Liebermeister, Ploetz und Aschaffenburg) war Fritz Lenz. Der „Humangenetiker" *Fritz Lenz*, wirkte in der Zeit von 1919 bis

weiter S. 223

MAX-PLANCK-INSTITUT
FÜR HIRNFORSCHUNG
NEUROPHYSIOLOGISCHE ABTEILUNG
DIREKTOR: PROF. DR. MED. W. SINGER

Telefax: (069) 67 04-433
6000 Frankfurt a. M. 71 (Niederrad)
Deutschordenstraße 46
Postfach 71 06 62
Telefon (069) 67 04 (1)

218

27-Mai-92
Si/ip

Herrn
[redacted]

Sehr geehrter Herr [redacted]

haben Sie besten Dank für Ihr Schreiben, in welchem Sie sich nach dem Verbleib der Sammlung Hallervorden erkundigen.

Als Herr Professor Wässle und ich 1982 das Hirnforschungsinstitut in Frankfurt übernahmen, fanden wir hier eine sehr umfangreiche Sammlung histologischer Schnitte vor. Da diese für unser Arbeitsgebiet ohne Bedeutung war, haben wir sie dem Edinger Institut, das ist die Neuropathologie der Universität Frankfurt, übereignet. Da das Edinger Institut räumlich bei uns untergebracht ist, verblieben diese anatomischen Sammlungen somit hier im Haus. Es wurde mit ihnen jedoch, da es sich um altes Material handelt, nicht wissenschaftlich gearbeitet. Einige Jahre später schöpften wir dann aufgrund von Nachforschungen, die sowohl von Herrn Götz-Ali als auch von Medizinhistorikern hier an der Universität angestellt wurden, Verdacht, daß sich in diesen Sammlungen auch die Sammlung Hallervorden, und in dieser möglicherweise Präparate von Euthanasieopfern befinden könnten. Wir haben daraufhin von seiten des Max-Planck-Instituts veranlaßt, daß diese Sammlung umgehend unter Verschluß genommen wurde. Damit war sichergestellt, daß sie für wissenschaftliche Arbeiten hinfort nicht mehr zur Verfügung stehen würde und nur noch für historische Nachforschungen zugänglich gemacht werden sollte. Der Datenschutzbeauftragte des Hessischen Ministeriums, Herr Professor Simitis, wurde damals umgehend von diesem Sachverhalt informiert, wie auch alle anderen offiziellen Stellen. Nach einer längeren und teilweise kontrovers geführten Diskussion haben wir schließlich unseren Standpunkt durchsetzen können und diese Sammlung wieder in den Verantwortungsbereich der Max-Planck-Gesellschaft zurückgeführt. Da es sich als unmöglich herausstellte, von den vielen tausend Präparaten, die zwischen 1933 und 1945 im Rahmen neuropathologischer Routineuntersuchungen im Hirnforschungsinstitut Berlin-Buch angefertigt wurden, jene herauszufinden, die möglicherweise von Euthanasieopfern sein könnten, haben wir uns entschlossen, das gesamte histologische Material, das zwischen 1933 und 1945 gesammelt wurde, zusammen mit anderen möglicherweise belasteten Präparaten aus Nachfolgeinstituten des Hirnforschungsinstitutes Berlin-Buch beizusetzen. Diese Beisetzung erfolgte im Frühjahr 1990 am Waldfriedhof in München. Die Texte der bei dieser Gedenkfeier gehaltenen Reden und die Inschrift auf dem errichteten Mahnmal können Sie über die Presseabteilung der Max-Planck-Gesellschaft in München erhalten.

Ich hoffe, Ihnen mit dieser Auskunft gedient zu haben.

Mit bestem Gruß
Ihr

Prof. Wolf Singer

MITTEILUNGEN
AUS DER
MAX-PLANCK-GESELLSCHAFT
ZUR FÖRDERUNG DER WISSENSCHAFTEN

HEFT 5/1957 GÖTTINGEN DEZEMBER 1957

INHALTSVERZEICHNIS

Professor Dr. Julius Hallervorden, Wissenschaftliches Mitglied des M.P.I. für Hirnforschung, vollendete am 21. Oktober sein 75. Lebensjahr.

Er steht seit dem Tode Walter Spielmeyers (1935) an der Spitze der deutschen Neuropathologie, die er in all ihren Sektoren durch zahlreiche grundlegende Arbeiten befruchtet hat. Er leitete die Neuropathologische Abteilung des M. P. I. für Hirnforschung von 1938 bis zu seiner Emeritierung (1955) und setzt seine Forschungen auch jetzt noch fort.

In Anerkennung seiner Verdienste um die Forschung wurde er mit dem Großen Verdienstkreuz des Verdienstordens der Bundesrepublik Deutschland ausgezeichnet.

303

Gedenkstein für die Euthanasie-Opfer ....

....der „Plancke Hohn"?

1933 für das „Archiv für Rassen- und Gesellschaftsbiologie" in vorderster Front mit. Zusammen mir Erwin Baur und Eugen Fischer verfaßte er das Buch „Menschliche Erblehre und Rassenhygiene", das 1921 in München erschien. Mit Lenz' eigenen Worten wird deutlich, daß er selbst – neben anderen – Hitlers Wegbereiter war:

„Von eigentlich rassenhygienischen Büchern hat Hitler, wie ich höre, die zweite Auflage des Baur-Fischer-Lenz gelesen, und zwar während seiner Festungshaft in Landsberg. Manche Stellen daraus spiegeln sich in Wendungen Hitlers wider. Jedenfalls hat er die wesentlichen Gedanken der Rassenhygiene und ihre Bedeutung mit großer geistiger Energie sich zu eigen gemacht, während die meisten akademischen Autoritäten diesen Fragen noch ziemlich verständnislos gegenüberstanden."[25]

25 Fritz Lenz: Die soziologische Bedeutung der Selektion. In: Schranitz und Herberer (Hrsg.): 100 Jahre Evolutionsforschung. Stuttgart 1960

Mit anderen Worten: Die hochrenommierte Kaiser-Wilhelm-Gesellschaft hatte mitten in ihre Führungsriege genau jene Wegbereiter Hitlers aufgenommen, die für die spätere Ausmerzung und Euthanasie *ideologisch* verantwortlich waren – Rüdin und Kraepelin, die beide im Münchener Kaiser-Wilhelm-Institut für Psychiatrie zu finden waren, sowie Baur, Fischer und Lenz in Berlin. Die Topriege der Eugenik war zugleich die Topriege der psychiatrischen Institute der Kaiser-Wilhelm-Gesellschaft! Und das lange *vor* dem Tausendjährigen Reich, also bevor sie aus *politischen* Gründen von den politischen Machthabern an diese Stelle hätten gerückt werden können. Die Wegbereiter des Grauens hatten sich nicht nur in den *psychiatrischen* Gesellschaften zusammengefunden, sondern unmittelbar den Bereich der Forschung infiltriert.

Welche Ausmaße dies annehmen sollte, wird in noch viel schrecklicherer Weise anhand eines weiteren Vorreiters der modernen Psychiatrieforschung deutlich. Ihn finden wir im *Kaiser-Wilhelm-Institut für Anthropologie* in Berlin.

Die Rede ist von Dr. Otmar Freiherr von Verschuer (1896–1969), einem Humangenetiker und engen Freund vieler Psychiater. Verschuer war es, der die Zwillingsforschung popularisierte; Verschuer war es auch, der Dr. Dr. Josef Mengele das nötige Handwerkszeug mit auf den Weg gab, mit dem dieser im KZ von Auschwitz sein unbeschreibliches und unvorstellbar grauenvolles Werk verrichten konnte. Doch ehe wir darauf eingehen, kurz wieder einige historische Daten.

Der Professor für menschliche Erblehre und Rassenhygiene an der Universität Berlin und Abteilungsleiter des *Kaiser-Wilhelm-Instituts für Anthropologie, Erblehre und Eugenik* in Berlin Dahlem, Dr. Otmar Freiherr von Verschuer, hatte in seinem Buch „Erblehre des Menschen" exakt beschrieben, in welcher Weise Erbforschung zu betreiben sei. Das Buch erschien 1934 und stellte die wissenschaftliche Grundlagen dar, aus welcher seine gelehrigen Schüler ihre barbarischen Anregungen erhielten. Hier nur ein kurzes Zitat:

„Notwendig ist aber, daß die Erkenntnis von den neuen Lebensgesetzen sich in der Gesetzgebung, in der gesellschaftlichen Ordnung und vor allem im Handeln und Denken eines jeden einzelnen in die Tat umsetzt!

Als der Mensch noch im Naturzustand lebte als Jäger und Sammler und später als Ackerbauer, wurden krankhafte Erbanlagen weitgehend ausgemerzt. Heute bleiben sie erhalten. Kurzsichtigkeit, schlechtes Gebiß, körperliche Schwächlichkeit, Funktionsuntüchtigkeit der Organe, Gebär- und Stillunfähigkeit sind auf dem Naturzustande krankhafte Störungen gewesen, die mit der Erhaltung des Lebens nicht vereinbar waren."[26]

26 Dr. O. Frhr. von Verschuer: Erblehre des Menschen. Berlin 1934, S. 29

Angesichts solcher Worte verwundert es kaum, daß Verschuer ein glühender Verfechter der Sterilisationsgesetze war.

Verschuer war Herausgeber der Zeitschrift „Der Erbarzt“, die als Beilage zum Deutschen Ärzteblatt für die rechte nationalsozialistische Gesinnungstreue innerhalb von Deutschlands Ärzteschaft zu sorgen hatte.[27] 1935 folgte Verschuer einem Ruf nach Frankfurt und gründete dort das *Institut für Erbbiologie und Rassenhygiene*, das neben der Deutschen Forschungsanstalt in München so etwas wie die Führungsrolle in Sachen Erbbiologie im Deutschen Reich innegehabt haben dürfte. Einer seiner engen Mitarbeiter dort war *Dr. Josef Mengele,* ein begeisterter Apostel der Zwillingsforscher. Hier im Frankfurter Verschuer-Institut wurden übrigens auch Gutachten erstellt, die nach den neu erlassenen Nürnberger Rassengesetzen sehr wohl für den Tod einiger Juden gesorgt haben könnten. Das Institut trug die Bezeichnung „Rassenbiologische Fachgutachterstelle für die Reichsstelle für Sippenforschung“.

1942 übernahm Verschuer dann aber die Leitung des Kaiser-Wilhelm-Instituts für Anthropologie in Berlin erneut – wo Mengele, der zwischenzeitlich in der Waffen-SS gedient hatte, dann aber als untauglich entlassen worden war, wiederum zu ihm stieß.

Am 30. Mai 1943 wurde Mengele als Lagerarzt nach Auschwitz versetzt. Dort war es seine Aufgabe, die Ankömmlinge zu selektieren und sofort bei deren Ankunft darüber zu befinden, wer ohne Verzug in die Gaskammer mußte und wer im Lager zu arbeiten hatte. Wir wollen hier nicht auf die Grausamkeiten und Brutalitäten in Auschwitz eingehen, da Berichte darüber in zahlreichen Publikationen erschienen sind; nur eines ist wichtig: Mengele, dem fanatischen Zwillingsforscher, standen in Auschwitz Möglichkeiten zur Verfügung, die für die forschende Humanpsychiatrie einmalig in der Geschichte waren: Die anatomische Sezierung von Zwillingen sofort nach deren gemeinsamen Tod.

Man nehme für einen Moment die Denkweise eines solchen Wissenschaftlers ein: Der Zwillingsmethode war es bis dahin nicht möglich gewesen, ihre Theorien im unmittelbaren Objektvergleich anhand einer Sektion (anatomische Gewebeentnahme) von toten Zwillingen durchzuführen. Denn allen Erblehren zum Trotz pflegten Zwillinge selten am gleichen Ort und zur gleichen Zeit zu sterben – und dann auch noch als tote Körper der Anatomie zur Verfügung zu stehen.

Daher sortierte Mengele säuberlich sämtliche Zwillinge aus, die es – jedenfalls so lange sie lebten und nicht seinen brutalen Experimenten unterzogen wurden – verhältnismäßig gut bei ihm hatten. Für seine Forschungen mußten sie ja gesund bleiben; die üblichen Lagerkrankheiten sollten möglichst von ihnen ferngehalten werden.

27 Artikel in Frankfurter Rundschau vom 20. Mai 1985, Dr. Klaus-Dieter Thomann: Rassenhygiene und Anthropologie

Mengele experimentierte schlimmer, als man es in seinen schlimmsten Alpträumen erleben kann; er injizierte Bakterienkulturen oder Viren wie beispielsweise Typhus in seine Opfer, ließ sie durch Röntgenstrahlen kastrieren, Eiter einspritzen oder besonders interessante Exemplare für deutsche Anthropologiemuseen präparieren. Neben der Zwillingsforschung suchte Mengele den anatomischen Beweis für die Minderwertigkeit der jüdischen Rasse zu erbringen. Den wohl schrecklichsten Bericht darüber hat ein ehemaliger KZ-Arzt, selbst ein Häftling, überliefert, der zum sogenannten Sonderkommando gehörte. Dorthin wurden Häftlinge abkommandiert, die nach Anweisung Mengeles und der SS die nötige Dreckarbeit zu verrichten hatten und später erschossen wurden. Nur das letzte Sonderkommando überlebte zum Teil – zu ihnen gehörte der Augenzeuge des folgenden Berichts:[28]

> *Ein jüdischer Mann und sein Sohn wurden wegen irgendeiner körperlichen Deformation nicht, wie üblich, sofort vergast und dann dem Krematorium zugeführt, sondern mußten sorgfältig untersucht und anschließend erschossen werden. Dann ordnete Mengele an, ihre Körper nicht zu verbrennen, sondern ihre Skelette an das Anthropologische Museum in Berlin zu senden. Der (ebenfalls jüdische) Arzt des Sonderkommandos wurde von Mengele nach der schnellsten Methode gefragt, um sie zu präparieren. Schlußendlich ordnete Mengele an, die beiden getöteten Männer so lange in kochendem Wasser zu belassen, bis sich das Fleisch leicht von den Knochen lösen ließ. Als die SS für einige Minuten die „Kochtöpfe" aus den Augen ließ, machten sich polnische Häftlinge darüber her, in der Annahme, hier das Offiziersmenü unbewacht zu finden. Nachdem die Polen erfuhren, was bzw. wen sie da verzehrten, verfielen sie in blanken Terror. Nach etwa fünf Stunden wurden die Skelette wieder zurück zum Untersuchungsraum gebracht und dort für den Versand nach Berlin vorbereitet, nicht ohne daß Mengele und einige seiner Offiziere sie noch einmal eingehend untersucht hatten.*

Wir berichten diese Geschichte nicht etwa, um Ihnen die Brutalität von Auschwitz vor Augen zu führen; diese dürfte ohnehin hinreichend bekannt sein. Es geht um einen anderen Punkt: Auch wenn Mengele ohne Zweifel selbst innerhalb der Medizin des Nationalsozialismus eine Ausnahmeerscheinung war, so war er doch aus der Schule der Anthropologie hervorgegangen. Er, der wohl brutalste unter allen brutalen Mördern des Dritten Reiches, war ein Schüler und Mitarbeiter von Verschuer, dem

28 Dr. Miklos Nyiszli: „Auschwitz – A Doctor's Eyewitness Account". New York 1960, S. 179ff. Zusammenfassende Übers. d. Aut.

Forschungsopfer der NS-Psychiatrie

Quelle: Bundesarchiv, Abteilung Potsdam, BArch, R 179 Nr. 3192

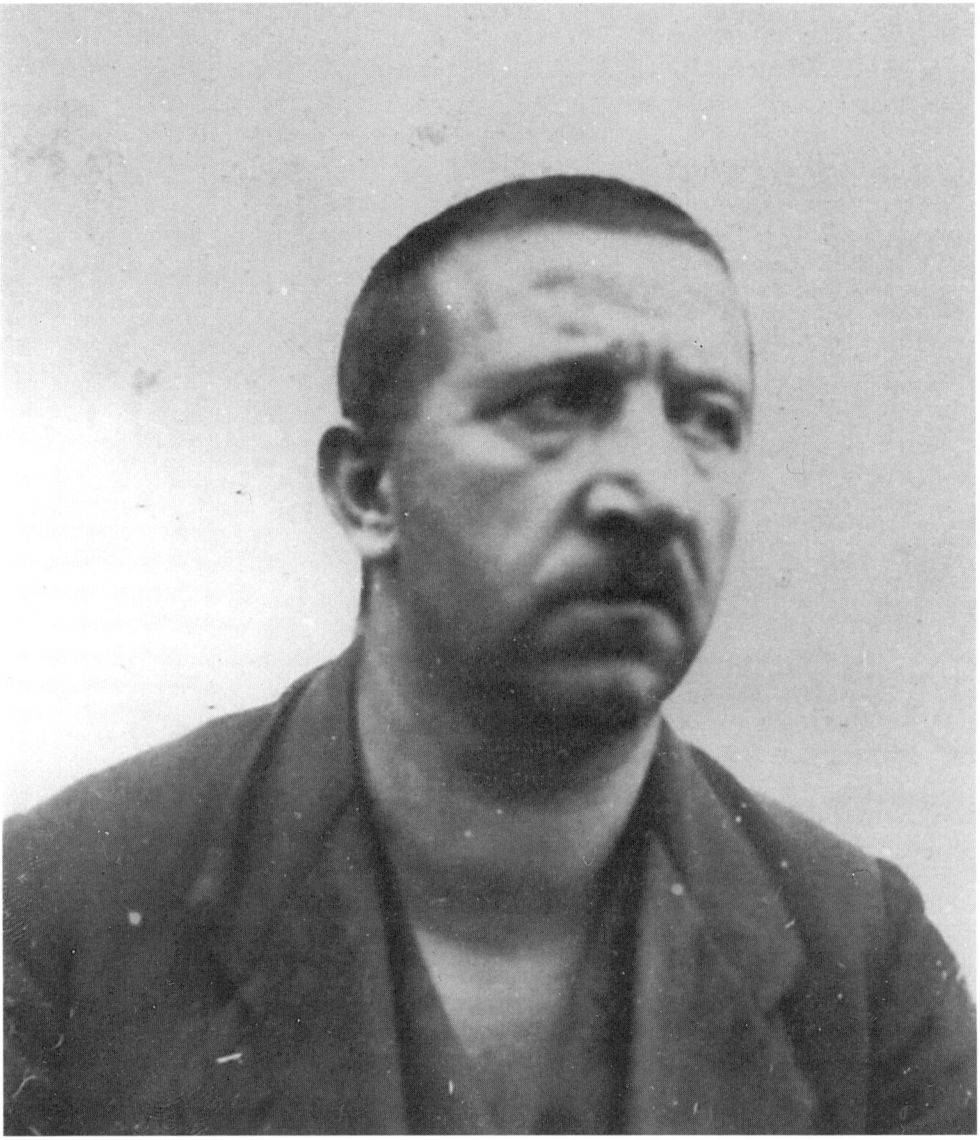

Forschungsopfer der NS-Psychiatrie

Quelle: Bundesarchiv, Abteilung Potsdam, BArch, R 179 Nr. 3191

Leiter eines Kaiser-Wilhelm-Instituts. Schlimmer noch: Mengele arbeitete auch noch während seiner Zeit in Auschwitz eng mit Verschuer zusammen. So stellte Verschuer auf Bitten Mengeles zwei Projektanträge an die Deutsche Forschungsgemeinschaft, und Mengele seinerseits revanchierte sich offenbar, indem er „wissenschaftlich besonders interessante“ Organe oder auch Skelette nach Berlin sandte.[29] Noch 1945 forschten Mengele und Verschuer wohl eng zusammen; allerdings ist wenig davon der Nachwelt erhalten geblieben. Wie eng die Verbindung war oder auch nicht, kann hier nicht nachvollzogen werden; wie gesagt, die Spuren sind verwischt und Zeugen gibt es praktisch keine – oder ein Mantel des Schweigens ist über sie ausgebreitet.

Während Mengele 1945 nach Südamerika fliehen konnte, brauchte sich Verschuer über seine Zukunft keine Sorgen zu machen. Seine Hände hatten nicht getötet, jedoch sein Geist war den Taten vieler anderer wegbereitend vorangeeilt. Zwar bekam Verschuer 1947 das Recht zu lehren oder zu forschen von der hessischen Staatsregierung entzogen, aber dank seiner offenbar hervorragenden Verbindungen war er bereits 1949 Mitglied der *Akademie der Wissenschaften* und wurde 1951 auf den Lehrstuhl für Genetik nach Münster berufen. Dort sorgte der Rassenhygieniker für die Einrichtung eines Genetikregisters, in welchem über zwei Millionen Menschen erfaßt werden sollten! 1956 wurde er zum Vorsitzenden der *Deutschen Gesellschaft für Anthropologie* gewählt; 1965 schließlich begab er sich in den Ruhestand, wo er in aller Ruhe und anscheinend unbehelligt von der eigenen Vergangenheit 1969 entschlief.

Wir haben hier bewußt den Pfad der Psychiatrie für einen Moment verlassen, denn gerade Verschuer und Mengele sind gute Beispiele dafür, wie die Lehren der Psychiatrie auch andere Wissenschaftszweige (hier Anthropologie und allgemeine Medizin) vergifteten und teilweise dort freudigen Anklang fanden. In einer Zeit wie dem Dritten Reich gab es viele Täter; dennoch bleibt die Kernaussage bestehen, daß die Psychiatrie ihrer aller Wegbereiter und -gefährte war.

Was geschah mit den Kaiser-Wilhelm-Instituten nach dem Krieg?

1948 wurde die Max-Planck-Gesellschaft (MPG) als Nachfolgeinstitution der Kaiser-Wilhelm-Gesellschaft gegründet. Alle Kaiser-Wilhelm-Institute, soweit sie bestehen blieben, wurden in Max-Planck-Institute umbenannt.

Die *Deutsche Forschungsanstalt für Psychiatrie* in München, die 1954 als Max-Planck-Institut für Psychiatrie in die Max-Planck-Gesellschaft eingebunden wurde, blieb jedoch auch weiterhin den alten Traditionen verbunden.[30] Erb- und Zwillingsforschung wurden weiterbetrieben, unter anderem von Rüdin-Tochter Edith Zerbin-Rüdin.

29 Frankfurter Rundschau, Nr. 115 vom 20. Mai 1985, Dr. Klaus Dieter Thomann: Rassenhygiene und Anthropologie: Die zwei Karrieren des Prof. Verschuer

30 Heute besteht das Max-Planck-Institut für Psychiatrie (DFA) aus einem Klinischen und einem Theoretischen Institut. Das Theoretische Institut mit Sitz in Martinsried bei München betreibt „Grundlagenforschung“, das Klinische Institut hat seinen Sitz nach wie vor in der Kraepelinstraße in München

Detlev Ploog, der spätere Leiter der Deutschen Forschungsanstalt, war ein Schüler des T4-Psychiaters Villinger. *Das Max-Planck-Institut für vergleichende Erbbiologie und Erbpathologie*, ein anderer Zweig, wurde 1964 umbenannt in *Max-Planck-Institut für molekulare Genetik*. Auch der Pharmariese Ciba-Geigy ist Mitglied der Max-Planck-Gesellschaft, aber das dürfte hier wohl kaum von besonderer Bedeutung sein.

Heutiges Max-Planck-Institut für Psychiatrie in München

Die heutigen Schwerpunkte der Forschung in den Max-Planck-Instituten für Genetik sind im Bereich der *Molekularbiologie* (Gentechnik) und Genforschung angesiedelt, was wohlklingende Worte sind. Aber in der Lehre ist man so weit wie vor hundert Jahren. Wahrscheinlich ist es ein geschicktes Stückchen Public Relations gewesen, ganz einfach neue Begriffe zu wählen. Man sollte sich davon jedoch nicht irreführen lassen; die Inhalte und Zielsetzungen sind teilweise die gleichen geblieben. Der gegenwärtige Direktor des Max-Planck-Instituts für Psychiatrie, Theoretisches Institut, Grundlagenforschung, Dr. Florian Holsboer, ist offenbar fest davon überzeugt, daß alle psychiatrischen Erkrankungen eine genetische Grundlage haben und betrachtet sogar die Psychologie nur als Teil der Psychiatrie.[31] Vielleicht wäre es ihm am liebsten, wenn die Psychologie gänzlich unter die Oberherrschaft der Psychiatrie gestellt würde. Damit haben wir die drei wichtigsten organisatorischen Bereiche der Psychiatrie untersucht. Wir konnten feststellen, daß personelle Verknüpfungen zur Nazizeit zweifelsfrei gegeben sind. Die Deutsche Gesellschaft für Psychiatrie und Nervenheilkunde, die Deutsche Gesellschaft für Kinder- und Jugendpsychiatrie und die Max-Planck-Institute für Psychiatrie, Anthropologie und Genetik kommen aus der Tradition der Rassen- und Psychohygiene, die seit Anfang dieses Jahrhunderts in wachsendem Maße die Gesellschaft durchdrungen hat, und zeigen zumindest in Teilbereichen eine Verbindung zu diesem Ideengut.

31 Vgl. Psychologie heute, 17. Jg. Nr. 8/1990: Alle psychiatrischen Erkrankungen haben eine genetische Grundlage, S. 61-65

Was hat es jedoch mit der *Psychohygiene* wirklich auf sich?

Kommen wir zu einem der wohl interessantesten Kapitel in diesem Buch, in dem methodische Prinzipien der Psychiatrie untersucht werden.

AUF EINEN BLICK

1. Bereits 1900 schrieb der Industrielle Krupp einen Wettbewerb aus, in dem er um die Darstellung der Bedeutung der Abstammungslehre für die Gesellschaft warb. In der Folge schmiedeten Ploetz und andere die ersten humangenetischen Theorien aus den Lehren Darwins, Malthus' und Gobineaus.
2. Schon 1911 verlangte Ernst Rüdin in einer Publikation eine rassenhygienische Gesetzgebung.
3. Emil Kraepelin, der Urgroßvater der heutigen deutschen Psychiatrie, warb seit der Gründung der *Kaiser-Wilhelm-Gesellschaft* zur Förderung der Wissenschaften im Jahre 1911 unablässig darum, auch der Psychiatrie einen Platz an der Sonne (sprich der finanzierten Forschung) zu verschaffen. Dies gelang ihm zunächst nicht.
4. Erst mit Hilfe kräftiger Finanzspritzen von Privat und aus Industrie und Chemie konnte 1917 die *Deutsche Forschungsanstalt für Psychiatrie in München* gegründet werden. Kraepelin leitete sie bis zu seinem Tod 1926. Dort war das Forschungszentrum der Erblehre.
5. Nachfolger Kraepelins wurde 1931 Ernst Rüdin, der die rassenbiologischen Forschungen rapide vorantrieb. Nach der Machtergreifung durch die Nationalsozialisten wurde das Gesetz zur Zwangssterilisierung verwirklicht.
6. Bereits 1924 war die Deutsche Forschungsanstalt für Psychiatrie in die *Kaiser-Wilhelm-Gesellschaft* eingegliedert worden, nachdem sie mehrfach nur knapp dem Bankrott entgangen war. Die finanzielle Lage erholte sich erst, als Staatsgelder in die Kassen flossen – im Dritten Reich.
7. Mit diesen Geldern konnte die gesamte Erbhygieneforschung finanziert werden. Rüdin blieb die treibende Kraft im Hintergrund bis Kriegsende.
8. Eine weitere psychiatrische Forschungsanstalt war das Max-Planck-Institut für Hirnforschung in Berlin (gegr. 1915). Der dortige Leiter Hugo Spatz war in der Forschungsanstalt München bis 1936 tätig. Danach wechselte er nach Berlin. Dort arbeitete er eng mit Hallervorden zusammen.
9. Hallervorden besorgte nachweislich über 500 Gehirne euthanasierter Kinder zu Forschungszwecken aus den Tötungsanstalten – unter anderem aus der Anstalt Brandenburg-Görden.

10. Die „Sammlung Hallervorden“ gelangte nach dem Krieg durch Hallervorden nach Frankfurt in das dortige Max-Planck-Institut für Hirnforschung. Erst 1990 wurde diese Sammlung in München mit einem Gedenkstein beigesetzt. Wie lange die Gehirne der Euthanasie-Kinder noch nach dem Krieg für Forschungszwecke dienen mußten, ist unbekannt.
11. Das Max-Planck-Institut für Anthropologie, menschliche Erblehre und Eugenik in Berlin, geleitet von dem Rassentheoretiker Frhr. von Verschuer, war die Heimat des Auschwitz-Arztes Dr. Josef Mengele, der wie kein zweiter Menschen zu Forschungszwecken mißbrauchte und mißhandelte. Im Konzentrationslager Auschwitz stand ihm hierfür reichlich „Material“ zur Verfügung. Er stand auch während seiner Tätigkeit in Auschwitz mit dem Berliner Kaiser-Wilhelm-Institut in Verbindung.
12. Das heutige *Max-Planck-Institut für molekulare Genetik* ist der Nachfolger des *Max-Planck-Instituts für vergleichende Erblehre und Erbpathologie*. Die alte Tradition scheint ungebrochen.

*„Warum ist es von Vorteil, Worte auf die Goldwaage zu legen?
Damit man sie von Blech unterscheiden kann.“*

Markus M. Ronner, dt. Journalist und Satiriker

5. TARNVOKABEL „PSYCHOHYGIENE“ – UND WAS ES DAMIT WIRKLICH AUF SICH HAT

Es ist sicherlich keine Übertreibung, wenn man festhält, daß die Psychiatrie unter vielen der Krankheiten leidet, die sie bei andern so gerne diagnostiziert. Da ist zum einen die unbewältigte *Erblast.* Niemals fand eine angemessene *Ausmerzung rassenhygienischen Gedankenguts* statt. Allenfalls gab es Verbalkosmetik, sprich ein Ändern der Begriffe, Definitionen und Vokabel, damit die moderne Psychiatrie nicht durchschaut werden konnte. Aber viele der alten Lehren lebten fröhlich und unbeschwert in neuem Gewand weiter.

Dann kennen wir das Phänomen der *Amnesie*, also des Gedächtnisschwundes, wir sprachen darüber bereits. Die *Schizophrenie* der Psychiatrie schließlich wird deutlich, wenn man diese angebliche „Wissenschaft“ selbst unter die Lupe nimmt: Ihre Vertreter geben vor, zu helfen – und das Ergebnis war (und ist?) Leid und Tod.

Man könnte sich auf diese Art und Weise sicherlich eine Weile erregen und über die Psychiatrie herziehen – tatsächlich ist das Thema sehr ernst, denn es geht um Menschenleben. Es geht um Ideen, Theorien und Praktiken, die Menschenleben kosten. Und es geht um die höchst raffinierte Art und Weise, wie Ideen und Therapien vom Gestern ins Heute hinübergerettet werden konnten. Hinübergeschleust. Manchmal in schwer erkennbarem Gewand.

Eine Methode der Psychiatrie – wir haben dies bereits angedeutet – besteht darin, mittels eines hochtönenden, scheinwissenschaftlichen Vokabulars den Eindruck von Gelehrsamkeit und Autorität zu erwecken. Und tatsächlich tritt genau dieser Effekt ein. Lassen Sie einmal einen beliebigen Zeitgenossen, gerne auch mit Hochschulbildung, einen beliebigen psychiatrischen Text lesen – und er wird allein aufgrund der komplizierten Begriffe aus dem Text förmlich hinauskatapultiert. Er fühlt sich klein, erbärmlich und unfähig, zu verstehen – und überläßt in der Folge den scheinbaren Fachleuten, den Psychiatern, das Feld. Psychiater waren und sind Meister darin, mit Worten, mit lateinischen, griechischen oder selbsterfundenen Fremdwörtern, ihre Ziele, Theorien und Therapien zu verschleiern.

Entkleidet man jedoch die angeblich hochwissenschaftlichen Texte ihrer griechischen und lateinischen Vokabeln, so erkennt man sehr schnell, daß sich sehr oft nicht nur der abenteuerlichste Unsinn dahinter verbirgt, sondern – weitaus schlimmer – menschenverachtende Ideen, ja Therapien, deren bestialische und brutale Auswirkungen unzweifelhaft sind.

Die Methode besteht also darin, ein hochtönendes, vor Kompliziertheiten triefendes, dem Laien unverständliches Fachchinesisch zu sprechen, das niemand versteht.

Eine dieser schönen Vokabeln, mit der man aufs Glatteis geführt werden kann und die wir in diesem Kapitel untersuchen wollen, lautet *Psychohygiene*.

Der Begriff „Psychohygiene" bedeutet wörtlich soviel wie „seelische Gesundheitsführung" oder „geistige Gesundheit".[1] Entlehnt wurde der Ausdruck der Hygiene dem medizinischen Sprachgebrauch: Es war eine der größten Entdeckungen neuzeitlicher Medizin, daß alleine durch bestimmte Hygienemaßnahmen im Krankheitsfalle, bei Entbindungen oder bei Operationen sowie bei Ansteckungsgefahr *Krankheiten vermieden werden konnten*. Diese Entdeckung, bzw. die *Vokabel*, versuchte sich auch die neuzeitliche Psychiatrie zu eigen zu machen. Da es ihr nicht gelang, die Ursachen der geistigen Krankheiten zu erkennen und die Krankheit in der Folge zu heilen, suchte man die Antwort auf überfüllte Irrenanstalten zunächst in einer besseren *Vorsorge*.

Um die Idee der *Vorsorge* zu fördern, prägte man das Wort „Psychohygiene", das wirklich beeindruckend ist. Der Begriff Psychohygiene und die Psychohygiene als eigenständiges Gebiet wurde im deutschen Sprachraum durch den Psychiater Robert Sommer[2] (1864–1937) eingeführt, der ihn 1901 in einer Schrift erstmalig benutzte. Sommer wiederum übernahm den Begriff aus dem amerikanischen („Mental Hy-

1 Nach H. Schulte: Geschichte und Aufgaben der Psychohygiene in Deutschland. In: H. Ehrhardt, D. Ploog, H. Stutte (Hrsg.). Psychiatrie und Gesellschaft, Ergebnisse und Probleme der Sozialpsychiatrie (Werner Villinger zum 60. Geburtstag). Bern und Stuttgart 1958, S. 156-166, hier: S. 156

2 Robert Sommer wurde am 19. Dezember 1864 in Grottkau, Schlesien, geboren. Studium der Medizin und Philosophie in Freiburg, Leipzig und Berlin. Promotion zum Dr. phil. 1887 in Berlin und 1891 zum Dr. med. in Würzburg. Assistentenzeit an der Irrenanstalt in Rybnik, Schlesien, und an der psychiatrischen Klinik in Würzburg. 1895 folgte er dem Ruf als Professor der Psychiatrie nach Gießen. Es folgten zahlreiche Veröffentlichungen auf dem Gebiete der Psychiatrie und der Psychologie (alle biographischen Angaben nach Fischer (Hrsg.): Biographisches Lexikon der hervorragendsten Ärzte der letzten 50 Jahre (2 Bd.). Berlin 1933, S. 1475

giene") von dem Psychiater Adolf Meyer aus Baltimore.[3] Für Sommer bestanden die Aufgaben der Psychohygiene im wesentlichen in der „Erneuerung" der „Irrenanstalten". Vor allem jedoch sollte die Psychohygiene der vorbeugenden Bekämpfung *„aller durch seelische Regelwidrigkeiten bedingten Schwierigkeiten des einzelnen in der Anpassung an die Anforderungen des Lebens"*[4] dienen. Sommer versuchte hierdurch zweierlei zu erreichen: Zum einen wollte er offenbar Anpassungstechniken entwickeln und zum anderen eine offensive Herangehensweise der Psychiatrie *an die gesellschaftlichen Probleme* begründen. Die Psychiatrie sollte mittels der *Psychohygienebewegung* – wie schon zuvor in den USA – Einfluß auf das Gesundheits- und Erziehungswesen, die Wohlfahrts- und Rechtspflege, die Wirtschaft und auch auf die Gebiete der Religion und Ethik gewinnen.[5]

Um den Begriff zu verstehen, genügt jedoch keine einfache Begriffsbestimmung; wir müssen darüber hinaus den politisch-ökonomischen Hintergrund ausleuchten, vor dem er entstand. Es ist nämlich kein Zufall, daß es ausgerechnet ein amerikanischer *Psychiater* war, nämlich G. M. Beard, der 1909 das amerikanische *Nationalkomitee für psychische Hygiene* gründete, denn es gab einen konkreten Anlaß. Zitieren wir auszugsweise:

„... all denen, die sich infolge psychischer Anomalien sozial nicht anpassen können, zu helfen und die Mißstände, die im öffentlichen Leben, z.B. bei der Jugenderziehung, bei der Verbrechensbekämpfung usw. auf psychische Anomalien zurückzuführen sind, zu beseitigen (...) die Bevölkerung entsprechend aufzuklären, bei den einschlägigen gesetzgeberischen Maßnahmen mitzuwirken und mit den übrigen sozialhygienischen und sonstigen gemeinnützigen Körperschaften privater und öffentlicher Art zusammenzuarbeiten".[6]

---

3 Frei zitiert nach O. Bumke, G. Kolb, H. Roemer, E. Kahn (Hrsg.): Handwörterbuch der psychischen Hygiene und der psychiatrischen Fürsorge. Berlin und Leipzig 1931, 296 ff. Vgl. hierzu auch: H. Schulte: Geschichte und Aufgaben der Psychohygiene in Deutschland. In: Ehrhardt, Ploog, Stutte (Hrsg.): Psychiatrie und Gesellschaft. 1958, S. 156-166, sowie den Aufsatz der Wiener Psychiater H. Hoff und W. Spiel: Bedeutung und Grenzen der psychischen Hygiene für Psychiatrie und Psychotherapie. In: Ebenda, S. 175-183. Vgl. hierzu auch Hans Roemer: Die rassenhygienischen Aufgaben der praktischen Psychiatrie unter besonderer Berücksichtigung der offenen Fürsorge. In: Ernst Rüdin: Erblehre und Rassenhygiene im völkischen Staat. München 1934

4 H. Schulte: Geschichte und Aufgaben der Psychohygiene in Deutschland. In: Helmut E. Ehrhardt (Hrsg.): Psychiatrie und Gesellschaft. 1958, S. 156-166, hier: S. 160

5 Ebenda

6 Roemer in der Zeitschrift für Psychische Hygiene, Bd. 1, H1, 1928. Zit. n. H. Schulte: Geschichte und Aufgabe der Psychohygiene in Deutschland. In: Helmut E. Ehrhardt (Hrsg.): Psychiatrie und Gesellschaft. 1958, S. 156-166, hier: S. 158

Halten wir fest: *Der Psychohygiene ging es also von Anfang an offenbar um die Anpassung des Menschen an die Gesellschaft – nicht etwa um die Belange des Individuums.* Das ist verständlich: Denn just zu dem Zeitpunkt, wo die Psychohygienebewegung ins Leben gerufen wurde, war die Industrialisierung auf dem Vormarsch, und es wurde mehr denn je der arbeitsplatzangepaßte Mensch gefragt. Und tatsächlich untersuchte die Psychohygiene zunächst „nur" die „Anpassungsschwierigkeiten" der Menschen. Psychiater fanden hierzu schnell die passenden Begriffe und bezeichneten diese „Gestörtheiten der Anpassung" als *„neurasthenische* [nervöse Übermüdung; d.V.] *und hysterische Reaktionen"*. Halten wir einen Moment inne: Darunter ist nichts anderes zu verstehen als übersensible, gereizte Antworten auf die immer stärker werdenden Anforderungen der Umgebung, vor allem der Arbeitswelt. (Heute sagen wir dazu einfach „Streß"). Vergessen wir also die weiteren hübschen griechischen und lateinischen Vokabeln.

Dieser Zusammenhang von Psychohygiene und Angepaßtsein ist für uns insofern wichtig, daß er in eindeutiger Weise zeigt, daß die Arbeitswelt Nachfrage nach einem bestimmten „Menschenmaterial" hatte, und daß Psychiater in der Folge alles taten, sich an diesen arbeitsweltgerechten Normen zu orientieren, genauso wie sie später dem Militär gedient haben.

Hier wurde also kaum etwas in Frage gestellt bzw. nur der nicht angepaßte Mensch, der als anormal, also krank, hingestellt wurde.[7] Mit ihrer äußerst weitgefaßten Definition von „normal" und „anormal" gelang es der Psychiatrie zusehends, bestimmte Menschengruppen als „behandlungsbedürftig" zu diagnostizieren. Und die *Psychohygiene* war und ist *genau jenes Instrument, dessen sich die Psychiatrie bediente, um auch im Bereich der geistig völlig normalen Menschen vorbeugend tätig zu sein!*

Das bedeutete beispielsweise bereits im Jahre 1936, daß es Rüdin nicht genügte, nur die nachweislich Erbkranken sterilisieren zu lassen; er forderte diesen gravierenden Eingriff *auch bei Gesunden*, und zwar immer dann, wenn *irgendwo* in der Familie ein Fall von Geistes- und Gemütskrankheit zu verzeichnen war! (Er hatte damit glücklicherweise sogar bei den Nationalsozialisten keinen Erfolg.)

Und genau das ist ein wesentliches Merkmal, das die Psychohygienebewegung auszeichnet: Die *Ausweitung* ihres selbsterfundenen Krankheitsbegriffs auf immer größere, zuletzt auch auf gesunde Bevölkerungsgruppen, die angeblich *erblich* belastet seien. Das geschah mit den Vokabeln Eugenik und Rassenhygiene.

Doch wir sind bereits zu schnell vorangeeilt. Blenden wir noch einmal zurück.

7 H. Schulte: Geschichte und Aufgabe der Psychohygiene in Deutschland. In: Ehrhardt, Ploog, Stutte (Hrsg.): Psychiatrie und Gesellschaft. 1958, S. 156-166, hier: S. 158

Wie im letzten Kapitel dargestellt, wandte sich bereits 1911 Rüdin mit einem Appell an die Öffentlichkeit, der Gesetzgeber möge endlich rassenhygienisch ausgerichtete Gesetze erlassen.

Im Jahre 1924 wurde der *Deutsche Verband für psychische Hygiene* von Robert Sommer (1864–1937) gegründet. Die Ziele klangen edel: Vorbeugung psychischer Störung und präventiv orientierter Gesundheitsschutz – das wollte man angeblich erreichen.[8] Bereits 1928 nahm der Verband die erbliche Prophylaxe (Eugenik) in seine Zielsetzungen mit auf.[9] Hinzu kam die zeitgemäße Gestaltung der Geisteskrankenfürsorge innerhalb und *außerhalb* der geschlossenen Anstalten.

Doch die Psychohygiene war nicht nur eine nationale, sondern auch eine *internationale* Bewegung. In der Schweiz war es Forel, der gegen Ende des neunzehnten Jahrhunderts die *Nervenhygiene* und *Geisteshygiene* bei seinen Untersuchungen über die sexuelle Frage behandelte. In Rußland hatte schon im Jahre 1887 der Psychiater J. A. Sikorsky auf dem ersten russischen Psychiaterkongreß Forderungen zum Schutze des einzelnen und der Gesellschaft erhoben und als wesentlichste Forderung die *„neuropsychische*[10] *Hygiene und Prophylaxe [Vorbeugung]“* genannt, mit dem Ziel der *Stärkung* der „psychischen Kräfte“ und der „Hebung des psychischen Niveaus“ der Bevölkerung.

In der Sowjetunion wurde 1922 innerhalb des Volkskommissariats für das Gesundheitswesen eine besondere Kommission zum Schutze der neuropsychischen Gesundheit eingerichtet, die 1923 einen allrussischen Kongreß für Psychohygiene und Psychoprophylaxe nach Moskau einberief und unter anderem die *psychische Hygiene* der Armee insbesondere bei der Selektion der Rekruten forderte.

Einen erweiterten, vorwiegend sozial gefärbten Inhalt mit propagandistischer Stoßkraft erlangte der Begriff der psychischen Hygiene in den USA. Der Ausdruck „Mental Hygiene“ wurde zum Schlagwort für eine gemeinnützige psychosozialhygienische Bewegung, die sich von den USA ausgehend weltweit entwickelte und verselbständigte.

In den zwanziger Jahren hatte die psychohygienische Bewegung bereits einen sehr großen Einfluß auf die Gesundheitspolitik vieler Länder. Mit ihrem Idealbild einer „positiven Eugenik“ (also günstigen Erbauslese; fortan die zentrale Forderung

8 Nach: Hermann Stutte: Kinderpsychiatrische Beiträge zur Psychohygiene. Alma Mater Philippina (Marburger Universität) 1973

9 (Aufsatz von) Dr. H. Roemer: Die hygienischen Aufgaben d. praktischen Psychiatrie unter besonderer Berücksichtigung d. offenen Fürsorge. In: Rüdin, Erblehre und Rassenhygiene im völkischen Staat. München 1934, S. 121

10 Da in der Psychiatrie zwischen Nervensystem und Seele nicht unterschieden wird, ist ein Ausdruck wie „neuropsychisch“ nichts anderes als eine aufgeblähte Scheinvokabel. Neuro- heißt Nerv; zu deutsch also „nervenseelisch“ – aber mit diesem verständlicherweise unverständlichen (weil unsinnigen) Wort würde sich die Psychiatrie ihres Mäntelchens der Klugheit schnell entkleiden. So wählt man lieber ein so hochtönendes Wort wie „neuropsychisch“.

der Psychohygiene) wurde versucht, eine Verbesserung des „eugenischen Wertes" der Bevölkerung mit sozialhygienischen Maßnahmen zu erreichen. Ziel war das „gesunde Wachstum" der Bevölkerung. Die Förderung der Gesundheit von Mutter und Kind wurde zum wichtigsten Ziel erklärt. Dadurch sickerte jedoch eugenisches Gedankengut mehr und mehr ein.

Die naturwissenschaftlich eingestellte Schulmedizin verdrängte jedoch diese Art von „Hygiene". Erst in den dreißiger Jahren des zwanzigsten Jahrhunderts begann die „psychische Hygiene" erneut Gestalt anzunehmen – diesmal in Deutschland, geprägt vom Grundgedanken der Erblehre und Rassenhygiene.

Bereits im Jahre 1928 wurden in der *Zeitschrift für psychische Hygiene* die Ziele ganz eindeutig abgesteckt:

„Die Tätigkeit des Deutschen Verbandes ... umfaßt die Anwendung der Grundsätze der psychischen Hygiene auf den einzelnen, die Familie, die Berufsausbildung, die soziale Versicherung und das öffentliche Leben. Ferner gehört hierzu die Prophylaxe der psychischen Anomalien und der durch sie bedingten Hilfsbedürftigkeit und Straffälligkeit, namentlich die Eugenik, die Bekämpfung des Alkoholismus, die übrigen Genußgiftsuchten und der Syphilis sowie die vorbeugende Bekämpfung des Verbrechens..."[11]

Selbst ein Laie erkennt auf Anhieb, daß hier die Weichen für die spätere Ausmerzung bestimmter unerwünschter Gruppen in aller Deutlichkeit gestellt wurden – auch wenn man durchaus unterstellen darf, daß zu dieser Zeit niemand an die Art der Lösung gedacht hat, die später unter dem NS-Regime schließlich im Hinblick auf die hier genannten Gruppen praktiziert wurde. Doch auch der Verband für psychische Hygiene erhob keine Stimme des Protests, als diese Lösung praktiziert wurde; kein Wunder, denn:

„Der Deutsche Verband für psychische Hygiene war der organisierte Ausdruck des Willens, letztlich alle Probleme im Umgang der Gesellschaft mit Formen abweichenden Verhaltens in den Griff zu bekommen."[12]

Es ist kein Zufall, daß sich zu dieser Zeit die Crème de la crème der deutschen Psychiatrie im *Verband für psychische Hygiene* wiederfindet. Im Jahre 1931 diente diese Gesellschaft folgenden uns bereits hinreichend bekannten Psychiatern als Forum: Luxenburger (Mitautor des Buches „Psychiatrische Erblehre und Erbpflege"), Meltzer (machte bereits in den zwanziger Jahren eine Umfrage unter Eltern behinderter Kinder zur Euthanasie), Villinger (T4-Gutachter), Kretschmer, Nitsche, Faltlhauser (Anstaltsleiter Kaufbeuren; verantwortlich für die Kinder- und Erwachsenentötun-

11 In: Zeitschrift für psychische Hygiene, Nr. 1/1928, S. II

12 Hans-Ludwig Siemen: Menschen blieben auf der Strecke. Psychiatrie zwischen Reform und Nationalsozialismus. Gütersloh 1987, S. 90, 91

gen, die dort zwischen 1941 und 1945 geschahen durch Spritzen und Verhungernlassen).

1934 wurde der Verband umgewandelt in den *Deutschen Verband für psychische Hygiene und Rassenhygiene*, wobei Ernst Rüdin auf Bitten Sommers den Vorsitz übernahm. Wer glaubt, daß Sommer mit der Psychohygienebewegung ausschließlich edle Ziele verfolgte, sieht sich durch sein Glückwunschtelegramm an den Rassenhygieniker Ernst Rüdin bitter enttäuscht. Anläßlich Rüdins sechzigstem Geburtstag 1934 und des Erscheinens von Rüdins Lehrbuch: „Erblehre und Rassenhygiene im völkischen Staat“, überbrachte Sommer die herzlichsten Glückwünsche im Namen des Verbandes. In einer Laudatio aus dem Jahre 1943 ist ein ausführlicher Beitrag von *Hans Roemer* abgedruckt, der wie kaum ein zweiter die Zielsetzungen der Psychohygiene und ihre Vorgehensweise dokumentiert; es ist lohnenswert, hier einige Passagen daraus zu zitieren:

„Von ungefähr 400.000 Erbkranken ... sind schätzungsweise 360.000 ... psychiatrische Fälle.[13] *... Auch in den Kreisen der ärztlichen Standesorganisationen, der Fürsorgepraktiker, der Juristen und der Volkswirtschaftler verbreitete sich in den letzten Jahren immer mehr das Verständnis für die dringende Notwendigkeit der psychiatrischen Erbgesundheitspflege. Diese zunehmende Einsicht führte dann zu dem bekannten Entwurf eines Sterilisierungsgesetzes ... Durch den politischen Umschwung hat sich dann die Lage mit einem Schlage gewandelt ... an die Stelle der bisher freiwillig geleisteten Arbeit, bei der die gesetzliche Grundlage für ein aktiveres Vorgehen fehlte, tritt jetzt die Erfüllung einer gesetzlich festgelegten Dienstpflicht ...“*[14]

Rüdin selbst ging das Gesetz zur Zwangssterilisierung, wie schon angedeutet, nicht weit genug; er forderte radikal auch die Ausmerzung bei jenen anzuwenden, bei welchen ein Fall geistiger (oder schwerer körperlicher) Abnormität irgendwo in der Familie vorkam.

Es ließen sich zahlreiche Parallelen aus dieser Schrift zur heutigen Zeit anführen; wir wollen jedoch den Bogen nicht überspannen. *Wesentlich ist, daß Rüdin und seine Anhänger nach dem Krieg nicht in Frage gestellt wurden*; in Frage gestellt wurde lediglich das Nazi-System, das angeblich die Psychiatrie in so schändlicher Form für die eigenen Zwecke mißbraucht hatte; eine Verdrehung der Geschichte, wie sie fataler kaum sein kann. Doch die deutsche Psychiatrie hatte auch nach dem Krieg keine

13 Als Parallele sei an ein früheres Kapitel erinnert, worin aufgeführt ist, daß die heutige Psychiatrie allein die Zahl der in Deutschland als behandlungsbedürftig geltenden Kinder auf 800.000 schätzt – ein deutliches Zeichen dafür, daß die Psychiatrie ihre Zielsetzungen keineswegs kleinlaut zurückgesteckt hat, trotz ihrer Handlungen im Naziregime

14 Rüdin u.a.: Erblehre und Rassenhygiene im völkischen Staat. München 1934, S. 120ff.

Kritik zu fürchten; daß Rüdin zu keiner Zeit von der herrschenden Psychiatrieklasse in Frage gestellt wurde, belegt beispielsweise folgende Begebenheit: Als die Tochter des Psychiaters, Edith Zerbin-Rüdin, in einem Interview nach den Verwicklungen ihres Vaters in die Praktiken der NS-Psychiatrie gefragt wurde, verteidigte sie – selbst Professorin für Psychiatrie – ihren Vater bravourös. Auf seine Tätigkeit in den nationalsozialistischen Erbgesundheitsobergerichten befragt, machte sie dabei eine Andeutung, die für uns sehr wichtig ist. Sie entschuldigte nämlich das Verhalten ihres Vaters mit dem Hinweis, daß es damals ja eine *„internationale eugenische Bewegung gab"*,[15] der ihr Vater ebenfalls angehörte.

Genau darin liegt des Rätsels Lösung und damit die Antwort auf die Frage, *wie* und *warum* es der deutschen Psychiatrie gelang, ihren Richtern zu entkommen: Es war die *internationale Verstrickung und Verflechtung der Psychohygienebewegung!* Diese „internationale eugenische Bewegung" gab es tatsächlich! Es ist richtig, daß sich viele Psychiater wegen ihrer Tätigkeit in der NS-Psychiatrie keine Sorgen zu machen brauchten, wurde dort ja zum Teil auch nichts anderes praktiziert als das, was auf den internationalen Kongressen der eugenischen Gesellschaften gefordert wurde. Es waren also „Überzeugungstäter", denen die NS-Psychiatrie bestenfalls „ein wenig zu weit ging".

Bei der „internationalen eugenischen Bewegung" handelte es sich um eine Vielzahl nationaler Gesellschaften, die Kontakte und Kongresse im internationalen Rahmen unterhielten und so dem Ganzen das Gepräge einer „internationalen *sozialen* Bewegung" gaben.

In praktisch allen nationalen Psychohygienebewegungen bildeten sich verschiedene Richtungen heraus. Auf der einen Seite standen extrem rassistisch eingestellte „Eugeniker", die ihr Endziel durch Anwendung der *„negativen Eugenik"* erreicht sahen – womit die Ausmerzung aller unerwünschten Erblasten gemeint war. Auf der anderen Seite standen die eher gemäßigten, die ihr Endziel mittels sozialen Wohlfahrtsmaßnahmen (= *positive Eugenik*) erreichen wollten.[16] Genau hierin liegt die Schizophrenie: Die grundlegenden Zielsetzungen und das, was propagandistisch immer wieder – wohlklingend – nach außen verbreitet wurde, waren auf den ersten Blick kaum zu beanstanden! So etwa die Forderung nach einer besseren Versorgung psychisch Kranker auch außerhalb der Anstalten. Hier wurden seit Bestehen der Psychohygienebewegung international Fortschritte erzielt – auf der anderen Seite jedoch

15 Benno Müller-Hill: Tödliche Wissenschaft. Die Aussonderung von Juden, Zigeunern und Geisteskranken 1933-1945. Reinbek bei Hamburg 1984, S. 130

16 Frei nach: Paul Weindling: Die preußische Medizinalverwaltung und die „Rassenhygiene" 1905 bis 1933. In: Thom, Achim und Spaar, Horst (Hrsg.): Medizin im Faschismus. Symposium über das Schicksal der Medizin in der Zeit des Faschismus in Deutschland. Berlin (DDR) 1983, S. 23-35, hier: S. 23

dienten genau diese Fortschritte der radikal rassehygienisch orientierten Psychiatrie dazu, *schärfere* Maßnahmen auch in der Prophylaxe zu fordern. Wie weit man zu gehen bereit war (und vielleicht auch noch ist), verdeutlichen am besten die Worte von Brock Chisholm aus dem Jahre 1946 (zur Erläuterung: Chisholm war ein amerikanischer Psychiater und von 1957 bis 1958 Präsident der World Federation of Mental Health. Doch diese Worte stammen, wie gesagt, aus dem Jahre 1946) [Übersetzung und Unterstreichung durch die Autoren]:

„... es wäre sicherlich für die Welt von größerem Vorteil, wenn Psychiater sich mit dem präventiven Bereich befassen würden, wo die große Arbeit geleistet werden muß. ... Die Neuinterpretation und schließlich Ausradierung des Konzepts von richtig und falsch, ... und das Ersetzen [dieser Normen; d.V.] durch intelligentes und rationales Denken ... sind das Ziel aller effektiven Psychotherapie. ... Tatsache ist, daß sich die meisten Psychiater und Psychologen und viele andere respektable Leute von diesen moralischen Ketten befreit haben und in der Lage sind, frei zu beobachten und zu denken. ... Wenn die Rasse von ihrer sie verkrüppelnden Last von Gut und Böse befreit werden soll, müssen es Psychiater sein, die diese Verantwortung auf sich nehmen ...“[17]

Man überlege sich nur einmal den Sinn dieser Worte, die kaum ein Jahr nach der vernichtendsten „psychohygienischen Aktion“ aller Zeiten geschrieben wurden! Doch man kann Chisholm nicht verdenken, daß er die Wahrheit ausspricht; daß sich zahlreiche Psychiater von dem beengenden Korsett einer Vorstellung von „richtig“ und „falsch“ sowie irgendwelcher moralischen Gefühle gelöst hatten, war ja hinreichend bewiesen worden.

Die internationale Psychohygiene kleidete sich nach Kriegsende jedoch in ein neues Gewand. 1948 wurde von J. R. Rees, einem englischen Eugeniker, die „World Federation for Mental Health“ (WFMH) als Dachgesellschaft gegründet. Mit von der Partie aus Deutschland war auch Friedrich Mauz, Wehrkreis- und T4-Psychiater. Die WFMH war die Nachfolgeorganisation des *„Internationalen Ausschusses für Psychohygiene“*, der seit 1931 bestand.[18] Als besonderes Anliegen des Verbandes wurde die Erzielung des *„bestmöglichen geistigen Gesundheitszustandes in allen seinen umfassendsten biologischen, medizinischen, erzieherischen und sozialen Aspekten“*[19] formuliert. Die Wahrheit daran ist: Unter dem Deckmäntelchen des „Helfens“ verbarg sich offensichtlich nichts anderes als der Wunsch nach sozialer Kontrolle und dem angepaßten Menschen.

17 The William Alanson White Memorial Lectures, Second Series. In: Psychiatry, Journal of the Biology and Pathology of Interpersonal Relations, Vol. 9, Nr. 1, February 1946

18 Sie war konstruiert als ein Verband, der von keiner Regierung kontrolliert werden sollte. Dazu: s. Ehrhardt, Ploog, Stutte (Hrsg.): Psychiatrie und Gesellschaft, Stuttgart 1958, S. 161

19 H. Schulte: Geschichte und Aufgabe der Psychohygiene in Deutschland. In: Helmut E. Ehrhardt (Hrsg.): Psychiatrie und Gesellschaft 1958, S. 156-166, hier: S. 161

Die deutsche Psychohygienebewegung

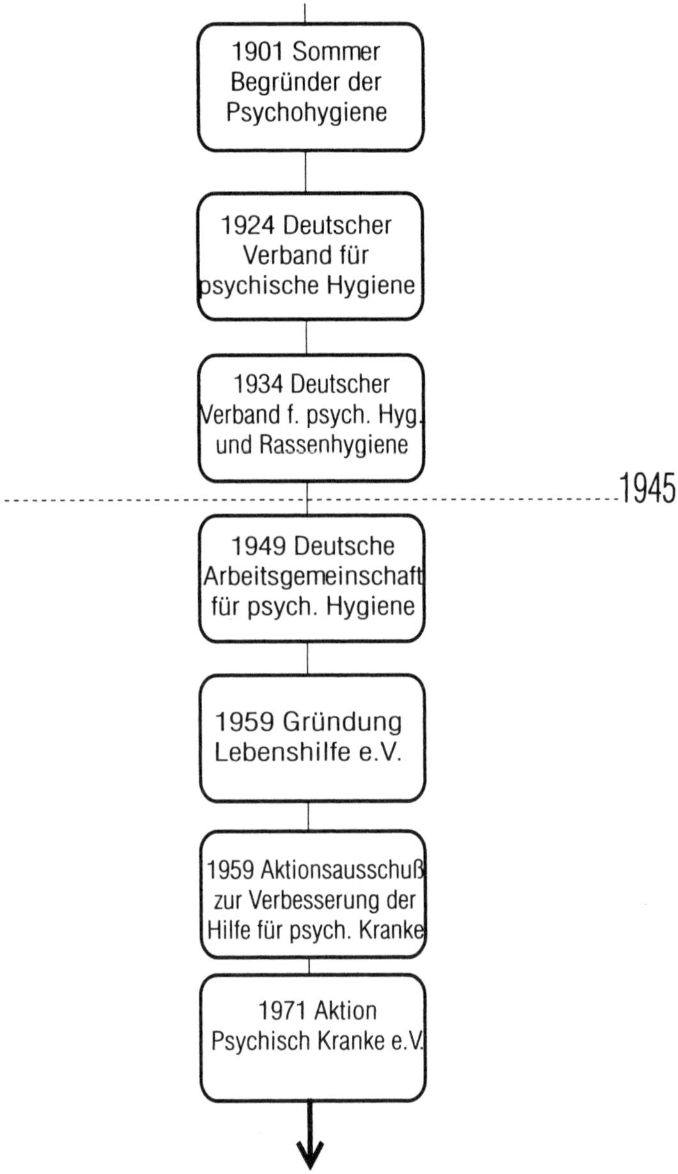

Die Psychohygienebewegung als soziale Bewegung

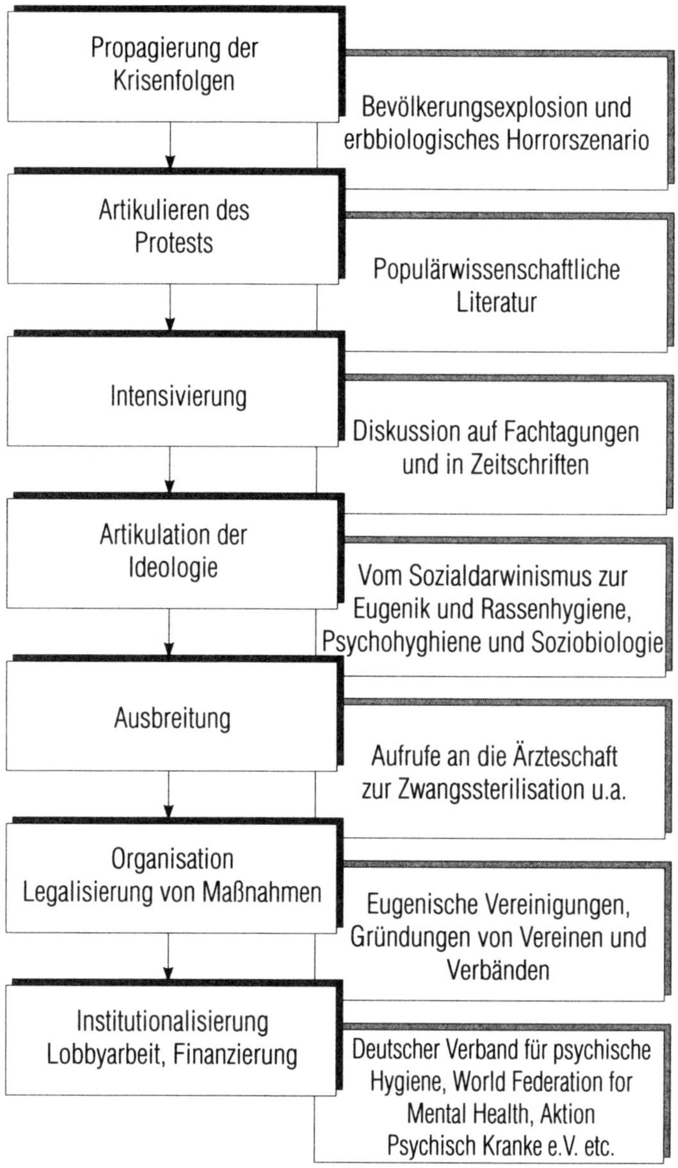

In Deutschland wurde nach dem Zweiten Weltkrieg recht rasch damit begonnen, unter der Leitung des Psychiaters Hans Merguet eine *„Deutsche Arbeitsgemeinschaft für psychische Hygiene“* ins Leben zu rufen, die 1952 in die WFMH aufgenommen wurde.[20] Und auch Europa erhielt mit der *„Europäischen Liga für psychische Hygiene“* einen länderübergreifenden Bezug. An ihrer ersten Nachkriegstagung 1951 in Vevey nahmen Werner Villinger, Hans Bürger-Prinz und H. Schulte teil, die auf die besondere Situation der psychischen Hygiene im Nachkriegsdeutschland aufmerksam machen konnten. (Präsident 1973 war der uns bereits bekannte Psychiater Ehrhardt, Schüler von Villinger und de Crinis.)

1958 veröffentlichen Ehrhardt, Ploog (Schüler Kretschmers und Villingers) und Stutte das Buch *„Psychiatrie und Gesellschaft“*. Darin finden sich gleich mehrere Beiträge zur Psychohygiene, unter anderem von H. Schulte (Bremen) die *„Geschichte und Aufgabe der Psychohygiene in Deutschland“*. Ohne zu Erröten werden unter anderem die Psychiater Nitsche, Rüdin und Mauz erwähnt und Villinger mit Dankesworten beehrt.

Einige durchaus erwähnenswerte Zitate:

„Die Psychohygienebewegung habe sich jetzt fortentwickelt von der Erneuerung des Irrenanstaltswesens zur vorbeugenden Bekämpfung aller durch seelische Regelwidrigkeiten bedingten Schwierigkeiten des einzelnen in der Anpassung an die Anforderungen des Lebens. Sie erstrebe heute die Erhaltung und Förderung der seelischen Gesundheit und Wohlfahrt des einzelnen und der Gesellschaft. (...) Es sei anzunehmen, daß ... Einfluß genommen werde auf das Gesundheits- und Erziehungswesen, die Wohlfahrts- und Rechtspflege, die Wirtschaft und auch auf die Gebiete der Religion und Ethik.“[21]

Oder:

„So ist das Wort Luxenburgers ‚Erblichkeit ist nicht Schicksal, sondern drohendes Schicksal‘ ein Wort im besten psychohygienischen Sinn.“[22]

Erinnern wir uns: Luxenburger war ein Schüler Rüdins und einer der eifrigsten Verfechter der Nazizeit-Erbbiologie.

Und weiter:

„Wir wissen schließlich, daß ein Teil der Erbkrankheiten überhaupt erst manifest wird, wenn entsprechende äußere Bedingungen gegeben sind. Die Bedeutung, die gerade die Aufklärung über die letztgenannte Möglichkeit hat, können wir ermessen,

20 a.a.O., S. 162
21 Ehrhardt, Ploog, Stutte (Hrsg.): Psychiatrie und Gesellschaft, S. 160
22 a.a.O., S. 176

wenn wir uns klar werden, wie sehr das Wissen um die erbliche Belastung eine ständig traumatisierende, das Leben vergiftende Noxe [Schadstoff; d.V.] *darstellt.“*[23]

Kein Wort zur Aufarbeitung und Bewältigung der Vergangenheit – außer folgenden:

„Zudem ist hier [in Deutschland; d.V.] *die Bevölkerung, sicherlich stärker als in den meisten anderen Ländern, auf Grund bitterer Erfahrungen noch immer sensibilisiert gegen emotional durchtränkte Schlagworte aller Art, hinter denen sich anonyme Machtansprüche verbergen könnten...“*[24]

1959 wurde in Marburg die „Lebenshilfe für geistig behinderte Kinder e.V.“ u. a. von Stutte ins Leben gerufen. Bemerkenswert ist, daß die *Lebenshilfe* Stutte im Jahre 1984 eine Begegnungsstätte widmete – jenem Stutte, der 1935 bei Nazi-Hoffmann promoviert hatte und sich noch 1977 dankbar an seine Lehrer und Vorbilder Hoffmann, Mauz und Gaupp zurückerinnerte, der sich aber offenbar nie völlig unzweifelhaft von der menschenverachtenden Wissenschaft und Praxis seiner Lehrer distanziert hatte.

Die *Lebenshilfe* empfiehlt etwa seit 1972 ihren Mitgliedern die Konsultation eines *Humangenetikers*:[25]

„Forschung und Humangenetik stürzen sich in einen Boom der Erbforschung, bei dem die Umrisse zusehends unschärfer werden. Schon heute sprechen Genetiker von mindestens 3000 Merkmalen mit einem ‚deutlichen Abweichen vom Durchschnitt‘. Die Grenzen zwischen ‚krank‘ und ‚gesund‘ sind fließend: Wenn Alkoholismus, psychische Störung, Anfälligkeit für Krebs, Homosexualität und Milchverträglichkeit [soll wahrscheinlich heißen: Milch*un*verträglichkeit; d.V.] *zu den genetischen Auffälligkeiten zählen, ist absehbar, daß die Furcht vor Behinderung nur das Einfallstor bildet und weitere Merkmale als ‚unerwünscht‘ folgen werden.“*[26]

Das ist die Psychohygiene – und die Rassenhygiene im neuen Gewand: *Humangenetik,* ein anderes, neues Wort für *Erblehre*! Erblehre, Humangenetik, Rassenhygiene sind also allem Anschein nach fast austauschbare Begriffe. Ein neues Wort war geschaffen und ein weites Betätigungsfeld abgesteckt worden – mit den gleichen alten Zielen?

Hochinteressant ist weiterhin, daß die humangenetische Beratung ausgerechnet von Marburg ausgeht (Villinger, Stutte!). Und es ist keine Erfindung schlechter Geschichtenschreiber, daß im Jahre 1981 Volkswirt Stackelberg die ökonomischen

23 a.a.O., S. 176
24 a.a.O., S. 165
25 Nach: Dr. med. Mabuse, Zeitschrift im Gesundheitswesen, 11. Jahrgang, April 1986, „Humangenetische Beratung“, S. 30
26 a.a.O., S. 30

Aspekte einer genetischen Beratung im Detail unter die Lupe nimmt (bitte ziehen Sie jetzt *keine* Parallelen zur Vorgeschichte der Rassenhygiene und Ausmerzung!) [Unterstreichung d.d.V.]

„Ausgehend von den Unterlagen der genetischen Beratungsstelle Marburg summiert er die Ausgaben der Behindertenbetreuung vom Pflegesatz zum Sonderkindergarten, vom Arzneimittel zur Heimunterbringung, von dem Zuwachs für das Volkseinkommen durch zusätzlich geborene gesunde Kinder [sic!] und die freiwerdende Arbeitskraft des Pflegers oder die ersparten Leistungen der Sozialhilfe. Dieser Summe stellt er die Kosten für umfassende genetische Beratung künftiger Eltern gegenüber und kommt zu dem Ergebnis, daß genetische Beratung das ‚Vitalvermögen' von Familie und Gesellschaft steigert."[27]

Sind es nicht die gleichen Argumente wie einst für die Rassenhygiene? Die Ökonomie? (Wie gesagt, historische Parallelen werden hier nicht impliziert.)

Fassen wir zusammen:

- Die Psychiatrie verstand schon immer die Kunst, sich hinter Wörtern zu verstecken.
- Die Psychiatrie setzte die Psychohygienebewegung in die Welt mit dem Ziel des arbeitsplatzangepaßten Menschen.
- Die Psychiatrie war es, die für die rassenhygienischen Bestrebungen verantwortlich zeichnete, die letztlich auch zur T4 führten.
- Die Psychiatrie war es, die sich nach dem Krieg klammheimlich als Miturheber von der Bildfläche stahl.
- Die Psychiatrie war es, die zuließ, daß rassenhygienische Ideen auch nach dem Krieg unter dem Deckmantel Psychohygiene wieder auftauchten. Und:
- Die neue Bezeichnung für Erbhygiene lautet Humangenetik.

Verstehen Sie uns hier bitte nicht falsch: Wir verurteilen hier *nicht* die ehrlichen und begrüßenswerten Bestrebungen in Richtung Humanisierung oder Verbesserung der Krankenfürsorge. Aber wir *warnen* ausdrücklich davor, die alleinige Kontrolle darüber einer Pseudowissenschaft zu überlassen, in deren Namen in diesem Jahrhundert *alles* erlaubt war, was Forschung und Rasse dienlich war. Freiheit für die Psychiatrie, zu tun und zu lassen, was ihr genehm ist, darf es *nie wieder* geben, in keinem Land der Erde. Das Vertrauen dazu hat die Psychiatrie selbst verspielt.

Kritiker haben im übrigen nicht nur auf dieses Spiel mit den Worten aufmerksam gemacht, sondern die verschiedenen Organisationen, die sich mit Vokabeln wie

27 a.a.O., S. 30

„human“, „Hilfe“, „Psychohygiene“ oder „Hygiene“ schmücken, schlicht Tarnorganisationen genannt.

Wie aber sah es damit nach dem Krieg aus?

Wie gelang es der Psychohygienebewegung *erneut*, Einfluß auf die Entscheidungen der Regierung *und* eine Menge Geld zu erhalten?

Decken wir dies in unserem nächsten Kapitel auf.

AUF EINEN BLICK

1. Die Trägerwelle psychiatrischen Gedankenguts in die Gesellschaft hinein ist die sogenannte *Psychohygiene* oder *mentale Hygiene*. Der Begriff assoziiert ein Gesundbleiben durch bestimmte prophylaktische (vorbeugende) Maßnahmen. Der Psychohygiene ging es jedoch von Anfang an in erster Linie um den angepaßten Menschen.
2. Die Psychohygienebewegung fand in der Gründung verschiedener Psychohygienegesellschaften in den ersten zwei Jahrzehnten dieses Jahrhunderts ihren Ausdruck.
3. In Deutschland entwickelte sich aus der Rassenhygiene sehr bald die Psychohygiene; der Begriff Psychohygiene wurde praktisch gleichbedeutend mit Rassenhygiene.
4. Die Namen, die mit der Psychohygiene verbunden sind:
   - Robert Sommer – Begründer des Verbands für psychische Hygiene (1924)
   - Ernst Rüdin – Mitbegründer des Deutschen Verbands für psychische Hygiene und Rassenhygiene (1934)
   - Hans Merguet – Begründer der Deutschen Arbeitsgemeinschaft für psychische Hygiene (1949)
   - Werner Villinger, Hermann Stutte – Begründer der „Lebenshilfe e.V.“ (1959)
   - Helmut Ehrhardt – Vorantreiben der Rassenhygiene unter dem Deckmantel der Psychohygiene

   Auf internationalem Parkett tummelten sich unter anderem folgende Personen:
   - J. R. Rees, Friedrich Mauz – Mitbegründer der World Federation of Mental Health (1949)

- G. M. Beard – Begründer des amerikanischen Nationalkomitees für psychische Hygiene (1909)
- Villinger, Bürger-Prinz, Ehrhardt – Mitbegründer der Europäischen Liga für psychische Hygiene (1951)

5. Die Psychohygiene richtete ihre Bemühungen darauf, psychiatrische Behandlung unter dem Deckmäntelchen der Prophylaxe (Vorsorge) auch bei völlig gesunden, aber von der Psychiatrie als „gefährdet" definierten Menschen durchzuführen oder gesetzlich durchführen zu lassen. Dafür war es nötig, neue Definitionen dessen, was als normal oder unnormal zu bezeichnen ist, einzuführen.
6. Als Ziele der Psychohygiene wurden unter anderem von Psychiatern angegeben:
   - Ausradierung der Vorstellungen von richtig und falsch
   - Abschaffung der Moral und der Begriffe Gut und Böse
   - Einflußnahme auf Gesundheits- und Erziehungswesen
   - Einflußnahme auf die Wohlfahrts- und Rechtspflege
   - Einflußnahme auf die Wirtschaft
   - Einflußnahme auf Religion und Ethik
   - Erneuerung der Irrenanstalten
   - Frühzeitige Versorgung der Bevölkerung durch die Psychiatrie
7. Die deutsche Psychiatrie befand sich in der internationalen Psychohygienebewegung im sicheren Mutterschoße; sie brauchte Kritik von dieser Seite kaum zu fürchten. Das ist offenbar mit ein Grund, warum die Psychiatrie als Mitschuldiger an den NS-Verbrechen praktisch unentdeckt blieb.

„Hast du die Macht, du hast das Recht auf Erden".

Adalbert von Chamisso, Die Giftmischerin (Gedichte)

6. AKTION PSYCHISCH KRANKE – NEUE WEGE DER PSYCHOHYGIENE?

Wir haben bereits dargestellt, daß die gesamte Forschung der Psychiatrie seit Beginn der zwanziger Jahre bis Ende des Krieges ihre Gönner und ihre Finanziers besaß. Ohne Geld wäre die Psychiatrie machtlos geblieben, eine unter vielen (Irr-)Lehren, die kaum ihre eigene Geburt überlebt hätte. Die Finanzspritzen kamen aus vielen Ecken: Krupp, Loeb, der Deutsche Verband der Chemischen Industrie, die Rockefeller-Foundation, und zwischen 1933 und 1945 ist auch die Staatskasse der Nazis zu benennen.

Doch wie ging es nach dem Krieg weiter?

Auch jetzt brauchte die Psychiatrie Geld. Auch jetzt suchte sie Sponsoren. Wo waren sie zu finden? Verraten wir soviel gleich vorab: Die Psychiatrie hat sich die Entwicklung nach dem Krieg zu einem großen Teil von unseren Steuergeldern bezahlen lassen.

Zunächst ein Wort über die offensichtliche Strategie: Die Vorgehensweise der Psychiatrie vor wie auch nach dem Krieg ist immer die gleiche geblieben und besteht, so könnte man sagen, im wesentlichen aus vier Schritten:

Schritt 1: Die Vorbereitung/Begriffsdefinition dessen, was als normal und abnormal, als gesund und krank einzustufen ist

Schritt 2: Das Initiieren von Gesetzen oder Regierungsverordnungen zur Durchsetzung von Behandlung und Maßnahmen

Schritt 3: Das Handeln auf Anordnung als Durchführer des Willens des Gesetzgebers

Schritt 4: Die Ausweitung des Krankheitsbegriffs auf weitere Bevölkerungsschichten. (Das Vergrößern des psychiatrischen Einflußbereichs mit Unterstützung des herrschenden Regimes/der Regierung.)

Es handelt sich hierbei wohl um das bestgetarnte Stück gesellschaftlicher und politischer Einflußnahme, das je von einer „Wissenschaft" inszeniert wurde. Kein anderer Zweig der Natur- oder Geisteswissenschaften hat in ähnlich systematischer Weise versucht, *versteckt* Einfluß auf die Geschicke einer Gesellschaft zu nehmen! Doch werden wir konkret.

Einmal mehr müssen wir in die Geschichte zurückblenden, um die Vorgehensweise der Psychiatrie und ihre verschlungenen Wege in Richtung Geld nachvollziehen zu können. Um die Strategie zu verdeutlichen, möchten wir nochmals in aller Kürze resümieren, wie diese vier Schritte in der Zeit vor 1945 umgesetzt wurden.

Gestatten Sie daher, daß wir einige Fakten im Telegrammstil wiederholen, bevor wir zur Gegenwart zurückkehren – und zu den wahrlich spannenden Verstrickungen der Psychiatrie in die Politik. Wie verfolgte die Psychiatrie ihre Strategie vor 1945? Rekapitulieren wir in aller Kürze:

SCHRITT 1: BEGRIFFSDEFINITION UND VORBEREITUNG

Hier finden wir die geistigen Lehrväter der Zwangssterilisation und der Euthanasie. Also Binding und Hoche, Rüdin, Kraepelin, Aschaffenburg und all die anderen, die wir in unseren früheren Kapiteln beschrieben haben. Ihre Lehren und Begriffsbestimmungen dessen, was als normal und unnormal zu bezeichnen ist, brauchen wir hier nicht zu wiederholen. Von „Frauen", „Franzosen" und „Demokraten" bis hin zu „erbkranken Menschen" – erst in letzteren kristallisierte sich jedoch der nächste Schritt heraus. Die Definition von „erbkrank" allerdings war so weitläufig, daß auch chronische Querulanten als solche eingestuft werden konnten, denn laut der Diagnose der Psychiatrie lag hier eine „getarnte Schizophrenie" vor – eine Krankheit also, die zwar nicht sichtbar war, aber jederzeit zum Ausbruch kommen konnte.

Höchst bemerkenswert ist dabei das Spiel mit den Worten. Man prägt ein Wort, das gut beleumdet ist, das einen guten Klang besitzt – und täuscht damit Politiker, Land und Leute.

SCHRITT 2: INITIIEREN VON GESETZEN ODER REGIERUNGSVERORDNUNGEN ZUR DURCHSETZUNG DER BEHANDLUNG

Zahlreiche Bestrebungen waren seit 1920 im Gange, um eine gesetzliche Regelung der Sterilisation und der Euthanasie zu bewirken. Ein Gesetzentwurf zur Zwangssterilisation scheiterte 1932 in dem damals noch demokratischen Parlament; „die Zeit war noch nicht reif", aus der Sicht der Psychiater gesprochen.

Die Sterilisationsgesetze fanden schließlich unter nationalsozialistischer Herrschaft die Zustimmung und wurden 1933 mit Wirkung zum 1. Januar 1934 verabschiedet.

Dies wurde von den beteiligten Rassenhygienikern sehr begrüßt; nun war die Psychiatrie nicht mehr der „einsame Rufer in der Wüste", der nach Erhaltung des wertvollen erbbiologischen Gutes schrie, sondern Vollstrecker, Gehilfe des Regimes.

Auch auf die Euthanasie wurde seit 1920 hingearbeitet. Seit 1938 hatte ein Gremium unter der Leitung des Psychiaters Heinze die Kinder-Euthanasie vorbereitet; ab 1939 dann die Erwachsenen-Euthanasie. Die Psychiatrie organisierte sich besser und besser, bis hin zur perfekten und perfiden Aktion T4 – die letztlich in der Judenvernichtung durch die Nazis ihren grausamen Höhepunkt fand.

SCHRITT 3: HANDELN AUF ANORDNUNG ALS DURCHFÜHRER DES WILLENS DES GESETZGEBERS

Die Verschleierung setzte bereits 1934, praktisch mit Inkrafttreten des Gesetzes zur Verhütung erbkranken Nachwuchses, ein. In dem bereits vielzitierten Buch „Erblehre und Rassenhygiene im völkischen Staat" heißt es:

„... an die Stelle der bisherigen freiwillig geleisteten Arbeit, bei der die gesetzliche Grundlage für ein aktiveres Vorgehen fehlte, tritt jetzt die Erfüllung einer gesetzlich festgelegten Dienstpflicht, nämlich die Durchführung des Gesetzes zur Verhütung erbkranken Nachwuchses."

„Die einzige Aufgabe für den Anstaltsdirektor ist die sinngemäße Durchführung des Gesetzes..."[1]

Hier wurde es in aller Deutlichkeit gesagt: Die Psychiatrie hatte erreicht, daß der Gesetzgeber endlich eine Verordnung erließ (was ihr unter der „verweichlichten demokratischen" Weimarer Republik nicht gelungen war) und sah sich nunmehr als Erfüllungsgehilfe des völkischen Gesetzes. Also war nicht sie für die Folgen verantwortlich zu machen, sondern der Staat. Perfekt getarnt!

Und damit keine Mißverständnisse mehr aufkommen konnten, wurde auch deutlich gemacht, wem einzig und allein dieses Gesetz zu verdanken war:

„An die Stelle des bisherigen untätigen Hinnehmens hat der Weitblick unseres Führers, Adolf Hitler, ein Programm von größter Kühnheit gesetzt und seine Verwirklichung mit größter Tatkraft in Angriff genommen."[2]

---

1 Hans Roemer: Die rassenhygienischen Aufgaben der praktischen Psychiatrie unter besonderer Berücksichtigung der offenen Fürsorge. In: Ernst Rüdin: Erblehre und Rassenhygiene im völkischen Staat. München 1934, S. 123

2 a.a.O., S. 120

„Nur einer hat im Jahre 1923-24 bereits diese Gedankengänge schriftlich niedergelegt und in seinem Standardwerk die Rassenfrage zur Grundlage seines ganzen politischen Denkens und Wollens gemacht, unser Führer Adolf Hitler.“[3]

Mit anderen Worten – *Hitler* wurde als der eigentliche Verursacher hingestellt, und so sah es die Geschichte bis heute! Der Psychiatrie, die die *wirkliche* Urheberin dieser Gesetze war, war die perfekte Verschleierung geglückt. In der Folge diente auch die sehr limitierte Führerermächtigung zur Euthanasie der Psychiatrie als *ausreichende Rechtsgrundlage* für die Tötungen – alle Versuche, die Euthanasie durch den „Führer“ gesetzlich legitimieren zu lassen, mißlangen jedoch, wie bereits an früherer Stelle dargestellt. Entscheidend war: Die Psychiatrie handelte „auf Befehl des Führers“ – eine Tatsache, die auch nach dem Krieg in der juristischen Beurteilung der Greueltaten keine geringe Rolle spielte.[4]

SCHRITT 4: AUSWEITUNG DES KRANKHEITSBEGRIFFS AUF WEITERE BEVÖLKERUNGSSCHICHTEN UND VERGRÖSSERN DES PSYCHIATRISCHEN MACHTBEREICHS

In welchem Maße eine Ausweitung des Krankenbegriffs bereits 1934 von Rüdin geplant war, zeigt dieses Zitat:

„Es ist also nicht möglich, mit den Maßnahmen dieses Gesetzes sämtliche Einzelwesen auszuschalten, die kranke Keimzellen weitergeben ... Trotzdem hielt es der Gesetzgeber nicht für möglich, jetzt schon die äußerlich gesunden, aber mit einer krankhaften Erbanlage belasteten Personen ... den Bestimmungen des Gesetzes zu unterwerfen, da die Mehrzahl des deutschen Volkes dies noch nicht verstanden hätte. ... die Ausdehnung der Bestimmungen auf diese muß einer späteren Zeit überlassen bleiben.“[5]

---

3 Walter Schultze: Die Bedeutung der Rassenhygiene für Staat und Volk in Gegenwart und Zukunft. In: Ernst Rüdin: Erblehre und Rassenhygiene im völkischen Staat. München 1934, S. 3

4 Dazu eine Anmerkung. In der Zeitschrift „Der Nervenarzt“ wird der Fall des Psychiaters Gottfried Ewald angeführt, der die Vorbesprechung für die T4-Aktion aus Protest verlassen hatte. Er schrieb an den damaligen Reichsgesundheitsführer: „Angst und Mißtrauen werden in der Bevölkerung Platz greifen ... nun wird es heißen: Wer in die Heilanstalt kommt, wird getötet.“ In: J. E. Meyer: „Gnadentod“ für behinderte Kinder, für Demente und chronisch Geisteskranke – Die neuesten Zielvorstellungen der Euthanasie. Der Nervenarzt Nr. 48, 1977, S. 565. – Dies zeigt uns zwei Dinge: Erstens, es war durchaus möglich, sich zu distanzieren und zweitens, die Rechtfertigungsfrage des Handelns auf Anordnung sollte juristisch einer differenzierteren Betrachtung unterzogen werden. Posthum sind wir dies den Opfern der Psychiatrie schuldig

5 Gütt, Rüdin, Ruttke: Gesetz zur Verhütung erbkranken Nachwuchses. München 1936, 2. Auflage, S. 60

Im Klartext: Rüdin war das Gesetz noch zu wenig radikal. Er wollte *alle* sterilisieren lassen, bei denen irgendwo in der Familie ein Fall von Geistes- oder einer anderen Erbkrankheit vorkam![6]

Rüdin weiter:

„Da der Gesetzgeber die Unfruchtbarmachung dieser Personen nicht gestattet, um zunächst erst einmal den Anfang zu machen und das Verständnis in weiten Kreisen der Bevölkerung zu wecken, bleibt hier dem öffentlichen Gesundheitswesen noch ein weites Feld der Forschung wie der Entwicklung vorbehalten.“[7]

Das, was sich in den deutschen Anstalten vollzog und als „zum Wohle des Volkes“ getarnte Aktion eingefädelt worden war, endete mit einigen hunderttausend Toten.

So weit also zur Systematik des psychiatrischen Vorgehens in der Zeit bis 1945. Wie aber sah es nach dem Krieg aus? Lassen sich, wie bereits mehrfach hier behauptet, tatsächlich so präzise Parallelen feststellen? Die erstaunliche Antwort lautet ja! Schreiten wir zu den Details.

Das erste Dokument, das sich mit diesem Thema auseinandersetzt, datiert interessanterweise bereits aus dem Jahre 1943 – also zu einer Zeit, als die Tötungen und der Massenmord noch in vollem Gange waren. Mehrere führende Psychiater setzten sich zusammen und verfaßten eine *Denkschrift*, die sich mit der Zukunft der Psychiatrie in unserem Lande befaßte – und die, das ist der eigentliche Skandal, die Grundlage für die weiteren psychiatrischen Bestrebungen und Aktivitäten auf der Ebene von Politik und Gesellschaft bildete *bis in die heutige Zeit*! Es klingt fast unglaublich: Die Psychiatrie steckte bereits zu einer Zeit, da der Krieg tobte und die kollektiven Hinrichtungen in psychiatrischen Anstalten noch an der Tagesordnung waren, ihre Ziele für die nächsten Jahre und Jahrzehnte ab – und sie hat tragischerweise diese Grundziele bis heute in einigen wesentlichen Punkten kaum revidiert.

Werden wir konkret. Untersuchen wir die hochbrisante Frage: Worum ging es bei diesem Dokument und inwieweit erstrecken sich seine Ziele bis in unsere Zeit – mit anderen Worten, inwieweit wird bis in die heutige Zeit eine *kontinuierliche Methodik* verfolgt?

In einem Schreiben vom 26. Juni 1943 aus der T4-Zentrale an den Generalkommissar des Führers für das Sanitäts- und Gesundheitswesen, Professor Brandt, übersandte der Psychiater und T4-Kopf Prof. Nitsche *„eine kurze Denkschrift über die künftige Entwicklung der Psychiatrie mit der Bitte um gefällige Kenntnisnahme“*

---

6 Rüdin ging sogar so weit, den Zweck des Rechts seinen biologistischen Zielen unterzuordnen und sogar RECHT NEU ZU DEFINIEREN! Zitat: „Recht hat nach indogermanischer Auffassung ... einzig und alleine eine lebensgesetzliche Verrichtung – mit Fremdwörtern würde man sagen: biologische Funktion – auszuüben.“ A.a.O., S. 56

7 Gutt, Rüdin, Ruttke, a.a.O., S. 61

– so wörtlich der Brief.[8] Der Hintergrund dieses Memorandums war eine *„Vereinbarung zwischen Professor Rüdin/München, Professor de Crinis/Berlin, Professor C. Schneider/Heidelberg, Professor Heinze/Görden und Professor Nitsche/Berlin"*.

Was steht in dem Memorandum? In den ersten beiden Absätzen werden die vermeintlichen Fortschritte der modernen Psychiatrie umrissen: Statt *„Tobabteilungen"* in den psychiatrischen Krankenhäusern werden die *„neuen Behandlungsmethoden"* mit Insulin-, Krampf- (Elektro)-, Hormon- und diätetischer Therapie gelobt – von der *Sterbehilfe* ist keine Rede, die 100.000 oder mehr zu diesem Zeitpunkt bereits getöteten Anstaltspatienten werden totgeschwiegen oder fallen vielleicht in die Rubrik Forschung. Die Psychiatrie, so das Memorandum, sei im wesentlichen eine *„ärztlich heilende Disziplin"* geworden. Vor allem aber wird darauf hingewiesen, daß

„dem Psychiater im nationalsozialistischen Staate Aufgaben von grundlegender Wichtigkeit bei der planmäßigen Erfassung und Erforschung des Erbgesundheitszustandes des deutschen Volkes sowie bei der Verhütung der Erbkrankheiten"[9] erwachsen. Wörtlich heißt es weiter:

„Hier hat die Psychiatrie nicht nur aktiv mitzuwirken, sondern es obliegt ihr auch die Aufgabe der Schulung der Ärzteschaft überhaupt."[10]

Dann folgt die bemerkenswerte Aussage:

(Professor Rüdin) *„führte aus, es sei auf das tiefste zu beklagen, daß man vielfach das Ansehen des Psychiaters untergrabe und daß der Psychiater als auf verlorenem Posten stehend und als nutzlos hingestellt, seine Arbeit entwertet und diskreditiert werde. Es rühre das her von vollständig falschen Forderungen aus der Beurteilung der Erbkranken, mit denen es der Psychiater zum großen Teil zu tun hat."*[11]

Rüdin beklagte sich also darüber, daß die Psychiatrie einen schlechten Ruf habe, daß die Arbeit des Psychiaters als nutzlos angesehen werde – daß das Ansehen der Psychiatrie unterminiert werde. Angesichts von Euthanasie, Gnadentod und Ausmerzung, die allesamt Entwicklungen und Produkte der Psychiater waren, klagte Rüdin, der Erfinder des Erbgesundheitsgesetzes, über einen schlechten Ruf seines Fachgebietes.

Nach der sehr gründlichen Säuberung der Anstalten fürchtete die Psychiatrie als Ärztestand um ihre Existenz, denn in dem Memorandum wird beklagt, daß ein Dezernent die Auffassung vertrat, *„man werde nach dem Kriege für die Geisteskranken*

8 Hier zit. nach Klaus Dörner (Hrsg.): Fortschritte der Psychiatrie im Umgang mit Menschen: Wert u. Verwertung d. Menschen im 20. Jh. 36. Gütersloher Fortbildungswoche 1984. Veranst. Landschaftsverb. Westfalen-Lippe. Rehburg-Loccum 1985, S. 211-216. Das Original der Denkschrift befindet sich im Bundesarchiv

9 Ebenda

10 Ebenda

11 Ebenda

wohl überhaupt Ärzte nicht mehr brauchen ... Es muß alles getan werden, dieser jetzt vielfach üblichen Diskreditierung des Psychiaterstandes entgegen zu arbeiten, vielmehr im Gegensatz dazu mit Nachdruck allenthalben hinzuweisen auf die Wichtigkeit und den wissenschaftlichen wie praktischen Wert der psychiatrischen Arbeit.“

Und weiter:

„Aber auch die Maßnahmen der Euthanasie werden umso mehr allgemeines Verständnis und Billigung finden, als sichergestellt und bekannt wird, daß in jedem Fall bei psychischen Erkrankungen alle Möglichkeiten erschöpft werden, um die Kranken zu heilen oder doch so weit zu bessern, daß sie, sei es in ihren Berufen, sei es in einer anderen Form volkswirtschaftlich wertvoller Betätigung zugeführt werden.“[12]

Darum und um nichts anderes ging es ja der Psychiatrie beziehungsweise der Psychohygiene: Nur der wirtschaftlich wertvolle Mensch hatte ein Recht zu leben, der andere nicht. Der gestörte, abartige, geisteskranke Mensch war für andere eine Last, die man beseitigen durfte, ja sogar *mußte*, um den Volkskörper vor den von diesen Menschen ausgehenden Gefahren und/oder Belastungen zu schützen.

In der Denkschrift wurden eine Reihe von Forderungen formuliert, die – und das ist das eigentlich Erschreckende – beinahe minutiös nach dem Kriege von der Psychiatrie weiterverfolgt wurden, so als hätte es eine Zäsur und die Überwindung des Nationalsozialismus überhaupt nicht gegeben. Analysieren wir dies der Reihe nach. Die für die weitere Entwicklung der Psychiatrie in Deutschland wichtigen Thesen der Denkschrift lauteten:

1. *Einheitliche Ausrichtung des deutschen Irrenwesens.*
2. *Grundsätzliche Sicherstellung psychiatrischer Leitung oder doch psychiatrischer Oberaufsicht über alle Anstalten für geistig Abnorme.*
3. *Abschaffung aller privaten und konfessionellen Anstalten für geistig Abnorme.*
4. *Nutzbarmachung aller Anstalten für psychisch Abnorme für die Forschung durch organisatorische Verbindung mit der Deutschen Forschungsanstalt für Psychiatrie, mit Universitätskliniken und anderen Forschungsinstituten. (....)*
8. *Zur Weiterbehandlung entlassener Kranker im Interesse der Sicherung des Behandlungserfolges und des Arbeitseinsatzes sind Ambulanzen bei den Anstalten einzurichten.*
9. *Wo es möglich ist, empfiehlt sich die Errichtung von psychiatrischen Kliniken und Anstalten in äußerem Zusammenhang*

12 Ebenda

mit Krankenhäusern für körperlich Kranke, da heute die Psychiatrie engste Beziehungen zur somatischen Medizin, besonders auch zur inneren Medizin, zu unterhalten hat…

10. Die Anstaltspsychiater sind in die volkspflegerischen Maßnahmen der Jugendfürsorge, der kriminal-biologischen Betreuung bestimmter Bezirke und in ähnliche Arbeitsbereiche einzubauen.“[13]

Dieses Programm, wohlgemerkt, stammte von den führenden Köpfen der T4 und – das ist das Erschreckende – es wurde nach dem Krieg Zug um Zug weiterverfolgt: urteilen Sie selbst.

Im Jahre 1959 konstituierte sich im Rahmen des Deutschen Vereins für öffentliche und private Fürsorge der *Aktionsausschuß zur Verbesserung der Hilfe für psychisch Kranke*. In seinem Mitglieder- und Mitarbeiterverzeichnis finden sich profilierte Psychohygieniker: Prof. Dr. Dr. H. E. Ehrhardt (Schüler von T4- und Wehrkreispsychiatern), Prof. Dr. Friedrich Panse (ehemaliger T4- und Wehrkreispsychiater) sowie Schüler von ehemaligen NS-Psychiatern, wie beispielsweise Prof. Walter Ritter von Baeyer, der stellvertretende Vorsitzende dieses Gremiums, ein Schüler von Prof. Rüdin an der Deutschen Forschungsanstalt für Psychiatrie; weiterhin Prof. Manger-Koenig, Schüler Villingers, späterer Staatssekretär des Bundesministeriums für Jugend, Familie und Gesundheit.[14] Kaum zufälliger Natur durfte die Tatsache gewesen sein, daß Prof. Dr. Hans-Werner Müller, ebenfalls Ausschußmitglied, ein Schüler von de Crinis war (er promovierte 1942 zum Thema „Über Mißbildungen innerer Organe bei Geisteskranken“). Eine reinrassige Psychohygiene-Vereinigung also, die sich hier zusammenformte, deren Mitarbeiter auch einschlägigen – teils psychiatrischen – Verbänden und Organisationen angehörten, so Deutsche Gesellschaft für Psychiatrie und Nervenheilkunde (DGPN), Deutsche Vereinigung für Jugendpsychiatrie (DVJP), Vereinigung Lebenshilfe für das Behinderte Kind e.V. u.v.a.[15]

Auf den ersten Blick kann man weder hinter dem Aktionsausschuß oder seinen Mitgliedern noch hinter seinen Zielsetzungen einen unmittelbaren Zusammenhang mit der oben zitierten Denkschrift aus dem Jahre 1943 vermuten. Doch der ober-

13 Ebenda

14 Manger-Koenig stand offenbar auf der Gehaltsliste der pharmazeutischen Industrie, wenn man den Recherchen des Spiegel Glauben schenken darf. Vgl. Spiegel, Nr. 27/1985 S. 29. Demzufolge erhielt Manger-König von der Hoechst AG im Dezember 1978 eine Überweisung von 10.000 DM für „seine Unterstützung und Verständnis, die sich im vergangenen Jahr als vorteilhaft erwiesen“

15 Quelle: Der Nervenarzt 35. Jg. 1964, S. 224

flächliche Schein trügt. Bei genauerem Hinlesen findet sich eine beinahe exakte Parallele zu Thesen der Denkschrift. Wörtlich:

„In Großstädten und Bevölkerungszentren sollen psychiatrisch-neurologische Krankenhäuser angemessener Größe errichtet werden. Dabei ist es günstig, derartige Einrichtungen nicht allein auf ein psychiatrisches Krankengut einzurichten, insbesondere nicht auf eine ausschließliche Psychosen-Behandlung. Dies ergibt sich aus der theoretischen und praktischen Verbindung der Psychiatrie mit der Neurologie und der inneren Medizin. Eine Vereinigung der Psychiatrie und Neurologie im Rahmen derselben Institution, wie sie gerade unter dem Aspekt der praktischen Versorgung der Bevölkerung dringlich ist, wurde bereits in einer Entschließung des Deutschen Vereins für Psychiatrie im Jahre 1933 gefordert."[16]

Es klingt geradezu unverfroren: Hier wird unmittelbar und nahtlos an die Psychiatrie von 1933 angeknüpft – und dies auch noch in aller Offenheit!

Punkt 9 der Denkschrift aus dem Jahre 1943 lautete:

„Wo es möglich ist, empfiehlt sich die Errichtung psychiatrischer Kliniken und Anstalten in äußerem Zusammenhang mit Krankenhäusern für körperlich Kranke..."[17]

Halten wir fest: 1959 formierte sich ein Aktionsausschuß, der die notwendigen ersten Schritte zur Vorbereitung einer „Psychiatriereform" in die Wege leiten sollte. Unter seinen Mitgliedern finden wir Psychiater der NS-Zeit und deren Schüler. Die Empfehlungen des Aktionsausschusses lauteten schon damals dahingehend, daß Psychiatrie, Neurologie und praktische Medizin in einen engen Zusammenhang gestellt werden sollten. Die *Versorgung der Bevölkerung durch psychiatrische Einrichtungen* war ein zentrales Thema dieser Empfehlungen.

Am 5. März 1970 war der Zeitpunkt reif für den nächsten Schritt: Verschiedene Abgeordnete stellten im Bundestag einen Antrag zur *„umfassenden Untersuchung über die psychiatrisch-psychohygienische Versorgung der Bevölkerung"*.[18] So sollte

„neben der Analyse der derzeitigen Lage zugleich festgestellt werden, welche Maßnahmen notwendig sind, damit die psychiatrisch-psychohygienische Versorgung der Bevölkerung den heute geltenden wissenschaftlichen Erkenntnissen auf dem Gebiet gerecht wird."[19]

---

16 Der Nervenarzt, 35. Jg. 1964, S. 224

17 Zit. nach Klaus Dörner (Hrsg.): Fortschritte der Psychiatrie im Umgang mit Menschen: Wert u. Verwertung d. Menschen im 20. Jh. 36. Gütersloher Fortbildungswoche 1984. Veranst. Landschaftsverb. Westfalen-Lippe. Rehburg-Loccum 1985, S. 211-216

18 Deutscher Bundestag, 6. Wahlperiode, Drucksache VI/474, Sachgebiet 212

19 Ebenda

Was sich hier zunächst wiederum recht harmlos anhört – niemand kann schließlich ernsthafte Einwände gegen eine zufriedenstellende Unterbringung schwer geistesgestörter Menschen vorbringen – läßt jedoch umso mehr aufhorchen, wenn man die dem Antrag zugrundegelegte Begründung sich einmal genau zu Gemüte führt. Dort heißt es nämlich:

„Seelische Erkrankungen sind die häufigste Krankheitsform in unserer Gesellschaft. ... Angesichts der Tatsache, daß in unserer wie in jeder modernen Gesellschaft 10% bis 12% der Bevölkerung einer psychiatrischen Versorgung in unterschiedlicher Form bedürften – das sind 6 bis 7 Millionen –, halten wir es für unerläßlich, daß sich Bundestag und Bundesregierung nachdrücklich mit den Problemen der seelischen Erkrankungen befassen.“[20]

Und genau hier sind wir *wieder* bei der *Eingrenzung* dessen, was als *normal und unnormal, als krank und gesund zu betrachten* ist! Nur: Mit einem noch viel erschreckenderen Spektrum als 1933! Mit einem Male werden 10 bis 12 Prozent der Bevölkerung als *psychiatrisch behandlungsbedürftig* definiert – das waren in der alten Bundesrepublik über sechs Millionen Menschen! Die als selbstverständlich angenommene Definition von „wer ist behandlungsbedürftig und wer nicht“ (im engeren Sinne also als normal oder abweichend zu bezeichnen) wurde hier also als *Begründung für eine großangelegte Studie* zugrundegelegt. Und sie diente – entsprechend psychiatrischer Methodik – der Vorbereitung von neuen gesetzlichen Regelungen und Verordnungen.

Die Entwicklung der Psychohygiene wurde weiter betrieben. Am 18. Januar 1971 wurde die *„Aktion Psychisch Kranke“* gegründet.[21] Dabei ging es vor allem darum, den Weg zu ebnen, um bestimmte Gesetze über die Einflußnahme der Psychiatrie zu initiieren.

Im Gründungsprotokoll lesen wir als Ziele des Vereins:

„Durchsetzung der Reformbestrebungen in der Psychiatrie soweit dazu politische Entscheidungen erforderlich sind.“[22]

In der Satzung hieß es damals:

„Der Verein will die Reform der psychiatrischen Versorgung der Bevölkerung entsprechend den modernen medizinischen und gesellschaftlichen Erkenntnissen und Möglichkeiten fördern.“[23]

---

20 Ebenda

21 Die Gründungsmitglieder Walter Picard und Albert Burger waren bereits unter den Antragstellern vom 5. März 1970

22 Aktion Psychisch Kranke, Protokoll der 1. ordentlichen Mitgliederversammlung am 18. Januar 1971 – 14.00 Uhr, Bundeshaus

23 Satzung für die Aktion Psychisch Kranke, Vereinigung zur Reform der Versorgung psychisch Kranker e. V.; beglaubigte Kopie vom 9. Juli 1971

Das Gründungsprotokoll sah vor, daß die finanzielle Grundausstattung durch einen *„im Etat des Bundesministeriums für Jugend, Familie und Gesundheit verankerten Zuschuß von 150.000 DM"* sichergestellt werden sollte.

An alledem wäre möglicherweise nichts auszusetzen, wenn es sich hierbei nicht um eine lupenreine Psychohygienebewegung in alter Tradition gehandelt hätte. Um dies zu belegen, braucht man als erstes nur einen Blick in den Vorstand der neu gegründeten „Aktion Psychisch Kranke" zu werfen.

Die personelle Zusammensetzung war – wir bitten unbedingt, zu den Personen die Erläuterungen in den Fußnoten zu beachten! – wie folgt:

Vorsitzender:	Walter Picard, MdB und Enquete-Antragsteller[24]
Stellvertr. Vorsitzender:	Prof. Kulenkampff, Psychiater[25]
Schatzmeister:	Prof. Huhn, Psychiater[26]
Beisitzer u.a.:	Prof. Häfner, Psychiater (Schüler Kretschmers)[27]

24 Walter Picard, MdB, CDU. Erster Antragsteller der Enquete. Wie es scheint, war Picard ein professioneller politischer Propaganda- und Lobby-Spezialist. Der Spiegel berichtet am 4. 12. 1972 über Picard, daß er der „Studiengesellschaft für staatspolitische Öffentlichkeitsarbeit e.V." (Sitz in Amorbach) angehöre. Weiterhin sei Picard Mitglied des Tempelherrenordens e.V. in Wiesbaden, dessen Tagungsort das Kloster Amorbach sei. Eben in jenem Amorbach fungierte ein „Postfach 1" als Deckadresse anonymer Wahlkampfanzeigen, in welchen damals recht heftig mit Schmutz gegen die SPD-Regierung geworfen wurde. So wurde in einer ganzseitigen Annonce behauptet, eine SPD-Regierung sei außerstande, „Sicherheit auch für unsere jüdischen Mitbürger" zu gewährleisten, darum solle man CDU/CSU wählen. Doch nur zwei Tage zuvor hatte offenbar derselbe Verein in der antisemitischen National-Zeitung zum „Kampf aller, die deutsch denken und fühlen" aufgerufen. Der Spiegel Nr. 50/1972, S. 38ff.

25 Prof. Dr. Med. Caspar Kulenkampff (geb. 1921) ist ein vehementer Befürworter der Elektrokrampftherapie (vgl.: Der Nervenarzt, 30. Jg. Heft 2, S. 66ff.); Leiter der Abteilung Gesundheitspflege für den Landschaftsverband Rheinland; in seinen Zuständigkeitsbereich fiel das Landeskrankenhaus Brauweiler, das wegen des „Kletterskandals" (Patientenausbrüche) in die Schlagzeilen und dessen Leiter Stockhausen vor Gericht gelangte. 1982 erging Strafbefehl in einem Ermittlungsverfahren der Stadt Köln gegen Kulenkampff. Ebenfalls unterstand Kulenkampff die Rheinische Landesklinik Bonn, deren Leiter Huhn – siehe unten – ein von Skandalen erschüttertes Leben führte. Kulenkampff selbst räumte schwerste Mißstände in dieser Klinik ein, leider zu spät. Mehrere tragische Unfälle, teilweise mit Todesfolge, sowie hungernde Patienten hatten die Klinik bereits in die Presse gebracht. Kuhlenkampff gehörte im übrigen auch zu den ständigen Mitarbeitern des bereits erwähnten „Aktionsausschusses zur Verbesserung der Hilfe für psychisch Kranke" von 1959

26 Prof. Dr. Med. Albert Huhn (geb. 1923), Neurologe und Psychiater. Am 6.März 1980 berichten die Lüdenscheider Nachrichten, daß gegen ihn von einem Kölner Anwalt Strafanzeige wegen Körperverletzung durch Anwendung unerlaubter Elektroschocks erteilt wurde

27 Prof. Heinz Häfner (geb. 1926), Psychiater, Universität Heidelberg. Promovierte 1950 in München unter Kretschmer. Häfner ist Leiter des Zentralinstituts für Seelische Gesundheit der Universität Heidelberg. Häfner zählte nach vorliegenden Erkenntnissen zu den Befürwortern des Elektroschocks. Bemerkenswert sind vor allem zwei Meilensteine in den Forschungen von Prof. Häfner: die Erkenntnisse über die Psychochirurgie und die „Psychiatrie der Verfolgten", die sich kritisch mit den Vor-

Prof. Meyer, Psychiater (Schüler von de Crinis)[28]

Prof. Winkler, Psychiater (Schüler Kretschmers)[29]

Eine hochkarätige Besetzung also, die diese Lobby-Institution ins Leben rief!

Der nächste Schritt war nun die Initiierung gesetzgeberischer Maßnahmen. Dazu sollte eine *Expertenkommission* eingerichtet werden (*die Psychiatrie-Enquete*), die zunächst die Lage der Psychiatrie in Deutschland untersuchen und anschließend konkrete Schritte zu deren Verbesserung vorschlagen sollte. Am 31. August 1971 konstituierte sich unter Vorsitz des Psychiaters Ludwig Manger-Koenig (Vizepräsident der Europäischen Liga für psychische Hygiene, Schüler Villingers und dem

---

gängen und Auswirkungen der Verfolgung durch das Naziregime auseinandersetzte. Das dort untersuchte „Material" (es kennzeichnet die Sprache der Psychiatrie, daß sie von Material spricht, wenn sie Menschen meint) bestand aus etwa 700 untersuchten Patienten, die Opfer der Naziverfolgung waren. Grund für die Untersuchung war die vermehrt aufgetretene Frage nach der Rechtmäßigkeit von Entschädigungen gemäß dem Bundesentschädigungsgesetz für Naziverfolgte. Zwar wurde in diesem Buch eine kritische Vergangenheitsbewältigung versucht; allerdings gehörte zu dieser Bewältigung in den Augen der Autoren nicht die zentrale Rolle der Psychiatrie im Gesamtgeschehen, die ihnen – als Verfasser – nicht unbekannt gewesen sein dürfte; bedenkt man etwa, daß der Mitautor W. Ritter von Baeyer ein Schüler Rüdins war und daß im Literaturverzeichnis weitere namhafte NS-Zeit-Psychiater genannt wurden (Bürger-Prinz, Hoff, Kretschmer, Panse). Ein gründliches Verschleiern der historischen Wahrheiten kennzeichnete also diese beachtliche psychiatrische Schrift; doch was sollte man anders erwarten, wenn die Schüler die Opfer ihrer Doktorväter begutachteten? Man kam zu dem Schluß, daß Opfer von „rechtmäßig durchgeführten Zwangssterilisationen" keinen Anspruch auf Entschädigung haben – ohne überhaupt ein Wort darüber zu verlieren, daß Rüdin und andere Psychiater die Hauptschuldigen dabei waren. (von Baeyer, Häfner, Kisker: Psychiatrie der Verfolgten. Berlin, Göttingen, Heidelberg 1964)

28 Prof. Dr. Med. Joachim-Ernst Meyer (geb. 1917) studierte unter T4-Gutachter Friedrich Mauz in Königsberg und unter Max de Crinis, T4-Psychiater, in Berlin. 1949 promoviert, wobei er die „sehr wichtigen Ausführungen" Hallervordens zu einem hirnpathologischen Thema heranzitiert. Hallervorden – wir erinnern uns – hatte sich über 500 Gehirne von den Tötungsstellen für Geisteskranke beschafft. Meyer selbst äußerte sich sehr kritisch über Bestrebungen 1975 in den USA, die den „Gnadentod" für behinderte Kinder, für Demente und chronisch Geisteskranke forderten

29 Prof. Dr. med. Walter Theodor Winkler (geb. 1914) promovierte in Marburg unter Kretschmer 1939. Ein weiterer Lehrer war der NS-Psychiater Mauz. Von 1952 bis 1972 Mitglied war er Mitglied des Wissenschaftlichen Beirats der Bundesärztekammer. Kommentierte 1970 das neu verabschiedete Gesetz über Hilfen und Schutzmaßnahmen bei psychischen Krankheiten (Der Nervenarzt, Jg. 41, Heft 11, 1970, S. 548ff.). Unter den gesetzlich erlaubten Maßnahmen bei Zwangseingewiesenen seien durchaus auch ohne deren Einwilligung Psychopharmaka und Elektroschocks anzuwenden
Zielsetzung dieses Gesetzes über Hilfen und Schutzmaßnahmen bei psychischen Krankheiten war nebenbei bemerkt auch wieder die „Anpassung an die Gemeinschaft"; eine wie sogar Winkler eingesteht etwas umstrittene Formulierung, aber Winkler ist optimistisch, denn es „werden sich neue Kollektivformen entwickeln, an die sich der einzelne wird anzupassen haben, wenn er mit der Gemeinschaft und in der Gemeinschaft zu existieren gedenkt". (a.a.O.)

Spiegel zufolge Zuwendungsempfänger der Pharmaindustrie (Spiegel Nr. 27/1965), dem damaligen Staatssekretär im Bundesministerium für Jugend, Familie und Gesundheit, eine Sachverständigenkommission, um diese Untersuchung durchzuführen.

Zu ihrem Chairman wählte die Kommission den stellvertretenden Vorsitzenden der „Aktion Psychisch Kranke“, Professor Dr. C. Kulenkampff; stellvertretender Vorsitzender wurde Prof. Häfner (Beisitzer im Vorstand der „Aktion Psychisch Kranke“) ebenso waren die Psychiater Huhn, Meyer und Winkler in der Kommission vertreten – der gesamte Vorstand der „Aktion Psychisch Kranke“. Mit anderen Worten – der Psychiatrie war es gelungen, einen perfekten Schachzug durchzuführen: Psychiater, aus dem Gesundheitsministerium herausoperierend, hatten *durch den Bundestag* eine „unabhängige Sachverständigenkommission“ ins Leben rufen lassen, hatten des weiteren eine *Lobbyorganisation* gegründet (die „Aktion Psychisch Kranke“) und diese Lobbyorganisation war jetzt maßgeblich und federführend an diesem Sachverständigenausschuß beteiligt. Was nach außen aussehen sollte wie „Absicht der Regierung“, war in Wirklichkeit nichts anderes als psychiatrische Vorbereitungsarbeit, um „Gesetze oder Regierungsverordnungen zu erwirken“. Und offenbar auch um an das nötige Geld für die weiteren Expansionspläne zu gelangen.

In ihrem Zwischenbericht, veröffentlicht in der Drucksache 7/1124 (7. Wahlperiode), gelangte die Sachverständigenkommission zu folgenden Empfehlungen (auszugsweise wiedergegeben):

Körperlich und psychisch Kranke sollten gleichgestellt werden. In allgemeinen Krankenhäusern sollte mehr und bessere psychiatrische Beratung und Diagnostik angeboten werden. Zitat:

„Die Sachverständigenkommission vertritt daher nachhaltig die Auffassung, daß die psychiatrische Krankenversorgung grundsätzlich Teil der allgemeinen Medizin ist. Demgemäß muß das System der psychiatrischen Versorgung in das bestehende System der allgemeinen Gesundheitsvorsorge und -fürsorge integriert werden.“[30]

In letzter Konsequenz handelt es sich hier doch ganz offensichtlich beabsichtigt oder unbeabsichtigt um die Verwirklichung des Punktes 9 der Denkschrift von 1943:

„Wo es möglich ist, empfiehlt sich die Errichtung von psychiatrischen Kliniken und Anstalten in äußerem Zusammenhang mit Krankenhäusern für körperlich Kranke, da heute die Psychiatrie engste Beziehungen zur somatischen [körperlichen; d.V.] Medizin, besonders auch zur inneren Medizin, zu unterhalten hat.“[31]

Weitere, teilweise beinahe wörtliche Übereinstimmungen dieses Zwischenberichts der Untersuchungskommission mit der Denkschrift von 1943 (von den damals

30 Bundestagdrucksache Nr. 7/1124
31 Psychiatrie-Denkschrift von 1943, Bundesarchiv Koblenz

führenden Rassenhygienikern und psychiatrischen Menschenvernichtern verfaßt) könnten hier zitiert werden. Wir verzichten darauf, in sämtliche Details zu gehen, wie etwa der Forderung nach *„Sicherstellung von Fachaufsicht"* (1943: „Sicherstellung psychiatrischer Leitung oder ... Oberaufsicht"); der *„Einrichtung ambulanter psychiatrischer Dienste"* (1943: „... sind Ambulanzen bei den Anstalten einzurichten") oder der Forderung nach *„Aus-, Weiter- und Fortbildung"* (1943: „...obliegt ihr die Aufgabe der Schulung der Ärzteschaft überhaupt").

Die Parallelen sind also rückblickend betrachtet sehr auffällig.

In der Bundestagsdrucksache Nr. 7/4200 wurde das Endergebnis seitens der Sachverständigenkommission vorgelegt und erhielt den Namen „Unterrichtung durch die Bundesregierung" (in Wirklichkeit war es ja eine Unterrichtung durch die Psychiater, man lasse sich nicht irreführen!).

„Der Bericht über die Lage der Psychiatrie in der Bundesrepublik Deutschland" (datiert auf den 25. November 1975).

Erschreckend darin ist vor allem die Tatsache, daß rund *ein Drittel der Bevölkerung irgendwann einmal im Leben von einer psychischen Krankheit betroffen* sein sollen – andauernd, wiederholt oder wenigstens einmal, und daß sich etwa eine Million Personen jährlich als *„dringend psychiatrisch bzw. psychotherapeutisch behandlungsbedürftig"* erweisen.

Die Psychiatrie hatte es also geschafft: Erneut wurde eingegrenzt, wer als krank und gesund, als behandlungsbedürftig einzustufen sei. Im Dritten Reich war vom „Strom der Erbkranken" die Rede gewesen.

Der Bericht geht jedoch noch einen Schritt weiter. Allerdings, das sei zugegeben, argwöhnt der „normale Leser" nichts hinter folgenden Zeilen, wenn er denn liest:

„Abgesehen von den psychischen Folgen für die Betroffenen [durch die Zwangssterilisation; d.V.] brachten diese durch einen Mißbrauch von Forschungsergebnissen ermöglichten Zwangsmaßnahmen die genetische Forschung in unserem Lande nach dem Zweiten Weltkrieg jahrzehntelang in Mißkredit. Auch die heutigen Überlegungen zur Anwendung der freiwilligen Sterilisation sind durch die nationalsozialistische Vergangenheit belastet."

An anderer Stelle publizierten einige Mitglieder der Untersuchungskommission (Zeitschrift „Neue Anthropologie" 2/74) unter dem Titel *„Die Rolle der Vererbung im menschlichen Verhalten"* folgenden Text (auszugsweise):

„Wir haben ein großes Beweismaterial über die mögliche Rolle der Vererbung bei der Ausbildung menschlicher Fähigkeiten und Verhaltensweisen untersucht, und wir sind der Meinung, daß solche erblichen Einflüsse sehr stark sind."[32]

32 Die Rolle der Vererbung im menschlichen Verhalten. Neue Anthropologie 2/74, S. 29

Und so heißt es denn auch in dem Gutachten der Untersuchungskommission:

„Einige der in diesem Bericht vorgeschlagenen Verbesserungen haben daher über ihre allgemeine humanitäre Aufgabe hinaus noch eine besondere Verpflichtung zu erfüllen."[33]

Die alte Erblehre also.

Nachdem die Untersuchungskommission abgeschlossen war, folgte der nächste Schritt der bereits zitierten psychiatrisch-programmatischen Methodik: das Handeln im Auftrag des Gesetzgebers. Die „Aktion Psychisch Kranke" änderte nunmehr ihren Satzungszweck dahingehend, daß sie die *„Reform der Versorgung psychisch Kranker und Behinderter unter Berücksichtigung der Empfehlungen des Berichtes zur Lage der Psychiatrie"* fördern und sich für ihre Verwirklichung einsetzen wollte. Zur Erinnerung: Der Satzungszweck bei der Gründung lautete:

„Der Verein will die Reform der psychiatrischen Versorgung der Bevölkerung entsprechend den modernen medizinischen und gesellschaftlichen Erkenntnissen und Möglichkeiten fördern."

Im Klartext: Psychiater hatten, getarnt durch eine Lobbyorganisation („Aktion Psychisch Kranke") den Untersuchungsausschuß erstens gefordert, zweitens vorbereitet und drittens durchgeführt und definierten nun ganz einfach den Zweck ihrer Lobbyorganisation neu, um viertens das, was sie selbst vorgeschlagen hatten, im Auftrage und mit Geldern der Regierung durchzusetzen.

Im „Zweck des Vereins" lautete es nunmehr dementsprechend:

„Einwirken auf die Gesetzgebung in den Länderparlamenten und dem Deutschen Bundestag."

Mit diesem Schritt *verschleierte* die „Aktion Psychisch Kranke", daß sie der eigentliche Initiator der Bundestagsdrucksache 7/4200 war! Damit auch, daß sie einfach eine Lobbyorganisation für psychiatrische, psychohygienische und wahrscheinlich auch humangenetische (= erbbiologische) Interessen darstellte. (Siehe auch beiliegend abgedrucktes Schreiben der APK.)

Gleichzeitig wurde ein Zehntel der Bevölkerung als psychisch krank eingestuft. Die Psychohygienebewegung scheute sich nicht, dies alles auf die Rechnung der Steuerzahler zu schreiben. Der Psychiatrie war es damit erneut gelungen, ihre Lehren in die Gesellschaft zu schmuggeln. Geschickt infiltrierte sie die Politik. Geschickt schlug sie gesetzliche Mittel und Wege vor, um ihre Ziele zu verwirklichen. Und geschickt fädelte sie ein, was unter dem Fähnchen der Humangenetik verwirklicht werden sollte.

---

33 Drucksache 7/4200, Deutscher Bundestag, 7. Wahlperiode, Präambel

AKTION PSYCHISCH KRANKE
Vereinigung zur Reform der Versorgung
psychisch Kranker e. V.

Aktion Psychisch Kranke · Graurheindorfer Str. 15 · 5300 Bonn 1

An [redacted]

Graurheindorfer Straße 15
5300 Bonn 1
Telefon (0228) 631545

Przy./Marzi. Bonn, den 14.03.91

Sehr geehrter Damen und Herren,

auch die Aktion Psychisch Kranke e.V. **arbeitet nicht direkt mit psychisch kranken Menschen.**
Wie Sie der beigegügten Selbstdarstellung entnehmen können,sind wir eine Art "Lobby-Organisation", die durch vielfältige Maßnahmen auf das System der psychiatrischen Versorgung in der Bundesrepublik Einfluß genommen hat.

Wir arbeiten ferner nicht als Träger von Einrichtungen für psychisch kranke Menschen **und führen weder Beratung noch Behandlung durch** und können Ihnen von daher leider nicht behilflich sein.

Mit freundlichen Grüßen

Chr. Przytulla
Geschäftsführerin

Vorstand: W. Picard, Vorsitzender, Bonn
Prof. Dr. C. Kulenkampff, stellv. Vorsitzender, Lübeck
Prof. Dr. A. Huhn, Schatzmeister, Bonn
Prof. Dr. M. Bauer, Offenbach
Prof. Dr. G. Bosch, Berlin
Prof. Dr. H. Kunze, Emstal
J. Egert, Berlin
Th. Kossendey, MdB, Bonn
Ingrid Walz, MdB, Bonn

Bankverbindung: Sparkasse Bonn, (BLZ 380 500 00), Konto-Nr. 11702867

Womit wir beim aktuellsten Teil angelangt sind: Dem Streben der Psychiatrie nach Einfluß über weite Bevölkerungsschichten mit Hilfe der „Humangenetik" – der *neuen* Erblehre!

Prof. Dr. Ludwig Manger-Koenig (1972), Psychohygieniker, Schüler Villingers (Foto: dpa)

Prof. Dr. Caspar Kulenkampff, Psychohygieniker, stellv. Vors. APK

AUF EINEN BLICK

1. Sowohl in den zwanziger und dreißiger Jahren als auch in der Nachkriegszeit bis heute läßt sich die Vorgehensweise der organisierten Psychiatrie anhand von vier Schritten nachvollziehen:
   - Vorbereitung/Begriffsbestimmung von *normal* und *unnormal* und also von *behandlungsbedürftig*
   - Initiieren von Gesetzen oder Verordnungen zur Durchsetzung der Behandlung
   - Handeln auf Anordnung (das Verschleiern der Verursachung)
   - Ausweitung des Krankheitsbegriffs und des psychiatrischen Einflusses
2. Bereits 1943 schrieben führende Psychiater der NS-Zeit die Ziele für die Nachkriegszeit nieder. Diese Psychiater waren Ernst Rüdin, Carl Schneider, Max de Crinis, Hans Heinze und Paul Nitsche. Im wesentlichen ging es

darum, den Einfluß der Psychiatrie auch nach dem Krieg sicherzustellen.
Einige Ziele:
- Die Ärzteschaft sollte umgepolt und infiltriert werden
- Die Euthanasie galt es weiter auszubauen
- Der Psychiaterberuf sollte attraktiv gemacht werden
- Alle privaten und konfessionellen Anstalten galt es abzuschaffen
- Für die Jugendfürsorge durch Psychiater sollte Sorge getragen werden

3. 1959 gründete sich der Aktionsausschuß zur Verbesserung der Hilfe für psychisch Kranke. Ihm gehörten mindestens ein NS-Zeit-Psychiater sowie mehrere Schüler führender NS-Zeit-Psychiater als ständige Mitarbeiter an: Ehrhardt (Schüler von Bumke, de Crinis, Villinger), Panse (T4-Gutacher), Walter Ritter von Baeyer (Schüler Rüdins), Manger-Koenig (Schüler Villingers), Hans-Werner Müller (Schüler von de Crinis).
   Ebenso die Deutsche Gesellschaft für Psychiatrie und Nervenheilkunde, die Deutsche Vereinigung für Jugendpsychiatrie und die Vereinigung Lebenshilfe für das behinderte Kind e.V.
4. Als Ziel wurde formuliert, die praktische Versorgung der Bevölkerung durch die Psychiatrie sicherzustellen, wie dies bereits der Deutsche Verein für Psychiatrie 1933 gefordert hatte. Zehn bis zwölf Prozent der Bevölkerung wurden als psychisch krank definiert.
5. 1970 wurde die „Aktion Psychisch Kranke" gegründet, eine Lobbyorganisation der Psychiatrie. Im Vorstand vertreten Schüler von NS-Psychiatern sowie einige skandalumwitterte Psychiater und Abgeordnete.
6. Die „Aktion Psychisch Kranke" leitete eine „unabhängige" Sachverständigenkommission in die Wege, um die Lage der Psychiatrie in Deutschland untersuchen zu lassen. An dieser Kommission waren die eigenen Psychiater maßgebend beteiligt.
7. Einige Forderungen der auf Kosten des Steuerzahlers durchgeführten Untersuchung:
   - Verbesserung der Lage der Psychiatrie
   - Verbesserung der Versorgung der Bevölkerung durch die Psychiatrie
   - Einbeziehung der Psychiatrie in die allgemeine Medizin
   - Einrichtung ambulanter psychiatrischer Dienste
   - Wiederaufwerten der Rolle der Vererbung
   - sowie: Definieren von bis zu einem Drittel der Bevölkerung als zumindest zeitweise psychisch krank und behandlungsbedürftig

„Heute kann die Psychiatrie im Grunde die ganze Welt als ihr geeignetes Tätigkeitsfeld betrachten und braucht vor der Größenordnung dieser Aufgabe keineswegs zu erschrecken."

Howard P. Rome,
ehemal. Präsident der American Psychiatric Association[1]

7. VOM SOZIALDARWINISMUS ZUR HUMANGENETIK: FORSCHEN IN NATIONALSOZIALISTISCHER TRADITION?

Es ist faszinierend, weiter hinter die Kulissen zu blicken und nachzuvollziehen, wie die alten Lehren sich in den neuen Gewändern nun darstellten, wie sie weiterentwickelt und vorangetrieben wurden. Nicht alles davon fand unmittelbar auf den Plattformen der Psychiatrie statt. Es gab eine ganze Reihe angrenzender Gebiete, mit denen sich die Psychiatrie verbündete, ja die sie manchmal zu ihren Vasallen machte, um sie für ihre Zielsetzungen zu nutzen.

Eines davon ist die *Genforschung*. Um zu ergründen, welche Pläne der Psychiatrie damit anscheinend vorschweben, müssen wir erneut einen kleinen historischen Rückblick unternehmen.

Im Jahre 1962 fand in London ein Symposium statt, zu dem führende Genwissenschaftler der ganzen Welt eingeladen waren. Veranstalter war die Ciba-Foundation.[2] Die Öffentlichkeit ahnte nichts von dem, was sich hinter streng verschlossenen Türen abspielte. Hier sollten die Weichen für eine neue Erblehre gestellt werden – oder besser gesagt, für die alte Erblehre in neuem Gewand.

Es war für die Wissenschaft so etwas wie eine kleine Revolution. Das magische Wort hieß *Genforschung*. Wir wollen dies erläutern, bevor wir Zitate aus den Diskussionen auf diesem Kongreß anbringen, die nicht mit einem Achselzucken abgetan werden sollten.

1 Im American Journal of Psychiatry 1968, Vol. 125, Nr. 6
2 Ciba-Geigy ist einer der weltgrößten Hersteller von Arzneimitteln mit Sitz in Basel/Schweiz

Was genau kann sich der Laie unter der Genforschung vorstellen? Was sind Gene? Gene sind bekanntlich die Informationsträger des Erbgutes. Diese Gene befinden sich in den *Chromosomen* – das sind unter dem Mikroskop sichtbare fadenförmige Strukturen, die das gesamte Erbgut in sich tragen. Die Gene wiederum können auf noch kleinere Einheiten reduziert werden – auf molekularer Ebene. Hier finden wir die DNS[3] – jene geheimnisvolle Substanz, die alle Informationen, nach welchen der Organismus sich im Laufe seines Lebens aufgrund der Erbsubstanz entwickelt, enthalten – die „guten" wie die „schlechten". Wie schon die Rassenhygieniker nach bestimmten Gesetzen vorherzusagen suchten, wer erbbiologisch geschädigt sein muß (sie benutzten dazu die Mendelschen Erbregeln), so legten es die „Genjäger", wie die Teilnehmer an jenem denkwürdigen Kongreß auch genannt wurden, von Anfang an darauf an, dem „idealen" Menschen auf die Spur zu kommen.

Um es gleich vorweg klarzustellen: Gentechnik und Molekularbiologie sind *Worthülsen*, die verblüffende und zum Teil erschreckende Parallelen beinhalten zur alten *Ideologie von Erblehre und Rassenhygiene*! Man lasse sich nicht durch moderne Worte irritieren. Was heute Humangenetik heißt, hieß in den dreißiger Jahren Erblehre – es ist absolut das gleiche. Die Worte sind praktisch austauschbar. Nur das Angriffsziel hat sich geändert. Der Blick der Forscher richtet sich seit über dreißig Jahren auf die Erbsubstanz schlechthin, auf das Erbmolekül, diese sagenumwobene DNS. Dort möchte man hineinlangen, möchte am liebsten jene Informationen ergründen (und vielleicht beeinflussen), die den perfekten Menschen bewirken.

Doch zurück zum Symposium im Jahre 1962.

Blenden wir uns also in diese hochinteressante Diskussion ein. Es sprechen miteinander Francis Crick, Mitentdecker der Erbsubstanz DNS, Norman Pirie, Biochemiker, Sir Julian Huxley, ehemaliger Generaldirektor der UNESCO, Hermann Muller, Genetiker und Nobelpreisträger, Joshua Lederberg, ebenfalls Genetiker und Nobelpreisträger, J. B. S. Holdane (Biologe) und noch einige mehr. Picken wir einige Spotlights aus diesen Gesprächen heraus, sie sind mehr als erhellend:

Francis Crick:

> *„Ich möchte mich auf eine bestimmte Frage konzentrieren. Haben die Menschen überhaupt das Recht, Kinder zu bekommen? Wie wir hörten, wäre es für die Regierungen nicht sehr schwierig, der Nahrung etwas beizufügen, was den Nachwuchs unterbindet. Außerdem könnte sie, das ist hypothetisch, ein anderes chemisches Mittel bereithalten, das die Wirkung des ersten aufhebt und das nur solche Leute erhalten, deren Fortpflanzung erwünscht ist. Das wäre keineswegs indiskutabel."*

---

3 DNS bedeutet Desoxyribonukleinsäure: das Molekül, welches die Erbinformationen trägt

Norman Pirie:

„Auf Cricks humanistisches Argument zurückblickend, ob jemand das Recht hat Kinder zu bekommen, würde ich mit ‚Nein' antworten – in einer Gesellschaft, in der die Gemeinschaft für die allgemeine Wohlfahrt, für die Gesundheit, Krankenhäuser, Arbeitslosenunterstützung und so fort verantwortlich ist."

Sir Julian Huxley:

„Im Augenblick würde sich die Menschheit bestimmt nicht mit zwangsweisen Sterilisationsmaßnahmen abfinden. Wenn man aber mit einigen, natürlich freiwilligen Experimenten beginnt und zeigt, daß sie funktionieren, könnte man innerhalb einer Generation Auswirkungen auf die gesamte Bevölkerung erreichen. Denn die moralischen Werte entwickeln sich wie alles andere auch."

Francis Crick:

„Wenn man die Menschen überzeugen könnte, daß ihre Kinder keineswegs Privatangelegenheit sind, so wäre das ein gewaltiger Fortschritt. Ich vermute, daß wir durch die Ergebnisse der Wissenschaft mit der Zeit immer weniger christlich sein werden."

Hermann Muller:

„Wahrscheinlich haben etwa zwanzig Prozent der menschlichen Bevölkerung, wenn nicht mehr, einen genetischen Fehler mitbekommen. Wenn das richtig ist, man aber genetische Verschlechterungen vermeiden will, dann dürfen in jeder Generation jene etwa zwanzig Prozent der Bevölkerung entweder nicht bis zur Geschlechtsreife gelangen, wenn sie aber leben, so dürfen sie sich nicht fortpflanzen. Was schließlich Umwandlungen der genetischen Konstitution selbst betrifft, so gibt es sicher große Möglichkeiten für Verbesserungen. Um dieses Problem zu untersuchen, müssen wir uns von Vorurteilen freimachen und unseren Geist neuen Möglichkeiten öffnen, die uns Wissenschaft und Technik bieten. Das Verfahren, das erstmals diese Möglichkeit eröffnete, ist natürlich das der künstlichen Befruchtung mit Samen von einem Spender. Es gibt Leute, die stolzer sind auf das, was sie planvoll mit ihrem Hirn und ihren Händen schaffen, als auf das, was sie mehr oder weniger reflexhaft mit ihren Lenden erzeugen, und die ihren Beitrag zum Wohle ihrer Kinder und der Menschheit im allgemeinen für wichtiger halten, als die Vermehrung ihrer eigenen genetischen Besonderheiten."

Joshua Lederberg:

„Die Umstände menschlicher Fortpflanzung sind dunkel. Verschwenden wir nicht auf sündhafte Weise einen Schatz des Wissens, wenn wir die schöpferischen Möglichkeiten genetischer Verbesserungen vernachlässigen? Muß nicht die gleiche Kultur, die auf einmalige Weise die Möglichkeit globaler Vernichtung geschaffen hat, auch ein Höchstmaß an intellektueller und sozialer Einsicht schaffen, um ihr eigenes Überleben zu sichern? Die neueren Fortschritte der Molekularbiologie bieten uns bessere eugenische Mittel, dieses Ziel zu erreichen. Die letzte Anwendungsstufe der Molekularbiologie wäre die direkte Kontrolle von Nukleinsäurefolgen [Nukleinsäuren sind Bestandteile der Erbsubstanz; d.V.] in menschlichen Chromosomen [die Träger des Erbgutes in den Zellen; d.V.]. Ich könnte mir vorstellen, daß sie sehr bald die Grundlagen besitzen werden, eine Technik zu entwickeln, um beispielsweise die Größe des menschlichen Gehirns durch vorgeburtliche oder frühe nachgeburtliche Eingriffe zu regulieren."

J. B. S. Holdane:

„Vielleicht wird es möglich sein, neue Gene zu synthetisieren und in menschliche Chromosome einzufügen. Mit Hilfe solcher Pfropfprozesse im Zellkern [heute bekannt unter dem Begriff KLONEN; d.V.] könnten unsere Nachkommen viele wertvolle Eigenschaften anderer Arten übernehmen, ohne ihre spezifisch menschlichen Eigenschaften zu verlieren. ... Wahrscheinlich wäre es unter solchen Bedingungen gut, vier Beine oder wenigstens sehr kurze Beine zu haben. ... [Daraus] schließe ich, daß viele Eltern bereit wären, das Leben ihres kleinen Kindes in der Hoffnung zu riskieren, daß es außergewöhnliche Kräfte entwickeln könnte. Ich hatte mein eigenes Utopia gezeichnet, oder wie manche vielleicht annehmen, meine eigene private Hölle. Ich rechtfertige mich damit, daß immerhin auch utopische Entwürfe den Lauf der Geschichte beeinflußt haben."[4]

Um der Wahrheit genüge zu tun: Wir haben den Text hier auszugsweise und in verkürzter Form wiedergegeben, sozusagen ein komprimiertes Konzentrat jener Ideen, die damals – 1962 – von führenden Forschern diskutiert wurden. Aber schon dieser kleine Ausschnitt muß erschreckend wirken, wenn man einmal die darin angedeuteten Möglichkeiten näher bedenkt.

Wir sind hier in einen Bereich vorgedrungen, der auf den ersten Blick den Rahmen unseres Buches – Die Männer hinter Hitler – zu sprengen scheint. Wir möchten auch

4 Vgl. Interview mit Prof. Bernd Klees (Strafrechtler). In: Thomas Weidenbach und Gerd Weiss: Die Gen-Jäger. Biologen zwischen Wahn und Wissenschaft. Eine Gerd-Weiss-Filmproduktion. Köln 1990. Quelle: B.O.A. Archiv Nr. 3018.0001: WDO-WCM 22.8.90. West 3. WDR 1990

nicht den Eindruck entstehen lassen, es habe sich bei den an diesem Symposium Beteiligten um Hintermänner des Diktators Adolf Hitler gehandelt. Es war auch nicht die Rede von der Psychiatrie. Ein argloser Beobachter würde meinen, hier haben ganz einfach einige phantasievolle Forscher, unter ihnen namhafte Nobelpreisträger, ihren Gedanken freien Lauf gelassen.

Doch die Wirklichkeit ist ungleich erschreckender. Daß dies kein zufälliges, beiläufiges Zusammentreffen einiger Forscher war, das läßt allein schon der Veranstalter vermuten – immerhin eines der größten Pharmaunternehmen weltweit, nebenbei auch einer der Hersteller von *Ritalin*. Wie auch immer, Tatsache ist: Hier wurden frapierend ähnliche Gedanken geäußert wie Jahrzehnte vorher von Erbbiologen und Rassenhygienikern.

Hier war von eugenischen Mitteln die Rede, von „Molekularbiologie", mit deren Hilfe die eugenischen Ziele zu erreichen seien. Molekularbiologie jedoch ist das Instrument, um auf die Erbsubstanz Einfluß zu nehmen. Während es also zu Beginn des Jahrhunderts der Erfinder der Erbgesetze Mendel war, auf den sich die Rassenhygieniker in erster Linie beriefen, kam nun die Molekularbiologie mit ins Spiel.

Mit einigem Recht könnte man also Genetiker in die Reihe jener „Vererbungsmythologen" einordnen, die letztlich auch am Vernichtungskult in Auschwitz beteiligt waren. Auschwitz ist zwar lange vorbei, aber die zugrundeliegenden Theorien und Vorstellungen über Vererbung und Rasse sind – wenn auch in anderer Form – im Repertoire der modernen Genetik und Molekularbiologie potentiell enthalten.[5] Geht es nicht auch dabei um nichts anderes als um die Formbarkeit und Steuerbarkeit des Menschen? Um Selektion, Ausmerzung und Menschenzüchtung?

Da ist die Befürchtung mehr als berechtigt, daß wir längst auf ein neues, „molekulares Auschwitz" zusteuern. Unter dem Deckmantel des „Helfens" schleichen sich wieder einmal Denkweisen und Handlungsmuster ein, die – politisch genutzt – die Menschheit mit einer neuen Eugenik „beglücken" könnten:

„Im Namen der Hilfe wird gleichsam auf schleichenden Sohlen ein anderes Denken eingeführt werden, daß man Menschen nämlich zunächst als hilfsbedürftig definiert und sie dann, wenn etwa die Gesellschaft nicht mehr genügend Gelder aufbringen kann, auch ausgrenzen wird. Möglicherweise sind wir damit auf einem Weg, der es vielleicht in einigen Jahren schon nicht mehr möglich macht, daß Menschen wie Dostojewski, wie van Gogh, Kant, Beethoven oder Virginia Wulff geboren werden könnten, weil man bei ihnen genetische Defekte feststellen würde. Und gerade diese Menschen

5 Frei zitiert nach Wuketits, Franz M.: Gene, Kultur und Moral. Soziobiologe Pro und Kontra. Darmstadt 1990, S. 111, und Benno Müller-Hill: Die Philosophie und das Lebendige. Ffm 1981

haben uns gezeigt, wie ungeheuer wichtig es ist, daß wir eben auch Menschen mit abweichenden Verhalten haben, die dieser Gesellschaft ihren Spiegel vorhalten.“ [6]

Um es noch einmal zu rekapitulieren:

Rassenforschung und Genforschung wurde bereits in den dreißiger Jahren in der Deutschen Forschungsanstalt (Kaiser-Wilhelm-Institut) für Psychiatrie in München betrieben. Im Jahre 1964 wurde das Max-Planck-Institut (Nachfolger des Kaiser-Wilhelm-Instituts) für vergleichende Erbbiologie und Erbpathologie umbenannt in Max-Planck-Institut für *molekulare Genetik.* (Ciba-Geigy ist übrigens ebenfalls Mitglied der Max-Planck-Gesellschaft.)

Die Genforschung wird seit Kriegsende weiter vorangetrieben, so auch vom Max-Planck-Institut für Psychiatrie – insbesondere fällt hier die Tochter von Ernst Rüdin, Edith Zerbin-Rüdin ins Auge, die die Rolle ihres Vaters im Dritten Reich allem Anschein nach zu bagatellisieren suchte.

Wir wollen hier gar nicht in die Details einsteigen, sondern möchten nur darauf aufmerksam machen, daß hier intensiv in die gleiche Richtung geforscht wird, daß sozusagen ins gleiche erbbiologische Horn geblasen wird wie zu Beginn des Jahrhunderts! Nur: Humangenetik oder Molekularbiologie sind natürlich bestrickende Zauberworte. Wer würde sich nicht davon blenden lassen? Immerhin locken vielversprechende Fortschritte für die Menschheit – wie zu Beginn des Jahrhunderts, als damit geworben wurde, daß der einmal gereinigte Volkskörper alle Menschen glücklich und gesund machen würde.

Lasse man sich also nicht irritieren und betrachte die Fakten:

Auch Genpsychiater könnten wieder einen Normalitätsbegriff einführen. Dieser könnte zu einer gefährlichen Zeitbombe werden. Hier schließt sich der Kreis zu dem, was wir in den ersten Kapiteln über die Entwicklung zur Katastrophe des Dritten Reichs gesagt haben. Zu Recht muß die Rückkehr des Sozialdarwinismus durch die „moderne“ *Humangenetik, Anthropologie* oder *Psychiatrie* gefürchtet werden. Sie steht in einem klaren Bezugsrahmen zum Nationalsozialismus.

Wie weit kann man gehen? Betrachten wir einige erschreckende Beispiele.

Das faszinierende Instrumentarium der modernen Gentechnologie verleitet geradezu zu einer pränatalen – vorgeburtlichen – Auslese „brauchbaren Menschenmaterials“. So entwickelte beispielsweise die amerikanische Biotechnologiefirma *Integrated Genetics* die sogenannte FISH-Methode – mit ihr können mühelos nahezu neunzig Prozent aller Gendefekte durch die Entnahme und Untersuchung von Embryozellen nachgewiesen werden.[7]

6 Thomas Weidenbach und Gerd Weiss: Sie Gen-Jäger, a.a.O., S. 4

7 Das Wort steht für: „Fluoreszente In-situ-Hybridisierung“. Für den, den es interessiert, hier die technische Beschreibung:

Biologie und Medizin **II.2**

Genetische Faktoren bei psychiatrischen Erkrankungen

Koordinatoren: Hanns Hippius, Psychiatrische Klinik der Universität, Nußbaumstraße 7, 8000 München 2, Ruf: (089) 5160 3300
Peter Propping, Institut für Humangenetik, Wilhelmstraße 31, 5300 Bonn 1, Ruf: (0288) 2872347

Finanzierung 1991: 3,3 Mio DM

Gegenstand und Zielsetzung:

Die Befunde aus zahlreichen Familien-, Zwillings-, und Adoptionsstudien liefern eindeutige Hinweise dafür, daß eine genetisch bedingte Prädisposition bei der Entstehung vieler psychiatrischer Krankheiten von Bedeutung ist. Ein definierter Erbgang ließ sich bisher nicht nachweisen.
Das Schwerpunktprogramm hat zum Ziel, die prädisponierenden genetischen Faktoren aufzuhellen, die an der Ätiologie psychischer Störungen, insbesondere den endogenen Psychosen, beteiligt sind. Durch Anwendung unterschiedlicher Forschungsstrategien wie genetische Analyse auf Phänotyp-Ebene, Koppelungsuntersuchungen, direkte molekulargenetische Analysen, Chromosomen-Untersuchungen sowie durch die Ermittlung und Untersuchung biologischer Marker soll ein möglichst umfassender wissenschaftlicher Ansatz erreicht werden. Intensive Kooperation im Austausch von Familien, Erstellen permanenter Zellbanken, Identifizierung neuer Sonden und Bereitstellung von Methoden ist angesichts der Größe des Problems eine wesentliche Bedingung des Erfolgs.

Albus, Margot Hippius, Hanns Propping, Peter	Haar	Molekulargenetische Untersuchungen bei affektiven und schizophrenen Psychosen	S
Bondy, Brigitta Ackenheil, Manfred Kathmann, Norbert	München	Spiperone-Bindung an Lymphozyten und langsame Augenfolgebewegungen als phänotypische Marker schizophrener Psychosen	S
Froster-Iskenius, Ursula Gertrud Elke, Vollersen	Lübeck	Zytogenetische und molekulargenetische Untersuchungen bei Patienten mit autistischer und psychischer Symptomatik	S
Körner, Judith Möller, Hans-Jürgen Propping, Peter	Bonn	Erfassung struktureller Chromosomenanomalien bei endogenen Psychosen	S
Maier, Wolfgang Benkert, Otto	Mainz	Mehrgenerationenfamilien von Probanden mit bipolar affektiven, schizoaffektiven und schizophrenen Erkrankungen: genetisch-epidemiologische Untersuchungen und Rekrutierung für Kopplungsanalysen	S
Moises, Hans-Werner	Kiel	Molekulargenetische Untersuchungen zur Genese affektiver Psychosen: Suche nach Prädispositionsloci bei Amish-Großfamilien mit affektiven Erkrankungen mittels Dinukleotid-Repeat-Polymorphismen und PCR-Methodik	S
Poustka, Fritz Poustka , Annemarie	Frankfurt	Kinderpsychiatrische und molekulargenetische Untersuchung autistischer Syndrome	S
Remschmidt, Helmut Hebebrand, J. Lehmkuhl, G.	Marburg	Genetische Untersuchungen zum Gilles de la Tourette-Syndrom	S
Reuner, Ulrike Hinkel, Georg Klaus	Dresden	Molekulargenetische Untersuchungen bei bipolaren affektiven Psychosen	S
Schwinger, Eberhard Arolt, Volker	Lübeck	Molekulargenetische und phänotypische Marker bei familiärer Häufung von schizophrenen Psychosen	S

Quelle: Deutsche Forschungsgemeinschaft
Jahresbericht 1991, Band 2, Programm und Projekte, Seite 527

So wichtig und vorteilhaft auch eine solche Untersuchungsmethode in manchen Fällen sein kann, sie birgt doch enorme Gefahren. Zunächst einmal können Erbkrankheiten nachgewiesen werden. Doch was dann? Folgt unweigerlich die Abruption, die Abtreibung? Und wenn ja, welche Embryos sind betroffen? Zählt auch der leichte Erbschaden als Motiv? Und was ist ein leichter, was ein schwerer Erbschaden? Wird der „potentielle" Verbrecher genauso ausgesiebt wie der Querulant oder das Genie? Sind wir wieder im Jahre 1941 angelangt, als auf dem Gründungskongreß der deutschen Kinderpsychiatrie in Wien die Worte fielen: *„Rücksicht auf Eltern, Milde, auch Gnade oder Gutmütigkeit sind hier nicht angebracht"*[8] – Worte, die wehtun! Ist nur noch das absolut gesunde Kind – das es nicht gibt – erwünscht? Oder werden sogar noch weitergehende Wünsche angemeldet; z. B. besondere Schönheit, besondere Intelligenz, sportliche Beine, ein sexy Busen, ein Supergehirn? Wo hört Medizin auf, wo fängt Menschenzüchtung an?

All dies sind Fragen ohne Antworten. Und zu Recht meinen verantwortungsbewußte und nachdenkliche Ärzte: *„Wir bekämpfen die Behinderung, indem wir die Behinderten abschaffen."*

Der Schritt zur Euthansie ist dann nicht mehr weit, es ist dies die pränatale Euthanasie – wobei Euthanasie (wörtlich: schöner Tod) natürlich der absolut falsche Ausdruck dafür ist. Tatsache ist: Auch das wäre Mord.

Im Zusammenhang mit der Genetik frohlockt die Psychiatrie, denn die Psychiatrie sieht in der Genetik eine verbündete Wissenschaft. Wir fordern den interessierten Leser auf, sich die auf Seite 275 abgebildete Kurzdarstellung eines Forschungsprojekts aufmerksam anzusehen. Abgesehen davon, daß Ihnen vielleicht einige bereits bekannte Namen ins Auge fallen werden, finden wir hier ein geradezu exemplarisches Beispiel für die nahtlose Zusammenarbeit von Psychiatrie und Humangenetik.

„Für die Untersuchung werden fluorszierende DNA-Sonden benutzt, die sich unabhängig vom Zustand der Zelle an die Chromosomen im Zellkern binden. Von jedem einzelnen Chromosom kennt man charakteristische Abschnitte, die auf keinem anderen Chromosom vorkommen. Im Reagenzglas lassen sich nun Gegenstücke zu diesen Abschnitten synthetisieren, die speziell ‚ihren' Abschnitt erkennen und sich fest an ihn binden. Um eine solche Bindung dann im Zellkern erkennen zu können werden an die künstlichen Gegenstücke Farbstoffe gekoppelt, die unter ultraviolettem Licht fluoreszieren. Eine der häufigsten Erbkrankheiten ist das Down-Syndrom, der ‚Mongolismus', dessen Ursache ein überschüssiges Chromosom ist. Statt normalerweise zwei besitzen Kinder mit Down-Syndrom vom 21. Chromosom drei Exemplare. Behandelt man derartige Zellproben mit DNA-Sonden, die sich nur an das 21. Chromosom binden, erkennt man unter dem Fluoreszenzmikroskop in den Kernen ihrer Zellen folglich drei leuchtend angefärbte Bereiche – die Krankheit ist eindeutig zu identifizieren." (Rolf H. Latusseck: Neue Verfahren bringen rasche Gewißheit. Wie sich Erbkrankheiten sicher erkennen lassen. In: Die Welt, Nr. 263, 1991, S. 21). Vgl. hierzu „Science" (amerikanische Fachzeitschrift), Bd. 254, S. 378

8 aus: Zeitschrift für Kinderforschung, hrsg. von Reiter, Villinger, Hoffmann und Zutt, 49. Band, Heft 1, Berlin 1941, S. 113

Nicht erst seit kurzer Zeit gibt es erneut Versuche, „sozialdarwinistisches" Gedankengut – im neuen Kleide als „*Soziobiologie*" getarnt (welch verführerisches Spiel mit Wörtern!) – zu verbreiten. Das geschieht zumeist über die sozialpolitische Schiene, das heißt über die politische Gestaltung unserer gesamten sozialen Welt. Das betrifft zum Beispiel die Bereiche Schule, Ausbildung, Arbeitswelt und Gesundheit. Schon beginnt man beispielsweise in Großbritannien eine *Altersgrenze* bei der Versorgung von Patienten einzuführen, wonach eine Krankenkassenabrechnung für die Implantierung zum Beispiel einer künstlichen Hüfte oder eines fürs Überleben wichtigen Herzschrittmachers bei Patienten, die ein bestimmtes festgelegtes Alter erreicht haben, *nicht* mehr erfolgen kann! Und auch in der Bundesrepublik beginnt man sich ernsthaft angesichts rasant davonziehender Kosten im Gesundheitswesen zu fragen, ab wann die Hochleistungstherapie dem Patienten verwehrt werden darf....

In der *Arbeitswelt* werden bereits in einigen Ländern *„Screeningverfahren"*[9] bei der Einstellung von Mitarbeiterinnen und Mitarbeitern durchgeführt, um ihre *genetische Prädisposition* zu ermitteln, sprich ihre *Erbanlagen*. „Screeningverfahren" sind Suchtests oder Reihenuntersuchungen auf genetischer Basis. Diese Verfahren können beispielsweise vor der Geburt im Zuge der „humangenetischen" Beratung durchgeführt werden – wenn zum Beispiel festgestellt werden soll, ob ein Risiko für eine genetisch bedingte Krankheit oder Fehlbildung vorliegt.[10] Oder man wendet das sogenannte „Neugeborenenscreening" an, bei dem alle neugeborenen Kinder auf ein bestimmtes genetisches Merkmal hin untersucht werden.[11] Es ist überflüssig dies eigens zu betonen, aber: Alle diese Screeningverfahren unterliegen der Gefahr eines politischen Mißbrauchs, der Gefahr einer zentral gelenkten Bevölkerungspolitik.[12] Diese Verfahren können vielleicht im einen oder anderen Falle dazu beitragen, Berufskrankheiten zu vermeiden. In erster Linie *entscheiden* sie jedoch über die Nichteinstellung oder Verlust des Arbeitsplatzes, über Eignung und Nichteignung – über Angepaßtsein oder Nichtangepaßtsein.[13] Hier sind wir wieder bei den alten Zielen der Eugenik angelangt, der Psychohygiene, der Humangenetik. Reden wir Klartext: Dies ist nichts anderes als eine neue, moderne Form der menschlichen „Auslese". Jeder Mensch braucht Arbeit. Sollen diejenigen, die die Screeningtests nicht „bestehen", an den Rand der Gesell-

9 Englisch Screen= Schirm

10 Frei nach: Deutscher Bundestag, Referat Öffentlichkeitsarbeit Bonn (Hrsg.): Chancen und Risiken der Gentechnologie. Bericht der Enquete-Kommission des 10. Deutschen Bundestages. Bonn 1987, S. 151

11 a.a.O., S. 154-155

12 Vgl. hierzu unbedingt Heidrun Kaupen-Haas (Hrsg.): Der Griff nach der Bevölkerung. Schriften der Hamburger Stiftung für Sozialgeschichte des 20. Jahrhunderts, Band 1. Hamburg 1986

13 Frei nach: Deutscher Bundestag, Chancen und Risiken der Gentechnologie, a.a.O., Seite162-163. Vgl in diesem Zusammenhang auch Ludger Weß (Hrsg.): Die Träume der Genetik. Genetische Utopien von sozialem Fortschritt. Schriften der Hamburger Stiftung für Sozialgeschichte des 20. Jahrhunderts. Hamburg 1989

schaft gedrängt werden? Nach dem Motto: Wer „erbschwach" ist, fliegt raus oder wird am besten gar nicht erst eingestellt? Malen wir das Bild noch ein wenig aus: Hier droht unmittelbar die Gefahr, daß mittels zentralisierter *Genkarten* die Bevölkerung einer totalen Kontrolle unterworfen werden kann. Seit kurzem gibt es die individuelle Krankenkarte im Scheckkartenformat. Es ist ein leichtes, darauf auch sämtliche gentechnischen Daten zu speichern – selbst ohne daß der Betreffende dies weiß!

Wer will verhindern, daß Psychiater mittels solcher Methoden ganze Bevölkerungsgruppen, wie etwa gefährdete Jugendliche, Ausländer, Moslems, Schwarze, Kinder von Kriminellen, Juden, Psychiatriegegner, Franzosen, Frauen, Sektierer oder Sozialisten mit Hilfe dieser Untersuchungen brandmarken? Daß sie damit „Genbehinderte" schaffen, die zwar aktuell gesund, aber gesellschaftlich diskriminiert sind – da sie unter „getarnter Erbschwäche" oder „potentieller Gemeingefährlichkeit" leiden? Weil sie nicht angepaßt sind? *„Dies wäre der Übergang der Demokratie zur ‚Genokratie'."*[14]

Falls Sie es noch immer nicht ganz glauben wollen: Ja, die Vision einer *individuellen Genkarte* steht ganz real im Raum; es ist sogar ganz einfach:

„Jedes Neugeborene erhält Informationen über seine angeborenen Anlagen, Defekte, Krankheiten und Schwächen. Sozial abgesichert wird danach nur derjenige, der sein Leben auf seine persönliche genetische Checkkarte ausgerichtet hat."[15]

Das Interessante ist: Diese Vorstellungen moderner Humangenetik entsprechen exakt dem, was der T4-Psychiater de Crinis 1945 für die Psychiatrie verbindlich formulierte. Er behauptete, daß es seelische Vorgänge ohne körperliches Geschehen schlichtweg nicht gebe! Ein ähnliches Phänomen können wir auch heute wiederum beobachten. So werden die unzähligen, ergebnislosen medizinischen Dissertationen zur Schizophrenieforschung auf der Suche nach dem „biologischen Substrat" für die Geisteskrankheit ergänzt durch die genetischen Arbeiten. Hier droht ganz akut die Gefahr, daß auch im Kontext der Genmanipulation abermals eine Eugenik entsteht, die uns schon aus den literarischen Ergüssen der aktivsten Vertreter des Sozialdarwinismus, wie z.B. Alfred Ploetz (1860–1940), bekannt ist. Man beachte dazu auch die folgenden Seiten, die schon Anfang der siebziger Jahre einen klaren Appell in ähnlicher Richtung formulierten – übrigens mit unterschrieben von hier bereits erwähnten Personen.

Erinnern wir uns kurz: Die „Sozialdarwinisten" unterschieden zwischen „positiver und negativer Eugenik". „Positive Eugenik" sollte dem Prinzip der Förderung der „Tüchtigen" dienen. Sie war also an der Förderung der „wertvollen" Elemente

14 Interview mit Prof. Bernd Klees (Strafrechtler). In: Thomas Weidenbach und Gerd Weiss: Die Gen-Jäger. Biologen zwischen Wahn und Wissenschaft. Eine Gerd-Weiss-Filmproduktion. Köln 1990. Quelle: B.O.A. Archiv Nr. 3018.0001: WDO-WCM 22.8.90. West 3. WDR 1990

15 Dr. med. Mabuse, Zeitschrift im Gesundheitswesen, 11. Jahrgang 1986, Nr. 41, S. 32

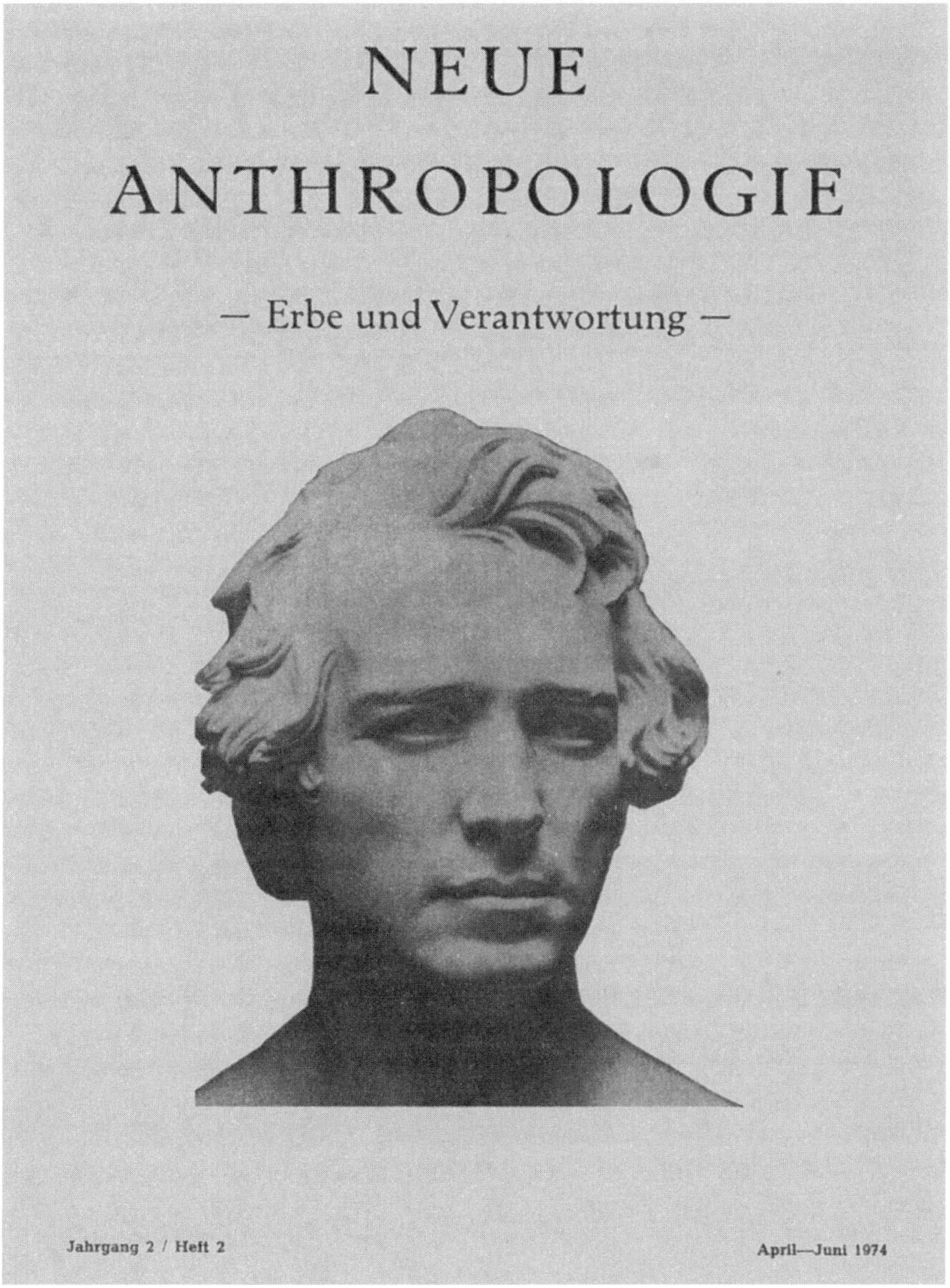
NEUE
ANTHROPOLOGIE
– Erbe und Verantwortung –
Jahrgang 2 / Heft 2
April—Juni 1974

Die Rolle der Vererbung im menschlichen Verhalten

Resolution in scientific freedom regarding human behavior and heredity

Obwohl einwandfrei bewiesen ist, wie groß der Anteil der Vererbung bei der Entwicklung menschlichen Verhaltens ist, hat es sowohl in Nordamerika wie in Europa Wissenschaftlern persönlich und beruflich sehr geschadet, mit Nachdruck darauf hinzuweisen. 50 Wissenschaftler aus Nordamerika, Großbritannien und Frankreich hielten es daher für dringend geboten, für Freiheit in Forschung und Lehre auch auf diesem Gebiet einzutreten, und haben eine Entschließung unterzeichnet, die im Juli 1972 in der Zeitschrift „American Psychologist" veröffentlicht wurde. Die deutsche Übersetzung dieser Entschließung lautet:

Vererbung, menschliches Verhalten und die Freiheit der Wissenschaft

Vorbemerkung: Die Geschichte der Zivilisation weist viele Perioden auf, in denen wissenschaftliche Forschung oder Lehre aus nichtwissenschaftlichen Gründen mit Zensur, Strafen oder Unterdrückung bedroht waren, meistens, weil sie irgendwelchen religiösen oder politischen Glaubensbekenntnissen zu widersprechen schienen. Wohlbekannte Opfer unter den Wissenschaftlern waren: Galilei im orthodoxen Italien, Darwin im viktorianischen England, Einstein in Hitlers Deutschland und Vertreter der Mendelschen Vererbungslehre in Stalins Rußland.

Gegenwärtig müssen wir erleben, wie man in ganz ähnlicher Weise versucht, Wissenschaftler zu unterdrücken, zu zensieren, abzustrafen oder persönlich zu verunglimpfen, welche die Rolle der Vererbung im menschlichen Verhalten betonen. Ihre Publikationen werden oft falsch zitiert oder in irreführender Weise referiert; der Appell an Emotionen ersetzt oft die wissenschaftliche Auseinandersetzung; Argumente richtet man häufig gegen die Person statt gegen ihre Beweisführung (z. B. bezeichnet man einen Wissenschaftler als „Faschisten" und ignoriert sein Beweismaterial). Ein Großteil der Angriffe kommt von Nicht-Wissenschaftlern oder sogar Wissenschaftsgegnern unter den politisch-militanten Elementen der Universitäten, ein anderer Teil von Akademikern, die völlig auf eine milieu-theoretische Erklärung fast aller menschlichen Unterschiede eingeschworen sind. Eine Vielzahl von Wissenschaftlern, welche die Beweismittel geprüft haben und völlig davon überzeugt sind, welch' große Rolle die Vererbung auch im menschlichen Verhalten spielt, bewahrt Schweigen, statt ihre Überzeugung deutlich und öffentlich auszusprechen oder sonstwie ihren weniger zurückhaltenden Kollegen ausreichend den Rükken zu stärken.

Das Ergebnis von dem allen liegt in der augenblicklichen Situation der Verhaltenswissenschaften klar zutage: Es ist praktisch Häresie, die Bedeutung der Erblichkeit im Verhalten angemessen zu betonen oder die weitere Erforschung der biologischen Grundlagen des Verhaltens zu empfehlen. Die „freie" akademische Welt wird von einer Art orthodoxer Milieu-Theoretiker beherrscht, die rücksichtslos Lehrer, Forscher und Studenten daran hindert, biologische Erklärungen anzunehmen oder Untersuchungen anzustellen.

Entschließung: In dieser Lage bekennen sich die unterzeichneten Wissenschaftler verschiedenster Fachgebiete zu den folgenden Anschauungen und Grundsätzen:

1. Wir haben ein großes Beweismaterial über die mögliche Rolle der Vererbung bei der Ausbildung menschlicher Fähigkeiten und Verhaltensweisen untersucht, und wir sind der Meinung, daß solche erblichen Einflüsse sehr stark sind.

2. Wir wünschen mit allem Nachdruck, Forschungen über die biologische und erbmäßige Basis des Verhaltens zu fördern, da sie eine notwendige Ergänzung der zahlreichen Versuche milieu-theoretischer Verhaltenserklärungen sind.

3. Wir bestehen ganz entschieden auf dem Recht und betonen die wissenschaftliche Pflicht des Lehrers, Erbeinflüsse auf das Verhalten zu diskutieren, und zwar in angemessenem Rahmen und nach gewissenhafter eigener Unterrichtung.

4. Wir beklagen zutiefst, daß man Fragen der Erblichkeit in den eingeführten Lehrbüchern totschweigt, und daß man in solchen Wissenschaftszweigen wie Soziologie, Sozialpsychologie, Sozialanthropologie, Pädagogik, Psychometrie und vielen anderen die Wichtigkeit der Vererbung nicht gewissenhaft erforscht und hervorhebt.

5. Somit rufen wir alle freiheitlich gesinnten Mitglieder der wissenschaftlichen Welt auf: Fakultäten, berufliche und wissenschaftliche Gesellschaften, den amerikanischen Verband der Universitätsprofessoren, die amerikanische Vereinigung für bürgerliche Freiheit, die Universitätsinstitute für Vernünftige Alternativen, Vorsitzende und Vorstandsmitglieder, wissenschaftliche Institutionen und die Herausgeber wissenschaftlicher Zeitschriften. Mögen sie alle darauf bestehen, daß die Gesellschaftswissenschaften frei und offen bleiben für die wohlbegründeten Ansprüche biologischer Verhaltensforschung, und daß sie mit großer Wachsamkeit alle qualifizierten Forscher und Universitätslehrer schützen, die mit Gewissenhaftigkeit auf diesem Gebiet lehren, forschen oder publizieren.

Wir richten diesen Aufruf an Sie alle, weil wir als Wissenschaftler glauben, daß menschliche Probleme am ehesten durch wachsendes menschliches Wissen gelöst werden können, und daß solcher Wissenszuwachs weit eher zur Vermehrung menschlichen Glücks beiträgt, als ideologisch-dogmatische Forschungs- und Lehrverbote.

JACK A. ADAMS
Professor of Psychology
University of Illinois

DOROTHY C. ADKINS
Professor/Researcher in Education
University of Illinois

ANDREW R. BAGGALEY
Professor of Psychology
University of Pennsylvania

IRWIN A. BERG
Professor of Psychology
and Dean of Arts & Sciences
Louisiana State University

EDGAR F. BORGATTA
Professor of Sociology
Queens College, New York

ROBERT CANCRO, M. D
Professor of Psychiatry
University of Connecticut

RAYMOND B. CATTELL
Distinguished Research
Professor of Psychology
University of Illinois

FRANCIS H. C. CRICK
Nobelpreisträger
Medical Research Council
Laboratory of Molecular Biology, Cambridge University

C. D. DARLINGTON, F. R. S.
Sherardian Professor of Botany
Oxford University

ROBERT H. DAVID
Professor of Psychologie
and Assistant Provost
Michigan State University

M. RAY DENNY
Professor of Psychology
Michigan State University

OTIS DUDLEY DUNCAN
Professor of Sociology
University of Michigan

BRUCE K. ECKLAND
Professor of Sociology
University of North Carolina

CHARLES W. ERIKSEN
Professor of Psychology
University of Illinois

HANS J. EYSENCK
Professor of Psychology
Institute of Psychiatry
University of London

ERIC F. GARDNER
Slocum Professor & Chairmann
Education and Psychology
Syracuse University

29

BENSON E. GINSBURG
Professor & Head, Biobehavioral Sciences
University of Connecticut

GARRETT HARDIN
Professor of Human Ecology
University of California, Santa Barbara

HARRY S. HARLOW
Professor of Psychology
University of Wisconsin

RICHARD HERRNSTEIN
Professor & Chairman of Psychology
Harvard University

LLOYD G. HUMPHREYS
Professor of Psychology
University of Illinois

DWIGHT J. INGLE
Professor and Chairman of Physiology
University of Chicago

ARTHUR R. JENSEN
Professor of Educational Psychology
University of California, Berkeley

RONALD C. JOHNSON
Professor & Chairman of Psychology
University of Hawaii

HENRY F. KAISER
Professor of Education
University of California, Berkeley

E. LOWELL KELLY
Professor of Psychology & Director, Institute of Human Adjustment
University of Michigan

JOHN C. KENDREW
Nobelpreisträger
MRC Laboratory of Molecular Biology
Cambridge, England

FRED N. KERLINGER
Professor of Educational Psychology
New York University

WILLIAM S. LAUGHLIN
Professor of Anthropology & Biobehavioral Sciences
University of Connecticut

DONALD B. LINDSLEY
Professor of Psychology
University of California, Los Angeles

QUINN McNEMAR
Emeritus Professor of Psychology, Education, and Statistics
Stanford University

PAUL E. MEEHL
Regents Professor of Psychology and Abjunct Professor of Law
University of Minnesota

JACQUES MONOD
Nobelpreisträger
Professor, Institute Pasteur
College de France

JOHN H. NORTHRUP
Nobelpreisträger
Professor Emeritus of Biochemistry
University of California and Rockefeller University

LAWRENCE I. O'KELLY
Professor and Chairman of Psychology
Michigan State University

ELLIS BATTEN PAGE
Professor of Educational Psychology
University of Connecticut

D. A. RASMUSEN
Professor of Animal Genetics
University of Illinois

ANNE ROE
Professor Emerita, Havard University & Lecturer in Psychology,
University of Arizona

DAVID ROSENTHAL
Research Psychologist and Chief of Laboratories
National Institute of Mental Health

DAVID G. RYANS
Professor & Director
Educational R & D Center
University of Hawaii

ELIOT SLATER, M. D.
Professor of Psychiatry and Editor
British Journal of Psychiatry
University of London

H. FAIRFIELD SMITH
Professor of Statistics
University of Connecticut

S. S. STEVENS
Professor of Psychophysics
Harvard University

WILLIAM R. THOMPSON
Professor of Psychology
Queens University, Canada

ROBERT L. THORNDIKE
Professor of Psychology and Education
Teachers College
Columbia University

FREDERICK C. THORNE, M. B.
Editor, Journal of Clinical Psychology
Brandon, Vermont

PHILIP E. VERNON
Professor of Education Psychology
University of Calgary, Alberta

DAVID WECHSLER
Professor of Psychology
N. Y. U. College of Medicin

MORTON W. WEIR
Professor of Psychology and Vice-Chancellor
University of Illinois

DAVID ZEAMAN
Professor of Psychology and NIMH Career Research Fellow University of Connecticut

Die nachunterzeichneten Wissenschaftler und Hochschullehrer unterstützen vorbehaltlos die obenstehende Entschließung:

Prof. Dr. W. ARNOLD
Dir. des Psychol. Inst. I
Universität Würzburg

Prof. Dr. W. BERNHARD
Prof. f. Anthropologie d. Univ. Mainz

Prof. em. Dr. Dr. H. v. BRACKEN
Marburg/Lahn

Prof. Dr. K. H. DEGENHARDT
Dir. des Instituts f. Humangenetik der Universität Frankfurt/Main

Prof. em. Dr. phil. ARNOLD GEHLEN
Aachen

Prof. Dr. K. GERHARDT
Prof. f. Anthropologie an der Universität Freiburg/Br.

Prof. Dr. THEO HERRMANN
Fachbereich Psychologie der Philipps-Universität, Marburg

Prof. Dr. Dr. H. W. JÜRGENS
Prof. f. Anthropologie an der Universität Kiel

Prof. Dr. H. KUMMER
Zoologisch-Vergl. Anatomisches Institut der Universität Zürich

Dr. F. KURT
Zool.-Vergl. Anatomisches Institut der Universität Zürich

Prof. Dr. P. LEYHAUSEN
Leiter der Arbeitsgruppe Wuppertal des Max-Planck-Instituts f. Verhaltensphysiologie

Prof. Dr. MAX LIEDTKE
Fachbereich Erziehungswissenschaft der Universität Hamburg

Prof. Dr. W. METZGER
Fachbereich Psychologie d. Universität Münster

Prof. Dr. J. A. MICHON
Psychological Institute „Heymans", Groningen

Prof. Dr. F. PANSE
Prof. em. für Psychiatrie der Universität Düsseldorf

Dr. DORA PFANNENSTIEL
Riehen/Basel

Prof. Dr. D. PLOOG
Dir. des Max-Planck-Instituts f. Psychiatrie, München

Priv.-Doz. Dr. med. F. REIMER
Dir. des Psychiatrischen Landeskrankenhauses Weinsberg

Prof. Dr. H. SCHADE
Dir. des Inst. f. Anthropologie u. Humangenetik der Universität Düsseldorf

Prof. Dr. I. SCHWIDETZKY
Dir. des Anthropologischen Instituts der Universität Mainz

Dr. PAUL SPINDLER
Anthropologische Abteilung Naturwissenschaftliches Museum Wien

Prof. Dr. rer. nat. UDO UNDEUTSCH
Dir. des Psychologischen Instituts der Universität Köln

Prof. Dr. F. VOGEL
Dir. des Inst. f. Humangenetik der Universität Heidelberg

Prof. Dr. H. WALTER
Anthropologisches Institut der Universität Mainz

Prof. Dr. G. G. WENDT
Dir. des Inst. f. Humangenetik der Universität Marburg

Prof. Dr. W. WITTE
o. Prof. f. Psychologie mit besonderer Berücksichtigung der allgemeinen und angewandten Psychologie
Westfälische Wilhelms-Univ. Münster

Priv.-Doz. Dr. D. v. ZERSSEN
Max-Planck-Inst. f. Psychiatrie München

Anm.: In einer Übersetzung von H. Kiesel haben wir als erste deutsche Zeitschrift im Februar 1973 den Aufruf der 50 amerikanischen Wissenschaftler veröffentlicht. Der von P. Leyhausen übersetzten und jetzt in der Zeitschrift „Homo" veröffentlichten Fassung stimmten weitere 27 deutsche Professoren zu, so daß wir den Aufruf in Leyhausens Übersetzung hier noch einmal veröffentlichen.

Jeder Blick auf die Welt, welche zu erklären die Aufgabe des Philosophen ist, bestätigt und bezeugt, daß der Wille zum Leben, weit entfernt, eine beliebige Hypostase oder gar ein leeres Wort zu sein, der allein wahre Ausdruck ihres innersten Wesens ist.

Schopenhauer

30

der Gesellschaft z.B. durch Eheerleichterung, Steuerbegünstigung interessiert.[16] „Negative Eugenik“ bedeutete den „Sozialdarwinisten“ die Verhinderung unerwünschten Nachwuchses durch Fortpflanzungsbeschränkung, Heiratsverbot, Sterilisation etc.; oder schlimmstenfalls mittels direkter Ausmerzung von Trägern „minderwertigen“ Erbgutes durch Isolation, Absonderung in Konzentrationslagern und – in letzter Konsequenz – sogar brutale Tötung.

Heute besteht, im Kontext des „Genetic Engineering“, der Gentechnik also, der Wunsch und das Ziel, dem Menschen „wünschenswerte“ Eigenschaften „anzuklonen“ oder aufzupropfen. Das ist „positive Eugenik“. Nichts anderes!

„Negative Eugenik“ bedeutet die Beseitigung „unerwünschter“ körperlicher und genetischer Merkmale des Menschen.[17]

„Die meisten Forscher glauben, daß es zuerst Fortschritte in der negativen Eugenik bei körperlichen Mängeln geben wird. Danach wird man negative geistige Merkmale eliminieren. Dann erst wird die positive Eugenik möglich sein.“ [18] Viel wahrscheinlicher als die langsame „Eliminierung“ genetisch bedingter Krankheiten erscheint jedoch die Möglichkeit der Abschaffung genetisch bedingter Krankheiten durch die Abschaffung der Kranken, also wenn man so will, die Lösung einer „pränatalen Euthanasie“.

Es ist erschreckend: *„Immer häufiger wird eine sogenannte Amniozentese (Analyse des Fruchtwassers) vorgenommen, um bei Verdacht auf genetisch bedingte Krankheiten (...) den Fötus gegebenenfalls abzutreiben.“*[19] Zu Recht fragt Allen R. Utke, Professor für Chemie an der Universität von Wisconsin in Oshkosh (USA), ob diese Technik vielleicht Wegbereiter für andere Maßstäbe der Selektion sein kann, und ob damit der Mensch nicht endgültig die Ehrfurcht vor dem Leben verliert.

Hier ist der Einwand berechtigt: Was geschieht mit den Werten einer Gesellschaft, die routinemäßig werdendes Leben zerstört? Könnte die Abtreibung ein erster Schritt zur legalisierten Euthanasie (Sterbehilfe) sein? Wäre der nächste Schritt womöglich eine solche „Hilfe“ für die Alten, Gebrechlichen und geistig Zurückgebliebenen? Könnte die gleiche ethische Rechtfertigung, die das Abtöten eines Fötus erlaubt, auch für andere Situationen des Lebens Anwendung finden?[20] Spinnen wir doch einmal den Gedanken weiter: Wer nach den Angaben auf seiner Genkarte „vorbelastet“ ist, könnte selektiert werden, abgesondert, behandelt und klammheimlich ins Abseits geschafft oder ins Grab, weil er der Gesellschaft lästig ist. Weil

16 Günter Baust, Alfred Keck, Rolf Löther, Samuel Mitja Rapoport, Horst Spaar: Eugenik. Entstehung und gesellschaftliche Bedingtheit. Jena 1984, S. 28

17 Allen R. Utke: Der Bioschock. Neue Biologie im Verhör. München 1980, S. 71

18 Allen R. Utke: Der Bioschock. Neue Biologie im Verhör. München 1980, S. 71. Allen R. Utke, geboren 1936, ist Professor für Chemie an der Universität von Wisconsin in Oshkosh (USA)

19 Allen R. Utke, a.a.O., S. 186

20 Vgl. hierzu: Allen R. Utke: Der Bioschock. Neue Biologie im Verhör. München 1980, S. 186-187

er Geld kostet. Weil er den Staatshaushalt belastet. Weil er vielleicht anderen ein Dorn im Auge ist.

Das Wiederaufleben erbhygienischer Tendenzen bedroht uns alle. Nur daß die heutige Erbhygiene nicht mehr im schrillen Gewand der Rassenhygiene daherkommt, sondern sich – im Rahmen der Genforschung – als gesundheitsfördernde Dienstleistung anbietet: Die Sippentafeln der Nazis werden dabei durch Genkoppelungstafeln ersetzt.[21] Die humangenetische Beratung ist der neue Seidenumhang der Erbbiologen; eine Tarnung, die so gut durchdacht ist, wie seinerzeit die Begründungen für die Notwendigkeit des Gesetzes zur Verhütung erbkranken Nachwuchses.

Die Psychiatrie ihrerseits ist wie immer – nach ihrer bekannten Vorgehensweise – bereit, sehr schnell „abweichendes" Verhalten als *krank* zu *definieren* und damit Therapie zu erzwingen, also die Anpassungsfähigkeit des Individuums an die Gesellschaft wiederherzustellen. Das ist der Sozialdarwinismus in neuem Gewand!

Eine Lehre der seelischen oder psychischen Erkrankungen sollte in einem weitaus größeren Maße die *krankheitsauslösenden* Faktoren im gesellschaftlichen Leben benennen und mildern helfen. Durch den von der Psychiatrie selbst produzierten „Vererbungsmythos" kann sie sich einer solchen Auseinandersetzung freilich entziehen – ja, sie hat diese Aufgabe wahrscheinlich nicht einmal begriffen.

Der behinderte Mensch, der kranke Mensch und der hilfesuchende Mensch bedarf doch sehr viel mehr der Aufmerksamkeit, des Respekts und der Zuwendung als der „normale" Mensch.

Es wäre selbstzerstörerisch, unterwürfen wir uns dem „sozialdarwinistischen" Bild vom „Kampf ums Dasein", vom Überleben des Stärkeren oder biologisch Wertvolleren. Es wäre selbstzerstörerisch, wenn wir unsere Behinderten mehr oder weniger als „lebensunwert" bezeichneten. Es wäre selbstzerstörerisch, wenn wir zuließen, daß die Psychiatrie die *durchschnittliche soziale Norm*, auf was auch immer bezogen, als verbindliche Bezugsgröße, als Orientierungsgröße definiert. Dadurch bleibt das individuelle „abweichende" Verhalten auf der Strecke. Es wäre selbstzerstörerisch, wenn wir unser Leben dem „industriellen Leistungsdruck" unterstellten, denn dadurch ginge alle Menschlichkeit verloren!

Wir müssen also lernen mit Krankheit zu leben und Krankheit zu überwinden. Hier könnte nur eine Medizin helfen, die dem *Erkrankten* wirklich helfen will – und nicht dem Funktionieren gesellschaftlicher oder politischer Systeme. Psychiatrie handelte in der Vergangenheit zu oft im Interesse politischer Systeme. Die Patienten wurden entweder als Störer verwahrt oder mit strittigen Methoden behandelt und nicht selten beiseite geschafft.

---

21 Frei nach Hiltrud Breyer (Abgeordnete der Grünen im Europaparlament). In: Karl-Heinz Karisch: Zukunft aus der Zauberküche der Genforscher. In: Frankfurter Rundschau, Nr. 15 vom 18.1.1992, S. 5

Wir dürfen es nicht mehr zulassen, daß Menschen den entsetzlichsten Folterinstrumenten ausgesetzt werden, die wir kennen. Es ist unverantwortlich, wenn zum Beispiel ein an „Melancholie" leidender Mensch – wie von dem Münsteraner Psychiater Professor Tölle empfohlen – mit Methoden wie Schlafentzug, Elektroschocks und in ihren Nebenwirkungen gefährlichen antidepressiven Medikamenten malträtiert wird.[22]

„Wenn ich heute an die Wirkungsgeschichte der Genetik in Anthropologie und Psychiatrie denke, dann sehe ich Wüsten der Zerstörung. Das millionenhaft vergossene Blut der anderen ist mit größter Intensität vergessen worden. Die jüngste Wirkungsgeschichte dieser genetisch denkenden Humanwissenschaften ist wirr und voller Verbrechen wie nur ein böser Traum. Aus diesem Traum sind viele Genetiker, Anthropologen und Psychiater in den tiefen Schlaf der Erinnerungslosigkeit geglitten." [23]

Halten wir kurz die wichtigsten Erkenntnisse fest:

Die Psychiatrie und die moderne Humangenetik, die Genforschung am Menschen, sind sich gefährlich nahe. Bereits einmal in diesem Jahrhundert hat sich die Psychiatrie der „Erkenntnisse" einer Erbbiologie bemächtigt, um daraus die Wissenschaft von der Rassenhygiene zu entwickeln. Dies endete mit hunderttausenden Anstaltsgetöteten und mit der Beseitigung unerwünschter Menschen. Damit sind wir an einem Punkt angelangt, wo sich die Geschichte wiederholen *könnte*, diesmal allerdings unter dem Deckmäntelchen der Genetik statt der Erblehre, was jedoch der gleiche Begriff ist. Die hier angedeuteten Beispiele sind nur ein winziger Einblick in das gewaltige und erschreckende Imperium des Bösen, wie wir es leider nennen müssen.

Kommen wir nun zu unseren letzten Kapiteln.

Wir haben bislang Personen, Organisationen und Institutionen aufgezeigt. Haben Namen und Fakten genannt. Haben nicht verschwiegen, in welcher Weise sich die Psychohygiene im Verlauf von weniger als einem Jahrhundert international verbreitete. Doch über ein wichtiges, beinahe das wichtigste Kapitel haben wir bislang noch nicht gesprochen: Über die Behandlungsmethoden der Psychiatrie, ihre Therapien, beziehungsweise über das, was heute als großer Fortschritt gepriesen wird. Das Erschreckende ist: Auch hier ist der fade Beigeschmack einer NS-Tradition nicht von der Hand zu weisen.

So viel vorab: Auch wir, die Autoren, waren bis aufs äußerste erschrocken über das, was wir dabei entdeckten. Aber urteilen Sie selbst.

---

22 Deutsche Presseagentur (dpa): Jeder zehnte an Melancholie Erkrankte tötet sich. In: Frankfurter Allgemeine Zeitung, Nr. 264 v. 13.11.1991, S. 12. Professor Rainer Tölle ist Psychiater der Nervenklinik an der Universität Münster

23 Benno Müller-Hill: Tödliche Wissenschaft. Die Aussonderung von Juden, Zigeunern und Geisteskranken 1933–1945. Reinbek bei Hamburg 1984, S. 7

AUF EINEN BLICK

1. 1962 fanden sich auf einem von dem Pharmakonzern Ciba-Geigy (Basel) veranstalteten Kongreß führende Wissenschaftler (unter ihnen Nobelpreisträger) zusammen, um die Ziele der Humangenetik abzustecken.
   Zu ihren Vorstellungen gehörten unter anderem:
   - Erwünscht sind Impotenzmittel in der Nahrung.
   - Die Fortpflanzung sollte nur bei bestimmten ausgewählten Menschen erlaubt sein.
   - Kinder sind keine Privatangelegenheit.
   - Mehr als zwanzig Prozent der Bevölkerung haben genetische Defekte.
   - Diese defekten Menschen dürfen sich nicht fortpflanzen.
   - Die Molekularbiologie bietet bessere eugenische Mittel denn je.
   - Menschen mit vier Beinen könnten wünschenswert sein für die Weltraumfahrt.
   - Eltern sollten ihre Kinder für solche Experimente opfern.
2. Führend an der Genforschung im psychiatrischen Bereich beteiligt ist unter anderem die *Deutsche Forschungsanstalt für Psychiatrie* in München.
3. Durch Begriffsveränderung scheint die alte Erb- und Rassenlehre „modernisiert“ worden zu sein. Heute spricht man von Humangenetik und von Molekularbiologie. Es ist nicht auszuschließen, daß damit auch Eugenik, Rassenbiologie und Rassenhygiene gemeint sind.
4. Mittels der Gentechnologie ist es möglich, bereits beim Embryo genetische Defekte festzustellen und daher über eine rechtzeitige Abtreibung genetisch belasteten Nachwuchses zu entscheiden. Dies bezeichnet man als humangenetische Maßnahmen.
5. Die sogenannte „Soziobiologie“ ist die Lehre vom angepaßten Menschen. Eine alte Lehre in neuem Gewand also. Auch hier dienen genetische Untersuchungen – sogenannte Screenings – dazu, anhand genetischer Defekte Eignungen und Nichteignungen vor allem für die Arbeitswelt herauszufinden.
6. Die moderne „positive Eugenik“ besteht darin, dem Menschen erwünschte Eigenschaften „aufzupropfen“ – zumindest sind dies offenbar die Ziele einiger Genetiker. Der Gesetzgeber schiebt hier derzeit einen Riegel vor, vergleichbar dem Riegel vor die Zwangssterilisation in der Weimarer Republik. Doch was bringt die Zukunft?
7. Die These liegt auf der Hand: Der *Sozialdarwinismus* könnte sich heute in neuem Gewand als *Humangenetik* wiederfinden.

„Der Wissensstand in der Psychiatrie ist noch so unbefriedigend, daß ein Gutteil Prophetie nicht zu umgehen ist."

Prof. Dr. Fritz Reimer,
Leiter des Psychiatrischen
Landeskrankenhauses Weinsberg

8. NS-TRADITION IN DER PSYCHIATRISCHEN THERAPIE

Kommen wir nun zu den vielleicht erschütterndsten Fakten dieses Buches: den teilweise höchst umstrittenen Therapien in der heutigen, „modernen" Psychiatrie. Wir haben gezeigt, daß in zahlreichen psychiatrischen Institutionen ehemalige NS-Lehrer und ihre Schüler vertreten sind. Das Schlimme jedoch ist: Selbst die Methoden haben sich kaum geändert. Zwar werden immer wieder angebliche Fortschritte hochgelobt, doch daß dies eine geschickte Public-Relations-Technik ist, wird spätestens dann klar, wenn man die wirklichen Ergebnisse untersucht.

Psychiatrische Behandlungsmethoden lassen sich im wesentlichen in drei unterschiedliche Kategorien einteilen:

1. Behandlung mit Schocktherapien (Elektroschock, Insulinschock etc.)
2. Behandlung durch Operationen (Gehirnlappendurchtrennung etc.)
3. Behandlung durch Medikamente

Man könnte noch eine vierte Kategorie anführen, unter die alles zu subsumieren ist, was sonst noch unter der Bezeichnung *psychiatrische Therapie* unternommen wird. Dazu zählen unter anderem auch Beschäftigungstherapien, Psychotherapien (die nach heftiger Gegenwehr seitens der Psychiatrie mittlerweile jedoch anerkannt sind) und einige andere eher ausgefallene „Therapien". Uns interessiert hier jedoch in erster Linie eines: Gibt es eine Nazikontinuität psychiatrischer Therapien?

KLEINE GESCHICHTE PSYCHIATRISCHER THERAPIEN

Blenden wir zunächst noch einmal kurz zurück in die historische Folterkammer der psychiatrischen „Heilmethoden", sozusagen in das finstere Mittelalter der Psychiatrie, das etwa bis an das Ende des letzten Jahrhunderts andauerte.[1]

Zu den *physikalischen Therapien* zählten unter anderem (Zitat gekürzt):[2]

„Zwangsschränke, ...sargähnliche Verschläge, ...Särge, ...Beinkorb, Beinschlösser, Zwangsstühle, Ankettung an Mauern, Eisenschienen, Eisenkugeln, Parkbänken..., wochenlange Totalisolation, ... Kreiselbewegungen auf dem nach seinem Erfinder benannten ‚Darwinschen Stuhl', auf dem die ‚Patienten' so lange herumgewirbelt werden, bis ihnen das Blut aus Mund, Nase und Ohren läuft, ...plötzliche Schießpulverexplosionen, Kanonendonner, ... ‚Katzenklavier'." – Letzteres war eine besonders geniale Erfindung des Psychiaters *Johann Christian Reil* (1759 – 1813), welche dieser selbst wie folgt beschreibt:

„Die Thiere waren nach der Tonleiter ausgesucht in eine Reihe mit rückwärts gekehrten Schwänzen geordnet, auf dieselben fiel eine mit scharfen Nägeln versehene Tastatur. Die getroffene Katze gab ihren Ton. Eine Fuge auf diesem Instrumente, zumal wenn der Kranke so gestellt wird, daß er die Physiognomie und das Geberdenspiel dieser Thiere nicht verliert, müßte selbst Loths Weib von ihrer Starrsucht zur Besonnenheit gebracht haben."[3]

Weitere physikalische Therapiemethoden waren:

„Dampf- und Gasheizungsanlagen, ...Anschnallen an ein animalisch warmes Pferd, ...Träufeln von brennendem Siegellack auf die Hände sowie Verbrennen des Nackens oder Kopfwirbels mit einem glühenden Eisen, ...stunden- oder gar tagelanges Tropfenlassen von kaltem Wasser auf den Kopf, ...Kaltwassereinspritzungen in die Scheide, ...direkter elektrischer Reizung von...Brustwarzen und Geschlechtsteile..."[4]

Wie gesagt, dies ist nur ein kleiner Ausschnitt aus dem reichhaltigen Repertoire einer „Wissenschaft", die sich mit dem ausklingenden Mittelalter unter dem Deckmäntelchen der Hilfe aufmachte, die Welt mit ihren Methoden zu „segnen". Hier noch einige Auszüge aus dem chemischen und biologischen Repertoire:

---

1 Wir empfehlen hierzu das höchst bemerkenswerte Buch „Der chemische Knebel" von Peter Lehmann. Lehmann untergliedert die Behandlungsmittel nach physikalischen, chemischen, biologischen, psychologischen und medizinischen Methoden. Berlin 1990[2]

2 Peter Lehmann, a.a.O., S. 13ff.

3 Reil, Johann Christian: Rhapsodien über die Anwendung der psychischen Curmethode aus Geisteszerrüttungen. Halle 1803; hier zitiert nach Lehmann, a.a.O., S. 14

4 a.a.O., S. 15f.

„...Ätzmittel, ...Ammoniak, ...Kohlenstoffgas, ...Eisenfeilspäne, ...“[5]

Und aus der *psychologischen* Schatztruhe dieser musealen Folterkammer kann man mit Lehmann unter anderem folgendes herbeizititeren:

„...den Patienten vorhersagen, sie zu verbrennen, wenn sie ihre Sünden nicht beichten, ...Verbreiten von Angst und Furcht, so z.B. durch Einlegen in Sägespankisten, in Fässer voll lebender Aale, und zwar im Dunkeln, um die Betroffenen glauben zu machen, es seien Schlangen, ...Suggestion in Hypnose, ...Beschießen der Geschlechtsteile oder des Gesichtes mit Wasser, ...Hochziehen an Seilen oder Flaschenzügen und stundenlangem Hängenlassen, ...nachdrückliche Ganzheitsbehandlung in Form von Terror, Schrecken oder Folter, ...abwechselnd Belohnung und Stockschläge auf die Finger...“[6]

Schließlich sei der Vollständigkeit halber noch aus dem historischen Therapiespektrum der *psychiatrischen Medizin* zitiert:

„...Kastration,... Klitorisentfernung,... Krätzmilben-Einpfropfung, Penisnerv-Durchtrennung,... Pockenerreger-Einspritzung, ... Röntgenbestrahlung, ... Sterilisation,... Typhusbakterien-Einspritzung...“[7]

NEUE WEGE I: ELEKTROSCHOCK

Mit Beginn dieses Jahrhunderts suchte die Psychiatrie neue Wege einzuschlagen. Wie in einem früheren Kapitel bereits angedeutet, begann nun die Blütezeit der Elektrostromtherapien. Dabei ging es in erster Linie darum, im Ersten Weltkrieg Soldaten wieder frontfähig zu machen. Wir berichteten bereits im ersten Teil unseres Buches über die Kaufmann-Therapie, die wortwörtlich auf breiter Front eingesetzt wurde.

Wiederholen wir noch einmal, was bereits in einem früheren Kapitel gesagt wurde: Diese Methode wurde *nie* wissenschaftlich getestet. Sogar einige Psychiater selbst hatten vor der Anwendung elektrische Ströme bei Neurotikern auf dem Neurologentag in Baden-Baden gewarnt.[8] Sie hatten darauf hingewiesen, daß Kaufmann über *keinerlei Krankheitsberichte* verfüge, die überhaupt irgendwelche positiven Ergebnisse vorweisen würden. Mit anderen Worten – Gefährlichkeit und ein Mangel an

5 a.a.O., S. 15f.

6 a.a.O., S. 17f.

7 a.a.O., S. 18f.

8 M. Raether: Über die Heilung von funktionellen psychischen Störungen nach der sog. Kaufmann-Methode. In: Neurologisches Centralblatt 37 (1918), 164. Dr. M. Raether war Stabsarzt der Reserve und Oberarzt der Provinzial-Heil- und Pflegeanstalt Bonn. Anläßlich der Jahrestagung der Gesellschaft Deutscher Nervenärzte in Bonn am 29. September 1917 hielt Raether ein Referat nebst einer Demonstration der „Kaufmann-Heilung“ [vgl. auch Peter Riedesser und Axel Verderber: Aufrüstung der Seelen. Militärpsychologie und Militärpsychiatrie in Deutschland und Amerika. Freiburg 1985, S. 15–17]

positiven Resultaten waren bekannt! Die gesamte Methode beruhte auf nichts anderem als einer unsinnigen Idee von Kaufmann – daß Schock am besten mit einem elektrischen Stromschock behandelt werde.

Von den Patienten wurde die „Kaufmann-Kur" verständlicherweise als weniger wohltuend empfunden, denn neben Gleichstrom wurden auch starke Wechselströme angewandt, die keine andere Bezeichnung als die der Folter zulassen. Der uns bereits wohlbekannte Psychiater Kretschmer schildert mit beachtlicher Abgeklärtheit eine solche „Heilbehandlung":

„Im Halbdunkeln, umgeben von allerlei phantastischem Gerät liegt ein alter Hysteriker in meinem Heilzimmer auf dem Behandlungstisch. (...) Ich nehme die (...) Elektrode zur Hand – eben hatte er noch gelassen und freundlich mit mir gesprochen –, da geschieht etwas Unbegreifliches: er verwandelt sich unter meinen Augen in einen anderen – plötzlich, so wie man einer sachtlaufenden Maschine den Hebel drückt, und es fällt unversehens ein brausendes Räderwerk ein. Ein steifer Blick, ein verzerrtes Gesicht, die Muskeln wie Stricke gespannt, fortstrebend, dagegenstrebend und zusammengekrümmt über etwas Unsichtbarem, was man ihm entreißen will (...) Und mit dem blinden Sträuben und Drängen läuft gleich noch ein zweiter Gang an: ein Zittern, Keuchen und Zucken – die Zähne klappern, die Haare sträuben sich, der Schweiß tritt auf das blaßgewordene Gesicht. Was noch durch diesen Tumult hindurchdringt, das sind kurze scharfe Zurufe, festes Anfassen, rascher kräftiger Schmerz. Und unter diesen Reizen tritt, wieder mit einem plötzlichen Ruck, eine zweite Verwandlung ein. Man hat ein fast körperliches Gefühl davon, als ob ein ausgedrehtes Gelenk einschnappe. Auf einmal ist der Wille glatt und gerade und die Muskeln folgen beruhigt willig seinem Antrieb."[9]

Die Entwicklung der psychiatrischen Elektrofolter blieb mit dem Ende des Ersten Weltkrieges nicht stehen. Im Gegenteil: es wurde noch grausamer. Die Elektroschocktherapie, später umbenannt in Elektrokrampftherapie oder Elektrokonvulsionstherapie (eine Konvulsion ist immerhin ein weitaus erträglicherer Begriff als das Wort Schock, was aber an der Therapie nichts ändert), wurde entwickelt. (Nebenbei bemerkt lautet die neueste Bezeichnung in einschlägigen psychiatrischen Fachkreisen für diese unmenschliche Tortur Neuroelektrische Therapie, kurz NET. Wahrscheinlich wird der Versuch, die Brutalität der „Behandlung" mit mehreren hundert Volt starkem elektrischen Strom durch Begriffskosmetik zu kaschieren, noch so lange anhalten, bis diese Therapie endlich verboten ist.)

---

9 Kretschmer: In: Nonne 1922 (Anm. 209), S. 108. Zit. n.: Hans-Ludwig Siemen: Das Grauen ist vorprogrammiert. Psychiatrie zwischen Faschismus und Atomkrieg. Gießen 1982, S. 19 und 20

Im Jahre 1938 führte nämlich eine wichtige Entdeckung eines italienischen Psychiaters zu einer kleinen Revolution innerhalb der „Gehirnkunde". *Ugo Cerletti*[10] besuchte einen römischen Schlachthof in der Hoffnung, dort Anregungen für die weitere psychiatrische Arbeit zu finden.[11] Cerletti selbst beschreibt die Entdeckung und Entwicklung dieses neuzeitlichen Therapieverfahrens wie folgt:

„Ich ging zum Schlachthaus, um mir das sogenannte elektrische Schlachten anzusehen, und ich beobachtete dabei, daß an den Schläfen der Schweine große Metallzangen befestigt und an einen Stromkreis angeschlossen wurden. Unmittelbar darauf fielen die Schweine bewußtlos um, versteiften sich und wurden ebenso wie die Hunde in unseren Experimenten von Krämpfen geschüttelt. Während sie bewußtlos waren, konnte sie der Schlachter ohne Schwierigkeiten abstechen und ausbluten lassen.

Zu diesem Zeitpunkt hatte ich das Gefühl, daß wir das Experiment auch am Meschen wagen konnten. Ich wies meinen Assistenten an, nach einer geeigneten Versuchsperson Ausschau zu halten."[12]

Cerletti experimentierte, so wird es überliefert, an einem desorientiert herumlaufenden Landstreicher oder Arbeiter. Seitlich an den Schläfen des Mannes wurden zwei große Elektroden befestigt; Cerletti begann vorsichtig mit einer Spannung von 80 Volt bei 0,2 Sekunden Dauer. Der Ablauf des Experiments liest sich wie aus einem Gruselfilm:

„Unmittelbar nach dem Stromstoß reagierte der Patient mit Zucken, und seine Muskeln wurden steif. Dann fiel er, ohne das Bewußtsein zu verlieren, aufs Bett. Plötzlich fing er an, lauthals mit eigenartig hoher Stimme zu singen. Kurz darauf beruhigte er sich wieder. Wir, die wir das Experiment durchführten, standen verständlicher-

10 „Cerletti wurde am 26. September 1877 im italienischen Cornigliano geboren und starb am 25. Juli 1963 in Rom. Er studierte in Turin und Rom Medizin und legte 1901 in Rom sein medizinisches Examen ab. Er leistete zunächst spezielle Arbeit auf dem Gebiet der Histopathologie und Neuropathologie, studierte dann klinische Psychiatrie bei Kraepelin, von dem er begeistert war. Nach seiner Ernennung zum Professor für Psychiatrie an der Universität Rom begann Cerletti 1935 seine Experimente mit künstlich erzeugten Krämpfen. In Zusammenarbeit mit Professor Bini entwickelte er den ersten Apparat für Elektroschocks, und im April 1938 führten sie den ersten (...) Elektroschock am Menschen aus." Aus: Thomas Szasz: Wem dient die Psychiatrie? Vom Schlachthaus zum Irrenhaus. In: Basaglia, Franco und Franca Basaglia-Ongaro (Hrsg.): Befriedungsverbrechen. Über die Dienstbarkeit der Intellektuellen. Ffm 1980, S. 241

11 Daß Schlachthäuser und Psychiatrie durchaus artverwandte Bezüge haben, berichtet uns auch der schottische Psychiater Mowbray: Ein dänisches Schlachthaus hatte 1958 bei einem Psychiater angefragt, „ob seine jüngst ersonnene physikalische Therapie ... wertvoll für das humane Töten von Schweinen sei". Die „Therapie" bestand in einer CO_2-Inhalation bis zur Bewußtlosigkeit! Berichtet in: Peter Lehmann: Der chemische Knebel. Berlin 1990, S. 67

12 Zit. nach: Keppler, Mehler: Der sanfte Schrei. München 1989², S. 85

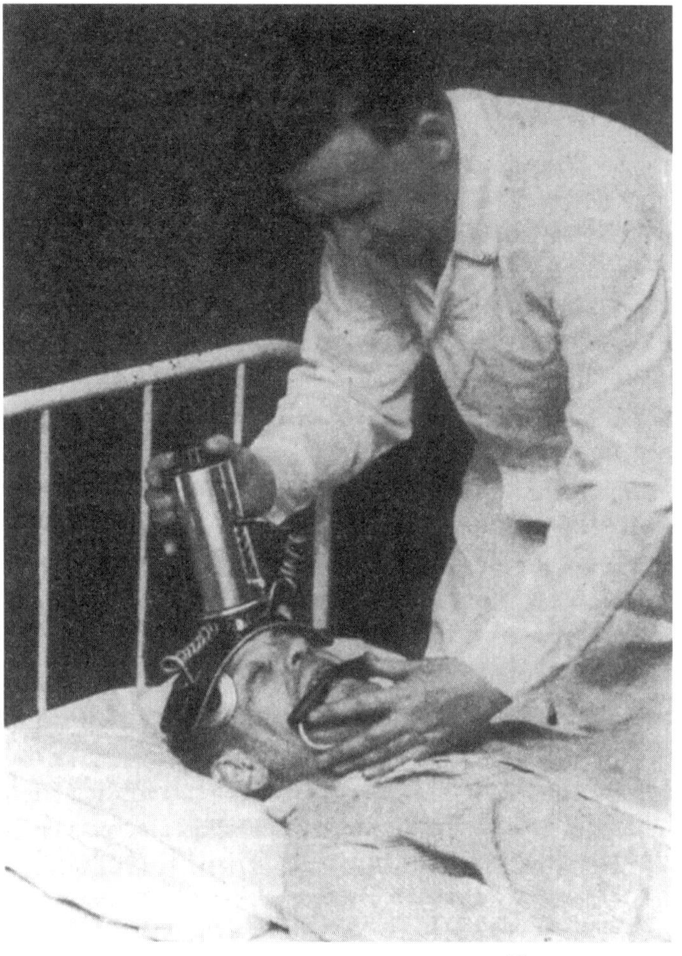

Anwendung des Elektroschocks 1943[13]

weise unter großem emotionalem Streß. Wir wußten, daß wir bereits ein ganz beträchtliches Risiko eingegangen waren. Dennoch war allen klar, daß die benutzte Stromstärke zu gering gewesen war. Jemand schlug vor, dem Patienten etwas Ruhe zu gönnen und das Experiment am nächsten Tag zu wiederholen. Da sagte der Patient, der uns offenbar gehört hatte: ‚Nicht noch eine. Es ist tödlich.' Durch diesen, geradezu im Befehlston vorgebrachten Vorwurf geriet meine Entschlossenheit, das Experiment fortzusetzen, fast ins Wanken. Doch aus Angst, ich könnte dieser Regung nachgeben, entschied ich mich, weiterzumachen. Die Elektroden wurden noch einmal angebracht, diesmal mit einer Stromspannung von 110 Volt für 0,2 Sekunden."[14]

Und in der Psychiatrie experimentierte man weiter. Der nächste erwähnenswerte Versuch einer Behandlung mittels elektrischem Strom stand wiederum ganz im Interesse des Staates. Um psychisch frontunfähige Soldaten wieder kampffähig zu machen, griff Friedrich Panse, der bereits erwähnte spätere Präsident der Deutschen Ge-

13 u. 14 Kaupen-Haas u. a., Heilen und Vernichten, Hamburg 1984. Mit freundlicher Genehmigung der Hamburger Stiftung für Sozialgeschichte des 20. Jahrhunderts.

sellschaft für Psychiatrie und Nervenheilkunde, die Kaufmann-Kur aus dem Ersten Weltkrieg auf und entwickelte sie weiter. Wir berichteten darüber in einem früheren Kapitel. Beim „Pansen" wurde die Gleichstrommethode eingesetzt, die gegenüber der „Faradisation" des Ersten Weltkriegs gewisse Vorteile aufwies. Offenbar hinterließ diese Art der Therapie ein „höchst eindrucksvolles, den ganzen Körper durchwühlendes Erlebnis".[15] Doch auch die Anwendung des Cerletti'schen Elektroschocks wurde im Kampfeinsatz gegen die eigenen Soldaten erprobt.

So wurde für die frontnahe Behandlung im Zweiten Weltkrieg *eigens ein Gerät in Auftrag gegeben*, das vom Ingenieur Stark der *Firma Siemens* als „Aktionsstromgerät"[16] entwickelt wurde und noch 1945 eingesetzt werden sollte,[17] was durch das Kriegsende allerdings verhindert wurde. Die Heeressanitätsinspektion verfolgte mit dem Einsatz des Aktionsstromgeräts das Ziel, die frontnahe Behandlung auch schon für das nichtärztliche Sanitätspersonal zu ermöglichen, ohne den „Beratenden Psychiater" überhaupt einschalten zu müssen! Erprobt wurde das Gerät 1944 von dem Psychiater und Oberstarzt Professor Butter im vierten Reservelazarett in Dresden. Man darf Gott dankbar dafür sein, daß dieser teuflische Plan aus der widerlichen Phantasie der Psychiatrie, Soldaten mittels eines am Fließband verabreichten E-Schocks wieder frontfähig zu machen, nie im großen Stil verwirklicht werden konnte!

Fälle von Psychiatertötungen an Soldaten mittels Elektroschock waren keine Seltenheit. Beispiel: Psychiater Dr. Emil Gelny, der seit 1. Oktober 1943 in der österreichischen Anstalt Gugging seinen Dienst verrichtete. Gelny war seit 1932 NSDAP-Mitglied und war Sturmbannführer der SA. Er erweiterte die Tötungsvariationen der Euthanasie um eine neue Variante, indem er den Elektroschock nach dem Vorbild des elektrischen Stuhles einsetzte, so wie man zum Tode Verurteilte hinzurichten pflegt. Auf diese Weise „schaffte" er täglich 7 bis 10 Patienten, wobei er zu deren Hinrichtung allerdings auch Medikamente und Luftinjektionen verwendete. Der Ablauf der „Elektroexekutionen" wird wie folgt geschildert:[18]

„Waren nun die Patienten durch die Einwirkung des Stromes bewußtlos geworden, so mußten die Pfleger die vier anderen Elektroden an Händen und Füßen des

15 Vgl. Komo: Für Volk und Vaterland, Diss. Hamburg 1991, S. 134

16 Das Aktionsstromtherapiegerät des Ingenieurs Stark wurde 1944 zur Erprobung im Reservelazarett IV Dresden unter Oberstarzt Dr. Butter aufgestellt (BA-MA, RH1 2-23, H 20-500, Butter an Wuth vom 30.6.1944)

17 BA-MA, RH 12-23, H 20-504

18 Der Fall ist aus der Anklage der Staatsanwaltschaft Wien, 15 St 6271/45 in Sachen Euthanasie in den Anstalten Mauer-Öhling und Gugging. – Über Gelny wird auch berichtet, er habe Kröten und Regenwürmer von der Straße aufgehoben, damit sie nicht überfahren würden. (Aussage Dr. Josef Schicker vom 4. 1. 46 beim Landgericht Linz, Vr 455/46)

Patienten anbringen. Dr. Gelny leitete Starkstrom durch, und nach längstens zehn Minuten war der Tod des Patienten eingetreten.“ [19]

Die Anzahl anstaltsgetöteter Soldaten kann kaum jemals exakt rekonstruiert werden. Es kann jedoch davon ausgegangen werden, daß sowohl in Hadamar[20] als auch in Meseritz und in Tötungsanstalten wie Lindenburg[21] Patientenmorde an „wehrunfähigen Soldaten“ stattfanden.

Die (Neben-)Wirkungen der Elektrokrampftherapie sind erschreckend, vom höchst anzweifelbaren „Therapieerfolg“ einmal ganz zu schweigen. Seit der breiten Anwendung dieser Methode könnten etliche Fälle angeführt werden, die dies mit aller Deutlichkeit dokumentieren. Unstrittig ist, daß die Elektrokrampftherapie (Elektroschock)[22] sehr häufig den Nachteil hat, eine Amnesie (teilweiser oder völliger Gedächtnisverlust) hervorzurufen.[23] Dies ist ein sicheres Symptom für eine „hirnverbrennende“ und verheerende Wirkung, bei der Millionen von Gehirnzellen vernichtet werden. Wie sehr das Gehirn Gegenstand der Zerstörung wird, geht auch aus dem Tierexperiment hervor:

„Bei Katzenexperimenten fand man, daß sich an Gewebeschnitten ein regelrechter Stromkanal durch das Gehirn nachweisen ließ.“ [24]

Die Tierexperimente wurden von den damaligen DDR-Wissenschaftlern J. Quandt und Helma Sommer vom Bezirkskrankenhaus Bernburg an der Saale schon in den sechziger Jahren durchgeführt. Sie wiesen nach, daß nach vier Behandlungen das Absterben von Nervenzellen unübersehbar wird. Es kann kein Zweifel daran bestehen, daß durch die direkte Einwirkung des elektrischen Stroms nicht wieder gutzumachende Gehirnschäden entstehen.[25] Ein entsprechender Hinweis von dem Berliner Psychiater Hanfried Helmchen, der in der Fachwelt jedoch kaum Beachtung fand, findet sich auch im 1973 erschienenen „Lexikon der Psychiatrie“.[26] Was für Katzen gilt, braucht für Menschen noch lange nicht zu gelten, so könnte die Kritik an der Kritik einvernehmlich lauten. Doch bis heute konnten die Ergebnisse der Untersuchungen von Quandt und Sommer nicht entkräftet werden. So gilt das erschreckende Fazit von Helma Sommer, das sie selbst aus ihren Untersuchungen zog: „Die irreversible, intra-

19 Anklage der Wiener Staatsanwaltschaft, S. 25

20 Vgl.: M. Daum: Arbeit und Zwang, das Leben der Hadamarer Patienten im Schatten des Todes. In: Dorothee Roer, Dorothee und Dieter Henkel (Hrsg.) : Psychiatrie im Faschismus. Bonn 1986, S. 184ff.

21 Vgl. Fachschaft Medizin an der Universität Köln (Veranstalter) u.a.: Heilen und Vernichten im Nationalsozialismus. Der Katalog zur Ausstellung. Köln 1985, S. 154ff.

22 Thomas S. Szasz: Wem dient die Psychiatrie? In: Franco Basaglia und Franca Basaglia-Ongaro (Hrsg.): Befriedungsverbrechen. Über die Dienstbarkeit der Intellektuellen. Frankfurt a.M. 1980, S. 241

23 BA-MA, RH 12-23, H 20-504, Bumke an Wuth, 28.7.1942 und 28.10.1942

24 Ernst Klee: ...wie ein Hammer auf den Kopf. Behandlung mit Elektroschocks führte in Frankfurt zu einem Psychiatrie-Streit. In: Die Zeit v. 18.2.1977

25 Vgl. Psychologie Heute, Juni 1977, S. 34

26 Ebenda

zellulare Funktionsstörung ist unausbleiblich.“[27] Ähnliche Ergebnisse am Katzenexperiment erzielten auch andere Forscher, so zum Beispiel Jules H. Masserman und Mary Grier Jacques aus USA. Ihnen gelang der Nachweis, daß infolge von Elektroschocktherapie im Tierexperiment schwere Nebenwirkungen auftraten.[28]

Fast alle weisen im übrigen schon seit den fünfziger Jahren auf die hirnzerstörende Wirkung der Elektroschock- oder -krampftherapie hin.[29]

Trotz vieler anderer zum Teil schwer bedenklicher Nebenwirkungen – wie Merk- und Gedächtnisstörungen („Radiergummieffekt“),[30] Kopfschmerzen und Schwindelgefühl, hochgradige Antriebsarmut, Stumpfheit, Lernstörungen, Verlust der Schließmuskelkontrolle von Darm und Blase, Appetitverlust, Delirien, Desorientierung, Trugwahrnehmungen, Halluzinationen, motorische Unruhe mit Fang- und Abwehrbewegungen, motorische Bewegungen mit heftiger Angst u.a.m.,[31] vor allem aber Schädigungen der Wirbelsäule des Schultergürtels und des Schenkelhalses[32] – erlebte diese „Therapieform“ in den fünfziger Jahren einen wahren Boom: *„Kaum ein Krankheitsbild existierte, bei dem der Elektroschock nicht eingesetzt wurde.“*[33] Noch 1977 konnte die Deutsche Zeitung verkünden, daß mehr als zwei Drittel aller psychiatrischen Krankenhäuser die stark umstrittene Elektroschocktherapie bei der Behandlung weiterhin anwenden[34] – trotz der inzwischen verfestigten wissenschaftlichen Erkenntis, daß Stromstöße durch das Gehirn ganze Bahnen von Gehirnzellen abtöten und zu massiven Gedächtnisstörungen führen. Mit dem Elektroschockverfahren werden entgegen aller Beteuerungen der Psychiatrie heute weiterhin Patienten malträtiert,

> *„insbesondere bei endogenen Depressionen, bei bestimmten Formen der sogenannten Schizophrenie (...) und bei den pharmakologischen und therapeutisch ‚ausbehandelten‘ Patienten.“*[35]

---

27 Nach Psychologie Heute, Juni 1977, S. 34

28 Jules H. Masserman und Mary Grier Jacques: Effects of cerebral elektroshock on experimental neuroses in cats. In: The American Journal of Psychiatry. Vol. 104, No 1 (1947), S. 92-99, hier: S. 97

29 Vgl. hierzu: Bernhard J. Alpers and Joseph Hughes: Changes in the brain after electrically induced convulsions in cats. In: Archives of neurology and psychiatry. Vol. 47 (1942), 385-398. Hans Hartelius: Cerebral changes following electrically induce convulsions. An experimental study on cats. Copenhagen 1952

30 Ernst Klee: Psychiatrie-Report. Ffm 1978, S. 83ff. Süddeutsche Zeitung vom 1.2.1978 und Münchner Merkur vom 22.9.1977

31 Alles nach Hermann Keppler und Ha. A. Mehler, a.a.O., S. 87-88

32 Hans Göppinger: Muß vor einer Elektroschockbehandlung der Kranke auf mögliche körperliche Schäden hingewiesen werden? In: Deutsche Medizinische Wochenschrift, H 45, Jg. 80, 1955, 1667-1669, hier: 1667. Dr. jur. Dr. med. Hans Göppinger von der Psychiatrischen und Neurologischen Klinik der Universität Heidelberg

33 Keppler, Mehler, a.a.O., S. 86

34 Klaus Heim: Behandlung aus der Steckdose. Therapie oder psychiatrischer Mythos? In: Deutsche Zeitung v. 11.3.1977

35 Keppler, Mehler, a.a.O., S. 86

Lediglich die Terminologie wandelt sich mit der Zeit. So spricht man inzwischen nicht mehr überall vom

„E-Schock-Verfahren, sondern vom ‚Heilkrampf'. Im Gegensatz zu früher zuckt der Patient nicht mehr, so daß es auch nicht mehr zu Knochenbrüchen kommen kann. Der Patient wird narkotisiert, Medikamente unterdrücken den Krampf. Diese sogenannte Humanisierung des E-Schocks haben Juristen aufgrund unzähliger Patientenbeschwerden per Gerichtsurteil erzwungen. Doch ein Stromstoß von 100 bis 230 Volt durchzieht nach wie vor das Hirn."[36]

Ein neuerer Begriff ist wie schon erwähnt der Ausdruck „neuroelektrische Therapie", nachdem sich wohl herumgesprochen hat, daß „Heilkrampf" das gleiche wie Elektroschock ist. Wer der Meinung ist, diese Therapie gehöre längst der Vergangenheit an, sieht sich enttäuscht:

1992 war für die Elektrokrampftherapie ein Jahr der großen Veranstaltungen. Zum einen der E-Schock-Kongreß in Graz, an welchen führende internationale Schockspezialisten und Elektrokrampftechniker teilnahmen. Ein besonders scharfer Kritiker ließ am Rande der Veranstaltung verlauten: „Die Folterknechte unter sich..." Daß einer der beteiligten Psychiater Wolfgang Fleischhacker mit Namen hieß, war wohl eher Zufall. Kein Zufall allerdings, daß führende E-Schocker aus den USA die begehrtesten Vortragsredner waren, immerhin wird dort diese Therapie mit sehr viel weniger Skepsis in der Öffentlichkeit betrachtet als hierzulande. Wir möchten Ihnen die Kongreßdetails ersparen. Lediglich zwei markante Vorträge sind interessant:[37]

Der Wiener Psychiater Loimer versuchte sich in Vergangenheitsbewältigung, indem er betonte, daß zwar eindeutig feststehe, daß während der Nazizeit Tötungen mittels Elektroschocks in psychiatrischen Kliniken stattfanden – daß aber keine direkten Beweise für die Beteiligung von Psychiatern an solchen Hinrichtungen vorlägen. Ganz davon abgesehen, daß Klee längst das Gegenteil dokumentiert hat – anhand von Zeugenaussagen, wie wir in unserem Kapitel über die T4 dargestellt haben – erhebt sich da doch unmittelbar die Frage: Wer anders als Psychiater sollte in psychiatrischen Kliniken mit E-Schockinstrumenten Patienten umgebracht haben?

Besonders bemerkenswert ist auch der Vortrag von S. Reiter-Theil von der Akademie für Ethik in der Medizin, München. Dort wird über die Frage der Einwilligung des Patienten zur Elektroschocktherapie referiert. Die These: Der Patient muß

36 Ernst Klee: ...wie ein Hammer auf den Kopf. Behandlung mit Elektroschocks führte in Frankfurt zu einem Psychiatrie-Streit. In: Die Zeit v. 18.2.1977

37 Vgl. First European Symposium on ECT, March 26-29, 1992, Graz, Austria, Abstractbook, S. 18 und 25

in jedem Falle über die Therapie und ihre möglichen Folgen aufgeklärt sein und seine Einwilligung erteilt haben.

Doch nun kommt die Einschränkung: Ablehnung durch einen informierten, vernünftigen und kompetenten Patienten sollte der Psychiater respektieren; „irrationale“ Ablehnung hingegen durch einen Patienten, dessen Urteilsvermögen aufgrund von „in Unordnung befindlicher kognitiver Funktionen“ eingeschränkt ist, sollte ignoriert werden. Das ist doch im Klartext ein Freifahrschein für die Psychiatrie, jeden zu schocken, den sie schocken will, denn für einen Psychiater ist nichts leichter, als einem Patienten „eingeschränktes Urteilsvermögen“ zu attestieren. Hier sind wir wieder bei jenem Punkt, den wir schon vielfach hervorgehoben haben: Die Psychiatrie kann es sich offenbar erlauben, die Regeln des Gesetzes nach eigenem Gutdünken zu interpretieren, kann neue Definitionen aufstellen und somit *beinahe jede gesetzliche Einschränkung willkürlich umgehen!* Der Patient hat Rechte, aber nur, wenn er „uneingeschränktes Urteilsvermögen und Vernunft“ aufweist – wie wahrscheinlich ist dies bei einem Patienten, der unter einem besonderen seelischen Druck oder Leiden steht und einem Psychiater anvertraut wird? Nochmals im Klartext: Die Psychiatrie darf jeden elektroschocken, auch wenn dieser nicht einwilligt. Die Fahrkarte dazu können sich die Psychiater selbst ausstellen. Bezahlen muß der Patient – in Geld und meist auch mit dem letzten Rest an „kognitiver Funktion“.

Auch die Veranstaltung „EKT-Workshop“ am 14. und 15. Oktober 1992 unter Prof. Lauter, Leiter der Psychiatrischen Klinik und Poliklinik der Technischen Universität München, Kliniken rechts der Isar, Ismaninger Straße 22, diente ausschließlich dem Zweck, die Elektrokrampftherapie gesellschaftlich wieder salonfähig zu machen. Eine interessante Randnotiz ist an dieser Stelle, daß einer der führenden Verfechter des Elektroschocks, ein Schüler Kraepelins, Cerlettis, Wagner-von-Jaureggs und Nonnes, der Psychiater Lothar B. Kalinowsky, ein Ehrenmitglied der Deutschen Gesellschaft für Psychiatrie und Nervenheilkunde sowie Träger der Griesinger-Medaille ist. Kalinowsky kann wohl als der „Exporteur“ der Elektroschockbehandlung in die USA betrachtet werden. Jüdischer Abstammung ging er 1933 zunächst nach Rom, wo er 1938 der ersten Elektroschockbehandlung unter Cerletti beiwohnte. 1939 emigrierte Kalinowsky in die USA. Im *NERVENARZT* Ausgabe Nr. 3 vom März 1970 heißt es wörtlich – geschrieben von Hanns Hippius:

„Lothar Kalinowsky hat gegen alle Widerstände einer durch Adolf Meyer und durch die Psychoanalyse anti-somatisch festgelegten Psychiatrie die Elektroschockbehandlung in den USA eingeführt.“[38]

38 DER NERVENARZT, 41. Jg. Heft 3, März 1970, S. 105

Doch zurück zum Münchener E-Schock-Workshop 1992: Eben jener Kalinowsky wurde im Rahmen einer Sonderveranstaltung von Hippius und anderen Referenten besonders geehrt. – Bezeichnend ist, daß sich die Psychiatrie im Kreis dreht und daß sie die Lösung darin sucht, die alten barbarischen Methoden wieder aus der Schublade zu holen und die verstaubten Stromgeräte wieder in Gang zu setzen:

„Es ist ja nicht zu verkennen, im Laufe der Zeit, in den letzten zehn Jahren zeigt sich doch zunehmend, daß manche Patienten einfach auf diese medikamentösen Verfahren nicht gut ansprechen. Außerdem ist ja bekannt, daß es auch bei medikamentösen Verfahren zu lästigen, unangenehmen Spätschäden kommen kann, so daß man sich natürlich wieder etwas stärker auf die Elektrokrampfbehandlung besinnt."[39]

Das ist aus dem Munde eines Psychiaters. Noch ein Zitat:

„Ein schlechtes Gedächtnis bei Menschen, die einmal mit Elektrokrampf behandelt wurden, muß nicht unbedingt mit dieser Behandlung zusammenhängen. Depressive Menschen, die hauptsächlich behandelt werden, haben durch die Depression ein sehr schlechtes Gedächtnis."[40]

Und:

„Was denn nun das Eigentliche ist, was die Wirkung ausmacht, darüber gibt es gute Hypothesen, aber keine absolut gesicherte Auffassung."[41]

Kann die Bankrotterklärung einer Pseudowissenschaft besser formuliert sein?

Ein prominentes Beispiel für die vernichtende Wirkung des Elektroschocks mag hier aufschlußreich und mahnend sein. So erhielt Ernest Hemingway, einer der brillantesten Schriftstellers unseres Jahrhunderts, im Jahre 1961 zwei Elektroschockserien. Hemingway beklagte sich bitter darüber, forderte die Ärzte auf mit diesen Schockbehandlungen aufzuhören, denn er war davon überzeugt, daß sie sein Gedächtnis zerstörten und damit ihn als Schriftsteller zugrunde richteten.[42] Er schrieb daraufhin einem Freund: „Sie nehmen mir mein Gedächtnis weg und zerstören mir meinen Lebensinhalt. Ich habe nichts zum Leben, wenn ich nicht schreiben kann."[43] Dreißig Tage nach der Behandlung beging Hemingway Selbstmord – wohl kaum ein Zufall.

39 Transskript der Pressekonferenz im Rahmen des ECT-Workshops, 16. Oktober 1992, Hörsaal der TU München, S. 16

40 a.a.O., S. 19f.

41 a.a.O., S. 10

42 A. E. Hotchner: Papa Hemingway. München 1966, S. 346. A. E. Hotchner war ein langjähriger Freund Hemingways

43 Frei zitiert. Vgl. hierzu auch den Spiegel-Artikel: Brandherd im Gehirn. Die Elektroschock-Therapie findet auch in deutschen Kliniken wieder Befürworter. In: Der Spiegel, Nr. 3, 1991, S. 178-180, hier: S. 178

Die Diskussion um die Elektrokrampftherapie wird noch immer kontrovers geführt, doch man muß wohl schon ein prominenter Patient wie Hemingway sein, damit die Kritik an dieser Prozedur Gehör findet. Der Aufschrei der meisten Patienten bleibt unberücksichtigt, Psychiatriepatienten haben eben keine Lobby.

Nochmals sei es betont: Die Psychiatrie bevorzugte vor, während und nach der NS-Zeit in ihrer Therapie in erster Linie *Methoden der Gewalt und Brutalität.*

In der Tat müssen wir uns fragen, ob mit dem Elektroschockverfahren nicht in Wirklichkeit ein „Folterinstrument" entwickelt wurde, das lediglich „disziplinierenden" und „bestrafenden" Charakter hat. Berichte, die angeblich beweisen, daß mittels der Elektrokrampftherapie wirklich geholfen wurde, sind mit absoluter Vorsicht zu genießen. Sie sind in der Regel nur die eigenwilligen Erfolgsberichte der Therapeuten, die die EKT-Anwendung in dieser Form zu rechtfertigen suchen. Doch Hand aufs Herz: Wenn man Ihnen androhen würde, daß Sie Elektroschocks erhalten sollten, wäre Ihre Depression natürlich sehr schnell verschwunden! Eine Veränderung bewirkt die EKT in jedem Fall. Vielleicht sogar eine Symptomverlagerung oder gar -beseitigung. Das *psychische Problem* wird die EKT sicherlich nicht lösen, hierfür müssen wirklich sinnvolle Therapieansätze oder Präventivmaßnahmen, am besten wohl nicht-psychiatrischer Natur, gefunden werden. Doch die angestrengte Suche nach den wirkungsvollsten Heilmethoden für seelische Erkrankungen ist immer auch ein ökonomischer Kampf um Anteile am „Gesundheitsmarkt".[44]

Dies dürfte fürs erste genügen, um zu belegen, daß die Elektroschockbehandlung eindeutig *als unmenschlich angeprangert* werden muß. Ihrer Funktion nach hat sie weniger therapeutischen als vielmehr disziplinierenden Charakter. Dies ist sicherlich historisch bedingt; kann sie in ihren Ursprüngen doch auf den Einsatz von elektrischem Strom im Ersten Weltkrieg zurückverfolgt werden, der keinen anderen Zweck erfüllte, als Soldaten wieder „frontfähig" zu machen – was eine glatte Lüge war. Niemand wird „frontfähig" dadurch, daß er mit elektrischen Stromgeräten gequält wird; ebensowenig wird jemand „geheilt" dadurch, daß man ihm eine Serie kräftiger Ströme durchs Gehirn schickt.

Doch unabhängig von den besonderen Implikationen und Folgen einer durch den Nationalsozialismus geprägten Psychiatriegeschichte ist es an der Zeit, dieser Methode endgültig eine Absage zu erteilen. Die gefürchtete (oder gar beabsichtigte) Gehirnzellenzerstörung stellt bei der Elektroschocktherapie eine nicht zu akzeptierende Nebenwirkung dar. Glücklicherweise gab es auch andere Entwicklungen. So hat beispielsweise die niederländische Regierung 1979 einen beispielhaften Beschluß ge-

44 Vgl. hierzu Ruth Kuntz-Brunner: Psychotherapie. Streit um die richtige Methode. In: Deutsche Universitäts-Zeitung (DUZ), H 7, 1992, S. 26-28

faßt, wonach Schockbehandlungen und persönlichkeitsverändernde Gehirnoperationen an Patienten in psychiatrischen Anstalten *verboten* wurden.[45]

Es bleibt zu hoffen, daß die Regierungen anderer Länder mit ähnlichen Beschlüssen folgen.

Aber der Erfindungsreichtum psychiatrischer Therapeuten besitzt anscheinend kaum Grenzen. Obwohl es bei den folgenden Beispielen nicht unmittelbar um den Bezug zur NS-Zeit geht, wird dennoch die Tradition erneut erkennbar. Hier einige Beispiele:

NEUE WEGE II: DIE GEHIRNCHIRURGIE – DER MENSCH ALS ROBOTER

Bereits 1935, also drei Jahre vor dem Einsatz der Elektroschocktherapie, nutzten die Psychochirurgen ihre Skalpelle. Ein Portugiese war es, der erstmals diesen bemerkenswerten Eingriff vornahm.[46] Das Opfer: eine Prostituierte. Die Beschreibung:

„Da bohrte der Chirurg der lokal anästhetisierten Patientin zwei oder mehr Löcher in den Schädel, stieß mit einem Instrument in Form eines Buttermessers blindlings in ihr Gehirn vor und durchschnitt oder zerquetschte mit rotierenden Bewegungen, wie man sie etwa beim Entkernen eines Apfels vornimmt, die Nervenbahnen in der Stirnlappenregion.“[47]

Das Resultat war überzeugend: Die Kranke verfiel in einen Zustand unerschütterlichen Gleichmuts. Der Psychiater Egas Moniz wertete dies als Behandlungserfolg und zerschnitt weiteren 100 Patienten die Vorderstirnlappen. Schließlich feuerte einer seiner Patienten fünf Kugeln auf den Seelenmetzger ab – Moniz war seitdem gelähmt. Zur Belohnung für seine großartige Entdeckung erhielt Moniz 1949 den Nobelpreis!

Zwischen 50.000 und 100.000 Menschen wurden in den folgenden Jahrzehnten dieser Metzgermethode unterzogen, die noch ungleich brutaler als der Elektroschock ist, obwohl das kaum noch vorstellbar ist.

Der Eingriff wurde eleganterweise jedoch nicht mehr mittels einer Schädelbohrung durchgeführt, sondern mit einem dünnen Messer direkt über dem Auge in die vordere Hirnregion. Diese Variante hatte einer der eifrigsten Schüler von Moniz entwickelt, Walter Jack Freeman, auch „Jack der Gehirnschlitzer“ genannt. Er erteilte seinen Patienten zuerst einen Elektroschock und zerstümmelte dann ihr Gehirn mit seinem Messer, indem er dieses über dem Auge sieben Zentimeter tief in die Schädeldecke trieb und mit kreisenden Bewegungen die Geisteskrankheit kurierte.

45 Regierung verbietet Elektroschocks. In: Mannheimer Morgen v. 16./17. Juni 1979
46 Keppler, Mehler, a.a.O., S. 76ff.
47 Der Spiegel Nr. 24 vom 9.6.1986; hier zit. aus Keppler, Mehler, a.a.O., S. 77

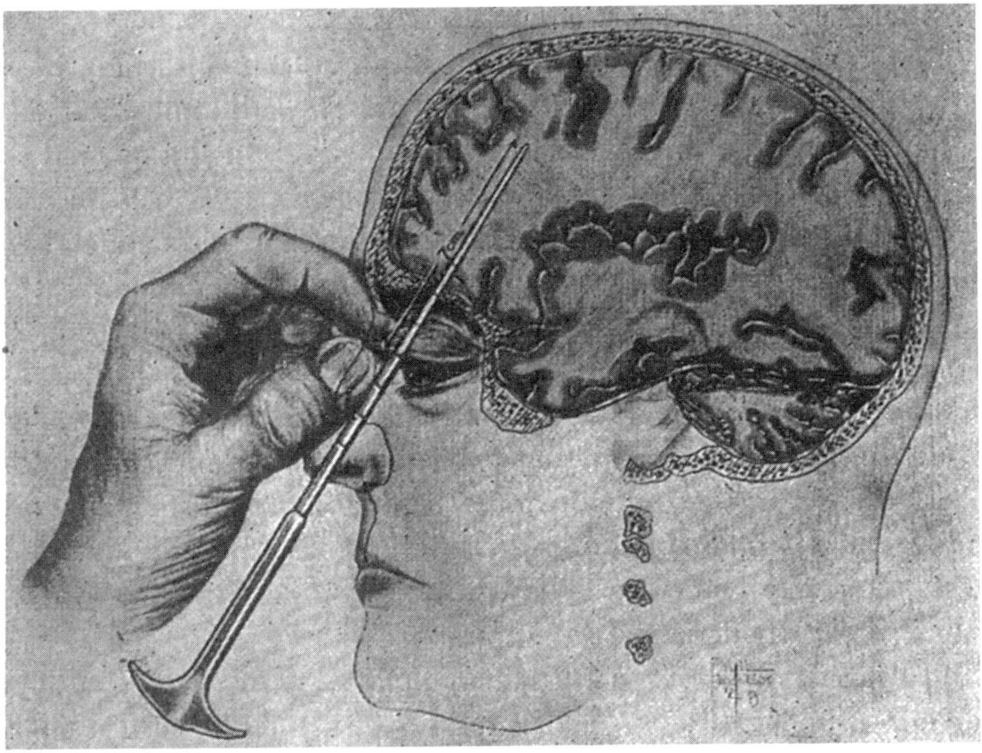

Psychiatrische Therapie: Die Lobotomie im Lehrbuch...

„Das Spektrum der so Behandelten reichte von Sexualstraftätern über Zwangsneurotiker bis hin zu aggressiven Kindern. Selbst bei Ehebruch, Kleptomanie, Fettsucht und unregelmäßigem Stuhlgang wurde die Hirnverstümmelung empfohlen!"[48]

Freeman „schaffte" auf diese Weise 4.000 Patienten und stand damit Psychiatern der Nazizeit in nichts nach – auch deren Therapien waren bekanntlich ja sehr effektiv, denn mit dem Geisteskranken verrauchte natürlich auch die Geisteskrankheit im Schornstein der Krematorien.

Starb der chirurgisch behandelte Patient nicht sofort, dann erwartete ihn ein langsamer, quälender Tod. Sein Leben war bestenfalls vergleichbar mit dem eines völlig apathischen Geschöpfs. Tobsüchtige wurden lammfromm; potentielle Selbstmörder konnten sich nicht einmal mehr an ihren Namen, geschweige denn an ihre Selbstmordabsichten erinnern.

48 Keppler, Mehler, a.a.O., S. 78

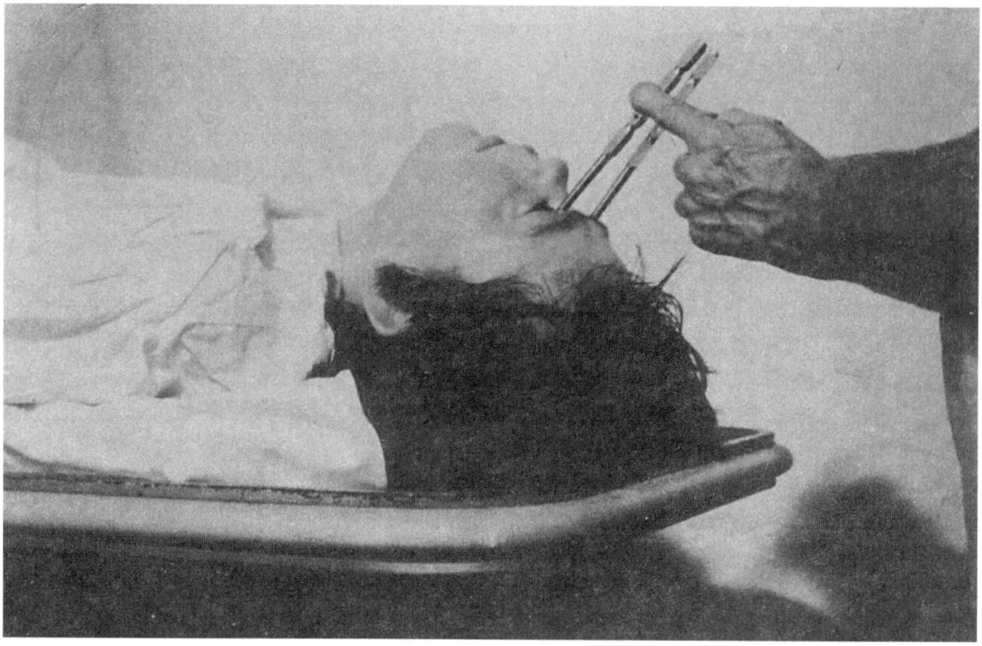

...und in der Praxis (Foto: Citizens Commission on Human Rights)

Ende der vierziger Jahre wurde diese Methode dahingehend verfeinert, daß mittels einer feinen Sonde die Gehirnmasse durch Verbrennen zerstört wurde. Auch wurde ein eleganterer Ausdruck gewählt – der „stereotaktische Eingriff". Aber das Ergebnis war selbst für viele Psychiaterkollegen kaum sonderlich überzeugend; was vom Patienten noch übrigblieb, war einem Menschen, dem man zumindest seine Würde läßt, kaum mehr vergleichbar.

In seiner Studie „Psychopathologie des Stirnhirns 1939–1955" aus dem Jahre 1957 schreibt der Psychiater Häfner (in Kapitel II/6 bereits erwähnt), daß man sich klammheimlich mehr oder minder von dieser Schlachthausmethode verabschiedet habe:

„Heute aber sind ... bereits mehr als 50.000 Patienten einem der verschiedenen psychochirurgischen Eingriffe am Frontallappen unterzogen worden. Durch dieses Massenexperiment fiel ein Beobachtungsmaterial an, das in seiner Art und seinem Umfang ohnegleichen ist. ... Dieses unvergleichliche Erfahrungsgut hat nicht nur die Lokalisation neurologischer Funktionen in die Präfrontalregion [vordere Stirn; d.V.] weitgehend widerlegt, sondern auch unsere Vorstellungen über das psychische Stirnhirnsyndrom [Syndrom = Krankheitsbild; d.V.] entscheidend gewandelt. Vor allem müssen alle Versuche der Verknüpfung einzelner psychischer Leistungen mit

bestimmten frontalen Rindenfeldern [Abschnitte der Hirnrinde; d.V.] ... als gescheitert angesehen werden"[49] [Unterstreichung d.d.V].

Zu gut deutsch: Mehr als 50.000 wehrlose Patienten mußten sich einer Verstümmelung der vorderen Hirnlappen durch Einführen eines Messers durch die Augenhöhlen unterziehen, nur damit man in der Psychiatrie zu der Erkenntnis gelangte, daß keinerlei Zusammenhang zwischen einer psychischen Krankheit und diesen vorderen Hirnregionen besteht! Daß also die gesamte Verstümmelung absolut nutzlos war! Für Häfner, einen Psychiater, war das allerdings kein Grund zur Aufregung, sondern ein „unvergleichliches Erfahrungsgut". Diese arrogante Zuschauer- und Beobachterrolle ist menschenverachtend in allerhöchstem Maße. Die „Lobotomie" – zu deutsch, Gehirnlappenzertrennung, kostete 50.000 oder mehr Patienten ihre Menschlichkeit, ehe man sich zu der Erkenntnis durchrang, daß sie nicht funktioniert! Daß diese Erkenntnis jedoch nicht von Dauer war, zeigen unter anderem folgende Dokumente:

In einem Forschungsbericht aus dem Jahre 1977 von der Universität des Saarlandes ist zu lesen:

„1. Die Behandlung von Suchterkrankungen durch stereotaktische Hypothalamotomie [chirurgischer Eingriff in das Zwischenhirn; d.V.]

Bei der stereotaktischen Hypothalamotomie in der Behandlung der Suchtdelinquenz hat sich als überraschender Nebenbefund herausgestellt, daß durch diesen Eingriff auch ein Suchtverhalten gemildert oder behoben werden kann. Dem entsprechen vereinzelte in der Literatur bisher mitgeteilte tierexperimentelle Untersuchungen. Die bisherigen Ergebnisse an 15 bisher so operierten Patienten mit Alkoholismus, Tablettensucht und Drogenabusus erscheinen ermutigend. (...) Die Problematik liegt in der extremen Gefährlichkeit einer doppelseitigen stereotaktischen Hypothalamotomie.

2. Die Behandlung der Sexualdelinquenz durch stereotaktische Hypothalamotomie

Tierexperimentell mehrfach unterstützt hat sich gezeigt, daß die stereotaktische Ausschaltung des sogenannten sexuellen Verhaltenszentrums im vorderen Hypothalamus zu einer Reduktion des Sexualtriebes führt. Dies bedingt einmal, daß homosexuelle Verhaltensweisen kontrolliert und den Forderungen der Gesellschaft angepaßt werden können. Zum anderen hat sich hierbei ergeben, daß übersteigerte Entäußerungen des Sexualtriebes im Sinne einer Hypersexualität und mit Gewaltanwendung im Sinne von sexueller Aggressivität durch einen einseitigen stereotaktischen Eingriff dieser Art beseitigt werden können."[50]

49 Aus: Fortschritte der Neurologie, Psychiatrie und ihrer Grenzgebiete, 15. Jahrgang 1957, Stuttgart, Heft 4, S. 205 und 241

50 Universität des Saarlandes, Forschungsbericht 1977, S. 158

Über stereotaktische Eingriffe an Kindern berichtet auch G. Dieckmann von der Universität Homburg/Saar. Im Zeitraum von 1964 bis Ende 1975 wurden 57 Kinder psychochirurgisch operiert.[51] Dieckmann promovierte 1954 unter Richard Jung, Professor für Neurophysiologie und Psychiatrie. Richard Jung war im Zweiten Weltkrieg im Bereich der endogenen Psychosen – Schizophrenieforschung tätig.

NEUE WEGE III: DIE PHANTASIE KENNT KEINE GRENZEN

Die Psychiatrie macht nicht nur in unserem Land durch skandalöse Zustände von sich reden. Am 3. August 1974 berichtete die US-Zeitung National Observer (Verfasser August Gribbin) über Behandlungsmethoden in einer psychiatrischen Anstalt für emotionsgestörte Kinder:

> Der Direktor brachte eine Pistole für einen gestörten Jugendlichen, der nach vorliegenden Berichten mit Selbstmord gedroht hatte. Der Junge tötete sich damit. (Der Mutter wurde zu einem späteren Zeitpunkt eine Rechnung für das Schußinstrument zugestellt!) [Zum Vergleich: Der Vater eines euthanasierten Jungen wurde 1941 aufgefordert, den Betrag für die Zwangsverlegung in die Tötungsanstalt zu zahlen – RM 471,20. Er weigerte sich... Erst 1946 gab die Landesheilanstalt den Versuch, das Geld einzutreiben, auf. Berichtet in Ernst Klee: „Euthanasie“ im NS-Staat, Seite 456; d.V.]
>
> Ein Arzt, der Psychiatrie ohne Legitimation praktizierte, isolierte einen Jugendlichen in einem Bombenkeller und hielt ihn dort tagelang fest. Seine Ernährung dort bestand nur aus destilliertem Wasser.
>
> Die Mitarbeiter einer Institution schlugen emotionell gestörte Jugendliche, ketteten sie an und veranstalteten Scheinbegräbnisse, wobei sie die Jugendlichen dazu nötigten, ihre eigenen Gräber auszuheben und dann in den Schlammgruben zu schlafen.[52]

Gefördert wurden diese Behandlungen, sicher oft unwissentlich, mit staatlichen Mitteln. Die Zeitung berichtet, daß eine Untersuchung aufgedeckt hätte, daß solche Mißbräuche in verschiedenen Institutionen aus dem Boden geschossen seien. Insbesondere der Anstaltsinhaber von Green Valley School in der Nähe von Orange City (Florida), George von Hilsheimer, gab zu verstehen, daß er gewöhnliche psychiatri-

51 Aktuelle Neuropädiatrie, 2. Jahrestagung der Gesellschaft für Neuropädiatrie Kiel 1976, Hrsg. H. Doose, Stuttgart 1977, S. 151

52 National Observer, 3. August 1974

sche Behandlung sowie Verhaltenstherapie verabscheue. Statt dessen bevorzuge er körperliche Züchtigung, so beispielsweise das Anketten eines Jugendlichen an ein Geländer, drei Tage lang, oder das Hals-an-Hals-Verketten zweier Jungen für eine ganze Woche. Solche Vorfälle seien „im rechten Kontext zu sehen", gab er zu seiner Verteidigung an. (Verblüffend die Parallele zu der beliebtesten Rechtfertigung von Mittätern des NS-Regimes: Sie seien von der Rechtmäßigkeit ihrer Handlungen überzeugt gewesen. Es ist eben alles nur im rechten Kontext zu sehen...) Sein Chefpsychiater William H. Philpott begrüßt Therapien wie beispielsweise den Einsatz von Kohlendioxidgas. Nachdem zwei seiner Patienten nach einer solchen CO_2-Behandlung in seiner Praxis verstorben waren, war er 1966 von der Mordanklage freigesprochen worden. Zum Vergleich: Klee berichtet von einigen bemerkenswerten Interpretationen durch die Nachkriegsjustiz. So wurden 1965 Pflegerinnen freigesprochen, die ihren Opfern reihenweise vergiftete Suppe teils unter Zwang zu essen gaben und Sonderzuwendungen für die Tötungen kassierten. Sie arbeiteten nach dem Kriege zum Teil wieder in psychiatrischen Anstalten...[53]

Die Zeitung *Nation Review* berichtet am 28. März 1975 über die sogenannte „Aversionstherapie", wie sie in einer psychiatrischen Klinik offenbar praktiziert und empfohlen wird: Um einen Patienten zur Toilette zu erziehen, bekam er seine eigenen Fäkalien zu essen. Der ekelerregende Anblick von Fäkalien auf einem Teller habe jedoch zu Beschwerden bei der Gewerkschaft geführt.

Der *Daily Telegraph* berichtet in seiner Ausgabe vom 13. März 1992 über einen Fall von Blut- und Augenhandel durch einen psychiatrischen Arzt in Argentinien. Nachdem der argentinische Staatspräsident Menem einen Überraschungsbesuch in der Nervenheilanstalt Montes de Oca nahe Buenos Aires abgestattet hatte, ging dieser Fall durch die Presse: Der argentinische Bundesanwalt Martin Romero sah begründeten Anlaß zu dem Verdacht, daß in dieser Klinik lebenden Patienten die Augen entfernt wurden, da die Hornhaut auf dem „menschlichen Ersatzteilemarkt" hohe Preise ergab. Der leitende Klinikarzt Florencio Sanchez unterhielt offenbar auch eine Blutbank, deren Bestände sich aus Blut von Patienten erneuerten. Von dort konnte er das Blut weiterverkaufen. Ob Sanchez bei Mengele Anregungen geholt hat?

1990 verschwanden aus dieser Klinik 110 Patienten auf mysteriöse Weise; von einem Mitarbeiter der Klinik fehlt seit 1985 jede Spur.

Auch der *Guardian* berichtet über diesen Fall am gleichen Tag.

Der *Australian* schreibt am 17. April 1989 über folgenden Fall: Eine Patientin erzählte über die Art, wie sie in der Nervenklinik von Townsville General Hospital behandelt wurde: *„Der Arzt folgte ihr auf dem Fuße, hob ihr Kleid hoch und schlug sie*

53 Ernst Klee: „Euthanasie" im NS-Staat, S. 410

auf den Hintern, bis sie schwarz und blau war. Damit sollte sie motiviert werden." Angeblich starben 41 Klinikinsassen aufgrund einer solchen „Therapie".

Über die sogenannte „Rage Therapy" (Wutausbruch-Therapie) und ihre Folgen berichtet auch der San Antonio Light am 13. August 1992. Dort wird der Fall einer Frau geschildert, die nach 14 Monaten aus psychiatrischer „Haft" entlassen wurde, nachdem sie gelernt hatte, nachzuplappern, was ihr vorgeplappert wurde. Die Torturen, welchen sie unterzogen wurde, umfaßten: Schlagen, Würgen, auf den Boden drücken, Wutausbrüche provozieren. (Man vergleiche die obige Liste mittelalterlicher Foltermethoden psychiatrischer „Ärzte", denen ein hippokratischer Eid anscheinend ebenso gleichgültig ist wie das seelische und körperliche Befinden eines behinderten Patienten.)

Die in Südafrika erscheinende Tageszeitung *The Star* und das Magazin *Personality* berichten im September bzw. Oktober 1989 vom Fall der griechischen Insel Leros. Dort wurden zum damaligen Zeitpunkt etwa 1300 geistesgestörte Patienten unter Obhut eines einzigen psychiatrischen Arztes aufbewahrt, deren Zustand unsere schlimmsten Phantasien bei weitem übertrifft. Berichtet wurde unter anderem von Patienten, die in nacktem Zustand, angekettet an Bettpfosten, in den eigenen Fäkalien liegend dort ihren Lebensabend fristen mußten (wobei das Alter keine Rolle spielte und der Lebensabend offenbar sehr kurz sein konnte); Elend und Schmutz sowie ein unerträglicher Gestank nach Urin, altem Essen und Ausscheidungen herrschten vor. Die EG wurde schon 1984 offenbar auf diese Zustände aufmerksam gemacht und stellte auch einen gewissen Geldbetrag zur Verfügung, um diesen Zuständen abzuhelfen – die Situation existierte jedoch weiter, ohne daß sich zuständige Behörden und Ärzte darum kümmerten.

Interessant ist, daß es in kaum einem Land der Erde unmöglich erscheint, daß psychiatrische Kliniken in menschenunwürdiger Weise mit ihren Patienten umgehen. Kehren wir nochmals in unsere Regionen zurück, um auch hier einige Mißstände aufzuzeigen; es ist dies nur ein kleiner Ausschnitt aus einer großen Anzahl von Zeugen berichteter Mißstände. 1980 ging ein Skandal durch die Presse, der die Münchener Heckcher-Klinik für Kinder- und Jugendpsychiatrie betraf. Dort wurden allem Anschein nach jugendliche Patienten in Isolierzellen gesteckt, wenn sie sich unbotmäßig verhielten (z.B. wer beim Rauchen erwischt wurde, wer sich weigerte, eine Gehirnstrommessung vornehmen zu lassen oder wer besonders aggressiv war). Diese „Einzelhaft" in einer leeren Zelle, nur mit Matratze und Nachttopf, dauerte bis zu drei Tagen.[54] Die Klinik war mit über 80 Patienten hoffnungslos überbelegt, und der Direktor weigerte sich in mindestens einem Fall offenbar, einen Jungen an seine Eltern zurückzugeben, drohte sogar mit dem Vormundschaftsgericht; der Junge war, nach-

54 AZ München vom 4. Juli 1980, S. 29

dem er ein Hörgerät erhalten hatte, eigentlich wieder völlig normal geworden, durfte jedoch nicht entlassen werden.[55]

Der Psychiater Hans Werner Janz (geb. 1906), ein Schüler von August Bostroem (1886–1944) – Bostroem arbeitete unter anderem mit Hugo Spatz vom Berliner Kaiser-Wilhelm-Institut für Hirnforschung zusammen –, machte 1990 von sich und seiner psychiatrischen Klinik reden. Der Spiegel berichtete damals:

„Mitglieder einer Arbeitsgruppe, die im Auftrag des niedersächsischen Sozialministeriums die Verhältnisse in der 1862 vom Apothekersohn Friedrich Wahrendorff gegründeten Privat-Psychiatrie untersuchten, wähnten sich in einem Alptraum. Sie fanden marode Häuser mit defekten Treppen vor und düstere Räume, ‚unordentlich, verschmutzt', in denen viel zu viele Patienten gehalten wurden – manchmal kaum besser als Tiere."

Und weiter:

„Patienten wurden von den Pflegern nicht selten ‚fixiert', also an Bett oder Stuhl gefesselt."[56]

In Basel schaltete sich der Staatsanwalt ein, nachdem ans Licht gekommen war, daß „Behinderte wie Tiere gehalten" wurden; die Tageszeitung Blick berichtete:

„Die Untersuchungen des Sanitätsdepartements hatten ergeben, daß Patienten im Alter zwischen 19 und 64 Jahren unter menschenunwürdigen Bedingungen leben mußten. Sie wurden mit stärksten Psychopharmaka ruhiggestellt und mit Hormonen oder mit dem Messer kastriert."[57]

Nicht viel besser in der Baseler Psychiatrischen Universitätsklinik:

„Zustände wie in Nazi-Deutschland! Hitlergruß-Drill, Fußtritte in den Bauch, Prügel mit schweren Schlüsseln, Essen auf Kommando: Das mußten Behinderte in der Basler Skandalklinik jahrelang erdulden...."

„Ein 14jähriger Knabe wurde kastriert, weil er zuviel onanierte."[58]

Es ist bedauerlich, daß ein Reformdenken in der psychiatrischen Therapie sich nur mühsam durchsetzt. Mit welchen Image-Schwierigkeiten jedoch die Verfechter der Elektroschock-Therapie mittlerweile dank zunehmender Aufklärungsarbeit in der Öffentlichkeit zu kämpfen haben (und wie sehr sie dieses schlechte Image in der Öffentlichkeit beklagen), belegt folgendes Zitat aus der Psychiatrie-Fachzeitschrift *Der Nervenarzt*[59]; der Artikel wurde von dem Weinsberger Landeskrankenhaus-Psychiater Prof. F. Reimer und D. Lorenzen geschrieben:

55 Stern Nr. 33 vom 7. August 1980, S. 26
56 Der Spiegel, 26/1990, S. 66
57 Blick vom 28. März 1991
58 Blick vom 12. Mai 1991

„Die Elektrokonvulsionsbehandlung wird beispielsweise als ‚Radiergummieffekt' (Klee, 1978) oder als ‚Strafschock' i.S. einer Disziplinierungsmaßnahme (Süddeutsche Zeitung vom 1.2.1978) diffamiert. (...) Durch solche polemischen Äußerungen wird der Psychiater verunsichert und möglicherweise davon abgehalten, die in bestimmten Fällen sehr wohl indizierte Elektrokonvulsionsbehandlung anzuwenden."

Prof. F. Reimer, Psychiater,
E-Schock-Befürworter

Reimer ließ eine Untersuchung an 295 bundesdeutschen psychiatrischen Einrichtungen durchführen, um festzustellen, an wievielen die EKT noch angewandt wird. Das Ergebnis:

die EKT wird an 98 Kliniken angewandt, und zwar *„die meisten Elektrokonvulsionsbehandlungen in psychiatrischen Universitätskliniken (76.9 %) und in den psychiatrischen Abteilungen an Allgemeinkrankenhäusern (60.6 %)"*, wobei *„Besonders auffällig ist, daß die EKB in keinem einzigen Landeskrankenhaus in Hessen angewendet wird."*[60]

Nach Reimers Auswertung *„versucht man auf der anderen Seite aus Opportunitätsgründen auf ihre Anwendung weitgehend zu verzichten."*[61]

Ob es allerdings nur Opportunitätsgründe oder berechtigte moralische und medizinische Bedenken sind, die Therapeuten zunehmend davor zurückschrecken läßt, sich solcher barbarischen „Therapiemethoden" zu bedienen, mag der Leser selbst interpretieren. Die angegebene Begründung eines Befragten lautet jedenfalls:

„Ich bin der Meinung, daß (die EKB) zwar in einigen wenigen Fällen auch heute indiziert ist, wenn wir trotzdem hier allgemein darauf verzichten, so deswegen, weil das Verfahren viel Beunruhigung bringen kann und nach meiner Erfahrung die Gefahr einer unkritischen Ausweitung der Indikation doch auch gegeben ist, wenn man das Gerät erst einmal im Haus hat."[62]

Kommen wir zum (beinahe) letzten Kapitel: der Therapie mittels Psychopharmaka – deren Auswirkungen möglicherweise zum bestgehüteten Geheimnis der Psychiatrie bis heute zählen könnten.

59 Der Nervenarzt 1981, S. 554ff.
60 a.a.O., S. 556
61 a.a.O., S. 556
62 a.a.O., S. 556

AUF EINEN BLICK

1. Zum klassischen Repertoire psychiatrischer Therapeuten gehörten:
   - Schlagen, Anketten, Herumwirbeln bis die Nase und die Ohren bluten
   - Schocks durch plötzlichen Lärm, Katzenklavier, elektrisches Reizen der Geschlechtsteile
   - Kohlenstoffgas, wochenlange Totalisolation
2. Mit Beginn des Ersten Weltkrieges schlug die Psychiatrie neue Wege ein. Ihre neueste Errungenschaft: Die Behandlung mit elektrischem Strom. Sie diente dazu, Soldaten wieder frontwillig zu machen.
   Unter dieser Behandlung starb eine unbekannte Zahl Soldaten. Die Verantwortlichen wurden freigesprochen.
3. 1938 wurde der Elektroschock als moderne Behandlungsmethode entwickelt. Sein Erfinder wurde angeregt durch das Schlachten von Schweinen, die vorher mit elektrischen Schocks betäubt worden waren.
4. Im Zweiten Weltkrieg wurden Geräte entwickelt, die Elektroschocks an der Front möglich machen sollten.
   Der Elektroschock wurde benutzt, um Soldaten wieder frontwillig zu machen (das sogenannte „Pansen").
5. Der Elektroschock wurde teilweise auch im Rahmen der Anstalts-Euthanasie benutzt, um die Tötung herbeizuführen.
6. Fest steht: Der Elektroschock zerstört Gehirngewebe, was an Tierversuchen nachgewiesen werden konnte. Eine gravierende Folge ist Gedächtnisschwund. Die Psychiatrie verharmlost diese Wirkungen. Der Gedächtnisverlust durch Elektroschocks wird von Psychiatern damit erklärt, daß Depressive ohnehin ein schlechtes Gedächtnis haben.
7. Die Elektroschocktherapie erlebt neuerdings wieder einen Boom. 1992 wurde auf zwei europäischen Kongressen versucht, sie wieder salonfähig zu machen. Geehrt wurde dabei auch Lothar Kalinowsky, Schüler von Cerletti, der den E-Schock in die USA „exportierte" und ihn dort salonfähig machte.
8. Hauptargument für die Anwendung des Elektroschocks vor allem bei Depressiven ist neuerdings die Tatsache, daß Psychopharmaka hier wenig Nutzen bringen! Die Wirkungsweise des E-Schocks ist den Therapeuten bis heute unklar.

9. Vom gehirnchirurgischen („stereotaktischen") Eingriff hat die Psychiatrie weitgehend Abstand genommen, nachdem etwa 50.000 Patienten verstümmelt worden waren. Die beachtliche Erkenntnis lautete, daß zwischen der Geisteskrankheit und den vorderen Hirnlappen kein Zusammenhang besteht.
10. Extreme Kritiker urteilen: Die Tradition der Brutalität in der Psychiatrie ist ungebrochen und überlebte selbst das Dritte Reich.

„Die beste Tarnung ist die Wahrheit. Die glaubt einem keiner.“

Max Frisch, schweizerischer Schriftsteller

9. NS-KONTINUITÄT AUCH BEI DER PSYCHOPHARMAKA-THERAPIE?

Kommen wir nun also auf das Thema der Psychopharmaka zu sprechen und untersuchen wir die Frage, welche Verbindungen hier zur NS-Zeit bestehen. Die Enthüllungen in diesem Kapitel gehören vielleicht zu den erschreckendsten Fakten über „moderne psychiatrische Therapie“ – wobei wir vorausschicken möchten, daß wir keineswegs generalisieren und alles in einem Atemzug verdammen wollen.

Etwa ab dem Jahre 1952 traten Psychopharmaka ihren Siegeszug an. Heute wissen wir: Viele dieser Medikamente haben erschreckende Nebenwirkungen und machen süchtig.[1] Einer Bremer Studie zufolge sterben jährlich bis zu 9000 Menschen an den Nebenwirkungen von Arzneien.[2] Die Parallelen zu den Praktiken der Psychiatrie im Dritten Reich sind jedenfalls nicht völlig von der Hand zu weisen:

1 „Etwa 6,7 Prozent aller Patienten erhalten Medikamente, die unter bestimmten Bedingungen süchtig machen können, über so lange Zeiträume, daß die Gefahr der Entwicklung einer Abhängigkeit besteht. Es handelt sich dabei um psychisch wirksame, sogenannte psychotrope Arzneimittel.“ Dfd: Suchtgefahr bei Langzeit-Einnahme. In: Frankfurter Rundschau, Nr. 15 vom 18.1.1992, S. 9
Insbesondere älteren Menschen werden zu viele Medikamente in zu großen Mengen verschrieben. „Allein von den verordneten Psychopharmaka, Schlaf- und Beruhigungsmitteln landen zwei Drittel in den Händen von über 60jährigen.“ Das ist das Ergebnis einer Studie der Allgemeinen Ortskrankenkasse (AOK), die Nordrhein-Westfalens Gesundheitsminister in Auftrag gab. (Vgl. hierzu: Ältere Menschen erhalten zuviel Pillen. In: Westdeutsche Allgemeine vom 27.11.1991.) Vgl. zu den Suchtgefahren von Psychopharmaka auch Thomas Szasz: Das Ritual der Drogen. Wien 1979

2 In: Hamburger Morgenpost vom 9.1.1992, S. 7
Zu den erschreckenden Nebenwirkungen psychoaktiver Medikamente vgl. insbes. Peter Lehmann: Der chemische Knebel. Berlin 1990

Erstens: Es wird heute wie damals am hilflosen Patienten herumexperimentiert. Dies belegt vorab folgendes Zitat über die Durchführung von Medikamentenversuchen an Patienten – aus erster Hand, aus dem Mund eines Psychiaters:

„In der Praxis wird in der Regel vielmehr folgendermaßen vorgegangen: Wird auf Grund von im Tierversuch gefundenen pharmakologischen Eigenschaften einer Substanz ein sogenannter zentraler Effekt vermutet, so wird die klinische Prüfung am Kranken eingeleitet. Bei den Kranken tritt mehr oder weniger ausgeprägt der pharmakologische Effekt ein, wobei erst die praktischen Erfahrungen zeigen, welche Komponente des Wirkungsspektrums therapeutisch genutzt werden können. Die anderen Wirkungskomponenten werden dann als Nebenwirkungen oder unerwünschte Begleiteffekte bezeichnet."

So der Psychiater Rudolf Degkwitz (Sohn des NS-Kritikers Degkwitz) in seiner kritischen Beurteilung von Psychopharmakaversuchen.[3] Das bedeutet im Klartext: Am Patienten wird ausprobiert, welche Wirkungen eine bestimmte chemische Substanz zeigt. Aus diesem breiten Spektrum der Wirkungen wird diejenige als Hauptwirkung definiert, die einen scheinbaren therapeutischen Nutzeffekt bringt. Alle anderen Wirkungen des Psychostoffs werden dann kurzerhand in die Rubrik Nebenwirkungen eingereiht.

Zudem wissen wir bereits aus einem früheren Kapitel, daß Versuche mit Psychopharmaka auch verwendet werden, um Einblick in das Wesen psychischer Erkrankungen zu gewinnen, um also mehr über die Natur der Geistesstörung zu erfahren, die man ja eigentlich mit dem Medikament kurieren möchte.

Das wirklich Erschreckende ist also: Die Arbeitsweise der Psychiatrie und die Einstellung vieler Psychiater gegenüber Krankheit und Patient sind möglicherweise nachhaltig *durch die NS-Zeit* geprägt, als erstmals „Menschenmaterial" im ganz großen Stil für medizinische Experimente benutzt wurde.

Zweitens: Über die Verzahnung mit dem Großkapital gelang es dem Nationalsozialismus, nicht nur die Stahlindustrie in seine Großmachtpläne zu verwickeln; auch die chemische und pharmazeutische Industrie wurde nach 1933 nationalsozialistisch ausgerichtet und dem NS-Leistungsprinzip unterworfen. Das NS-System prägte die Produktion und Vermarktung der pharmazeutischen Produkte. Es war nicht selten, daß der pharmazeutische „Fortschritt" über Versuchsreihen mit dem Leben und der Gesundheit der KZ-Gefangenen, aber auch mit dem der Soldaten in den Reservelazaretten bezahlt wurde. Der rigorose Einsatz von Pharmaka war in der Psychiatrie allerdings noch nicht soweit fortgeschritten wie heute.[4] Aber auch heute profitiert die Phar-

3 In: Der Nervenarzt, 11/1964, S. 491/492

4 Quelle: Stern-Magazin v. 17.10.1991

maindustrie ganz offenbar von den psychiatrischen Menschenversuchen und deren Auswirkungen: Der bundesdeutsche Arzneimittelmarkt ist weltweit der drittgrößte!

„1988 wurden 31,1 Milliarden DM umgesetzt. Knapp 1,3 Mrd. Medikamentenpackungen mit 68,8 Mrd. Einzeldosen wurden verkauft. Jeder Bundesdeutsche verbrauchte 1988 21 Packungen Medikamente mit ca. 1137 Arzneimitteldosierungen. (...) Ungefähr 2.000 der 30.000 Medikamentenwarenzeichen besitzen ein geringes, mittleres oder hohes Suchtpotential.“[5]

Die Gewinnsituation und die Profitspanne der multinationalen pharmazeutischen Industrie ist unter allen Branchen der Welt einmalig. Profite bis zu eintausend Prozent sind keine Seltenheit! Rund 1 Milliarde Mark jährlich geben die gesetzlichen Krankenkassen in der Bundesrepublik allein für Psychopharmakabehandlungen aus. Wie umgesetzt und verdient wird, kann eindrucksvoll an ausgewählten Medikamenten aufgezeigt werden. So ist das Schlafmittel *Halcion* eines der in Deutschland meistverordneten Arzneimittel im Jahre 1990, mit einem Jahresumsatz von ca. 10 Millionen Mark.

Kehren wir aber zum Thema, zur NS-Tradition zurück.

Die Verfügbarkeit des „Patientenmaterials“ zu Forschungszwecken konnte während der NS-Zeit beinahe ungehindert genutzt werden, denn die psychisch Kranken waren dem Nazi-Regime ja eine große Last. Hinzu kommt die menschenverachtende Einstellung vieler Psychiater, die ja tatsächlich in ihren Patienten nichts anderes als „Material“ sehen. Angesichts bestimmter Vorfälle kann man meinen, daß sich das bis heute kaum geändert hat. Alexander M. Homes berichtet davon, daß auch heute noch Versuche am Patienten vorgenommen werden, oft ohne deren Einwilligung und Wissen.

„In dem Rheinischen Landeskrankenhaus (LKH) Grafenberg in Düsseldorf zum Beispiel wurden solche Menschenversuche jahrelang an Kranken praktiziert, die zum Teil zwangsuntergebracht waren. (...) Insgesamt wurden pro Versuch bis zu 25 Patienten ausgesucht, die fast alle nie freiwillig diesen Versuchen zugestimmt hätten. Wenn man alle Versuche der 15 Doktoranden zusammenzählt, waren es mehr als 100 Patienten, die als Versuchstiere behandelt worden sind. 15 Männer und Frauen, die später den hippokratischen Eid leisteten, fanden in den Kranken ihre medizinischen Opfer, um ihre Doktorarbeit mit Erfolg schreiben zu können. 15 Doktoranden, die zum Teil neue Psychopharmaka an den Kranken wahllos ausprobierten, um herauszufinden, wie diese Medikamente bei Menschen wirken und was für Nebenwirkungen sie hervorrufen.“[6]

5 Werner Gross (Hrsg.): Psychotherapie statt Pillen. Bonn 1990, S. 4
6 Alexander M. Homes: Menschenversuche mit Psychopharmaka. In: Psychologie Heute 1983, S. 8-10

Wie sind diese Versuche nun zu deuten? Ist es die gleiche verantwortungslose Haltung von Ärzten und ihre Einstellung gegenüber dem psychisch kranken Patienten, die die heutigen Versuche mit denen aus der NS-Zeit verbindet?

„Im Nürnberger Ärzteprozeß wurde beanstandet, daß die freiwillige Zustimmung der Versuchspersonen nicht eingeholt wurde, und es wird zurecht gefragt: Hören die Menschenrechte vor den Toren der Heilanstalten auf?“[7]

Im Gegenteil: So fordert der Hallervorden-Schüler und Berliner Psychiater Hanfried Helmchen noch im Jahr 1983, daß die gesetzlichen Verordnungen bei Patientenexperimenten eingeschränkt werden sollten:

„Letztlich müsse die Entscheidung beim Arzt verbleiben (...), ob er einen Patienten in eine klinische Prüfung einbezieht und in welchem Umfang, wenn überhaupt, er ihn hierfür aufklärt.“[8]

Wie unsicher die Psychiatrie dabei in der Beurteilung ihrer eigenen Experimente dasteht, zeigt ebenfalls eine Veröffentlichung von demselben Autor. In seinem Artikel *„Probleme der Therapieforschung in der Psychiatrie“* (1982) schreibt Helmchen:

„...fast nie wird er [der Arzt] über ein zweifelsfreies und tiefgreifendes Wissen über alle Elemente und ihr jeweiliges Gewicht im speziellen Fall verfügen ... deshalb ist jede Behandlungsentscheidung und ihr Ergebnis mit der Unsicherheit persönlicher und wahrscheinlichkeitsbestimmter Schätzungen belastet. Insofern könnte auch bei jeder alltäglichen therapeutischen Entscheidung von einem Experiment gesprochen werden...“[9]

Im Klartext bedeutet das doch: Psychiater wissen oftmals selbst nicht, was sie tun...

Es ist eine bekannte Tatsache, daß praktisch jeder, der in psychiatrische Behandlung kommt, ein oder mehrere psychiatrische Medikamente verabreicht bekommt, ob er dies will oder nicht. Diese Medikamente besitzen jedoch sehr umstrittene, häufig unvorhersehbare Begleitwirkungen, unvorhersehbar vor allem aus dem Grund, weil nicht jede Person gleich auf diese Psychopharmaka reagiert. Die sogenannten *Neuroleptika* sind die stärksten dieser Mittel; es sind Medikamente, die unmittelbaren Einfluß auf die Psyche haben und meist in Fällen von Schizophrenie oder Psychose, also schwersten geistigen Störungen, eingesetzt werden. Sie *„heilen nicht, sie ändern lediglich den Verlauf der Psychose“*[10]. Zu diesen Neuroleptika zählen die unterschiedlichsten Inhaltsstoffe, die dann unter verschiedenen Handelsnamen auf den

7 Ebenda
8 Helmchen, Müller-Oerlinghausen: Klinische Prüfung neuer Psychopharmaka. In: DER NERVENARZT, Nr. 46/1975, S. 22
9 In: DER NERVENARZT, Nr. 53/1982, S. 378
10 Langbein u.a.: Bittere Pillen. Köln 1993, 65., S. 131

Markt kommen.[11] Ihre „Neben"-Wirkungen sind, wie viele Kritiker meinen, kaum überschaubar.

Die Wirkungen dieser Neuroleptika sind in vielen Fällen dem Resultat einer „Lobotomie" verblüffend ähnlich. Wir erinnern uns: Die Lobotomie ist die chirurgische Durchtrennung oder Zerstörung von Nervenbahnen im Gehirn. Der Zombie-ähnliche Zustand als Ergebnis eines derartigen chirurgischen Eingriffs wird von der Psychiatrie gern als die „heilende Wirkung" interpretiert. Allerdings ist die Gehirnchirurgie schon vor Jahrzehnten derart unpopulär geworden, daß Psychiater nach angemessenem Ersatz suchten, um die gleiche Wirkung zu erzielen: den Patienten, der ruhig, apathisch und bewegungslos verharrt und somit der Umgebung möglichst wenig Schwierigkeiten bereitet. Von Personen, die das Mittel *Haldol* erhalten haben, wird berichtet, daß sie weder ihre Gedanken kontrollieren noch sich artikulieren konnten, während sie unter Einfluß dieser Droge standen.

So nimmt es nicht wunder, wenn selbst in einschlägigen Fachzeitschriften von „chemischer Lobotomie" die Rede ist.[12] Mit anderen Worten: Insider bezeichnen die Psychopharmakabehandlung als Lobotomie ohne Skalpell. Ganz ohne sich die Hände blutig zu machen scheint es möglich, die gleichen oder ähnliche Resultate hervorzubringen durch Verabreichung eines Medikaments, wie durch eine chirurgische Gehirnoperation.

Gerade bei älteren Patienten ist es vielleicht bequem, sie unter Psychodrogen zu setzen, um sich der Last einer vielleicht etwas aufwendigeren menschlichen Zuwendung möglichst unauffällig zu entledigen (nicht im Sinne der Euthanasie gemeint, sondern dahingehend, daß aus einem lebendigen Menschen eine Art apathische Kreatur wird).

Eine weitere Nebenwirkung der meisten Neuroleptika ist eine *drastische Eindämmung von Libido (Sexualtrieb) und Potenz.*[13] Mit anderen Worten: Da es unerwünscht ist, daß geistig behinderte oder kranke Menschen sich fortpflanzen, ist es eine möglicherweise erwünschte „Neben"-Wirkung der Psychodrogen, daß die Fortpflanzungsfähigkeit stark eingedämmt wird! Damit wir uns nicht falsch verstehen:

11 Inhaltsstoffe sind beispielsweise: Haloperidol, Prochlorperazin, Chlorpromazin, Perphenazin, Thioridazin, Fluphenazin, Levomepromazin und verschiedene andere. Handelsnamen von Neuroleptika in Deutschland sind (um nur einige zu nennen): Haldol, Haloperidol, Dominal, Dogmatil, Imap, Melleril, Neurocil, Prothazin, Taxilan u.a.

12 In: Heinz E. Lehmann: Therapeutic Results with Chlorpromazine. Canadian Medical Association Journal, Vol. 72/1955, S. 91-99

13 Siehe Langbein u.a.: Bittere Pillen, a.a.O., S. 133ff. Vgl. hierzu auch: „50 Jahre ‚Gesetz zur Verhütung erbkranken Nachwuchses'". In: Die Irren-Offensive, Zeitschrift von Ver-rückten gegen die Psychiatrie, Nr. 2/1983, Abschnitt 2: „Psychopharmaka machen impotent". Darin wird unter anderem auf eine Dissertation eines Psychiaters verwiesen, der die Auswirkungen von Psychopharmaka auf das menschliche Sexualverhalten an zahlreichen Versuchsreihen testete

Wir sind weit davon entfernt dafür zu plädieren, daß psychisch kranke Menschen sich wilden Sexualorgien hingeben und möglichst in hoher Zahl fortpflanzen mögen. Aber die hier praktizierte Form einer „heimlichen Sterilisation" ist nach unserem Ermessen nicht die richtige Methode, um regulierend einzugreifen. Zumal ja auch geistig völlig gesunde Menschen nicht selten auf psychoaktiven Medikamenten landen, aus welchem Grund auch immer. Sind sie erst einmal abhängig, dann kann dieser fatale Kreislauf nur noch schwer unterbrochen werden.

Damit nicht genug.

Was bislang kaum bekannt ist und von psychiatrischer Seite nicht allzu laut an die Öffentlichkeit getragen wird, ist die Wirkung, daß nach Aussagen von Psychiatern manche psychiatrische Drogen in einigen Fällen Geisteskrankheit erzeugen können. Hierzu ein Zitat aus dem Munde des Psychiaters Heinz Häfner:

„Der Schizophrenie ähnliche Symptome und Verhaltensstörungen treten nicht nur in der Krankheit ‚Schizophrenie' auf. Als eines der wenigen Reaktionsmuster des Gehirns auf schwere Funktionsstörungen können sie auch durch eine Reihe anderer Ursachen hervorgerufen werden, etwa durch einige Gifte oder durch längerfristigen Drogenmißbrauch. Dem Aufputschmittel Amphetamin kommt dabei ein besonders hohes Risiko zu." [14]

So weit ein Psychiaterzitat zum Thema Psychopharmaka.

Mit anderen Worten, der wirkliche Skandal besteht darin, daß genau die Medikamente, die angeblich Geisteskrankheit lindern oder heilen sollen, sie in Wirklichkeit hervorrufen können! Wie sieht diese Wirkung nun konkret in der Praxis aus? Gestatten Sie uns zur Erläuterung, für einen Moment die Fachsprache zu sprechen; es läßt sich nicht ganz vermeiden. Seit 1975 ist ein „Nebeneffekt" der Neuroleptika bekannt, der in Fachkreisen „Akathisie" genannt wird. In einem Fachlexikon der Medizin finden wir den Begriff folgendermaßen definiert:

> *Akathisie: Unfähigkeit zu ruhigem Sitzenbleiben, wobei aber Bewegungen nur kurze Erleichterung schaffen. Ein »extrapyramidalmotorisches* [auf den Hirnlappen- und Hirnrindenbereich bezogenes; d.V.] *hyperkinetisches* [übermäßige Bewegung verursachendes; d.V.] *(Früh-)Symptom bei PARKINSON-Krankheit* [eine oft mit fortschreitendem Alter zusammenhängende schwere nervliche Erkrankung mit unkontrollierten oder stark gehemmten Bewegungsabläufen u.v.m.; d.V.] *und während der Behandlung mit Neuroleptika* [Unterstreichung d.d.V.]. [15]

14 Der Spiegel, Nr. 43/1990: „Warnsignale wurden übersehen". Spiegel-Gespräch mit Psychiatrie-Professor Heinz Häfner über das Gewalttatenrisiko bei psychisch Kranken

15 Roche-Lexikon der Medizin, München, Wien, Baltimore 1987[2]

Zu deutsch: *Neuroleptika,* also starke Psychopharmaka, verursachen ein Symptom, das dem einer *Parkinson*-Krankheit ähnelt, also eine Art innere Unruhe und Unfähigkeit zur Kontrolle der eigenen Bewegungsabläufe. Die Berichte, die über Patienten oder von Patienten gegeben wurden, welchen Neuroleptika verabreicht wurden, sind teilweise derart erschreckend, daß es kaum zu glauben ist. Patienten berichten von einer Art „innerem Terror“ und dem Drang, etwas zu zerstören. Es kann also praktisch als erhärtet angesehen werden, daß „Psychodrogen“ der „harten Art“ psychotische Zustände nicht nur *nicht kurieren* oder unterdrücken; in einigen Fällen *rufen* sie diese Zustände erst bei Menschen *hervor*, die vorher friedliebend und nicht aggressiv waren. (Es sind Fälle von sinnlosen Morden und Amokläufen bekannt, denen zuvor Neuroleptika verabreicht worden waren.) Der Schluß liegt also nahe – es ist nicht ganz auszuschließen –, daß bestimmte Psychopharmaka, vor allem Neuroleptika, Menschen zu Geisteskranken *machen* können.

Um es nochmals in wenigen Worten zusammenzufassen: Ein äußerst gefährliches Symptom, das die Einnahme von vielen Neuroleptika offenbar begleitet, ist die *Akathisie* – ein Zustand, in dem Opfer psychiatrischer Behandlung sehr viel leichter zu gewalttätigen Handlungen neigen als wenn sie völlig unbehandelt geblieben wären.

Damit ist eines der Hauptargumente der Psychiatrie in Frage gestellt, nämlich daß Neuroleptika die Person und die Umwelt vor möglichen gewaltsamen Ausbrüchen schützen sollen. Fälle wie die Attentate auf die Politiker Lafontaine oder Schäuble, durchgeführt von Patienten der Psychiatrie, sind ein erschütterndes Dokument für die Machtlosigkeit einer „Wissenschaft“, die die Antwort auf geistige Störungen in der „chemischen Lobotomie“ zu finden meint.[16]

Ein besonderes Thema stellen in diesem Zusammenhang Psychodrogen bei Kindern dar. Wir haben bereits in einem früheren Kapitel ausführlich die Entwicklung der Kinder- und Jugendpsychiatrie dargestellt und ihren nationalsozialistischen und rassistischen Hintergrund dokumentiert. Wir haben dort angedeutet, an späterer Stelle näher auf die „Lieblingsdroge“ der Kinderpsychiatrie, *Ritalin,* einzugehen. Noch einmal: *Ritalin* gehört zu den sehr starken Psychopharmaka, die unter das Betäu-

16 Am Abend des 12. Oktober 1990 streckt der 37jährige Dieter Kaufmann den Bundesminister Wolfgang Schäuble mit mehreren Schüssen nieder. Schäuble überlebt knapp, bleibt aber zeit seines Lebens querschnittsgelähmt. Vor Gericht gibt Kaufmann, der sich seit 1981 in psychiatrischer Behandlung befunden hat, an, daß er nach der ersten Spritze in der Anstalt in Wiesloch wie ein Halbidiot aufgewacht sei. Die Behandlungen hätten in ihm einen „Totalhaß“ hervorgerufen. — Der Spiegel, Nr. 20/1991: „Wie sollte es jemand ahnen...“
Am 25. April 1990 versucht die 42jährige Arzthelferin Adelheid Streidel, den SPD-Politiker Oskar Lafontaine bei einer Wahlveranstaltung mit einem Küchenmesser zu töten. Sie leidet an „paranoider Schizophrenie“. Bereits 1986 war sie wegen einer Brandstiftung und 1989 wegen eines Selbstmordversuchs auffällig geworden. In: psycho 16 vom August 1990, S. 557/3

bungsmittelgesetz fallen. Nebenwirkungen sind unter anderem Halluzinationen und Wahnvorstellungen.[17] Eine den Autoren vorliegende Studie aus den USA berichtet in diesem Zusammenhang über vier erschütternde Fälle:

- Der 13jährige Jerry Powers erhängte sich an einem Baum im Vorgarten seines Elternhauses wenige Tage, nachdem Ritalin (eine Psychodroge für Kinder) abgesetzt worden war.
- Der 10jährige Raymond Perrone erhängte sich in der Garage seiner Familie zwei Tage nach dem Absetzen von Ritalin.
- Der 16jährige Brad Eckstein erhängte sich wenige Tage nach Reduzieren der Ritalindosis in der Garage seiner Eltern.
- Der 18jährige Paul Tusai aus Florida tötete sich mit Autoabgasen vier Tage nach dem Absetzen von Ritalin.

Zugegeben, dies mögen Einzelschicksale sein. Sie sind jedoch ungeachtet dessen Warnzeichen und Alarmsignale, die nicht einfach übersehen werden dürfen. *Ritalin* ist bei Psychiatern, leider auch bei vielen Kinderärzten, das bevorzugte Medikament, um sogenannte „Hyperaktivität" oder „Hyperkinesie" (das gleiche) einzudämmen oder zu behandeln; zur Beurteilung dessen, welche Kinder hyperkinetisch sind, wird die bereits zitierte sogenannte *10-Punkte-Skala nach Conners* aus dem Jahre 1973 verwendet:

1. Unruhig-überaktiv
2. Erregbar, impulsiv
3. Stört andere Kinder
4. Fängt etwas an und führt es nicht zu Ende, kurze Aufmerksamkeitsspanne
5. Zappelt andauernd
6. Leicht abgelenkt
7. Wünsche müssen sofort erfüllt werden; leicht frustrierbar
8. Weint häufig
9. Stimmung wechselt rasch und extrem
10. Neigt zu Wutausbrüchen und unvorhersagbarem Verhalten

Dabei wird wie folgt bewertet:

Gar nicht = 0
etwas = 1
deutlich = 2
sehr viel = 3

17 Langbein, Martin, Weiss: Bittere Pillen, Nutzen und Risiken der Arzneimittel. Köln 1993[65], S. 86

Gebrauchsinformation

GEIGY PHARMA

CIBA-GEIGY GmbH, 7867 Wehr

Geigy

®Ritalin

Zentrales Stimulans

Zusammensetzung

Methylphenidathydrochlorid: Tabletten mit 10 mg

Anwendungsgebiete

Organisch bedingte Antriebsstörungen, z. B. bei Zerebralsklerose. Durch andere Pharmaka verursachte übermäßige Sedierung; Narkolepsie.
Hyperkinetische Verhaltensstörungen bei Kindern.

Gegenanzeigen

Ritalin darf nicht angewendet werden bei Bluthochdruck, Thyreotoxikose, Phäochromozytom, erhöhtem Augeninnendruck (Engwinkelglaukom), Vergrößerung der Vorsteherdrüse mit Restharnbildung, tachykarden Arrhythmien, schwerer Angina pectoris, agitierten Psychosen; Angst- und Spannungszuständen, Zustand nach Schlaganfall.
Während der Schwangerschaft, besonders in den ersten 3 Monaten, ist eine Behandlung mit Ritalin nur bei zwingender Notwendigkeit angezeigt.
Eine Behandlung mit Ritalin ist bei echten Depressionen und bei Kindern unter 6 Jahren nicht angezeigt.

Nebenwirkungen

Kopfschmerzen, pektanginöse Beschwerden, ventrikuläre Rhythmusstörungen, Herzklopfen, Schweißausbruch, psychomotorische Erregungszustände, Schlaflosigkeit, Mundtrockenheit, Muskelzittern.
Bei paradoxer Zunahme der Symptomatik ist die Dosis zu verringern oder das Präparat abzusetzen.
Durch das Präparat kann die Krampfbereitschaft erhöht werden.

K 6534/228/0 m

Dieses Arzneimittel kann auch bei bestimmungsgemäßem Gebrauch das Reaktionsvermögen so weit verändern, daß z.B. die Fähigkeit zur aktiven Teilnahme am Straßenverkehr oder zum Bedienen von Maschinen beeinträchtigt wird.
Dies gilt in verstärktem Maße im Zusammenwirken mit Alkohol.

Bei prädisponierten Patienten besteht Suchtgefahr. Ritalin ist daher nicht über längere Zeit (Ausnahme: hyperkinetische Verhaltensstörungen bei Kindern) und nur unter strenger ärztlicher Kontrolle anzuwenden.

Wechselwirkungen mit anderen Mitteln

Ritalin sollte nicht zusammen mit blutdrucksteigernden Substanzen oder Antidepressiva verabreicht werden.
Bei gleichzeitiger Anwendung kann Ritalin die sympathomimetische Wirkung von Guanethidin und Amantadin verstärken.

Dosierungsanleitung und Art der Anwendung

Die Dosis ist individuell und der Indikation entsprechend festzulegen. Soweit nicht anders verordnet, durchschnittlich 1–2mal täglich 1 Tablette, am besten ½–¾ Stunde vor dem Essen.
Um Einschlafstörungen zu vermeiden, sollte die letzte Dosis nicht nach 16 Uhr eingenommen werden.

Bei Kindern mit hyperkinetischen Verhaltensstörungen: Anfangs je 5 mg vor dem Frühstück und Mittagessen, wöchentliche Steigerung der Tagesdosen um 5–10 mg, wobei aber Dosen von 60 mg pro Tag nicht überschritten werden sollten.

Arzneimittel für Kinder unzugänglich aufbewahren!

Eigenschaften

Ritalin besitzt eine anregende Wirkung auf das Zentralnervensystem.
Bei hyperkinetischen Verhaltensstörungen im Kindesalter werden Bewegungsunruhe, ungesteuerte Impulse und die Konzentration durch Ritalin günstig beeinflußt.

Darreichungsform und Packungsgröße

20 Tabletten

4/4

Die Endsumme der Skalenwerte wird durch 10 geteilt. Erreicht die Beurteilung einen Durchschnittswert von 1,5 und mehr, liegt Hyperaktivität vor.[18]

Man rechne selbst einige Beispiele nach, vielleicht anhand der eigenen Kinder. Der Störungsgrad „Etwas" trifft auf jedes normale Kind zwischen zwei und acht Jahren zu. Das ergibt schon einen Durchschnittswert von 1. Wenn nur drei Werte „deutlich" und einer „sehr viel" erreicht, ist bereits „Hyperaktivität" diagnostiziert; von der Fragwürdigkeit solcher mathematischer Methoden in der Diagnose von Kindern einmal ganz abgesehen ist dies eine höchst willkürliche Einteilung. Wie weit sind wir noch davon entfernt, daß ein Computer ein „nicht-anpassungsfähiges Kind" diagnostiziert – und vielleicht selektiert? Die Art und Weise der Diagnose weist Parallelen zu den Kriterien aus dem Jahre 1939 auf, als darüber entschieden wurde, wer als zu vernichten galt und wer nicht. (Wir erinnern an die „ausgestorbenen widerspenstigen Lümmel" des Wiener Gründungskongresses der Kinderpsychiatrie, über den in einem früheren Kapitel berichtet wurde.)

Wieder einmal scheint es der Psychiatrie nach bereits bekannter Methodik gelungen zu sein, eine geistige Störung (hier: Hyperaktivität) zu *definieren*, um damit ihre wie auch immer geartete fragwürdige „Therapie" zu rechtfertigen. Somit ist es auch nicht weiter verwunderlich, daß seitens der Psychiatrie die Zahl der als dringend psychiatrisch behandlungsbedürftig eingestuften Kinder mit etwa 800.000 angegeben wird und auf eine Ausweitung der psychiatrischen Versorgungseinrichtungen durch den Gesetzgeber immer wieder gedrängt wird. Eine in unseren Augen gefährliche Tendenz, die der Entwicklung vor 1933 nicht unähnlich ist – zumindest was die Psychiatrie anbelangt, nicht in bezug auf das politische Umfeld, wohlgemerkt.

Kommen wir zurück zu *Ritalin*.

Eine weitere gravierende Auswirkung von Ritalin scheint, sofern man der US-Studie Glauben schenken darf, die zu sein, daß Kinder nach Ritalinentzug auf „Straßendrogen" ausweichen. Mehrere Fälle dazu werden berichtet. In verschiedenen amerikanischen Städten führten Polizeibeamte den rapiden Anstieg der Jugendkriminalität sogar auf den vermehrten Gebrauch von Ritalin zurück (in größeren US-Städten sind durchschnittlich 2000 bis 3000 Kinder abhängig von Ritalin). Ein Beamter des Vancouver Police Department äußerte, daß zwischen 60 und 70 Prozent der kriminellen Vergehen in einem bestimmten Stadtbezirk direkt auf diese Droge zurückgeführt werden könnten! Man spricht dort sogar schon von „Ritalin Junkies". Ritalin wird dabei auf eine Stufe mit Morphium und Kokain im Hinblick auf die Suchtwirkungen gestellt.

---

18 Nach: Nissen, Eggers, Martinius: Kinder- und jugendpsychiatrische Pharmakotherapie in Klinik und Praxis. Heidelberg, New York, Tokio 1984, S. 94

Einmal von der Suchtgefahr abgesehen, warnt sogar die Arzneimittelkommission der Deutschen Ärzteschaft vor Psychopharmaka an Kindern [Unterstreichung d.d.V.]:

„Psychische Nebenwirkungen wie Müdigkeit, Bewußtseinsdämpfung sind fast immer unerwünschte Hauptwirkungen der Psychopharmaka.“ [19]

Auch als weniger stark eingestufte Psychopharmaka (Beruhigungsmittel, Antidepressiva, Schlafmittel) sind mit kritischen Augen zu betrachten. Insbesondere Beruhigungsmittel wie Valium (Wirkungssubstanz ist das vielverbreitete Psychopharmakon *Diazepam*) und artverwandte Mittel (Librium u.v.a.) werden von Gegnern heftig kritisiert. Bereits 1970 soll ein Lehrbuch über die Nebenwirkungen von Psychopharmaka besorgt darauf hingewiesen haben, daß die darin enthaltenen Wirkstoffe sogar zu Gewalttätigkeit bis hin zu Mord und Selbstmord führen könnten.[20]

Eine kanadische Studie aus dem Jahre 1975 untermauert die Vermutung, daß der rapide Anstieg an Verbrauch von Valium und ähnlichen Beruhigungsmitteln sowie der Anstieg von Aggressivität in der Gesellschaft in Korrelation zueinander stehen könnten.[21]

Antidepressiva, also Mittel gegen Depressionen, die zum Teil sogar Kindern gegen Bettnässen verabreicht werden, werden von einigen Kritikern ebenfalls als sehr tückisch in ihren Wirkungen eingestuft. Aggressivität, Feindseligkeit, Gereiztheit, Provozierbarkeit werden mit ihnen in engen Zusammenhang gebracht – ebenso wie verstärkte Neigung zu Selbstmord.

Auch die folgenden Daten entstammen der bereits zitierten US-Studie.

Methadon, die von der deutschen Firma *I.G. Farben* (Hersteller des Giftgases Zyklon B für die Massenvernichtungslager der Nazizeit) während des Zweiten Weltkriegs entwickelte Ersatzdroge für Heroin, sollte angeblich Heroinsüchtige von ihrer Sucht befreien. Psychiater haben diese Droge in hohem Maße gelobt und mit Forschungsmillionen ihre Entwicklung vorangetrieben. Der Fall Methadon dokumentiert – darauf verweist die Studie ebenfalls – die immer wiederkehrende Historie psycho-chemischer Errungenschaften: Ein Stoff wird in höchsten Tönen gelobt und soll angeblich „nicht süchtig machen“, aber schon wenige Jahre später stellt sich das Gegenteil heraus. Die psychiatrischen Annalen sind eindrucksvoll:

Im 19. Jahrhundert wurde *Morphium* zur Behandlung der damals weit verbreiteten Opiumsucht empfohlen, da es angeblich nicht süchtig mache. Ende des 19. Jahrhunderts hatte sich gezeigt, daß Morphium in stärkerem Maße süchtig macht als das, was es kurieren sollte!

---

19 Langbein u.a., a.a.O., S. 89

20 Nach: The Rise of Senseless Violence in Society: Psychiatry's Role in the Creation of Crime. Published by the Citizens Commission on Human Rights. Los Angeles 1992

21 Ebenda

Einige Jahrzehnte später, nämlich 1898, wurde *Heroin* entwickelt und in hohen Tönen als Kur für die Morphiumsucht gelobt, da es nicht süchtig mache. Das Gegenteil war jedoch der Fall, wie wir alle wissen.

Um Heroinabhängige, die es wenige Jahrzehnte später zuhauf gab, zu kurieren, wurde *Methadon* verwendet. Über 75.000 Heroinabhängige benutzten diese Ersatzdroge in 1975. Der Direktor einer Methadonklinik in Ohio gestand ein, daß weniger als 1 Prozent derer, die Methadon nehmen, irgendwann damit aufhören.

Methadon wird auf dem Schwarzmarkt verkauft wie andere Drogen auch. Und: Der Hersteller von Methadon in den USA produzierte nach vorliegenden Informationen auch Heroin und LSD. Kaum zu glauben, aber: Psychiater waren es, die LSD populär machten! Ein Psychiater des Los Angeles Neuropsychiatric Institute (Ronald Siegel) behauptete, daß „being drugged" (unter Drogen zu stehen) *„ein grundlegendes menschliches Bedürfnis"* sei, *„ähnlich dem Drang nach Sex, dem Hunger und dem Durst"*.

Die Herstellerfirma des in Deutschland am häufigsten verschriebenen Schlafmittels *Halcion* räumte gegenüber dem Bundesgesundheitsamt beispielsweise ein, *„daß bei Einnahme des Mittels Angstzustände, Aggressivität, Depressionen und Gedächtnisverlust doppelt so häufig und heftiger auftreten können wie zuvor angegeben. (...) Die US-Gesundheitsbehörde FDA führt Halcion sogar auf Platz 1 der Liste derjenigen, die in Zusammenhang mit Gewalttaten gebracht werden können."*[22]

Im ganz besonderen Maße sind von den süchtigmachenden Psychopharmaka auch hierzulande *alte Menschen* betroffen: Nahezu jeder fünfte ältere Mensch in Altenheimen greift regelmäßig zu Psychopharmaka.[23]

Die Behandlung mit Psychopharmaka wird recht locker gehandhabt. Eine der fleißigsten Konsumenten bleiben dabei die sogenannten psychisch Kranken. Sie sorgen für etwa zehn Prozent des Umsatzes der pharmazeutischen Industrie. Aber psychoaktive Mittel werden nicht nur von den sogenannten psychisch Kranken benutzt, sondern bilden einen relevanten Teil der Versorgung der Bevölkerung mit Arzneimitteln und wiesen 1969 einen Anteil von 28,3 Prozent am gesamten Medikamentenabsatz aus.[24] Auch Ende der achtziger Jahre war noch jede zwölfte geschluckte Pille ein Psychopharmakon.[25]

Damit einher geht auch die immer stärker werdende Arzneimittelsucht von Teilen der Bevölkerung. Die vielleicht etwas zu unkritische Einstellung einiger Ärzte zu

22 Stern-Magazin, H 43, v. 17.10.1991

23 Pillen und Alkohol – der letzte Trost im Alter? In: Hamburger Abendblatt v. 27.11.1989

24 Die Zahlenangaben stammen von Charles Levinson: Valium zum Beispiel. Reinbek bei Hamburg 1974

25 Werner Gross (Hrsg.): Psychotherapie statt Pillen. Bonn 1990, S. 5

Psychopharmaka macht sie selbst zu Betroffenen. Die Suchtgefahr bei Ärzten wird als größer als in anderen Berufsgruppen dargestellt: Neue Studien aus den USA belegen, daß Ärzte häufiger zu Drogen greifen als der Durchschnitt der Bevölkerung.[26] Doch viele Mediziner lassen sich ihre Sucht nicht anmerken und gefährden so auch Patienten.[27] Das Gefährdungspotential der Bevölkerung ist groß und der Weg zu Drogen nur allzu breit geebnet. So zum Beispiel mit Amphetaminen[28] und neuerdings mit den Ablösedrogen wie Methadon etc.

Fassen wir zusammen. Die angeblichen Fortschritte in der Behandlung mit Psychopharmaka sind nach neuesten Untersuchungen fragwürdig. Die Resultate der „chemischen Keulen" erscheinen erschreckend – steigende Drogenabhängigkeit, möglicherweise zunehmende Gewaltbereitschaft, sogar Selbstmorde und wahnwitzige Morde. Mehr Recherchen auf diesem Gebiet erscheinen uns dringend angezeigt. Erste vorgelegte Studien lassen auf einen möglichen Zusammenhang zwischen (insbesondere langjährigen) Therapien mit Psychopharmaka und wachsender Gewaltbereitschaft schließen. Gegner bestreiten, daß Psychopharmaka einen psychischen Defekt überhaupt heilen können; im Gegenteil scheint vieles darauf hinzudeuten, daß manche solcher Medikamente erst zu heftigen psychischen Störungen führen. Ebenfalls ist ein hohes Maß an Abhängigkeit die Folge, bzw. heftigste Begleiterscheinungen im Entzugsfalle.

Die vielleicht beste Bankrotterklärung hat jedoch ein Psychiater selbst abgegeben:

„Der Wissensstand in der Psychiatrie ist noch so unbefriedigend, daß ein Gutteil Prophetie nicht zu umgehen ist."[29]

Beschließen wir dieses Kapitel mit einer traurigen Erkenntnis. Seit der NS-Zeit wurden keine nennenswerten therapeutischen Fortschritte erzielt, im Gegenteil: Die Weiterentwicklung der pharmazeutischen Behandlung von psychischen Erkrankungen nahm nach dem Krieg geradezu unheimliche Formen an – ein Weg, der vielleicht einmal in ferner Zukunft als die „chemische Lebenshilfe" bezeichnet werden wird.

26 Michel Schwarz: Drogen- und Alkoholmißbrauch – Ärzte besonders gefährdet? Ein amerikanischer Neuropsychiater kritisiert die leichtsinnige Einstellung von Ärzten zu Medikamenten. In: Deutsche Universitäts-Zeitung (DUZ), H 7, v. 3.4.1992, S. 28-29

27 Ebenda

28 Amphetamine sind Aufputschmittel

29 Prof. Dr. F. Reimer, dt. Psychiater, in: Spektrum, 5/1989, S. 196

AUF EINEN BLICK

1. Die Behandlung mit Psychopharmaka geht wahrscheinlich zurück auf das Streben nach unblutigen Verfahren in der Psychiatrie. Erstmals wurden sie etwa 1952 verwendet.
2. Kontinuität bzw. Parallelen zur NS-Psychiatrie sind auch hier erkennbar: Experimente am Menschen, Wirkungen von höchst fragwürdiger Natur. Dazu zählen: „chemische Lobotomie", „chemische Sterilisation" mittels Psychopharmaka.
3. Beim Erforschen von Psychopharmaka wird im Menschenversuch so verfahren, daß aus einer Reihe von Wirkungen eine Wirkung als therapeutische Wirkung, die anderen als Nebenwirkungen eingestuft werden. Patienten werden anscheinend oft gar nicht informiert über den Versuch, geschweige denn um Einverständnis gefragt.
4. Es ist bekannt, daß Psychopharmaka, insbesondere Neuroleptika und Beruhigungsmittel, süchtig und abhängig machen. Es ist ebenfalls bekannt, daß sie eine Reihe von schweren Nebenwirkungen zeitigen. Dazu zählen:[30]
   - Benommenheit
   - Zittern
   - Krämpfe
   - Blutschäden
   - Potenzbeeinträchtigung
   - Angst
   - Depressionen
   - Leberschäden
5. Es wird offenbar verschwiegen, daß Psychopharmaka in manchen Fällen auch einen Zustand von extremer Unruhe hervorrufen können. Dieser kann sich steigern bis hin zu einem Punkt, wo die Person sich oder andere umbringen möchte.
6. Nichtangepaßte oder verhaltensgestörte Kinder werden heute in vielen Fällen mit Psychopharmaka behandelt. *Ritalin* als bevorzugtes psychiatrisches Medikament für „verhaltensgestörte" Kinder soll nach Aussagen von Kritikern heftige Entzugserscheinungen erzeugen.

30 Quelle: Langbein, Martin, Weiss: Bittere Pillen, a.a.O., S. 133ff.

*„Bittere Früchte werden nicht süß,
auch wenn man sie mit Honig beschmiert."*

Bidpai
Das Buch der Beispiele
alter Weisen

10. PSYCHIATRIE GESTERN UND HEUTE

Der Abschluß dieses Buches sollte zugleich der Beginn neuer Recherchen sein. Denn als abgeschlossen gelten kann im Grunde nur die Ausgangsthese: Die „Männer hinter Hitler" waren auch und in nicht unerheblichem Maße Psychiater. Daß diese „Hintermänner" auch nach dem Krieg unbehelligt ihren erbhygienischen Ideologien nachgehen und ihre Therapien weiter „verfeinern" konnten, ist nur ein kleiner Teilaspekt des eigentlichen Skandals. Dieser liegt in Wirklichkeit darin, daß die breite Öffentlichkeit über diese Zusammenhänge nie informiert wurde.

Was wirklich geschah, und vor allem: wie es geschah, das wurde totgeschwiegen bis heute. Die Ideologie jedoch, mit all ihren menschenverachtenden Facetten, blieb weiterhin bestehen. Schüler der „Männer hinter Hitler" sowie deren Adepten haben heute Lehrstühle inne oder besetzen wichtige gesundheitspolitische Positionen. Die Macht der Psychiatrie scheint ungebrochen. Sie besitzt ihre eigene Lobby, um auf die Richtung der Gesundheitspolitik Einfluß zu nehmen. Sie besitzt eine beinahe unbeschränkte Bestimmungsmacht über den „unmündigen" oder entmündigten Patienten. Sie kann, wenn sie möchte, Menschen zu wehrlosen und rechtlosen Opfern ihrer Willkür machen. Dies sind keine leeren Behauptungen; es liegen zahlreiche Dokumente vor, die dies jederzeit beweisen können.

Ist die Psychiatrie menschlicher geworden? Ja und nein. Ja, weil sich in den psychiatrischen Kliniken sicherlich einige Zustände gebessert haben. Dies ist in nicht geringem Maße auch auf den verstärkten Druck seitens einer aufgeklärten Öffentlichkeit sowie engagierter Medien geschehen. Dem müssen wir jedoch sogleich das einschränkende Nein entgegensetzen, weil vieles, allzu vieles noch zu tun bleibt.

Doch die Praxis kann und wird sich erst ändern, wenn der theoretische Unterbau erneuert wurde. Solange die alten menschenverachtenden Ideologien, die in diesem Buch aufgezeigt wurden, innerhalb der Psychiatrie dominieren, werden auch weiterhin Menschenversuche stattfinden, werden Patienten mit barbarischen Behandlungsmethoden traktiert, werden behandlungsunwillige Patienten unter Druck gesetzt. Auch dies sind nicht bloße Behauptungen; das uns vorliegende Material belegt diese Statements.

Am 1. April 1993 meldete der Münchner Merkur:

„Forscher auf der Suche nach 4000 Zwillings-Paaren"

Darin heißt es weiter:

„Der an der Studie beteiligte Psychologe Alois Angleitner von der Uni Bielefeld erhofft sich nach eigenen Worten vor allem Erkenntnisse darüber, ob das Temperament der Menschen von Geburt an festgelegt ist. Das lasse sich mit Zwillings-Studien gut untersuchen. Nach den Worten Angleitners hat es seit mehr als fünfzig Jahren keine große Zwillingsuntersuchung mehr in Deutschland gegeben."[1]

Die alten Forschungsmethoden sollen also wieder aufleben. Die alten Ideologien werden weiterhin gelehrt, jedoch in neuem Gewand. Statt von Erbbiologie spricht man heute von Humangenetik; statt von Rassenhygiene vielleicht eher von „gemeindenaher Psychiatrie". Unter dem Deckmantel wunderschön klingender Tarnvokabeln verfolgt die Psychiatrie offensichtlich im Grunde jene althergebrachten biologistischen Menschenbilder, die schon einmal in diesem Jahrhundert in einer wilden „Orgie des Macht- und Ausrottungsrausches" endeten. Eine Wiederholung der *Taten* erscheint ausgeschlossen – oder etwa nicht?

Um ehrlich zu sein, wir haben uns zwar mit dieser Frage lange Zeit beschäftigt, konnten uns jedoch noch zu keiner eindeutigen Antwort durchringen. Fest steht nur eines: Im Namen geistiger Heilung wird nach wie vor, früher wie heute, an dubiosen, höchst fragwürdigen Experimenten gearbeitet und geforscht. Das bedenklichste Potential beinhaltet in unseren Augen die Humangenetik. Wir wollen dieses Forschungsgebiet hier nicht in Bausch und Bogen verdammen; die Frage ist jedoch berechtigt: Wie kann verhindert werden, daß humangenetische Experimente uns alle nicht in ein neues, ein „molekulares" Auschwitz stürzen? Nur wenn diese Frage eindeutig und unzweifelhaft beantwortet ist, dürfen Forschungen auf diesem Gebiet weiterbetrieben werden, und auch das nur unter den kritischen Augen unabhängiger Beobachter.

Was hat all dies mit der Psychiatrie heute zu tun? Ganz einfach:

Wir haben gezeigt, daß viele Methoden in der Psychiatrie in einer Linie stehen: In einer Linie der menschlichen Erniedrigung und Ausmerzung. In einer Linie des Leidens. In einer Linie mit der Ideologie des Rassismus, der Gewalt, der Euthanasie. In einer Linie mit der Ideologie des Dritten Reichs. Eines müssen wir uns dabei im-

1 Münchner Merkur vom 1.4.1993: Forscher auf der Suche nach 4000 Zwillings-Paaren

mer und immer wieder vor Augen führen: die vollkommene Rechtlosigkeit eines Psychiatriepatienten. Das war in den dreißiger und vierziger Jahren so. Und ist heute nicht anders.

Der Patient in der Psychiatrie ist hilflos einem Apparat ausgeliefert. Er kann sich nicht wehren. All sein Bemühen kann sogar als zum Krankheitsbild gehörend gegen ihn verwandt werden! Eine grauenhafte Vorstellung, die längst Realität ist, schrecklicher Alptraum für jene, die davon betroffen sind. Wer sich gegen die Behandlung ausspricht, wird erst recht dazu „verdonnert", und das auch noch auf legaler Grundlage.

Mit ihren Programmen zur „gemeindenahen Psychiatrie" ist die Psychiatrielobby bemüht, ihr Patientenpotential praktisch unbegrenzt zu erweitern.

So gesehen kann morgen jeder Patient der Psychiatrie sein. Und damit rechtlos, wehrlos, hilflos der Willkür seiner Therapeuten ausgeliefert. Ob diese es gut mit ihm meinen oder ob sie andere Hintergedanken verfolgen, darauf hat er keinen Einfluß mehr.

Ob sie aus der Schule jener stammen, die vor einem halben Jahrhundert in einem grauenvollen Ausmaß Rassenhygiene betrieben, weiß er nicht.

Eines ist jedoch sicher: Es ist an der Zeit, daß erkannt wird, in welcher Tradition sich Psychiatrie befindet – und daß entsprechende Konsequenzen gezogen werden.

Daß wir sozusagen in beinahe letzter Minute auf eine Meldung gestoßen sind, die uns mehr als alarmierte, bildet einen ungewollten Schlußpunkt für dieses Kapitel: In Holland steht man offenbar kurz davor, die Euthanasie zu legalisieren.

Ärzte unter Hitler waren bisher im westlichen Europa die einzigen, die – mit Augenzwinkern des Führers – die Euthanasie praktizieren durften. Auch da begann alles in ganz kleinem Stil – und endete mit der systematischen Tötung von hunderttausenden wehrloser Psychiatrie-Opfer.

Ist Holland der Beginn einer neuen Epoche der Euthanasie? Hoffen wir es nicht.

Kommen wir zu unserem abschließendem Fazit.

Niederländisches Parlament billigt Euthanasie

Am 9. Februar 1993 legalisierte das niederländische Parlament die Euthanasie-Politik, um Hunderttausende von geistig oder körperlich kranken Patienten, die als „nicht lebenswert" erachtet wurden, zu vernichten.

Die Niederländer haben die Tötung durch Ärzte für zulässig erklärt, aber es war bisher offiziell ein Verbrechen, das mit einer Höchststrafe von 12 Jahren Gefängnis bedroht war, wenn Ärzte die Tötung ohne Zustimmung des Opfers vollzogen.

Das neue Gesetz gestattet „unter streng kontrollierten Umständen" tödliche Spritzen zu verabreichen. Ihnen wird praktisch Straffreiheit garantiert, wenn sie eine Checkliste von 28 Punkten beachten, aus der hervorgeht, daß Patienten unheilbar krank sind, unerträgliche Schmerzen erleiden und wiederholt um Sterbehilfe gebeten haben. Diese Bestimmungen bedeuten jedoch nicht viel. Unter dem alten Gesetz, so ging aus einem Untersuchungsbericht hervor, wurden Tausende von Patienten ohne ihre Zustimmung getötet; Tausenden wurde eine lebensrettende Behandlung verweigert, obwohl sie sich in Krankenhäuser begaben oder ärztliche Behandlung verlangten; und Tausende von anderen Patienten ließ man ohne ihre Zustimmung verhungern.

Niederländische Ärzte haben zugegeben, medizinische Entscheidungen getroffen zu haben, die in 38 Prozent aller Todesfälle das Ende des Lebens beschleunigt haben.

Das neue Gesetz, das Anfang 1994 in Kraft treten wird, verlangt von Ärzten jeden Euthansie-Fall zu melden. Der Justizminister Ernst Hirsch-Ballin sagt, das Gesetz werde den Gnadentod jetzt in die Öffentlichkeit bringen, damit er „reguliert" wird.

Da von Ärzten begangene Tötungen seit 1973 von niederländischen Gerichten akzeptiert werden, haben sich Befürworter der Euthanasie ständig dafür eingesetzt, immer breitere Gruppen von Einzelpersonen, von chronisch kranken Kindern über behinderte Neugeborene bis zu geisteskranken Patienten, die „geistige" Schmerzen erleiden, zu töten.

Quelle: CODE Nr.5/1993

„Ich bin prinzipiell gegen jede Form der aufgezwungenen Psychiatrie und gegen die Intervention der Psychiatrie in die Gesetze. Denn sie führt dazu, daß Psychiater unschuldige Menschen gegen deren Willen einsperren können, in Orte, die sie Krankenhäuser nennen."

Professor Dr. Thomas Szasz, Medical Center, New York, Syracuse
Verfasser des Buches: „Geisteskrankheit, ein moderner Mythos",1978

FAZIT UND FORDERUNG

Bleibt den Autoren nur, eine Zusammenfassung zu liefern, sowie ein Fazit und eine Forderung aufzustellen.

Wiederholen wir noch einmal: Nach unserer Ansicht kann festgehalten werden, daß die Ansätze dieses Buches sich erhärtet haben:

1. *Psychiater* waren es, die halfen, den Weg zu den Konzentrationslagern zu ebnen – mittels ihres Rassenwahns, der von führenden Vertretern der Psychiatrie eifrig gelehrt wurde.
2. *Psychiater* waren es, die mit ihrem „Gedankengut" Männer wie Hitler befruchteten und zu einem nicht unerheblichen Teil die Ideologie des Nationalsozialismus mitgestalteten.
3. *Psychiater* waren es, die allem Anschein nach ohne zu zögern und allzu bereitwillig Hitler und seinen Schergen zur Hand gingen, wenn es um die „Ausmerzung lebensunwerten Lebens" ging.
4. *Psychiater* waren es, die grausame Methoden entwickelten und unter dem Deckmantel der Hilfe den möglichen Tod der Betroffenen bewußt in Kauf nahmen.
5. Die grausamsten Verbrechen, sprich die Vernichtungslager, die Gaskammern und die Konzentrationslager im Dritten Reich, sind nicht ohne die *Psychiatrie* denkbar.
6. Ein Phänomen wie Hitler ist in der Geschichte *nicht* denkbar, ohne daß man die Rolle der *Psychiatrie* ins Visier nimmt. Möglicherweise hätte es einen Hitler und ein Naziregime ohne die Psychiatrie nie in dieser Form gegeben, so der Umkehrschluß.
7. Die *„Nazi-Zeit-Psychiatrie"* hat viele Seilschaften bis in die Gegenwart hinein gerettet. „Nazi-Zeit-Psychiater" bzw. deren Schüler sind zum Teil bis heute die unumstrittenen Autoritäten in dieser umstrittenen Disziplin.

8. Die *„Nazi-Zeit-Psychiatrie"* mit ihren barbarischen Methoden ist bis heute nicht gänzlich verschwunden. Spuren davon finden wir in Hochschulen und in der heutigen angewandten Psychiatrie. Eine klare Zäsur fand nach dem Zweiten Weltkrieg nicht statt.
9. Die *„Rassenhygiene"* fand durch die Psychiatrie allem Anschein nach in der „Psychohygienischen Bewegung" ihre Fortsetzung und Entsprechung. Diese soziale Bewegung unserer Gegenwart verfolgt das Ziel einer totalen sozialen und psychiatrischen Kontrolle.
10. Höhepunkt dieser Entwicklung ist die *Humangenetik*, ein Kind der Psychohygiene. Hier treffen sich erneut die alten Gesinnungsgenossen: Sozialdarwinismus, Erbbiologie, Rassenhygiene – in neuem Gewand. Die modernen Vokabeln: Humangenetik, Molekularbiologie, Genmanipulation.

Wenn diese Thesen also stimmen, wie sollte man reagieren? Genauer gesagt: Wie sollten die Forderungen lauten, die man konsequenterweise erheben muß?

Nun, mehrere Forderungen sind nach diesen Fakten nicht mehr hinwegzudiskutieren:

1. Weitere Forschungen, zu denen Historiker, Soziologen und Mediziner, kurz Wissenschaftler aus den verschiedensten Disziplinen aufgerufen sind, sind notwendig. Beweismaterial muß weiter gesichtet werden. Die unglaubliche Rolle der Nazipsychiatrie muß noch intensiver unter die Lupe genommen werden, denn dieses Beweismaterial bringt auch Aufschluß über die heutige Psychiatrie.
2. Untersuchungen über Verbrechen und menschenunwürdige Praktiken der Psychiatrie sollten systematisch in Angriff genommen werden. Dabei sollten Archive in Ost und West gesichtet und lückenlos aufgearbeitet werden.[1]
3. Die politische Lobby der Psychiatrie muß abgeschafft werden. Notwendig ist ferner die Streichung jeglicher Budgets aus öffentlichen Haushalten für die sogenannte Psychohygiene und ihren Ableger, die „Gemeinde-Psychiatrie".
4. Die Gesetzgebung des Bundes und der Länder sollte das Recht jedes Individuums auf Ablehnung jeder psychiatrischen Behandlung sichern. Hirnschädigende Therapien, wie Behandlung mit Tranquilizern (Psychodrogen) und Elektroschocks, sowie Psychochirurgie sind Anlaß genug, solche gesetzlichen Regelungen in Angriff zu nehmen.

---

1 Hierzu bietet das neueste Buch von Ernst Klee einen ausgezeichneten Ansatz: Ernst Klee: Irrsinn Ost – Irrsinn West. Frankfurt am Main 1993. Darin wird die NS-Verbundenheit der DDR-Psychiatrie und ihre willige Bereitschaft, mit dem neuen politischen Regime ebenso eng zusammenzuarbeiten wie mit dem alten, in eindrucksvoller Weise dokumentiert

5. Die Bundesregierung sollte in Einrichtungen des Bundes und der Bundesländer Elektroschocks gänzlich verbieten. Sie sollte die weitere Unterstützung durch Zuschüsse zur angeblichen Erforschung der Wirksamkeit, die seit den 30er Jahren in keiner Weise wissenschaftlich belegt ist, unterbinden.
6. Patienten, die durch Elektroschocks oder Psychodrogen aus der ärztlichen Praxis geschädigt wurden, sollten Regreßansprüche wegen ärztlicher Kunstfehler geltend machen, wenn die Fakten nach ihrer Meinung die Einreichung einer Klage rechtfertigen.
7. Es sollten in allen deutschen Psychiatriekliniken von der Anstalt und von den Gesundheitsbehörden unabhängige Beschwerdestellen in Form von Patientenanwälten eingerichtet werden, so daß sofortige gerichtliche Anordnungen gegen persönlichkeitsschädigende Behandlungen erwirkt werden können. Patientenanwälte sollten in der Klinik Patienten, Gefangene (forensische Psychiatrie), Kinder und Personen betreuen, deren Geschäftsfähigkeit eingeschränkt ist oder wurde.
8. Keinem Patienten oder Insassen einer psychiatrischen Klinik darf der persönliche Kontakt zu seinem Betreuer, Berater oder gesetzlichen Vertreter, Patientenanwalt oder Vertrauensperson versagt werden zur Wahrung seiner Rechte.
9. Jeder Patient muß das Recht besitzen, noch vor einer sogenannten psychiatrischen Behandlung (heute fast ausnahmslos mit dämpfenden Psychodrogen oder eben Elektroschocks) einen nichtpsychiatrischen Arzt zu konsultieren, da in einer Reihe von medizinischen Studien die Auffassung vertreten wird, daß die Mehrheit der von Psychiatern als „psychisch krank" abgestempelten Menschen an bisher unentdeckten körperlichen Krankheiten oder Leiden leidet.
10. Unabhängigen Institutionen für Menschenrechte privater Natur oder einer Kommission für Menschenrechte des Europaparlaments darf der Zutritt in eine Klinik oder Psychiatrieanstalt niemals verweigert werden.
11. Jedem Patienten muß gemäß einer Forderung der parlamentarischen Versammlung des Europarates (Empfehlung 1235 von 1994 über „Psychiatrie und Menschenrechte") ein Kodex der Patientenrechte zur Kenntnis gebracht werden.
12. Der Deutsche Bundestag muß endlich empfindliche Strafen gegen sexuelle Handlungen von Therapeuten in der Psychiatrie und verwandten Gebieten erfassen.
13. Psychiatern darf es nicht mehr gestattet sein, Menschen „per definitionem" als psychisch krank abzustempeln, als Freischein für persönlichkeitsschädigende Behandlungen, sondern es muß jedem Patienten bei Gericht und vor allem VOR einer Behandlung der eigenen Person durch Psychiater erlaubt sein, auch außerpsychiatrische Gutachter, denen die Möglichkeit der Einsichtnahme und Kritik gegeben ist, herbeizuziehen.

WAS GEHT DAS *SIE* AN

Es ist in keiner Weise unvorstellbar, daß jeder einmal in die „Fänge der Psychiatrie" geraten könnte. Unglaubliche und willkürliche Fälle liegen den Verfassern von der „Kommission für Verstöße der Psychiatrie gegen Menschenrechte e.V." vor, und es scheint, daß wieder ein altes Muster der „Selektion" zwischen „normal" und „abnormal" das Bild einer „Qualitätsrasse" heraufbeschwört, bestimmt und definiert von psychiatrischen Krankheitsbegriffen.

Nach einer Idee des vielfach preisgekrönten amerikanischen Arztes und Psychiaters Professor Dr. Thomas Szasz entwickelte die Bundesleitung der „Kommission für Verstöße der Psychiatrie gegen Menschenrechte e.V." mit Rechtsexperten den nachstehend abgedruckten SCHUTZBRIEF. Bitte lesen Sie die empfohlene Vorgangsweise, wie im nebenliegenden Schutzbrief angegeben. Weitere Informationen können Sie direkt bei einer der umseitigen Adressen erfahren.

S C H U T Z B R I E F

Empfohlene Vorgehensweise: Tragen Sie die Namen der Person(en) Ihres Vertrauens unterhalb dieser Willenserklärung ein und lassen Sie von diesem Schriftstück mehrere Kopien anfertigen. Geben Sie jeweils eine der Person Ihres Vertrauens und eine Ihrem Rechtsanwalt und lassen Sie sie vom Notar beglaubigen. Tragen Sie diese Willenserklärung für den Fall einer „Zwangseinweisung/-behandlung/-therapie" immer bei sich, so daß sicher ist, daß Ihr Wille auch zur Kenntnis gelangt. Sorgen Sie umgehend dafür, daß die Person(en) Ihres Vertrauens von der Zwangsmaßnahme erfährt und Ihnen beistehen kann. Bekunden Sie immer wieder Ihr Einverständnis um die Klärung Ihres Gesundheitszustandes. Der Maßnahme einer Beobachtung stimmen Sie zweckmäßigerweise am besten zu. Machen Sie immer wieder deutlich, daß Zwangsmaßnahmen durch Ihre freiwillige Mitarbeit zu unterbleiben haben. Leisten Sie **in keinem Fall** körperlichen Widerstand. Werden Sie nicht aggressiv. Weisen Sie immer wieder auf die Willenserklärung hin und auf die rechtlichen Konsequenzen. Der entsprechende Gerichtsbeschluß wird bei Ihrer „Krankheitseinsicht" keine weiteren Zwangsmaßnahmen enthalten, zumal Sie Schutz und Aufsicht bei den Personen Ihres Vertrauens erhalten. Weitere Kopien und Auskünfte erhalten Sie von der ***„Kommission für Verstöße der Psychiatrie gegen die Menschenrechte e.V."*, Rostocker Straße 20, 20099 Hamburg, Telefon: 0 40 / 24 98 87, Fax: 0 40 / 2 80 37 15.**

****

WILLENSERKLÄRUNG

Verweigerung der Einwilligung zu psychiatrischer und/oder neurologischer Behandlung durch jedwede Person

Ich ...., **geboren am:** ....

in ...., **wohnhaft in:** ....

erkläre für den Fall, daß es für nötig gehalten wird, bei mir psychiatrische und/oder neurologische Behandlung sowie eine wie auch immer geartete Therapie zu diesem Zweck durchzuführen, folgendes:

Nach reiflicher Überlegung, ausreichender Beratung und Information, habe ich den festen Entschluß gefaßt, daß ich jegliche Art von Fesselung, Anwendung von Psychopharmaka, Insulin- und Elektroschocks, gehirnchirurgische Maßnahmen im Sinne von Lobotomie etc., alle Arten von Sterilisation und „Behandlungen" sexueller Natur usw. absolut widerspreche.

Eine solche Behandlung steht meiner hier erklärten Willensentscheidung entgegen. Dies gilt bereits, wenn bei mir eine Bewußtseinseintrübung **vorliegen könnte**, ungeachtet der Ursache.

Insbesondere aber gilt dies im Falle von Bewußtlosigkeit oder in Fällen, in denen die Meinung besteht, daß mir Geschäftsfähigkeit fehlt oder Verständigung mit mir im tatsächlichen und/oder rechtlichen Sinne nicht möglich ist.

Besonders in dieser Lage lehne ich den Kontakt mit Psychiatern ab, weil diese meiner Überzeugung nach eine große Bedrohung darstellen, dergestalt, daß sie Diagnosen stellen, die man nahezu nie mehr los wird. Zuwiderhandlungen erachte ich als Körperverletzung im strafrechtlichen Sinne.

Die nachgenannten Bevollmächtigten sind beauftragt und ermächtigt, für mich entsprechende Strafanträge wegen Körperverletzung oder noch weitreichenderer Delikte zu stellen, sowie zivilrechtliche Ansprüche, wie Unterlassungs- und Schadensersatzansprüche, zu verfolgen.

Zur Durchsetzung meiner hier erklärten Entscheidung bevollmächtige ich folgende Person(en):

....

....

....

Die Vollmacht berechtigt die oben genannten Person(en) umfassend und enthält ebenfalls Prozeßvollmacht etc., sie schließt das Recht ein, Untervollmacht zu erteilen. Von der ärztlichen Schweigepflicht werden alle Ärzte und deren Hilfsorgane sowie Therapeuten gegenüber den oben genannten Bevollmächtigten ausdrücklich entbunden.

Änderungen meiner oben genannten Erklärungen sollen nur in schriftlicher Form gelten. Die Erklärung bindet auch meine gesetzlichen Vertreter – Pfleger, Vormund, Betreuer und dergleichen –.

....

(Ort, Datum) (Unterschrift)

(Notarielle Beglaubigung)

WICHTIGE KONTAKTADRESSEN

Als Herausgeber betrachten wir die vorgelegten Ergebnisse nicht als endgültige Erkenntnis. Selbst nach jahrelangen Recherchen sind viele Fragen bezüglich der Ereignisse offen und bedürfen der weiteren Klärung. Deshalb hoffen wir, daß wir zu weiteren Forschungsanstrengungen auf diesem Gebiet anregen können.

Wenn Sie sich mit uns in Verbindung setzen möchten, weil Sie

- über Mißstände in der Psychiatrie Bescheid wissen
- Hintergründe zu den hier dargestellten Zusammenhängen wissen
- gegen Ihren Willen in psychiatrische Behandlung gekommen sind
- humangenetische Beratung erhalten haben und verunsichert sind
- oder sich an weiteren Recherchen und Forschungen über die Rolle der Psychiatrie beteiligen möchten,

dann wenden Sie sich an:

Kommission für Verstöße der
Psychiatrie gegen Menschenrechte e.V.
Rostocker Straße 20
20099 Hamburg
Tel.: 0 40 / 24 98 87

CCHR-Schweiz
Bürgerkomitee für Menschenrechte
Badener Straße 141
CH-8004 Zürich
(0041) (1) 242 77 90

Krankheit im Recht
U 5,18
68161 Mannheim
Tel.: 06 21 / 25 36 6

Bundesministerium für Gesundheit
Koblenzer Straße 112
Postfach 200129
53177 Bonn
Tel: 02 28 / 9 41-0

Allgemeiner Patienten-Verband e.V.
Bundes-Patientenstelle
Postfach 1126
35001 Marburg
Tel.: 0 64 21 / 64 73 5

Deutsche Arbeitsgemeinschaft
Selbsthilfegruppen
Friedrichstraße 28
35392 Giessen

Gesellschaft gegen psychiatrische Gewalt
Schottenfeldgasse 13-15
A-1070 Wien
(0043) (1) 526 7183

ZEITTAFEL

Jahr	Allgemein	Namen	Forschung u. Lehre	Gesetzliche Maßnahmen gefordert / ergriffen	Therapiemethode	Psychohygiene-maßnahmen
18/19. Jhdt.	Entwicklung von Sozialdarwinismus und Rassenhygiene	Malthus Darwin Nietzsche Gobineau u.a.	Horrorszenario über Bevölkerungswachstum Forderung nach Armen-gesetzen Sozialhygiene, Selektierung der Tüchtigeren Überlegenheit der arischen Rassen	Senkung der Löhne der Arbeiter (England) Armengesetz zur Eindämmung der Vermehrung (England)		Die Armen sollen in ihrer Fortpflanzung eingeschränkt werden, damit die höherwertige Rasse nicht von ihnen „überrollt“ wird
1808	Einführung des Begriffs Psychiatrie	Reil			Klassische Therapien u.a. Penisnervdurchtrennung Kaltwassereinspritzungen in die Vagina elektrische Reizung von Brustwarzen und Geschlechtsteilen Ätzmittel Verbreiten von Angst und Furcht Suggestion und Hypnose Kastration Klitorisentfernung Folter Röntgenbestrahlung Bakterieneinspritzung	
1811 u. 1839	Lehrstühle der Psychiatrie in Leipzig und Berlin					
1850		Groddek	„Demokraten sind wahnsinnig und krank“			
1864	Gründung des Deutschen Vereins für Psychiatrie (heute Deutsche Gesellschaft für Psychiatrie und Nervenheilkunde)					Befürwortung von Eugenik, Rassenbiologie und Erbgutverfeinerung
1865 .	Neuropsychiatrie als eigenständiges medizinisches Fachgebiet abgelöst aus der Chirurgie	Griesinger	Erforschung des Gehirns als dem Sitz von Erbkrankheiten (Erbbiologie)			

1892		Krafft-Ebing	„Wer sich gegen die bestehende Staatsordnung ausspricht, ist geisteskrank“		
1895		Alfred Ploetz	Grundlagen der Rassenhygiene („Die Tüchtigkeit der Rassen“) Erarbeitung humangenetisch begründeter Kriterien zur Bestimmung des biologischen Wertes eines Menschen	Erste Vorschläge zur Euthanasie bei schwächlichen und mißratenenen Kindern z.B. durch Morphium (Ploetz)	Erstes Auftauchen des Begriffs Rassenhygiene in psychiatrischer Nomenklatur Bald auch Übernahme des Begriffs Eugenik
1900	Friedrich Krupp: Preis von 30.000 RM für die beste Darstellung der Rassentheorie für die innenpolitische Entwicklung	Alfred Ploetz u.a.	„Die Gesellschaft wird angeführt von den genetisch hochwertigen Menschen“		Fortpflanzung der erbgesunden Bevölkerung soll gefördert, der Untüchtigen soll verhindert werden
ca. 1900 bis 1918		Stark, Löwenfeld, Bresler u.a.	„Franzosen sind Psychopathen Frauen sind geistig minderwertig Der Krieg ist heilig und herrlich“		
ca. ab 1900 bis 1928		Gustav Aschaffenburg	Ausmerzung der Minderwertigen wird gepredigt	Forderungen nach Maßnahmen zum Schutze des Volkskörpers vor Tuberkulösen, Landstreichern, Greisen, Behinderten etc. Neue Krankheitsbilder: „Säuferwahnsinn, Querulantenwahn“ etc.	Zwangssterilisation erstmals laut gefordert
1901		Robert Sommer			Einführung des Begriffs Psychohygiene im deutschen Sprachraum in Anlehnung an A. Meyer's Mental Hygiene
1905		Ploetz, Rüdin u.a.			Gründung der „Gesellschaft für Rassenhygiene“
1909	Gründung des amerikanischen Nationalkomittees für psychische Hygiene	G.M.Beard			Bekämpfung von seelisch bedingten Schwierigkeiten in der Anpassung an die Gesellschaft

Jahr	Allgemein	Namen	Forschung u. Lehre	Gesetzliche Maßnahmen gefordert / ergriffen	Therapiemethode	Psychohygiene-maßnahmen
1911	Veröffentlichung der Studie „Fortpflanzung, Vererbung, Rassenhygiene“	Ernst Rüdin Prof. Max von Gruber	Übertragung der Mendelschen Erbregeln auf die Familienforschung und Rassenhygiene	Gesetzgebung zur Zuchtwahl und „freiwilligen Sterilität“ der physisch und moralisch Minderwertigen (wozu z.B. auch emanzipierte Frauen zählen) wird gefordert		Positive und negative Eugenik
1911	Gründung der Kaiser-Wilhelm-Gesellschaft		Zweck: Die Wissenschaften zu fördern			
1914-1918	*1. Weltkrieg*	Max Nonne Fritz Kaufmann Wagner von Jauregg	Kriegszitterer Die Hysterie des Mannes	Wagner von Jauregg: Freispruch durch Kriegsgericht trotz Todesfällen bei Anwendung der Elektrotherapie an Soldaten	Kaufmann-Therapie: Behandlung von Kriegsneurotikern mit Elektroschock und Suggestion	
1915	Gründung des Kaiser-Wilhelm-Instituts für Hirnforschung in Berlin-Buch	Stiftungsmittel von der Industriellen-Familie Krupp	Genetisch-psychiatrische Familienforschung und Gehirnforschung			
1917		Gustav Liebermeister	Unterscheiden in der Therapie zwischen Triebmenschen und Kulturmenschen (gemäß Gobineau)	Soldaten (Triebmenschen) möglichst frontnah behandeln Offiziere (Kulturmenschen) in der Heimat behandeln	Elektrostromtherapie	
1917	Gründung der Öffentlichen Stiftung Deutsche Forschungsanstalt für Psychiatrie in München	Emil Kraepelin				
1918		Emil Kraepelin	„Psychiater sollten unumschränkte Herrscher sein“			
1920		Hoche, Binding	Euthanasie wird offiziell gefordert; wertlose Menschen („Ballastexistenzen“) und unheilbar Blödsinnige sollten getötet werden dürfen, da sie für die Gesellschaft keinen Wert haben			

1921	Buchveröffentlichung: „Menschliche Erblehre und Rassenhygiene“	Fritz Lenz, Erwin Baur, Eugen Fischer		Der „Bauer-Fischer-Lenz“ ist eine Lektüre von Adolf Hitler während seiner Haft in Landsberg	Der Begriff Rasse wird ca. ab 1931 durch Volk und Familie ersetzt
18.3.1924	Angliederung der Deutschen Forschungsanstalt (DFA) für Psychiatrie an die Kaiser-Wilhelm-Institute				
1924	Gründung des Deutschen Verbands für psychische Hygiene	Robert Sommer			
1924/1925		Ernst Rüdin und Hans Luxenburger kommen zur Deutschen Forschungsanstalt für Psychiatrie	Erforschung der genetischen Ursache von Geisteskrankheiten Familien- und Stammbaumforschungen	Luxenburger ist Mitinitiator der Sterilisationsgesetze im Dritten Reich	Zwillingsforschung beginnt in systematischer Weise
15.9.1927	Eröffnung des Kaiser-Wilhelm-Instituts für Anthropologie, menschliche Erblehre und Eugenik in Berlin-Dahlem	Leitung: Eugen Fischer Erwin Baur Fritz Lenz	Vorstand besteht aus den Autoren des Buches „Menschliche Erblehre und Rassenhygiene“ (vgl. 1921)		
1931		Ernst Rüdin übernimmt Leitung der DFA			Gründung des Internationalen Ausschusses für Psychohygiene
1932				Einreichen eines Gesetzentwurfes durch die Psychiatrie zur Verhütung erbkranken Nachwuchses, der im Parlament jedoch scheitert	
30.1.1933	*Adolf Hitler wird Reichskanzler*				
ab 1933	Finanzielle Förderung durch die Nazis für die Deutsche Forschungsanstalt für Psychiatrie und deren rassenhygienische Forschungsarbeit (SS-Stiftung „Ahnenerbe“)	Ernst Rüdin Luxenburger Hugo Spatz			

Jahr	Allgemein	Namen	Forschung u. Lehre	Gesetzliche Maßnahmen gefordert / ergriffen	Therapiemethode	Psychohygiene-maßnahmen
22.3.1933	*Einweihung des ersten Konzentrationslagers in Dachau*					
14.7.1933				Gesetz zur Verhütung des erbkranken Nachwuchses wird verabschiedet und tritt am 1.1.1934 in Kraft		
März 1933		Prof. Werner Heyde				Der Nazi-Psychiater Heyde schreibt den gemeingefährlichen Geisteskranken Th. Eicke gesund, der aus der Haft entlassen und danach Chef aller Konzentrationslager wird
1934	Umbenennung des Deutschen Verbands für psychische Hygiene in Deutscher Verband für psychische Hygiene und Rassenhygiene	Rüdin (Vorsitzender) Luxenburger Villinger Kretschmer Nitsche Sommer		Rüdin fordert (allerdings selbst bei den Nazis ohne Erfolg), daß Zwangssterilisierung auch bei jenen *Gesunden* angewendet werden darf, bei denen irgendwo in der Familie ein Fall geistiger oder schwerer körperlicher Abnormalität vorkam		
1.1.1934 bis mindestens 1.9.1939, aber inoffiziell bis Kriegsende				Zwangssterilisation behinderter und geistig kranker Menschen (ca. 100.000–350.000 Betroffene)		
1935	Gründung der Gesellschaft Deutscher Neurologen und Psychiater (Nachfolgeorganisation des Deutschen Vereins für Psychiatrie)	Ernst Rüdin Präsident	Befürworter von Sterilisierung			Ausmerzung der minderwertigen Glieder der Gesellschaft durch Sterilisation
1935	Gründung des Instituts für Erbbiologie und Rassenhygiene in Frankfurt am Main	Otmar Frhr. von Verschuer Dr. Josef Mengele (Mitarbeiter)	Rassenbiologische Gutachterstelle			

ab 1935	USA	Moniz Freeman u.a.		Lobotomie, auch Leukotomie genannt (gehirnchirurgischer Eingriff zur Behandlung von Geisteskrankheiten)	ca. 50.000 Geschädigte sind zu beklagen, ehe in den fünfziger Jahren diese Therapie allmählich eingestellt wird
1936		Heyde wird NSDAP-Mitglied, Mitglied der Totenkopfverbände und Gutachter der Gestapo (Geheimen Staatspolizei)			
1936	Kommentar zum Gesetz zur Verhütung des erbkranken Nachwuches erscheint im J.F. Lehmanns Verlag München	Autoren: Ernst Rüdin Arthur Gütt Falk Ruttke			Ruttke ist auch Autor der *Nürnberger Rassengesetze*, die die Verfolgung der Juden legalisierten
ab 1936	Erste Verlegungen von Geisteskranken zum Zwecke der späteren Euthanasie in die Tötungsanstalten				
ab 1937	Asoziale und Gewohnheitsverbrecher kommen in KZs	Heyde übernimmt psychiatrische Gutachtertätigkeit für die Gestapo und erbbiologische Überwachung der KZs			Erbbiologische Überwachung der Konzentrationslager; Fürsorgeverbände fordern Trinker, Arbeitsscheue etc. dingfest zu machen
ca. ab 1937	Erste Weichenstellung für Zusammenarbeit zwischen Kaiser-Wilhelm-Institut für Hirnforschung in Berlin und der späteren Tötungsanstalt Brandenburg-Görden	Hugo Spatz, Institutsdirektor Julius Hallervorden, Leiter der histopathologischen Abteilung			
ab 1937	Systematische Säuberung kirchlicher und karitativer Anstalten und Verlegung der Insassen in staatliche Institutionen (spätere Tötungsanstalten)				

Jahr	Allgemein	Namen	Forschung u. Lehre	Gesetzliche Maßnahmen gefordert / ergriffen	Therapiemethode	Psychohygiene-maßnahmen
1938	Publikation „Der nichtseßhafte Mensch“	Werner Villinger	Lehre von der „endogenen“ (erblich bedingten) Arbeitsscheu; Begriff des „getarnten Schwachsinns“ als Rechtfertigung zur Deklassifizierung auch geistig gesunder Menschen als schwachsinnig	Forderung nach Ausschaltung aller gesellschaftlich unliebsamen Elemente (z.B. auch Kommunisten, Pazifisten, Demokraten) durch entsprechende Maßnahmen	Zwangssterilisation, Isolation in KZs	
1938	Rom	Ugo Cerletti	Entwicklung der Elektroschocktherapie		Beobachtungen beim Schlachten von Schweinen werden übertragen auf die Behandlung von Menschen	
ca. Juli 1939	Besprechung in der Kanzlei des Führers zwecks Organisierung und Durchführung der Euthanasie	Max de Crinis Carl Schneider Berthold Kihn Werner Heyde Wentzler, Unger, Heinze. Pfannmüller, Bender, Nitsche	Geheime Reichssache T4 wird ins Leben gerufen („Aktion Gnadentod“)			
1.9.1939	*Überfall auf Polen* *Beginn des 2. Weltkriegs*			Hitlers begrenzte Ermächtigung zur Euthanasie in bestimmten Fällen		
9.10.1939		Werner Heyde medizinischer Leiter der T4		Erlaß über Meldepflicht von Anstaltsinsassen mit bestimmten Krankheitsbildern bzw. längerer krimineller Vorgeschichte oder nicht deutscher Staatsangehörigkeit bzw. deutschen Blutes an die „Reichsarbeitsgemeinschaft Heil- und Pflegeanstalten (T4)		Gründung eines ca. 30köpfigen Gutachterausschusses zur Selektion bestimmter Anstaltsinsassen für die Euthanasie
18.11.1939	Gründung der Gekrat (Gemeinnützige Krankentransport GmbH)			Abholen der gutacherlich selektierten Anstaltsinsassen und Verlegung in die Tötungsanstalten		

1939	Gründung Reichsausschuß zur wissenschaftlichen Erfassung von erb- und anlagebedingten schweren Leiden – eine Tarnorganisation der T4-Abteilung Kinder-Euthanasie	Hans Heinze, Obergutachter und Organisator /Ausbilder für die Kinder-Euthanasie Gutachter zur Erwachsenen-Euthanasie, sowie Präsident der Deutschen Gesellschaft für Kinder- und Jugendpsychiatrie ab 1941–1945			
1939		Prof. Heinze erhält einen Sitz im Kuratorium des Kaiser-Wilhelm-Instituts für Hirnforschung in Berlin-Buch			
1939-1945 (?)		Heinze Catel Hallervorden Carl Schneider u.a.	Promotionen und Habilitationen ihrer Schüler im Forschungskontext der erbbiologischen Gehirnforschung (u.a. offenbar an Gehirnen von euthanasierten Geisteskranken)		
5.9.1940	Gründung der Deutschen Gesellschaft für Kinder- und Jugendpsychiatrie	u.a.: Paul Schröder Wagner von Jauregg Werner Villinger Hermann Stutte	„Charakter ist ererbt" (Villinger) „Sondererziehung ist nötig im Interesse einer rassischen Gesundung des Volkes"		Plädoyer für einen Verzicht auf die Wertlosen und Unerziehbaren; Sichtung der Schulversager; frühzeitige Verwahrung der gemütsarmen und zur Kriminalität neigenden Kinder
Januar 1940		Brack, Heyde		Erste Probevergasungen in der Heilanstalt Brandenburg mittels Kohlenoxydgas	
1940	Heinze wird Leiter der Heil- und Pflegeanstalt Brandenburg-Görden, eine Kinder-Euthanasieanstalt, gleichzeit „Reichsschulstation" für die Euthanasie	Hans Heinze Julius Hallervorden	Teilweise Übernahme der Kindergehirne zu wissenschaftlichen Zwecken durch Prof. Hallervorden, Kaiser-Wilhelm-Institut für Hirnforschung in Berlin(Aufbewahrung der „Hallervorden-Sammlung bis 1990 im Max-Planck-Institut für Hirnforschung in Frankfurt am Main)		

Jahr	Allgemein	Namen	Forschung u. Lehre	Gesetzliche Maßnahmen gefordert / ergriffen	Therapiemethode	Psychohygiene-maßnahmen
ca. ab 1940		Friedrich Panse	Das sogenannte „Pansen“ wird als Weiterentwicklung der Kaufmann-Kur (1. Welt-krieg) bei Soldaten eingesetzt		Behandlung von „frontunfähigen“ Soldaten mittels elektrischem Gleichstrom	
bis 24.8.1941	Aktive Tätigkeit der T4	Gutachterliste, darunter u.a. Nitsche, Heyde, Heinze, Panse, Schneider, Pohlisch, Mauz, Villinger	Systematische Verlegung und Tötung von über 70.000 Anstaltsinsassen		Tötung mittels Vergasen	
24.8.1941	Hitler stoppt offiziell die Euthanasie	Inoffiziell wird sie jedoch weitergeführt bis nach Kriegsende („Wilde Euthanasie“)				
Ab 1941	Aktion 14f13		Leerung der Konzentra-tionslager nach dem Muster der Säuberung der Anstalten	Exakte Kopie der Aktion T4 in großem Stil	Tötung in erster Linie mittels Vergasen	Bis Kriegsende sterben ca. 100.000 bis 200.000 Men-schen (Asoziale, Krimini-nelle, Landsteicher, Zigeuner, Juden) in den Tötungsanstalten
1942	Kaiser-Wilhelm-Institut für Anthropologie in Berlin	Verschuer übernimmt Leitung Mengele geht mit ihm nach Berlin				
30.5.1943	KZ Auschwitz	Mengele wird Lagerarzt	Unmenschliche und barbari-sche Experimente am leben-den Objekt, z.B. Röntgen-kastration, Vireninjektion, etc. Enge Zusammenarbeit mit v. Verschuer in Berlin aus Forschungsgründen (z.B. Versand von Skeletten nach Berlin an das KWI für Anthropologie)			Zwillingsforschung Rassenforschung Rassenreinhaltung
ca. 1943			Weiterentwicklung der Elektroschocktherapie zur frontnahen Behandlung		Tötung von Soldaten in Anstalten durch Elektro-schockbehandlung	

26.6.1943	Denkschrift über die Zukunft der Psychiatrie in Deutschland	Aus der T4-Zentrale: Prof. Nitsche Außerdem beteiligt: Rüdin de Crinis Carl Schneider Heinze				Planmäßige Erfassung und Erforschung des Erbgesundheitszustandes des deutschen Volkes; Sicherstellung psychiatrischer Leitung aller Anstalten; Abschaffung privater und konfessioneller Anstalten; Einrichtung psychiatrischer Anstalten in Krankenhäusern; weitergehende volkspflegerische Maßnahmen
2. Jahreshälfte 1941 bis Kriegsende 1945	Endlösung der Judenfrage	Verlegung von T4-Personal (ca. 100 Mitarbeitern) nach Polen („Aktion Reinhard“)	Betrieb der polnischen Vernichtungsanstalten nach deutschem Muster einschließlich Gasraum („Dusche“) und Verbrennungsöfen	Tötung von ca. 6 Millionen europäischen Juden, die in die Anstalten deportiert wurden	Meist Vergasung; zum Teil brutale Menschenexperimente am lebenden Objekt (z.B. Zwillingsforschung Mengele)	Säuberung des Volkskörpers
1944		Ernst Rüdin erhält von Adolf Hitler die Bronzemedaille mit dem Naziemblem und die Auszeichnung „Wegbereiter der Erbhygiene“				
8.5.1945	*Ende des 2. Weltkriegs*					
1945–1948		Hinrichtung bzw. Selbstmord von Carl Schneider Nitsche Conti de Crinis				
14.11.1945		Ernst Rüdin wird seines Amtes als Prädident der DFA enthoben				
1946		Brock Chisholm (späterer WFMH-Präsident)				Psychohygienemaßnahmen gefordert, u.a. Ausradierung des Konzepts von richtig und falsch und Befreiung von moralischen Ketten

Jahr	Allgemein	Namen	Forschung u. Lehre	Gesetzliche Maßnahmen gefordert / ergriffen	Therapiemethode	Psychohygiene-maßnahmen
1947-1949	Entwurf eines neuen Sterilisationsgesetzes	Werner Villinger		Erneuter Versuch einer gesetzlichen Regelung der Sterilisation auf Zwangswege		
nach 1947	Schleswig-Holstein	Professor Heyde, ehemaliger Leiter der T4, wird psychiatrischer Gerichtsgutachter und praktiziert weiter unter dem falschen Namen „Dr. Sawade“	Dazu Bürger-Prinz 1961: „Schweigen wird bei uns groß geschrieben...“			
1948	Dritter Internationaler Psychohygienekongreß in London Gründung der World Federation of Mental Health (WFMH)	J.R. Rees u.a. dabei T4-Gutachter Friedrich Mauz	Bestmöglicher geistiger Gesundheitszustand (biologisch, medizinisch, erzieherisch und sozial) wird als Ziel der Psychiatrie definiert			WFMH fungiert als Nachfolgeorganisation des Internationalen Ausschusses für Psychohygiene
1948	Artikel in DER NERVENARZT	Villinger Stutte		Forderung nach Sichtung und Siebung von jugendlichen Verwahrlosten durch Psychiater		Mögliche Lösung: Schaffung eines Arbeitsdienstes unter psychiatrischer Aufsicht
1948	Gründung der Max-Planck-Gesellschaft als Nachfolgeorganisation der Kaiser-Wilhelm-Gesellschaft					
1949		Frhr. von Verschuer wird Mitglied in der Akademie der Wissenschaften				
1949	Gründung der Deutschen Arbeitsgemeinschaft für psychische Hygiene	u.a. Hans Merguet Bürger-Prinz (1951) Villinger (1951)		Merguet: Ablehnung gesetzlicher Maßnahmen, die den Patienten vor dem Psychiater schützen sollen, ebenso Ablehnung von Einschaltung der Gerichte gemäß Art. 104 Grundgesetz	Merguet ist u.a. Befürworter der Leukotomie (Gehirnchirurgie)	1952 Aufnahme in die WFMH

1951		Frhr. von Verschuer übernimmt Lehrstuhl für Genetik in Münster				
1951		u.a. Teilnehmer Villinger Bürger-Prinz				Erste Nachkriegstagung der Europäischen Liga für Psychische Hygiene
ca. ab 1952	Beginn des Siegeszuges der Psychopharmaka		Trotz z.T. heftigster Nebenwirkungen setzen sich psycho-chemische Medikamente allmählich als Hauptmethode der Behandlung von geisteskranken, depressiven oder verhaltensgestörten Menschen durch		Behandlung mittels „chemischer Leukotomie“ und chemischer „Sterilisation“ Chemische Medikamente auf dem Vormarsch	
1956		v. Verschuer wird Vorsitzender der Deutschen Gesellschaft für Anthropologie				
1957		Häfner	Psychochirurgie als Therapie kann als gescheitert betrachtet werden			
1958	Buchveröffentlichung „Psychiatrie und Gesellschaft“	Ehrhardt, Ploog und Stutte	Lobenswerte Worte an die NS-Zeit-Psychiater Nitsche, Rüdin, Mauz und Villinger			Psychohygiene soll Einfluß nehmen auf Gesundheits- und Erziehungswesen, Wohlfahrts- und Rechtspflege, Wirtschaft, Religion und Ethik
1959	Gründung der Lebenshilfe e.V. in Marburg – eine Einrichtung zur Unterstützung behinderter Menschen und deren Angehörigen	Hermann Stutte Werner Villinger				„Die größte psychohygienische Errungenschaft der Nachkriegszeit“ laut Stutte
1959	Gründung Aktionsausschuß zur Verbesserung der Hilfe für psychisch Kranke	Ehrhardt Panse Manger-König (Schüler von Villinger) W. Ritter von Baeyer (Schüler von Rüdin)				Einrichtung psychiatrischer Krankenhäuser und enge Verbindung zur Neurologie und inneren Medizin

Jahr	Allgemein	Namen	Forschung u. Lehre	Gesetzliche Maßnahmen gefordert / ergriffen	Therapiemethode	Psychohygiene-maßnahmen
1961	Wiedergutmachungsausschuß zur Entschädigung Zwangssterilisierter	Helmuth E. Ehrhardt Villinger	Strikte Ablehnung einer Wiedergutmachung für Opfer der Zwangssterilisation	Psychiatriereform		Warnung vor Bevölkerungsexplosion und qualitativer Verschlechterung
1962	Ciba-Geigy-Symposium in London	Francis Crick Julian Huxley u.a.	Genforschung auf neuen Wegen Molekulare Genetik			Vorgetragene Denkansätze: Nahrungszusätze ohne Wissen der Bevölkerung, um Fortpflanzung einzudämmen Kinder sind keine Privatangelegenheit Künstliche Befruchtung um genetisch wertvolle von weniger wertvollen Menschen auszusondern Direkte Kontrolle auf molekularer Ebene (Molekularbiologie) z.B. um bestimmte erwünschte Wirkungen zu erzielen Synthetisieren neuer Gene
1964	Umbenennung des Max-Planck-Instituts für vergleichende Erbbiologie und Pathologie in Max-Planck-Institut für molekulare Genetik					
5.3.1970	Im Bundestag			Antrag auf umfassende Untersuchung über psychiatrisch-psychohygienische Versorgung der Bürger		These: ca. 10–12% der Bevölkerung bedürfen einer psychiatrischen Versorgung

18.1.1971	Gründung der Aktion Psychisch Kranke (APK)	Picard Kulenkampff Huhn Häfner (Schüler v. Kretschmer) Meyer (Schüler v. de Crinis) Winkler (Schüler v. Kretschmer)		Etat von 150.000 DM gefordert aus Mitteln des Gesundheitsministeriums		Reform der psychiatrischen Versorgung der Bevölkerung
31.8.1971	Psychiatrie-Enquete	Manger-König Kulenkampff Häfner Huhn Meyer Winkler		APK als Lobby-Organisation der Psychiatrie tritt nun auf den Plan mit der Enquete, die angeblich ein unabhängiger Untersuchungsausschuß ist		Forderungen: Gleichstellung körperlich und psychisch Kranker Bessere psychiatrische Beratung und Diagnostik in Krankenhäusern Psychiatrische Versorgung als Teil der allgemeinen Medizin
1972	Einführung des Begriffs Humangenetik im allgemeinen Sprachgebrauch an der Stelle von Erbhygiene					
1973		Hans Hippius wird Vizepräsident der Europäischen Liga für Psychische Hygiene				
1975	Bundestagsdrucksache 7/4200	Enquete-Bericht		Einwirken auf die Gesetzgebung in den Länderparlamenten und dem Deutschen Bundestag durch die Psychiatrie (APK)		Ein Drittel der Bevölkerung sei irgendwann im Leben psychisch krank Etwa eine Million Personen jährlich seien dringend psychiatrisch oder psychotherapeutisch behandlungsbedürftig
ca. ab 1980	USA und Deutschland				Ritalin bei verhaltensgestörten (hyperaktiven) Kindern auf dem Vormarsch	
1989		Hans Hippius	Erforschung der „Panikpille" mit öffentlichen Mitteln			

Jahr	Allgemein	Namen	Forschung u. Lehre	Gesetzliche Maßnahmen gefordert / ergriffen	Therapiemethode	Psychohygiene-maßnahmen
1990	Waldfriedhof München	Beisetzung historisch belasteten Materials („Sammlung Hallervorden“) aus der hirnpathologischen Sammlung des Max-Planck-Instituts für Hirnforschung in Frankfurt				
1992	Elektroschockkongreß in Graz	Fleischhacker Loimer u.a.	Elektroschocktherapie soll wiederbelebt werden trotz fragwürdiger Ergebnisse	Bei Patienten mit eingeschränktem Urteilsvermögen soll E-Schock auch ohne deren Einwilligung verabreicht werden Elektroschocktherapie oder sogenannte neuroelektrische Therapie, was das gleiche ist		
Okt. 1992	EKT-Workshop in München	Lauter Max Fink (= „E-Schock-Papst“, USA) Hippius	„Was die Wirkung des E-Schocks ausmacht, darüber gibt es gute Hypothesen, aber keine gesicherte Auffassung“			

ANHANG

LITERATURVERZEICHNIS

Alpers, Bernhard J. and Hughes, Joseph: Changes in the brain after electrically induced convulsion in cats. In: Archives of neurology and psychiatry, Vol. 47, 1942

Ältere Menschen erhalten zuviel Pillen. In: Westdeutsche Allgemeine vom 27.11.1991

Aly, Götz (Hrsg.): Aktion T4 (1939–1945). Die „Euthanasie"-Zentrale in der Tiergartenstraße 4. Berlin 1989

Aly, Götz: u.a.: Reform und Gewissen – „Euthanasie" im Dienste des Fortschritts. Berlin 1985

Ärzte in der Weimarer Republik. Magisterarbeit. Heidelberg 1988

Auer, Walther: Zu dem „Aufruf an die deutsche Ärzteschaft" des Herrn Reg.-Med.-Rat Dr. Boeters. In: Ärztliches Vereinsblatt vom 23.01.1924

Baeyer, Walter Ritter von u.a.: Psychiatrie der Verfolgten. Heidelberg 1964

Baust, Günter; Keck, Alfred; Löther, Rolf; Mitja Rapoport, Samuel; Spaar, Horst (Hrsg.): Eugenik. Entstehung und gesellschaftliche Bedingtheit. Jena DDR 1984

Binding, Karl und Alfred Hoche: Die Freigabe der Vernichtung lebensunwerten Lebens. Leipzig 1920

Binswanger, Otto: Die Lehraufgaben der psychiatrischen Klinik. Rede gehalten beim Antritte der ordentlichen Professur in der Universitätsaula zu Jena am 20.11.1891 (ohne Quellenangabe)

Bock, Gisela: Nationalsozialistische und rassenhygienische Bewegung 1924–1933. In: Diss.: Zwangssterilisation im Nationalsozialismus. Opladen 1986

Bock, Gisela: Zwangssterilisation im Nationalsozialismus. Opladen 1986

Bollmann, Carola und Wittich, Ulrike: Hermann Stutte und das Unerziehbarkeitsdogma in der deutschen Psychiatriegeschichte. In: Behindertenpädagogik, Heft 2/1983

Bonhoeffer, Karl: Über die Bedeutung der Kriegserfahrungen für die allgemeine Psychopatologie und Ätiologie der Geisteskranken. In: Geistes- und Nervenkrankheiten (Handbuch der ärztlichen Erfahrungen im Weltkrieg, Bd. 4). Leipzig 1922

Bresler, Johannes: Betrachtungen über geistige Prophylaxe. In: Münchner Medizinische Wochenschrift 1926

Breyer, Hiltrud: In: Karl-Heinz Karisch: Zukunft aus der Zauberküche der Genforscher. In: Frankfurter Rundschau Nr. 15 vom 18.1.1992

Broszart, Martin: Anatomie des SS-Staates. Bd. II.

Broszart, Martin: Der Nationalsozialismus. Weltanschauung, Programm und Wirklichkeit. Stuttgart 1960

Bumke, Oswald; G. Kolb, H. Roemer, E. Kahn (Hrsg.): Handwörterbuch der psychischen Hygiene und der psychiatrischen Fürsorge. Leipzig 1931

Bundestagsdrucksache Nr. 7/1124

Bussche, Hendrik van den (Hrsg.): Medizinische Wissenschaft im „Dritten Reich". Kontinuität, Anpassung und Opposition an der Hamburger Medizinischen Fakultät (Hamburger Beiträge zur Wissenschaftsgeschichte Bd. 5). Berlin und Hamburg 1989

Citizens Commission on Human Rights (Hrsg.): The Rise of Senseless Violence in Society: Psychiatry's Role in the Creation of Crime. Los Angeles 1992

Daim, Wilfried: Der Mann der Hitler die Ideen gab. Wien 1985

Darwin, Charles: Die Abstammung des Menschen und die geschlechtliche Zuchtwahl, I. Teil. Stuttgart 1871

Darwin, Charles: Die Abstammung des Menschen. (Übersetzt von Heinrich Schmidt und eingeleitet von Gerhard Heberer). Stuttgart 1966

Daum, Monika: Arbeit und Zwang. Das Leben der Hadamarer Patienten im Schatten des Todes. In: Dorothee Roer und Dieter Henkel (Hrsg.) : Psychiatrie im Faschismus. Bonn 1986

Degkwitz, Rudolf (Hrsg.): Hundert Jahre Nervenheilkunde. Stuttgart 1985

Deutsche Presseagentur (dpa): Jeder zehnte Melancholie-Erkrankte tötet sich. In: Frankfurter Allgemeine Zeitung, Nr. 264 vom 13.11.1991

Deutscher Bundestag, Referat Öffentlichkeitsarbeit Bonn (Hrsg.): Chancen und Risiken der Gentechnologie. Bericht der Enquete-Kommission des 10. Deutschen Bundestages. Bonn 1987

Die Naturwissenschaften, 18. Jg., Heft 13, 28. März 1930

Dörner, Klaus (Hrsg.): Fortschritte der Psychiatrie im Umgang mit Menschen. Psychiatrie-Verlag, ohne Ortsangabe, ohne Jahresangabe

Dörner, Klaus: Bürger und Irre. Zur Sozialgeschichte und Wissenschaftssoziologie der Psychiatrie. Frankfurt a.M. 1975
Durant, Will: Die Napoleonische Ära, Frankfurt, Berlin 1982
Ehrhardt, Helmut E.: Euthanasie und Vernichtung „lebensunwerten" Lebens. Stuttgart 1965
Erhardt, Helmut: Beitrag zur elektrischen Erregbarkeit der Nerven unter der Einwirkung von Narcoticis. Inangural Dissertation. Breslau 1940, Abschnitt Lebenslauf
Erhardt,H., Ploog, D, Stutte, H. (Hrsg.): Psychiatrie und Gesellschaft, Ergebnisse und Probleme der Sozialpsychatrie. Bern und Stuttgart 1958
Fest, Joachim C.: Hitler. Frankfurt, Berlin 1992[3]
Fischer (Hrsg.): Biographisches Lexikon der hervorragendsten Ärzte der letzten 50 Jahre, Berlin 1933
Frenzel: Nietzsche. Reinbeck bei Hamburg 1992[6]
Fuchs, W.: Kriegspsychologisches. In: Münchner Medizinische Wochenschrift 1916
Gebhardt: Handbuch der Deutschen Geschichte, Band IV/2. Stuttgart 1978[9]
Gicklhorn, Renée: Sigmund Freud über Kriegsneurosen, Elektrotherapie und Psychoanalyse. In: Psyche 26 (1972)
Göppinger, Hans: Muß vor einer Elektroschocktherapie der Kranke auf mögliche körperliche Schäden hingewiesen werden? In: Deutsche Medizinische Wochenschriften, H 45, Jg. 80, 1955
Gross, Werner (Hrsg.): Psychotherapie statt Pillen. Bonn 1990
Grotjahn, Alfred: Die Hygiene der menschlichen Fortpflanzung. Berlin und Wien 1926
Prof. Dr. Gruber, Max von und Rüdin, Ernst: Fortpflanzung, Vererbung, Rassenhygiene. München 1911
Güse, Hans-Georg und Schmacke, Norbert: Psychiatrie zwischen bürgerlicher Revolution und Faschismus. (2 Bde.). Kronberg 1976
Gütt, Arthur; Ernst Rüdin, Falk Ruttke: Gesetz zur Verhütung erbkranken Nachwuchses vom 14. Juli 1933 nebst Ausführungsverordnungen. München 1936 S. 34
Jahrbuch der Max-Planck-Gesellschaft zur Förderung der Wissenschaften e.V. 1961, Teil II. Göttingen 1961
Hartelius, Hans: Cerebral changes following electrically induce convulsions. An experimental study on cats. Copenhagen 1952
Heim, Klaus: Behandlung aus der Steckdose. Therapie oder psychiatrischer Mythos? In: Deutsche Zeitung vom 11.3.1977
Heim, Susanne und Aly, Götz: Bevölkerungsstruktur und Massenmorde. Neue Dokumente zur deutschen Politik der Jahre 1938–1945
Helmchen, H.: Delirante Abläufe unter psychiatrischer Pharmakotherapie in: Archiv für Psychiatrie und Zeitschrift für die gesamte Neurologie. Zit. aus: Die Tageszeitung vom 1. Juli 1982
Helmchen, H.: Probleme der Therapieforschung in der Psychiatrie. In: Der Nervenarzt, Nr. 53/1982
Helmchen, Müller-Oerlinghausen: Klinische Prüfung neuer Psychopharmaka. In: Pharmakopsychiatrie Neuro-Psychopharmakologie, Vol. 8/1975
Helmchen, Müller-Oertinghausen: Ethische und juristische Schwierigkeiten bei der Effizienzprüfung psychiatrischer Therapieverfahren. In: Der Nervenarzt, Nr. 46/1975
Hintze, K.: Staatssozialismus oder soziale Fürsorge auf genossenschaftlicher Basis? In: Ärztliches Vereinsblatt 1924
Hiob, J. und Hippius, H.: Klinische Erfahrungen mit dem Rauwolfia-Alkaloid Reserpin in der Psychiatrie. Deutsche Medizinische Wochenschrift Nr. 41 vom 14. Okt. 1955.
Hippius, Hans: „Zum Thema Elektrokrampftherapie" in der Münchner Med. Wochenschrift 1978, Nr. 24
Hirsch, August (Hrsg.): Biographisches Lexikon der hervorragenden Ärzte aller Zeiten und Völker. Berlin und Wien 1934
Hitler, Adolf: Mein Kampf. München 1936
Hoche, Alfred E.: Jahresringe. Innenansicht eines Menschenlebens. München und Berlin 1937
Hoff, H. und Spiel, W.: Bedeutung und Grenzen der psychischen Hygiene für Psychiatrie und Psychotherapie. In: Helmut E. Ehrhard (Hrsg.): Psychiatrie und Gesellschaft 1958
Homes, Alexander M.: Menschenversuche mit Psychopharmaka. In: Psychologie Heute, 1983
Hotchner, A. E.: Papa Hemingway. München 1966
Jaeckel, G.: Die Charitè. Bayreuth 1963
Kaden, Nestler: Dokumente des Verbrechens. Aus den Akten des Dritten Reichs, Band 1–3. Berlin 1993
Karisch, Karl-Heinz: Zukunft aus der Zauberküche der Genforscher. In: Frankfurter Rundschau, Nr. 15 vom 18.1.1992
Kaufmann, Fritz: Die planmäßige Heilung komplizierter psychogener Bewegungsstörungen bei Soldaten in einer Sitzung. In: Münchener Medizinische Wochenschrift (Fachärztliche Beilage Nr. 22) 63 1916
Kaul, F. K.: Ärzte in Ausschwitz. Berlin/DDR 1968

Kaupen-Haas, Heidrun (Hrsg.): Der Griff nach der Bevölkerung. Aktualität und Kontinuität nazistischer Bevölkerungspolitik. (Schriften der Hamburger Stiftung für Sozialgeschichte des 20. Jahrhunderts. Band 1, 1986)
Kepler, Hermann und Mehler: Der sanfte Schrei. Das Leiden an der Psychiatrie. München 1987.
Klee, Ernst: „Euthanasie" im NS-Staat. Frankfurt am Main 1989
Klee, Ernst: ...wie ein Hammer auf den Kopf. Behandlung mit Elektroschocks führte in Frankfurt zu einem Psychiatrie-Streit. In: Die Zeit vom 18.2.1977
Klee, Ernst: Dokumente zur „Euthanasie". Frankfurt am Main 1985, zit. aus Ausgabe 1986[2]
Klee, Ernst: Psychiatrie-Report Süddeutsche Zeitung vom 1.2.1978 und Münchner Merkur vom 22.9.1977
Klee, Ernst: Sichten und Vernichten in: DIE ZEIT, Nr. 38/1992
Klee, Ernst: Was sie taten – Was sie wurden. Ärzte, Juristen und andere Beteiligte am Kranken- oder Judenmord. Frankfurt am Main 1988
Klee, Ernst: Irrsinn Ost – Irrsinn West. Frankfurt am Main 1993.
Klees, Bernd: In: Thomas Weidenbach und Gerd Weiss: Die Gen-Jäger. Biologen zwischen Wahn und Wissenschaft. Eine Gerd-Weiss-Filmproduktion. Köln 1990
Kloos, G: Grundriß der Psychiatrie und Neurologie. Ausgabe 1968
Kölnische Gesellschaft für christlich-jüdische Zusammenarbeit (Hrsg.): Heilen und Vernichten im Nationalsozialismus. Köln 1985
Kogon, Eugen; Langbein, Hermann; Rückerl, Adalbert u. a.: Nationalsozialistische Massentötungen durch Giftgas. Frankfurt am Main 1983
Komo, Günther: Für Volk und Vaterland. Die Militärpsychiatrie in den Weltkriegen. Hamburg 1991
Kraepelin, Emil: 100 Jahre Psychiatrie. In: Z. Neur. 63 (1918)
Krafft-Ebing, R.v.: Gerichtliche Psychopathologie, Stuttgart 1892
Kretschmer, Ernst (Hrsg.): Psychiatrie (Naturforschung und Medizin in Deutschland 1939–1946, Bd. 83). Wiesbaden 1948
Kretschmer, Ernst: Konstitutionslehre und Rassenhygiene. In: Rüdin: Erblehre und Rassenhygiene im völkischen Staat. München 1934
Kretschmer, Ernst: Mensch und Lebensgrund. Gesammelte Aufsätze. Tübingen 1966
Kroll, Jürgen: Zur Entstehung und Institutionalisierung einer naturwissenschaftlichen und sozialpolitischen Bewegung: Die Entwicklung der Eugenik/Rassenhygiene bis zum Jahre 1933. Diss. Soz.-Wiss. Tübingen 1983
Kuntz-Brunner, Ruth: Psychotherapie. Streit um die richtige Methode. In: Deutsche Universitätszeitung (DUZ), H7, 1992
Langbein, Martin, Weiss: Bittere Pillen. Köln (1993[63])
Latusseck, Rolf H.: Neue Verfahren bringen rasche Gewißheit. Wie sich Erbkrankheiten sicher erkennen lassen. In: Die Welt, Nr.263, 1991
Lehmann, Heinz E.: Therapeutic Results with Chlorpromazine, Canadian Medical Association Journal, Vol. 72/1955
Lehmann, Peter: Der chemische Knebel. Warum Psychiater Neuroleptika verabreichen. Berlin 1990
Lenz, Fritz: Die soziologische Bedeutung der Selektion. In: Schranitz und Herberer (Hrsg.): 100 Jahre Evolutionsforschung. Stuttgart 1960
Levinson, Charles: Valium zum Beispiel. Reinbeck bei Hamburg 1974
Liebermeister, Gustav: Über die Behandlung von Kriegsneurosen (Sammlung zwangloser Sammlungen aus dem Gebiete der Nerven- und Geisteskrankheiten. Herausgegeben von Prof. D. O. Bumke, XI. Bd., H 7). Halle a.d.S. 1917
Lifton, Robert Jay: Ärzte im Dritten Reich. Stuttgart 1988
Löwenfeld, L.: Über den Nationalcharakter der Franzosen und dessen krankhafte Auswüchse, Wiesbaden 1914
Mabuse: Humangenetische Beratung. In: Zeitschrift im Gesundheitswesen, April 1986
Mai, Christoph: Die Zwillingsmethode. Zur Geschichte eines humangenetischen Forschungskonzeptes bis 1945. Diss. med. Hamburg 1988
Malthus, Thomas Robert: Versuch über das Bevölkerungsgesetz, 1807
Massermann, Jules H. und Jacques, Mary Grier: Effects of cerebral electroshock on experimental neuroses in cats. In: The American Journal of Psychiatry, Vol. 104, No. 1, 1947
Max-Planck-Gesellschaft: Berichte und Mitteilungen, Heft 2/92
Meyer, J. E.: „Gnadentod" für behinderte Kinder, für Demente und chronisch Geisteskranke – Die neuesten Zielvorstellungen der Euthanasie. Der Nervenarzt, Nr. 48, 1977

Meyer, J. E.: Die abnormen Erlebnisreaktionen im Kriege bei Truppe und Zivilbevölkerung. In: Handbuch Psychiatrie der Gegenwart. Bd. III. Berlin 1961
Moser, Andrea: Menschenökonomie und ärztliche Standespolitik. Zur Sozialgeschichte der Ärzte in der Weimarer Republik (Magisterarbeit). Heidelberg 1988
MPG: Berichte und Mitteilungen 2/92
Müller-Hill, Benno: Die Philosophie und das Lebendige. Ffm 1981
Müller-Hill, Benno: Tödliche Wissenschaft. Die Aussonderung von Juden, Zigeunern und Geisteskranken 1933–1945. Reinbek bei Hamburg 1984
Müller-Küppers, Prof. Dr. med.: modern erziehen, Grundlagen – Probleme – Lösungen. München 1972
Naegelie: Zur Frage der Krankengeldauszahlung an erkrankte und verwundete Kriegsteilnehmer. In: Ärztliches Vereinsblatt, Nr. 1019, vom 20.4.1915
Neue Anthropologie 2/74: Die Rolle der Vererbung im menschlichen Verhalten
Nietzsche, Friedrich: Werke in Fünf Bänden, Hrsg. Karl Schlechta, München 1965
Nissan, Eggers, Martinius: Kinder- und jugendpsychiatrische Pharmakotherapie in Klinik und Praxis. Berlin, Heidelberg, New York, Tokio 1984
Nonne, Max: Anfang und Ziel meines Lebens. Hamburg 1971
Nonne, Max: Therapeutische Erfahrungen an den Kriegsneurosen in den Jahren 1914–1918. In: Bonhoeffer, Karl: Über die Bedeutung der Kriegserfahrungen für die allgemeine Psychopathologie und Ätiologie der Geisteskrankheiten. In: Ders. (Hrsg.): Geistes- und Nervenkrankheiten (Handbuch der ärztlichen Erfahrungen im Weltkrieg, Bd. 4). Leipzig 1922
Novak, Kurt: „Euthanasie" und Sterilisierung im „Dritten Reich". Göttingen 1978
Nyiszli, Miklos: „Auschwitz – A Doctor´s Eyewitness Account. New York 1960
Obermann, Heiko A.: Wurzeln des Antisemitismus. Ohne Zeit- und Ortsangabe, Verlag Severin und Siedler
Oppenheim, Hermann: Lehrbuch der Nervenkrankheiten für Ärzte und Studierende. 7. Aufl., 2. Bd. Berlin 1923
Panse, Friedrich: Das Schicksal von Renten- und Kriegsneurotikern nach Erledigung ihrer Ansprüche. In: Archiv für Psychiatrie und Nervenkrankheiten (Bd. 77) Berlin 1926 und in: Deutsche Zeitschrift für Nervenheilkunde (Bd. 88) 1926
Peters, H.M.: Soziomorphe Modelle in der Biologie Hrsg.: Neue Anthropologie, Bd. 2. München und Stuttgart 1972
Pfäfflin, Friedemann: Bemerkungen zur forensischen Psychiatrie. In: Recht & Psychiatrie 5 (1987)
Picker, H.: Hitlers Tischgespräche. Hrsg. von P.E.Schramm, 1963
Ploetz, Alfred: Grundlinien einer Rassenhygiene – Die Tüchtigkeit unserer Rasse und der Schutz der Schwachen. Berlin 1895
Psychiatrie-Denkschrift von 1943, Bundesarchiv Koblenz
Raether, M.: Über die Heilung von funktionellen psychischen Störungen nach der sog. Kaufmann-Methode. In: Neurologisches Centralblatt 37 (1918), 161-183
Reil, Johann Christian: Rhapsodien über die Anwendung der psychischen Curmethode aus Geisteszerrüttungen. Halle 1803
Reimer, F., Prof. Dr.: Spektrum 5/1989
Reiter, Villinger, Hoffmann und Zutt: Zeitschrift für Kinderforschung, Verlag J. Springer, Berlin 1941
Remschmidt, Prof. Dr. Dr. H. und Schmidt, Prof. Dr. Dr. M. H. (Hrsg.): Denkschrift zur Lage der Kinder- und Jugendpsychiatrie in der Bundesrepublik Deutschland 1984
Riedesser, Peter und Verderber, Axel: Aufrüstung der Seelen. Militärpsychologie und Militärpsychiatrie in Deutschland und Amerika. Freiburg 1985
Roback, A.A.: Weltgeschichte der Psychologie und Psychiatrie. Olten i.Br. 1970
Roche: Lexikon der Medizin. München, Wien, Baltimore 1987[2]
Roemer, Hans: Die rassenhygienischen Aufgaben der praktischen Psychiatrie unter besonderer Berücksichtigung der offenen Fürsorge. In: Ernst Rüdin: Erblehre und Rassenhygiene im völkischen Staat. München 1934
Roth, Karl Heinz: Die Modernisierung der Folter in den beiden Weltkriegen. In: „1999" (Zeitschrift für Sozialgeschichte des 20. und 21. Jahrhunderts) 2 (1987), 8-75
Rüdin, Ernst: Erblehre und Rassenhygiene im völkischen Staat. München 1934
Rüdin: 20 Jahre menschliche Erbforschung an der Deutschen Forschungsanstalt für Psychiatrie in München, Kaiser-Wilhelm Institut. Publiz. in: Archiv für Rassen- und Gesellschafts-Biologie einschließlich Rassen- und Gesellschafts Hygiene. München1938

Rüdin: Erblehre und Rassenhygiene im völkischen Staat. München 1934
Satzung für Aktion Psychisch Kranke, Vereinigung zur Reform der Versorgung psychisch Kranker e.V.; beglaubigte Kopie vom 9. Juli 1971
Schallmayer, W.: Vererbung und Auslese in ihrer soziologischen und politischen Bedeutung. Jena 1910
Schlabrendorf, Fabian von: Begegnungen in fünf Jahrzehnten. Tübingen 1979
Schmidt, Gerhard: Selektion in der Heilanstalt 1939–1945. Stuttgart 1965
Schmidt, Gerhard: Vom Rassenmythos zu Rassenwahn und Selektion. In: Der Nervenarzt (56) 1985
Schröder, Paul Dr.: Kindliche Charakter und ihre Abartigkeiten, mit erläuternden Beispielen von Dr. med. Hans Heinze. Breslau 1931
Schulte, H.: Geschichte und Aufgaben der Psychohygiene in Deutschland. In: Helmuth E. Ehrhard (Hrsg.): Psychiatrie und Gesellschaft 1958
Schultze, Walter: Die Bedeutung der Rassenhygiene für Staat und Volk in Gegenwart und Zukunft. In: Ernst Rüdin: Erblehre und Rassenhygiene im völkischen Staat. München 1934
Schwarz, Michael: Drogen- und Alkoholmißbrauch – Ärzte besonders gefährdet? Ein amerikanischer Neuropsychiater kritisiert die leichtsinnige Einstellung von Ärzten zu Medikamenten. In: Deutsche Universitäts-Zeitung (DUZ), H7, vom 3.4.1992
Siemen, Hans-Ludwig: „Menschen blieben auf der Strecke...". Psychiatrie zwischen Reform und Nationalsozialismus. Gütersloh 1987
Siemen, Hans-Ludwig: Das Grauen ist vorprogrammiert. Psychiatrie zwischen Faschismus und Atomkrieg. Giessen 1982
Steudel, Ingo: Die Innovationszeit von Prüfungsfächern in der medizinischen Ausbildung in Deutschland. Dissertation. Kiel 1973
Stier, Ewald: Psychiatrie und Heer. In: Der Deutsche Militärarzt, 1 (1936), 15-20
Stutte, Hermann: 30 Jahre Deutsche Vereinigung für Jugendpsychiatrie. In: Der Nervenarzt, Nr. 41/1970
Stutte, Hermann: Kinderpsychiatrische Beiträge zur Psychohygiene. Alma Mater Philippina (Marburger Universität) 1973
Szasz, Thomas: Das Ritual der Drogen. Wien 1979
Szasz, Thomas: Wem dient die Psychiatrie? In: Franco Basaglia und Franca Basaglia-Ongaro (Hrsg.): Befriedungsverbrechen. Über die Dienstbarkeit der Intellektuellen. Frankfurt a.M. 1980
The Rise of Senseless Violence in Society: Psychiatry´s Role in the Creation of Crime. Published by the Citizen´s Commission on Human Rights, Los Angeles 1992
Thom u.a.: Medizin unterm Hakenkreuz. VEB Verlag Volk und Gesundheit 1989
Thomann, Klaus-Dieter: Rassenhygiene und Anthropologie. In: Frankfurter Rundschau vom 20. Mai 1985
Utke, Allen R.: Der Bioschock. Neue Biologie im Verhör. München 1980
Valentin, Rolf: Die Krankenbataillone. Düsseldorf 1981
Verschuer, Otmar Freiherr von: Erblehre der Menschen. Berlin 1934
Villinger, Werner und Stutte, Hermann: Zeitgemäße Aufgaben und Probleme der Jugendfürsorge. In: Der Nervenarzt, H 6, Juni 1948
Villinger, Werner: Der nichtseßhafte Mensch. In Zusammenarbeit mit dem Bayerischen Landesverband für Wanderdienst. München 1938
Weidenbach, Thomas und Weiss, Gerd: Die Gen-Jäger. Biologen zwischen Wahn und Wissenschaft. Eine Gerd-Weiss-Filmproduktion. Köln 1990. Quelle: B.O.A. Archiv Nr. 30 18.0001: WDO-WCM 22. 8. 90. West 3. WDR 1990.
Weindling, Paul: Die preußische Medizinalverwaltung und die „Rassenhygiene" 1905 bis 1933. In: Thom, Achim und Spaar, Horst (Hrsg.): Medizin im Faschismus. Symposium über das Schicksal der Medizin in der Zeit des Faschismus in Deutschland. Berlin (DDR) 1983
Weingart, Peter; Jürgen Kroll und Kurt Bayertz: Rasse, Blut und Gene. Geschichte der Eugenik und Rassenhygiene in Deutschland. Frankfurt am Main 1988
Weinreich, Max: Hitler´s Professor. New York 1946
Wernicke, C.: Zweck und Ziel der Psychiatrischen Kliniken. 1989 (ohne Ortsangabe).
Weß, Ludger (Hrsg.): Die Träume der Genetik. Gentechnische Utopien von sozialem Fortschritt.(Schriften der Hamburger Stiftung für Sozialgeschichte des 20. Jahrhunderts. Hamburg 1989
Wohlmut, Georg: Feinstrom, Galvanisatoren. Katalog 1929
Wuketits, Franz M.: Gene, Kultur und Moral. Soziobiologie Pro und Kontra. Darmstadt 1990

ZEITSCHRIFTEN

Aktuelle Neuropädiotrie, 2. Jahrestagung der Gesellschaft für Neuropädiatrie, Kiel 1976 (Hrsg.): H. Doose, Stuttgart 1977

Die Tageszeitung vom 1. Juli 1982: Herr Professor Helmchen und das Menschenexperiment

Fortschritte der Neurologie, Psychiatrie und iher Grenzgebiete, 15. Jahrgang 1957, Stuttgart

Frankfurter Rundschau vom 4. Mai 1992: „Viele Nazi-Richter übernommen"

Jahresbericht der Vereinten Nationen zur Bevölkerungsentwicklung. Kommentiert in: Frankfurter Rundschau, Nr. 101/18, Jg. 48, vom 30.04.1992

Leipziger Volkszeitung vom 13.10.91: SS-Vergangenheit vom Prüger entlarvt – Professor Harrer verläßt Waldheimer Untersuchungsausschuß

Pillen und Alkohol – der letzte Trost im Alter? In: Hamburger Abendblatt vom 27.11.1989

Psychologie heute, 17. Jg., Nr. 8/1990: Alle psychiatrischen Erkrankungen haben eine genetische Grundlage

Regierung verbietet Elektroschocks. In: Mannheimer Morgen vom 16./17. Juni 1979

Spiegel vom 30. November 1970: Im Unbewußten wirkt der Reiz oft anders

Spiegel, Heft 19/61: Ärzte – die Kreuzel-Schreiber

Spiegel, Heft 25, 1988: „Die Mörder sind noch unter uns"

Spiegel, Heft 43/1990: „Warnsignale wurden übersehen"

Spiegel: Brandherd im Gehirn. Die Elektroschock-Therapie findet auch in deutschen Kliniken wieder Befürworter. In: Der Spiegel, Nr. 3, 1991

The William Alanson White Memorial Lectures, Second Series. In: Psychiatry, Jounal of the Biology and Pathology of Interpersonal Relations, Vol. 9, Nr. 1, February 1946

PERSONENVERZEICHNIS

Astel, K., Dr. med. Prof., 1898–1945, Selbstmord, 1933 Präses des Landesamtes für Rassewesen in Thüringen. Ordentlicher Professor Jena 1934, Rektor Jena 1939. (1)

Baeyer, Walter Ritter von, Dr. med. Prof., geb. 1904, apl. Prof. Erlangen 1948, 1955 ordentlicher Professor Heidelberg.(1)

Baur, E., Dr. phil. et Dr. med. Prof., 1875–1933, a.o. Prof. Berlin 1904, o. Prof. 1911, Direktor am Kaiser-Wilhelm-Institut für Züchtungsforschung 1925. (1)

Beger, B., Dr., Anthropologe, SS-Hauptsturmführer, verurteilt im Auschwitzprozeß. (1)

Binding, Karl, Dr. jur., Prof., 1841–1920, o. Prof. Basel 1966, Freiburg, Straßburg, Leipzig.(1)

Bonhoeffer, Karl, Dr. med. Prof., 1868–1948, o. Professor Königsberg, Berlin 1903. (1)

Borm, Dr. med., Euthanasiearzt

Brandt, G., Dr. med., Assistent am Kaiser-Wilhelm-Institut für Anthropologie unter Prof. Fischer. (1)

Brandt, Karl (1904–1947): Generalleutnant der Waffen-SS; Initiator mehrerer Versuchsreihen an KZ-Häftlingen, Mitorganisator der Mordaktionen an behinderten Kindern und an psychisch Kranken. Im Nürnberger Prozeß zum Tode durch den Strang verurteilt. 1947 in Landsberg gehängt. (6)

Bürger-Prinz, Hans, Dr. med. Prof., 1897–1976, o. Prof. Hamburg 1937. (1) Militärpsychiater, „Beratender Psychiater" des zehnten Wehrkreises (1939–1945). Nach dem Krieg Ordinarius für Neurologie und Psychiatrie in Hamburg und Direktor der Nervenklinik am Universitätskrankenhaus Eppendorf (UKE) in Hamburg-Eppendorf

Bumke, Oswald, Dr. med. Prof., 1877–1950, o. Prof. Rostock 1914, München 1924. (1) „Beratender Psychiater". Enger Vertrauter von Otto Wuth. Nach Meinung Otto Wuths erfahrendster Psychiater Deutschlands

Catel, W., Prof., 1894–1981, o. Prof. 1933 Leipzig, Mitglied des Reichsausschusses für Kinder-Euthanasie 1939–1945, o. Prof. Kiel 1954. (1)

Christukat, Alfred, Dr. med., Oberstabsarzt (4) Psychiater, Militärpsychiater, „Beratender Psychiater", enger Mitarbeiter von Otto Wuth und Max de Crinis

Clauberg, C., Dr. med. Prof., 1898–1957, Selbstmord, Dozent an der Universität Königsberg 1933, a.o. Prof. 1937, Auschwitz-Massensterilisation von Frauen 1943–1945, aus der UdSSR entlassen, Haft 1955. (1)

Conti, Leonardo, Dr. med., 1900–1945, Selbstmord, 1939–1945 Reichsärzteführer. Nachfolger von Gerhard Wagner

Crinis, Maximilian de, Prof. Dr. med., 1889–1945, Psychiater, Österreicher, Ordinarius in Graz 1927–1934, 1934 nach dem mißglückten Dollfuß-Putsch nach Deutschland geflohen; NSDAP 1931, SS 1936, Freund Heydrichs. Nachfolger von Gustav Aschaffenburg an der Psychiatrischen Universitätsklinik Köln, steile NS-Karriere, Agent des Sicherheitsdienstes (SD) der Geheimpolizei der SS, Funktionär im Reichsministerium für Wissenschaft, Erziehung und Volksbildung, Drahtzieher, Koordinator der Vernichtung sog. minderwertigen Lebens („Euthanasie" T4 und „Wilde Euthanasie"), Obergutachter bei der „Selektion" der „Euthanasie-Opfer", Nachfolger von Karl Bonhoeffer an der Charité und Ordinarius für Neurologie und Psychiatrie in Berlin, Beratender Psychiater bei Militär und SS, zudem ab 1.10.1944 Nachfolger von Otto Wuth und damit weisungsbefugt gegenüber sämtlichen „Beratenden Psychiatern" des „Reiches". Am 2.5.1945 Selbstmord.(3,4,6)

Eichmann, K.A., 1906–1962, hingerichtet, Leiter des Judenreferates im Reichssicherheitshauptamt (RSHA) 1939–1945.(1)

Eicke, W.J., Dr. med. Prof., geb. 1911, Assistent am Kaiser-Wilhelm-Institut (KWI) für Hirnforschung 1937–1946, apl. Prof. Frankfurt 1955. (1)

Falthausser, Dr. med., Direktor der Anstalt Kaufbeuren, Euthanasiearzt, verurteilt. (1)

Fahrenkamp, Dr. med., Zusammenarbeit mit Dr. Rascher in Dachau. (1)

Fischer, E., Dr. med. Prof., 1874–1967, o. Prof. Freiburg 1918, Direktor am Kaiser-Wilhelm-Institut für Anthropologie und Professur in Berlin 1927–1942. Rektor 1933–1934.(1)

Fromme, Dr. med., Assistent von Prof. von Verschuer. (1)

Gieseler, W., geb. 1900, a.o. Prof. Tübingen 1934, ordentlicher Prof. 1938. Nach 1945 zunächst entpflichtet, dann wieder eingestellt. (1)

Grawitz, E.R., Dr. med. Prof., 1899–1945, Selbstmord, Chef d. SS-Gesundheitsdienstes. (1)

Grebe, H., Dr. med. Prof., geb 1913, Ass. bei Prof. Verschuer in Frankfurt und am Kaiser-Wilhelm-Institut für

Anthropologie 1938–1944, o. Prof. Rostock 1944, Lehrbeauftragter Marburg 1952, Präses d. Dt. Sportärztebundes. (1)
Gross, W., Dr. med., 1904–1945, Selbstmord, PG 25, Leiter des Rassenpolitischen Amtes der NSDAP 1933–1945. (1)
Günther, H.F.K., Dr. Prof. 1891–1968, o. Prof. Jena 1930, PG 1932, Berlin 1934, Freiburg 1939, publiziert nach 1945 unter dem Pseudonym L. Winter.(1)
Gütt, A.J., Dr. med. 1891–1949, Präs. d. Staatsakademie d. öffentl. Gesundheitsdienstes
Hallervorden, J., Dr. med. Prof., 1882–1965, Abtlg. f. Hirnforschung am Kaiser-Wilhelm-Institut Berlin 1938, nach 1945 Gießen.(1)
Hefelmann, Dr., Euthanasie-Organisator, Strafverfahren 1964 eingestellt.(1)
Heinze, H.B., Dr. med. Prof., 1895–1983, Direktor des Landeskrankenhauses Goerden, Brandenburg, Euthanasie-Gutachter, Leiter der Forschungsabteilung Goerden, apl. Prof. 1942, in der Sowjetunion zu sieben Jahre Haft verurteilt, 1953–1960 Leiter der jugendpsychiatrischen Klinik des Landeskrankenhauses Wunstdorf.(1)
Heyde, W., Dr. med. Prof., 1902–1961, o. Prof. Würzburg 1939, Euthanasie-Gutachter, Leiter der T4-Aktion, Haft und Flucht 1946, anschließend bis 1959 als Dr. med. Sawade als psychiatrischer Gutachter in Schleswig-Holstein tätig. Haft 1959.(1)
Heydrich, R., 1904–1942, Chef der Gestapo, Tod durch Attentat. (1)
Himmler, H., Dipl.-Landwirt, 1900–1945, oberster SS-Führer, Selbstmord. (1)
Hirt, A., Dr. med. Prof., 1898–1945, o.Prof. Greifswald 1936, Frankfurt, Straßburg, Selbstmord.(1)
Hitler, Adolf, 1889–1945, Selbstmord, Führer, Reichskanzler 1933–1945.(1)
Hoche, Alfred, Psychiater, Dr. med. Prof., 1865–1943, o. Prof. Freiburg.(1)
Hoffmann, H.F., Dr. med. Prof., 1891–1944, o. Prof. Gießen 1933, Dir. der Nervenklinik Tübingen 1936. (1)
Höss, R., 1900–1947, hingerichtet, SS-Obersturmbannführer. Kommandant von Auschwitz. (1)
Jakelius, Dr. med., Berater beim Euthanasie-Gesetz. (1)
Kaldewey, Dr. med., Berater beim Euthanasie-Gesetz. (1)
Kaltenbrunner, E., 1903–1946, hingerichtet, 1942 Nachfolger Heydrichs im Reichssicherheitshauptamt (RSHA). (1)
Kranz, H.W., Dr. med. Prof., 1897–1945, Selbstmord, a.o. Prof. Gießen 1937, o. Prof. Frankfurt 1943.(1)
Lang, T., Dr. med., Assistent am Kaiser-Wilhelm-Institut für Psychiatrie bis 1945.(1)
Lehmann, W., Dr. med. Prof., 1905–1980, Doz. Breslau 1939, a.o. Prof. Straßburg 1943, a.o. Prof. Kiel 1956, o. Prof. 1962. (1)
Lenz, F., Dr. med. Prof., 1897–1976, a.o. Prof. München 1923, o. Prof. und Abtlg. f. Anthropologie am Kaiser-Wilhelm-Institut 1933–1945, a.o. Prof. Göttingen 1946. (1)
Lenz, W., Dr. med. Prof., geb. 1919, o. Prof. Münster 1962. (1)
Linden, H., Dr. med., Beamter des Reichsinnenministeriums, 1945 Selbstmord. (1)
Loeffler, L., Dr. med. Prof., 1901–1983, Mitarbeiter am Kaiser-Wilhelm-Institut für Anthropologie 1927–1929, Dozent Kiel 1931, o. Prof. Königsberg 1934, Wien 1942, Leiter des Rassenpolitischen Amtes 1933–1945, em. Prof. TH Hannover.(1)
Magnussen, K., Dr. Stipendiatin am K.W.I. für Anthropologie 1940–1945, nach 1945 Lehrerin.
Mauz, F., Dr. med. Prof., 1900–1979, a.o.Prof. Marburg 1934, o. Prof. Königsberg 1941, Münster 1953.(1)
Melchers, G., Dr. Prof., geb. 1906, Abtlg. f. Biochemie am Kaiser-Wilhelm-Institut 1941, Dir. M.P.-I. f. Biologie Tübingen 1947. (1)
Mengele, J., Dr. phil et Dr. med., geb. 1913, Assistent von Prof. v. Verschuer in Frankfurt. Für Prof. v. Verschuer in Auschwitz wissenschaftlich tätig. Flüchtete nach dem Krieg nach Südamerika. Dort angeblich beim Baden ertrunken.(1)
Mennecke, F., Dr. med., beteiligt an T4-Aktion, Euthanasiearzt auf dem Eichberg, Haft, Verurteilung und Tod in der Haft.(1)
Montadon, G., Dr. Prof., Paris 1936–1945. Ethnologe, Theoretiker der Endlösung der Judenfrage, SD-Mitarbeiter.(1)
Morgan, T.H., Dr. Prof., 1866–1945, Genetiker, Nobelpreis f. Medizin 1933.(1)
Muckermann, H., Dr. Prof., 1877–1962, Abtlg. f. Anthropologie im Kaiser-Wilhelm-Institut 1927–1933, Leiter des K.W.I. f. angewandte Anthropologie 1946, o. Prof. Berlin 1948
Mühlmann, W.E., Dr. Prof., geb. 1904, U.-Dozent Berlin 1939, o. Prof. Mainz 1957, Heidelberg. (1)

Muller, H.J., Dr. Prof., 1890–1967, Genetiker, Gast im K.W.I. f. Hirnforschung 1932–1933, UdSSR 1933–1937, Nobelpreis für Medizin.(1)
Nachtsheim, H., Dr. phil., 1890–1979, a.o. Prof. Berlin 1923, Abtlg. am K.W.I. für Anthropologie 1927–1945, Direktor M.P.I. f. vergl. Züchtungsforschung u.o. Prof. Berlin 1949.(1)
Nitsche, P., Dr. med., 1876–1948, hingerichtet, Obergutachter bei der Euthanasie.(1)
Pansę, Friedrich, Dr. med. Prof., 1899–1973, Dozent Bonn 1937, Leiter des Amtes für Rassenhygiene Bonn, Euthanasie-Gutachter, a.o. Prof. 1944, freigesprochen, o.Prof. Düsseldorf 1955.(1) Psychiater, Beratender Militärpsychiater bis 1945
Pfannenstiel, W., Dr. med. Prof., geb. 1890, o. Prof. Marburg (Rassen-)Hygiene 1931. (1)
Pfannmüller, Dr. med., Dir. d. Anstalt Egelfing-Haar, Euthanasiearzt. Verurteilt. (1)
Ploetz, Alfred, Dr. med., 1860–1940, Begründer der Rassenhygiene, Privatgelehrter.(1)
Pohlisch, K., Dr. med. Prof., 1893–1955, Dozent Berlin 1928, a.o. Prof. Bonn 1934, Euthanasie-Gutachter, freigesprochen.(1) Beratender Militärpsychiater
Rascher, S., Dr. med., DFG-Stipendiat, Betrüger, Massenmörder bei Menschenversuchen in Dachau, verhaftet wegen mehrfacher Kindentführung seiner Frau 1944, von der SS erschossen 1945.(1)
Rauch, H. J., Dr. med. Prof., geb. 1909, Assistent Prof. Carl Schneiders 1938–1945, Dozent Heidelberg 1944. (1)
Renno, Dr. med., Euthanasiearzt
Riedel, Dr., Mitarbeiter am K.W.I. für Psychiatrie. (1)
Ritter, R., Dr. phil. et Dr. med. habil., 1901–1951, Leiter der Rassenhygienischen (ab 1943 Kriminalbiologischen) Forschungsabteilung des Reichsgesundheitsamtes 1936–1945. Verfahren gegen Ritter eingestellt 1950.(1)
Rosenberg, A., 1883–1946, hingerichtet, Ideologe, Minister f. d. besetzten Ostgebiete 1942–1945.(1)
Rüdin, E., Dr. med. Prof., 1874–1952, o. Prof. Basel 1925, Honorarprof. und Dir. am K.W.I. f. Psychiatrie München 1928, o. Prof. 1933.(1)
Sakel, M., Dr. med., 1900–1957, Entdecker der Schocktherapie, Emigration 1936.(1)
Schneider, Carl, Psychiater
Stier, Ewald, Psychiater
Stutte, Hermann, wurde am 1. August 1909 in Weidenau /Sieg geboren. Studium in Freiburg im Breisgau, Bonn, Königsberg, Paris, Frankfurt, München und Gießen. 1933 Approbation und 1935 Promotion bei R. Sommer. 1938: Kinderabteilung an der Universitäts-Nervenklinik in Tübingen. 1946: Mit Werner Villinger in Marburg eine kinderpsychiatrische Abteilung errichtet.Im Jahre 1954 Extraordinarius, 1961 Ordinarius
Villinger, Werner, am 9. Oktober 1887 in Besigheim am Neckar geboren. Studierte Medizin in Straßburg, promovierte 1920 in Tübingen. Bis 1926 Assistenzarzt an den Universitäten Marburg, München, Tübingen und Hamburg. Habilitierte sich 1927 als Privatdozent, wurde 1932 apl. Professor. Gleichzeitig Chefarzt bei der Jugend-, Gesundheits- und Wohlfahrtsbehörde in Hamburg bis 1934. Von 1934–1939 Chefarzt der Bodelschwingh'schen Anstalten in Bethel bei Bielefeld. Während der NS-Zeit Berater der Militär-Psychiatrie, T4-Gutachter. Beisitzer an den Erbgesundheitsobergerichten in Hamm und Breslau.Seit 1946 Lehrstuhl für Psychiatrie und Neurologie an der Universität Marburg, außerdem Klinikdirektor. Gründer und Präsident der „Deutschen Vereinigung für Kinderpsychiatrie", Vizepräsident der „Union europäischer Kinderpsychiater"
Wuth, Otto, Psychiater, Beratender Psychiater beim Heeres-Sanitätsinspekteur bis August 1944

---

(1) Müller-Hill, Benno: Tödliche Wissenschaft. Die Aussonderung von Juden, Zigeunern und Geisteskranken 1933–1945. Hamburg 1984
(2) Kolle, Kurt (Hrsg.): Große Nervenärzte. 1955
(3) Komo, Günter: „Für Volk und Vaterland". Die Militärpsychiatrie in den Weltkriegen. Hamburg 1991
(4) Jasper, Heinrich: Maximilian de Crinis (1889–1945). Eine Studie zur Psychiatrie im Nationalsozialismus. (Reihe: Abhandlungen zur Geschichte der Medizin und der Naturwissenschaften. Herausgegeben von Rolf Winau und Heinz Müller- Dietz. Heft 63.) Husum 1991
(5) Roth, Karl-Heinz: Die Modernisierung der Folter in den beiden Weltkriegen. In: „1999". Zeitschrift für Sozialgeschichte des 20. und 21. Jahrhunderts. Heft 3. Hamburg 1987, S. 8-75
(6) Bussche, Hendrik van den: Im Dienste der „Volksgemeinschaft". Studienreform im Nationalsozialismus am Beispiel der ärztlichen Ausbildung. (Reihe: Hamburger Beiträge zur Wissenschaftsgeschichte. Herausgegeben von Eckart Krause, Günter Otto und Wolfgang Walther. Band 4.) Berlin und Hamburg 1989